Léon Wieger S.J. (1856-1933)

Les Pères du système taoïste

Lao-Tzeu 老子 Lie-Tzeu 列子

Tchoang-Tzeu 莊子

Texte revu sur les anciennes éditions taoïstes, traduit d'après les commentaires et la tradition taoistes.

LÉON WIEGER S.J. (1856-1933)
Jésuite, missionnaire en Chine

LES PÈRES DU SYSTÈME TAOÏSTE
Lao-Tzeu, Lie-Tzeu, Tchoang-Tzeu
Première édition 1913

Publié par OMNIA VERITAS LTD

OMNIA VERITAS

www.omnia-veritas.com

PRÉFACE 11
AVERTISSEMENT 17
TAO — TEI — KING

L'ŒUVRE DE LAO-TZEU 19

LIVRE I 21

    Chapitre 1. Texte. *21*
    Chapitre 2. Texte. *22*
    Chapitre 3. Texte. *23*
    Chapitre 4. Texte. *24*
    Chapitre 5. Texte. *25*
    Chapitre 6. Texte. *27*
    Chapitre 7. Texte. *27*
    Chapitre 8. Texte. *28*
    Chapitre 9. Texte. *29*
    Chapitre 10. Texte. *30*
    Chapitre 11. Texte. *31*
    Chapitre 12. Texte. *32*
    Chapitre 13. Texte. *33*
    Chapitre 14. Texte. *34*
    Chapitre 15. Texte. *35*
    Chapitre 16. Texte. *36*
    Chapitre 17. Texte. *37*
    Chapitre 18. Texte. *37*
    Chapitre 19. Texte *38*
    Chapitre 20. Texte. *39*
    Chapitre 21. Texte. *40*
    Chapitre 22. Texte. *41*
    Chapitre 23. Texte. *41*
    Chapitre 24. Texte. *42*
    Chapitre 25. Texte. *43*
    Chapitre 26. Texte *44*
    Chapitre 27. Texte. *44*
    Chapitre 28. Texte. *45*
    Chapitre 29. Texte. *46*

Chapitre 30. Texte. 47
Chapitre 31. Texte. 47
Chapitre 32. Texte. 48
Chapitre 33. Texte. 49
Chapitre 34. Texte. 50
Chapitre 35. Texte. 50
Chapitre 36. Texte. 50
Chapitre 37. Texte. 51

LIVRE II **53**
Chapitre 38. Texte. 53
Chapitre 39. Texte. 54
Chapitre 40. Texte. 55
Chapitre 41. Texte. 55
Chapitre 42. Texte. 56
Chapitre 43. Texte. 57
Chapitre 44. Texte. 57
Chapitre 45. Texte. 57
Chapitre 46. Texte. 58
Chapitre 47. Texte. 58
Chapitre 48. Texte. 59
Chapitre 49. Texte. 59
Chapitre 50. Texte. 60
Chapitre 51. Texte. 60
Chapitre 52. Texte. 61
Chapitre 53. Texte. 61
Chapitre 54. Texte. 62
Chapitre 55. Texte. 63
Chapitre 56. Texte. 63
Chapitre 57. Texte. 64
Chapitre 58. Texte. 65
Chapitre 59. Texte. 65
Chapitre 60. Texte. 66
Chapitre 61. Texte. 66
Chapitre 62. Texte. 67
Chapitre 63. Texte. 67
Chapitre 64. Texte. 68

Chapitre 65. Texte. ... 69
Chapitre 66. Texte. ... 69
Chapitre 67. Texte. ... 70
Chapitre 68. Texte. ... 71
Chapitre 69. Texte. ... 71
Chapitre 70. Texte. ... 71
Chapitre 71. Texte. ... 72
Chapitre 72. Texte. ... 72
Chapitre 73. Texte. ... 73
Chapitre 74. Texte. ... 74
Chapitre 75. Texte. ... 74
Chapitre 76. Texte. ... 75
Chapitre 77. Texte. ... 76
Chapitre 78. Texte. ... 76
Chapitre 79. Texte. ... 77
Chapitre 80. Texte. ... 77
Chapitre 81. Texte. ... 78

TCHOUNG — HU — TCHENN — KING

L'œuvre de Lie-Tzeu ... 79

CHAPITRE 1

Genèse et transformations ... 81

CHAPITRE 2

Simplicité naturelle ... 95

CHAPITRE 3

États psychiques ... 117

CHAPITRE 4

Extinction et union ... 128

CHAPITRE 5

Le contenu cosmique ... 144

CHAPITRE 6

Fatalité ... 164

CHAPITRE 7
    Yang-tchou 176
CHAPITRE 8
    Anecdotes 191

NAN — HOA — TCHENN KING

    L'œuvre de Tchoang-Tzeu 213

CHAPITRE 1
    Vers l'idéal 215
CHAPITRE 2
    Harmonie universelle 221
CHAPITRE 3
    Entretien du principe vital 231
CHAPITRE 4
    Le monde des hommes 234
CHAPITRE 5
    Action parfaite 243
CHAPITRE 6
    Le Principe, premier maître 250
CHAPITRE 7
    Gouvernement des princes 264
CHAPITRE 8
    Pieds palmés 270
CHAPITRE 9
    Chevaux dressés 274
CHAPITRE 10
    Voleurs petits et grands 277

CHAPITRE 11

Politique vraie et fausse 282

CHAPITRE 12

Ciel et terre 294

CHAPITRE 13

Influx du ciel 308

CHAPITRE 14

Évolution Naturelle 317

CHAPITRE 15

Sagesse et encroûtement 328

CHAPITRE 16

Nature et convention 331

CHAPITRE 17

La crue d'automne 334

CHAPITRE 18

Joie parfaite 347

CHAPITRE 19

Sens de la vie 353

CHAPITRE 20

Obscurité voulue 366

CHAPITRE 21

Action transcendante 377

CHAPITRE 22

Connaissance du Principe 388

CHAPITRE 23

Retour à la nature 402

CHAPITRE 24
   Simplicité 413
CHAPITRE 25
   Vérité 428
CHAPITRE 26
   Fatalité 440
CHAPITRE 27
   Verbe et mots 449
CHAPITRE 28
   Indépendance 455
CHAPITRE 29
   Politiciens 469
CHAPITRE 30
   Spadassins 481
CHAPITRE 31
   Le vieux pêcheur 486
CHAPITRE 32
   Sagesse 493
CHAPITRE 33
   Écoles diverses 501

Préface

Ce volume contient ce qui reste de trois penseurs chinois, *Lao-tzeu*, *Lie-tzeu*, *Tchoang-tzeu*, qui vécurent du sixième au quatrième siècle avant l'ère chrétienne.

Lao-tzeu, le Vieux Maître, fut un contemporain de Confucius, plus âgé que lui d'une vingtaine d'années. Sa vie s'écoula entre les dates 570-490 probablement (les dates de Confucius étant 552-479). Rien, de cet homme, n'est historiquement certain. Il fut bibliothécaire à la cour des *Tcheou*, dit la tradition taoïste. Il vit Confucius une fois, vers l'an 501, dit encore la tradition taoïste. Las du désordre de l'empire, il le quitta, et ne revint jamais. Au moment de franchir la passe de l'Ouest, il composa pour son ami, le préposé à la passe *Yinn-hi*, l'écrit célèbre traduit dans ce volume. Cela encore est tradition taoïste. Dans la très courte et très insignifiante notice qu'il lui a consacrée vers l'an 100 avant J.-C., *Seuma-ts'ien* dit que, d'après certains, le nom de famille du Vieux Maître fut *Li*, son prénom commun *Eull*, son prénom noble *Pai-yang*, son nom posthume *Tan* (d'où l'appellatif posthume *Lao-tan*). Mais, ajoute le célèbre historien, lequel fut, comme son père, plus qu'à moitié taoïste, « d'autres disent autrement, et, du *Vieux Maître*, on peut seulement assurer ceci, qu'ayant aimé l'obscurité par-dessus tout, cet homme effaça délibérément la trace de sa vie. » (*Cheu-ki*, chap. 63). — Je n'exposerai point ici la *légende* de *Lao-tzeu*, ce volume étant *historique*.

Lie-tzeu, Maître *Lie*, de son nom *Lie-uk'eou*, aurait vécu, obscur et pauvre, dans la principauté *Tcheng*, durant quarante ans. Il en fut chassé par la famine, en l'an 398. A cette occasion, ses disciples auraient mis par écrit la substance de son enseignement. Ces données reposent aussi uniquement sur la tradition taoïste. Elles ont été souvent et vivement attaquées.

Mais les critiques de l'index bibliographique *Seu-k'ou ts'uan-chou*, ont jugé que l'écrit devait être maintenu.

Tchoang-tzeu, Maître *Tchoang*, de son nom *Tchoang-tcheou*, ne nous est guère mieux connu. Il dut être au déclin de sa vie, vers l'an 330. Très instruit (*Seuma-ts'ien*, *Cheu-ki*, l.c. appendice), il passa volontaireroent sa vie dans l'obscurité et la pauvreté, bataillant avec verve contre les théories et les abus de son temps.

C'est donc entre les extrêmes 500-330, qu'il faut placer l'élucubration des idées contenues dans ce volume. Je dis, des *idées*, non des *écrits* ; voici pourquoi :

De *Lao-tzeu*, la tradition affirme formellement qu'il écrivit. L'examen attentif de son œuvre, paraît donner raison à la tradition. C'est bien une tirade, tout d'une haleine, reprise *ab ovo* quand l'auteur a dévié ; une enfilade de points et de maximes, plutôt qu'une rédaction suivie ; le factum d'un homme qui précise et complète sa pensée, pas obscure mais très profonde, en reprenant, en retouchant, en insistant. Primitivement, aucune division en livres et en chapitres n'exista. La division fut faite plus tard, assez maladroitement.

Quant à *Lie-tzeu* et *Tchoang-tzeu*, l'examen des deux traités qui portent leurs noms, montre à l'évidence que ces deux hommes n'ont pas écrit. Ils se composent d'un assemblage de notes, de fiches, recueillies par les auditeurs souvent avec des variantes et des erreurs, collationnées ensuite, brouillées et reclassées par des copistes, interpolées par des mains tendancieuses non taoïstes, si bien que, dans le texte actuel, il se trouve quelques morceaux diamétralement contraires à la doctrine certaine des auteurs. Les chapitres sont l'œuvre de ceux qui collationnèrent les centons. Ils furent construits en réunissant ce qui se ressemblait à peu près. Plusieurs furent mis dans un désordre complet, par l'accident qui brouilla tant de vieux écrits chinois, la rupture du lien d'une liasse de lattes, et le mélange de celles-ci. — A noter que ces traités taoïstes ne furent point compris dans la destruction des livres, en 213 avant J.-C.

La doctrine des trois auteurs est une. *Lie-tzeu* et *Tchoang-tzeu* développent *Lao-tzeu*, et prétendent faire remonter ses idées à l'empereur *Hoang-ti*, le fondateur de l'empire chinois. Ces idées sont, à très peu près, celles de l'Inde de la période contemporaine, l'âge des Upanishad. Un panthéisme réaliste, pas idéaliste.

Au commencement fut seul un être, non intelligent mais loi fatale, non spirituel mais matériel, imperceptible à force de ténuité, d'abord immobile, *Tao* le Principe, car tout dériva de lui. Un jour ce Principe se mit à émettre *Tei* sa Vertu, laquelle agissant en deux modes alternatifs *yinn* et *yang*, produisit comme par condensation le ciel, la terre et l'air entre deux, agents inintelligents de la production de tous les êtres sensibles. Ces êtres sensibles vont et viennent au fil d'une évolution circulaire, naissance, croissance, décroissance, mort, renaissance, et ainsi de suite. Le Souverain d'en haut des Annales et des Odes, n'est pas nié expressément, mais dégradé, annulé, si bien qu'il est nié équivalemment. L'homme n'a pas une origine autre que la foule des êtres. Il est plus réussi que les autres, voilà tout. Et cela, pour cette fois seulement. Après sa mort, il rentre dans une nouvelle existence quelconque, pas nécessairement humaine, même pas nécessairement animale ou végétale. Transformisme, dans le sens le plus large du mot. Le Sage fait durer sa vie, par la tempérance, la paix mentale, l'abstention de tout ce qui fatigue ou use. C'est pour cela qu'il se tient dans la retraite et l'obscurité. S'il en est tiré de force, il gouverne et administre d'après les mêmes principes, sans se fatiguer ni s'user, faisant le moins possible, si possible ne faisant rien du tout, afin de ne pas gêner la rotation de la roue cosmique, l'évolution universelle. Apathie par l'abstraction. Tout regarder, de si haut, de si loin, que tout apparaisse comme fondu en un, qu'il n'y ait plus de détails, d'individus, et par suite plus d'intérêt, plus de passion. Surtout pas de système, de règle, d'art, de morale. Il n'y a, ni bien ni mal, ni sanction. Suivre les instincts de sa nature.

Laisser aller le monde au jour le jour. Évoluer avec le grand tout.

Reste à noter les points suivants, pour la juste intelligence du contenu de ce volume.

Beaucoup de caractères employés par les anciens taoïstes, sont pris dans leur sens primitif étymologique ; sens tombé en désuétude, ou devenu rare depuis. De là comme une langue spéciale, propre à ces auteurs. Ainsi *Tao-tei-king* ne signifie pas *traité de la Voie et de la Vertu* (sens dérivés de *Tao* et *Tei*), mais *traité du Principe et de son Action* (sens antiques).

Aucun des faits allégués par *Lie-tzeu* et surtout par *Tchoang-tzeu*, n'a de valeur historique. Les hommes qu'ils nomment, ne sont pas plus réels, que les abstractions personnifiées qu'ils mettent en scène. Ce sont procédés oratoires, rien de plus. Il faut surtout se garder de prendre pour réelles, les assertions de Confucius, toutes inventées à plaisir. Certains auteurs mal avertis, sont jadis tombés dans cette erreur, et ont de bonne foi imputé au Sage des *effata* que lui prêta son ennemi *Tchoang-tzeu*, pour le ridiculiser.

Confucius, le plastron de *Tchoang-tzeu*, est présenté en trois postures. — 1° comme l'auteur du conventionnalisme et le destructeur du naturalisme ; comme l'ennemi juré du taoïsme, par conséquent. C'est la vraie note. Ces textes sont tous authentiques. — 2° comme prêchant, en converti, le taoïsme plus ou moins pur, à ses propres disciples. Fiction parfois très ingénieusement conduite, pour faire ressortir des discours mêmes du Maître, l'insuffisance du Confucéisme et les avantages du Taoïsme. Textes authentiques, mais qu'il faut se garder d'imputer à Confucius. — quelques textes peu nombreux, purement confucéistes, sont des interpolations. Je les noterai tous.

De même, les parangons du système confucéen, *Hoang-ti*, *Yao*,

Chounn, le grand U, et autres, sont présentés en trois postures. — 1° exécrés comme auteurs ou fauteurs de la civilisation artificielle. C'est la vraie note. Textes authentiques. — 2° loués pour un point particulier, commun aux Confucéistes et aux Taoïstes. Textes authentiques. — 3° loués en général, sans restriction. Interpolations confucéennes peu nombreuses, que je relèverai. — Je pense de plus que, dans le texte, plus d'un *Yao*, plus d'un *Chounn*, sont erreurs de copistes, qui ont écrit un caractère pour un autre.

La date à laquelle l'œuvre de *Lao-tzeu* fut dénommée *Tao-tei-king*, n'est pas connue. La dénomination figure dans *Hoai-nan-tzeu*, au second siècle avant J.-C. — En l'an 742, l'empereur *Huan-tsong* de la dynastie *T'ang*, conféra au traité de *Lie-tzeu* le titre *Tch'oung-hu-tchenn king*, traité du Maître transcendant du vide ; et au traité de *Tchoang-tzeu* le titre *Nan-hoa-tchenn king*, traité du Maître transcendant de *Nan-hoa* (nom d'un lieu où *Tchoang-tzeu* aurait séjourné), les deux auteurs ayant reçu le titre *tchenn jenn* hommes transcendants. Le *Tao-tei-king* est aussi souvent intitulé *Tao-tei-tchenn king*, depuis la même époque.

Des notes éclaircissent les passages difficiles, ou dans le texte même, ou au pied de la page. — Pour tous les noms propres, chercher dans la table des noms, au bout du volume. — Les lettres TH renvoient à mes Textes Historiques.

Je me suis efforcé de rendre ma traduction d'aussi facile lecture qu'il m'a été possible, sans nuire à la fidélité de l'interprétation. Car mon but est de mettre à la portée de tous les penseurs, ces vieilles pensées, qui ont été depuis tant de fois repensées par d'autres, et prises par eux pour nouvelles.

Hien-hien (*Ho-kien-fou*) le 2 avril 1913

AVERTISSEMENT

Depuis que le Père Wieger a composé cet ouvrage, les études sur le Taoïsme l'auraient obligé à corriger ou modifier certaines de ses conclusions et traductions. Par respect pour sa pensée, l'on s'est borné à reproduire le texte de sa première édition, sans même en retrancher certaines boutades qui étaient caractéristiques de sa manière.

道德經

TAO — TEI — KING

L'ŒUVRE DE LAO-TZEU

老子

LIVRE I

CHAPITRE 1. TEXTE.

A. Le principe qui peut être énoncé, n'est pas celui qui fut toujours. L'être qui peut être nommé, n'est pas celui qui fut de tout temps. *Avant les temps, fut un être ineffable, innommable.*

B. Alors qu'il était encore innommable, il conçut le ciel et la terre. Après qu'il fut ainsi devenu nommable, il donna naissance à tous les êtres.

C. Ces deux actes n'en sont qu'un, sous deux dénominations différentes. *L'acte générateur unique, c'est le mystère de l'origine.* Mystère des mystères. Porte *par laquelle ont débouché sur la scène de l'univers,* toutes les merveilles *qui le remplissent.*

D. *La connaissance que l'homme a du principe universel, dépend de l'état de son esprit.* L'esprit habituellement libre de passions, connaît sa mystérieuse essence. L'esprit habituellement passionné, ne connaîtra *que* ses effets.

Résumé des commentaires.

Avant les temps, et de tout temps, fut un être existant de lui-même, éternel, infini, complet, omniprésent. Impossible de le nommer, d'en parler, parce que les termes humains ne s'appliquent qu'aux êtres sensibles. Or l'être primordial fut primitivement, et est encore essentiellement non sensible. En dehors de cet être, avant l'origine, il n'y eut rien. On l'appelle 無 *ou néant de forme,* 玄 **huan** *mystère, ou* 道 **tao** *principe. On appelle* 先 天 **sien-tien, avant le ciel,** *l'époque où il n'y avait encore aucun être sensible, où l'essence du principe existait seule. Cette essence possédait deux propriétés immanentes, le* **yinn** *concentration et le* **yang** *expansion,* *lesquelles furent extériorisées un jour, sous les formes sensibles* **ciel** *(yang) et* **terre** *(yinn). Ce jour fut le commencement du temps. De ce jour le principe put être nommé par le terme double ciel-terre. Le binôme ciel-terre émit tous les êtres sensibles existants. On appelle* 有 **You** *être sensible, ce binôme ciel-terre produisant par* 德 **tei** *la vertu du principe, et tous ses produits qui remplissent le morde. On appelle* 後 天 **heou-t'ien** *après le ciel, les temps postérieurs à l'extériorisation du ciel-terre. L'état yinn de concentration et de repos, d'imperceptibilité, qui fut celui du principe avant le temps, est son état propre. L'état yang d'expansion et d'action, de manifestation dans les êtres sensibles, est son état dans le temps, en quelque sorte impropre. A ces deux états du principe, répondent, dans la faculté de connaître de l'homme, le repos et l'activité, autrement dit le vide et le plein. Quand l'esprit humain produit des idées, est plein d'images, s'émeut de passions, alors il n'est apte à connaître que les effets du principe, les êtres sensibles distincts. Quand l'esprit humain, absolument arrêté, est complètement vide et calme, il est un miroir pur et net, capable de mirer l'essence ineffable et innommable du Principe lui-même.*

CHAPITRE 2. TEXTE.

A. Tout le monde a la notion du beau, et par elle (par opposition) celle du pas beau (du laid). Tous les hommes ont la notion du bon, et par elle (par contraste) celle du pas bon (du mauvais). Ainsi, être et néant, difficile et facile, long et court, haut et bas, son et ton, avant et après, sont des notions corrélatives, *dont l'une étant connue révèle l'autre.*

B. Cela étant, le Sage sert sans agir, enseigne sans parler.

C. Il laisse tous les êtres, devenir sans les contrecarrer, vivre sans les accaparer, agir sans les exploiter.

D. Il ne s'attribue pas les effets produits, et par suite ces effets demeurent.

Résumé des commentaires.

Les corrélatifs, les opposés, les contraires comme oui et non, sont tous entrés dans ce monde par la porte *commune, sont tous sortis du Principe un (Chap. 1. C). Ils ne sont pas des illusions subjectives de l'esprit humain, mais des états objectifs, répondant aux deux états alternants du Principe, yinn et yang, concentration, et expansion. La réalité profonde, le Principe, reste toujours le même, essentiellement ; mais l'alternance de son repos et de son mouvement, crée le jeu des causes et des effets, un va-et-vient incessant. A ce jeu, le Sage laisse son libre cours. Il s'abstient d'intervenir, ou par action physique, ou par pression morale. Il se garde de mettre son doigt dans l'engrenage des causes, dans le mouvement perpétuel de l'évolution naturelle, de peur de fausser ce mécanisme compliqué et délicat. Tout ce qu'il fait, quand il fait quelque choses, c'est de laisser voir son exemple. Il laisse à chacun sa place au soleil, sa liberté, ses œuvres. Il ne s'attribue pas l'effet général produit (le bon gouvernement), lequel appartient à l'ensemble des causes. Par suite, cet effet (le bon ordre) n'étant pas en butte à la jalousie ou à l'ambition d'autrui, a des chances de durer.*

Chapitre 3. Texte.

A. Ne pas faire cas de l'habileté, aurait pour résultat que personne ne se pousserait plus. Ne pas priser les objets rares, aurait pour résultat que personne ne volerait plus. Ne rien montrer d'alléchant, aurait pour effet le repos des cœurs.

B. Aussi la politique des Sages consiste-t-elle à vider les esprits des hommes et à remplir leurs ventres, à affaiblir leur initiative et à fortifier leurs os. Leur soin constant, est de tenir le peuple dans l'ignorance et l'apathie.

C. Ils font que les habiles gens n'osent pas agir. Car il n'est rien qui ne s'arrange, par la pratique du non-agir.

Résumé des commentaires.

Toute émotion, tout trouble, toute perversion de l'esprit, vient de ce qu'il s'est mis est communication, par les sens, avec des objets extérieurs attrayants, alléchants. La vue du faste des parvenus, fait les ambitieux. La vue des objets précieux amassés, fait les voleurs. Supprimez tous les objets capables de tenter, ou du moins leur connaissance, et le monde jouira d'une paix parfaite. Faites, des hommes, des bêtes de travail productives et dociles ; veillez à ce que, bien repus, ils ne pensent pas ; entravez toute initiative, supprimez toute entreprise. Ne sachant rien, les hommes n'auront pas d'envies, ne coûteront pas de surveillance, et rapporteront à l'État.

Chapitre 4. Texte.

A. Le Principe foisonne et produit, mais sans se remplir.

B. Gouffre *vide*, il paraît être (il est) l'ancêtre (l'origine) de tous les êtres.

C. Il est paisible, simple, modeste, amiable.

D. Se répandant *à flots*, il paraît rester (il reste) toujours le même.

E. Je ne sais pas de qui il est le fils (d'où il procède). Il paraît avoir été (il fut) avant le Souverain.

Résumé des commentaires.

Ce chapitre important est consacré à la description du Principe. A cause de l'abstraction du sujet, et peut-être aussi par prudence, ses conclusions choquant les anciennes traditions chinoises, Lao-tzeu emploie trois fois le terme atténué **paraître**, *au lieu du terme catégorique* être. *— Il ne se prononce pas sur l'origine du Principe, mais le fait antérieur au Souverain des Annales et des Odes. Ce Souverain ne saurait donc être, pour Lao-tzeu, un Dieu créateur de l'univers. Il n'est pas davantage un Dieu gouverneur de l'univers, car jamais Lao-tzeu ne lui fera une place dans son système, à ce titre. La déclaration faite ici, qu'il est postérieur au Principe, équivaut donc pratiquement à sa négation. — Le Principe, en lui-même,* *est comme un gouffre immense, comme une source infinie.* Tous les êtres sensibles sont produits par son extériorisation, par sa vertu tei opérant dans le binôme ciel-terre. *Mais les êtres sensibles, terminaisons du Principe, ne s'ajoutent pas au Principe, ne le grandissent pas, ne l'augmentent pas, ne le remplissent pas, comme dit le texte. Comme ils ne sortent pas de lui, ils ne le diminuent pas, ne le vident pas non plus, et le Principe reste toujours le même. — Quatre qualités lui sont attribuées, qui seront plus tard souvent proposées à l'imitation du Sage (par ex. Chapitre 56). Ces qualités sont assez mal définies par les termes positifs paisible, simple, modeste, amiable. Les termes de Lao-tzeu sont plus complexes. Etre mousse, sans pointe ni tranchant. N'être pas embrouillé, compliqué. N'être pas éblouissant, nais luire d'une lumière tempérée, plutôt terne. Partager volontiers la poussière, la bassesse du vulgaire.*

Chapitre 5. Texte.

A. Le ciel et la terre ne sont pas bons, pour les êtres *qu'ils produisent*, mais les traitent comme chiens de paille.

B. *A l'instar du ciel et de la terre*, le Sage n'est pas bon pour le peuple *qu'il gouverne*, mais le traite comme chien de paille.

C. L'entre-deux du ciel et de la terre, *siège du Principe, lieu d'où agit sa vertu*, est comme un soufflet, *comme le sac d'un soufflet dont le ciel et la terre seraient les deux planches*, qui se vide sans s'épuiser, qui se meut externant sans cesse.

D. *C'est là tout ce que nous pouvons entendre du Principe et de son action productrice.* Chercher à détailler, par des paroles et des nombres, serait peine perdue. Tenons-nous-en à cette notion globale.

Résumé des commentaires.

Il y a deux sortes de bonté : 1° la bonté d'ordre supérieur, qui aime l'ensemble, et n'aime les parties intégrantes de cet ensemble, que, en tant qu'elles sont parties intégrantes, pas pour elles-mêmes, ni pour leur bien propre ; 2° la bonté d'ordre inférieur, qui aime les individus, en eux-mêmes et pour leur bien particulier. Le ciel et la terre qui produisent tous les êtres par la vertu du Principe, les produisent inconsciemment, et ne sont pas bons pour eux, dit le texte ; sont bons pour eux, de bonté supérieure, non de bonté inférieure, disent les commentateurs. Cela revient à dire, qu'ils les traitent avec un froid opportunisme, n'envisageant que le bien universel, non leur bien particulier ; les faisant prospérer si utiles, les supprimant quand inutiles. Ce froid opportunisme est exprimé par le terme chien de paille. *Dans l'antiquité, en tête des cortèges funèbres, on portait des figures de chiens en paille, lesquelles devaient happer au passage toutes les influences néfastes. Avant les funérailles, on les préparait avec soin et on les traitait bien, parce qu'ils seraient bientôt utiles. Après les funérailles, on les détruisait, parce que devenus nuisibles, farcis qu'ils étaient d'influences nocives happées, comme Tchoang-tzeu nous l'apprend, chap. 14 D. — Dans le gouvernement, le Sage doit agir à l'instar du ciel et de la terre. Il doit aimer l'État, non les particuliers. Il doit favoriser les sujets utiles, et supprimer les sujets inutiles gênants ou nuisibles, selon l'opportunité, sans aucun autre égard. L'histoire de Chine est pleine des applications de ce principe. Tel ministre, longtemps choyé, est subitement exécuté, parce que l'orientation politique ayant changé, il serait gênant désormais, quels qu'aient été ses mérites antérieurs ; son heure est venue, dans la révolution universelle ; chien de paille, il est supprimé. Inutile de démontrer que ces idées sont diamétralement contraires aux notions chrétiennes de la Providence, de l'amour de Dieu pour chacune de ses créatures, de grâce, de bénédiction, etc. Bonté d'ordre inférieur que cela, disent, avec un sourire dédaigneux, les Sages taoïstes. — Suit la comparaison célèbre du soufflet universel, à laquelle les auteurs taoïstes renvoient très souvent. Elle sera encore développée dans le chapitre suivant. — Conclusion, c'est là tout ce que l'on sait du Principe et de son action. Il produit l'univers fait d'êtres ; mais l'univers seul lui importe, non aucun être. Si tant est que l'on puisse employer le terme* importe, *d'un producteur qui souffle son œuvre sans la connaître. Le Brahman des Védantistes a du moins quelque complaisance dans les bulles de savon qu'il souffle ; le Principe des Taoïstes non.*

Chapitre 6. Texte.

A. La puissance expansive transcendante qui réside dans l'espace médian, *la vertu du Principe*, ne meurt pas. *Elle est toujours la même, et agit de même, sans diminution ni cessation.*

B. Elle est la mère mystérieuse *de tous les êtres.*

C. La porte de cette mère mystérieuse, est la racine du ciel et de la terre, *le Principe.*

D. Pullulant, elle ne dépense pas. Agissant, elle ne fatigue pas.

Résumé des commentaires.

Il ne faut pas oublier que l'œuvre de Lao-tzeu ne fut pas divisée en chapitres primitivement, et que la division, faite plus tard, est souvent arbitraire, parfois maladroite. Ce chapitre continue et complète les paragraphes C et D du chapitre 5. Il traite de la genèse des êtres, par la vertu du Principe, lequel réside dans l'espace médian, dans le sac du soufflet universel, d'où tout émane. Les paragraphes A et B, se rapportent à la vertu du Principe ; les paragraphes C et D, au Principe lui-même. Le terme porte, *idée de deux battants, signifie le mouvement alternatif, le jeu du yinn et du yang, première modification du Principe. Ce jeu fut la racine, c'est-à-dire produisit le ciel et la terre.... En d'autres termes, c'est par le Principe que furent extériorisés le ciel et la terre, les deux planches du soufflet. C'est du Principe qu'émane* tei *la vertu productrice universelle, laquelle opère, par le ciel et la terre, entre le ciel et la terre, dans l'espace médian, produisant tous les êtres sensibles sans épuisement et sans fatigue.*

Chapitre 7. Texte.

A. Si le ciel et la terre durent toujours, c'est qu'ils ne vivent pas pour eux-mêmes.

B. Suivant cet exemple, le Sage, en reculant, s'avance ; en se négligeant, il se conserve. Comme il ne cherche pas son avantage, tout tourne à son avantage.

Résumé des commentaires.

Si le ciel et la terre durent toujours, ne sont pas détruits par des jaloux, des envieux, des ennemis, c'est qu'ils vivent pour tous les êtres, faisant du bien à tous. S'ils cherchaient leur propre intérêt, dit Wang-pi, ils seraient en conflit avec tous les êtres, un intérêt particulier étant toujours l'ennemi de l'intérêt général. Mais, comme ils sont parfaitement désintéressés, tous les êtres affluent vers eux. — De même, si le Sage cherchait son propre intérêt, il n'aurait que des ennuis, et ne réussirait à rien. S'il est désintéressé à l'instar du ciel et de la terre, il n'aura que des amis, et réussira en tout. — Pour arriver à durer, il faut s'oublier, dit Tchang-houng-yang. Le ciel et la terre ne pensent pas à soi, aussi rien de plus durable. Si le Sage est sans amour propre, sa personne durera et ses entreprises réussiront. Sinon, il en sera tout autrement. — Ou-teng rappelle, et avec raison, que, par ciel et terre, il faut entendre le Principe agissant par le ciel et la terre. C'est donc le désintéressement du Principe, qui est proposé en exemple au Sage, dans ce chapitre.

Chapitre 8. Texte.

A. La bonté transcendante est comme l'eau.

B. L'eau aime faire du bien à tous les êtres ; elle ne lutte pour aucune forme ou position définie, mais se met dans les lieux bas dont personne ne veut.

En ce faisant, elle est l'image du Principe.

C. *A son exemple*, ceux qui imitent le Principe, s'abaissent, se creusent ; sont bienfaisants, sincères, réglés, efficaces, et se conforment aux temps. Ils ne luttent pas pour leur intérêt propre, mais cèdent. Aussi n'éprouvent-ils aucune contradiction.

Résumé des commentaires.

Ce chapitre continue le précédent. Après l'altruisme du ciel et de la terre, l'altruisme de l'eau est proposé en exemple. Ko-tchangkeng *résume ainsi : Fuyant les hauteurs, l'eau recherche les profondeurs. Elle n'est oisive, ni le jour, ni la nuit. En haut elle forme la pluie et la rosée, en bas les fleuves et les rivières. Partout elle arrose, elle purifie. Elle fait du bien et est utile à tous. Elle obéit toujours et ne résiste jamais. Si on lui oppose un barrage, elle s'arrête ; si on lui ouvre une écluse, elle s'écoule. Elle s'adapte également à tout récipient, rond, carré, ou autre.* — *La pente des hommes est toute contraire. Ils aiment naturellement leur profit. Il leur faudrait imiter l'eau. Quiconque s'abaissera servira les autres, sera aimé de tous et n'aura pas de contradicteurs.*

Chapitre 9. Texte.

A. Tenir un vase plein, *sans que rien découle*, est impossible ; mieux eût valu ne pas le remplir. Conserver une lame affilée à l'extrême, *sans que son tranchant ne s'émousse*, est impossible ; mieux eût valu ne pas l'aiguiser à ce point. Garder une salle pleine d'or et de pierres précieuses, sans que rien en soit détourné, est impossible ; mieux eût valu ne pas amasser ce trésor.

Aucun extrême ne peut être maintenu longtemps. A tout apogée succède nécessairement une décadence. Ainsi de l'homme....

B. Quiconque, étant devenu riche et puissant, s'enorgueillit, prépare lui-même sa ruine.

C. Se retirer, à l'apogée de son mérite et de sa renommée, voilà la voie du ciel.

Résumé des commentaires.

Un vase absolument plein, déborde au moindre mouvement, ou perd de son contenu par l'évaporation. Une lame extrêmement affilée, perd son fil par l'effet des agents atmosphériques. Un trésor sera volé ou confisqué, inévitablement. Arrivé au zénith, le soleil baisse ; quand elle est pleine, la lune commence à décroître. Sur une roue qui tourne, le point qui a monté jusqu'au faîte, redescend aussitôt. Quiconque a compris cette loi universelle, inéluctable, de la diminution suivant nécessairement l'augmentation, donne sa démission, se retire, aussitôt qu'il se rend compte que sa fortune est à son apogée. Il fait cela, non par crainte de l'humiliation, mais par souci bien entendu de sa conservation, et surtout pour s'unir parfaitement à l'intention du destin.... Quand il sent que le temps est venu, dit un commentateur, le Sage coupe ses attaches, s'échappe de sa cage, sort du monde des vulgarités. Comme disent les Mutations, il ne sert plus un prince, parce que son cœur est plus haut. Ainsi firent tant de Taoïstes, qui se retirèrent dans la vie privée, en pleine fortune, et finirent dans l'obscurité volontaire.

CHAPITRE 10. TEXTE.

A. Faire que le corps, et l'âme *spermatique*, étroitement unis, ne se séparent pas.

B. S'appliquer à ce que l'air inspiré, *converti en âme aérienne*, anime *ce composé*, et le conserve intact comme l'enfant qui vient de naître.

C. S'abstenir des considérations trop profondes, pour ne pas s'user.

D. En fait d'amour du peuple et de sollicitude pour l'État, se borner à ne pas agir.

E. Laisser les portes du ciel s'ouvrir et se fermer, sans vouloir produire soi-même, *sans s'ingérer*.

F. Tout savoir, être informé de tout, et pourtant rester indifférent comme si on ne savait rien.

G. Produire, élever, sans faire sien ce qu'on a produit, sans exiger de retour pour son action, sans s'imposer à ceux qu'on gouverne.

Voilà la formule de l'action transcendante.

Résumé des commentaires.

L'homme a deux âmes, un double principe de vie. D'abord 魄 p'ai, 鬼 *l'âme issue du* 白 *sperme paternel, principe de la genèse et du développement du fœtus dans le sein maternel. Plus cette âme tient étroitement au corps, plus le nouvel être est sain et solide. Après la naissance, l'absorption et la condensation de l'air ou produisent la seconde âme,* 鬼 *l'âme* 云 *aérienne, principe du développement ultérieur et surtout de la survivance.* 營 *camp, terme analogue à* 殼 *coquille, le corps.* 載 *et* 薨 *différents, pour le parallélisme, faire que* 柔 *flexibilité, signifie ici vie, par opposition à la rigidité cadavérique.* 嬰 兒 *L'enfant nouveau-né, est, pour les Taoïstes, l'idéale perfection de la nature encore absolument intacte et sans aucun mélange. Plus tard cet enfançon sera interprété comme un être transcendant intérieur, principe de la survivance. Voyez, sur son endogenèse, Tome 1. Introduction page 13. La maladie, les excès, affaiblissent l'union de l'âme spermatique avec le corps, amenant ainsi la maladie. L'étude, les soucis, usent l'âme aérienne, hâtant ainsi la mort. Entretien du composé corporel et de l'âme aérienne, par une bonne hygiène, le repos, l'aérothérapie ; voilà le programme de la vie du Taoïste. — Pour G, comparez chapitre 2 C D.*

Chapitre 11. Texte.

A. Une roue est faite de trente rais *sensibles*, mais c'est grâce au vide central *non-sensible* du moyeu, qu'elle tourne.

B. Les vaisselles sont faites en argile *sensible*, mais c'est leur creux *non-sensible* qui sert.

C. Les trous *non-sensibles* que sont la porte et les fenêtres, sont l'essentiel d'une maison.

Comme on le voit par ces exemples

D. C'est du non-sensible que vient l'efficace, le résultat.

Résumé des commentaires.

Ceci se rattache aux paragraphes A et B du chapitre précédent. L'homme ne vit pas par son corps sensible, mais par ses deux âmes non-sensibles, la spermatique et l'aérienne. Aussi le Taoïste a-t-il surtout soin de ces deux entités invisibles. Tandis que le vulgaire n'y croit pas, ou n'en fait pas cas, parce qu'elles sont invisibles. Ce qui le préoccupe, lui, c'est le matériel, le sensible. Or, dans beaucoup d'êtres sensibles, dit le texte, l'utile, l'efficace, c'est ce qu'ils ont de non-sensible, leur creux, leur vide, un trou. Les commentateurs généralisent et disent : toute efficace sort du vide ; un être n'est efficace, qu'en tant qu'il est vide. — Il paraît que les roues antiques eurent trente rais, parce que le mois a trente jours.

Chapitre 12. Texte.

A. La vue des couleurs aveugle les yeux de l'homme. L'audition des sons lui fait perdre l'ouïe. La gustation des saveurs use son goût. La course et la chasse, en déchaînant en lui de sauvages passions, affolent son cœur. L'amour des objets rares et d'obtention difficile, le pousse à des efforts qui lui nuisent.

B. Aussi le Sage a-t-il cure de son ventre, et non de ses sens.

C. Il renonce à ceci, pour embrasser cela. (Il renonce à ce qui l'use, pour embrasser ce qui le conserve.)

Résumé des commentaires.

Ce chapitre se rattache au précédent. Le ventre est le creux, le vide, donc la partie essentielle et efficace, dans l'homme. C'est lui, qui entretient le composé humain et toutes ses parties, par la digestion et l'assimilation. C'est donc lui qui est l'objet des soins judicieux du Sage taoïste. On comprendra, après cela, pourquoi les bedaines sont si estimées en Chine, et pourquoi les grands personnages du Taoïsme sont le plus souvent représentés très ventrus. Au contraire, l'application des sens, l'exercice de l'esprit, la curiosité, toute activité et toute passion usant les deux âmes et le composé, le Sage s'en abstient soigneusement.

CHAPITRE 13. TEXTE.

A. La faveur pouvant être perdue, est une source d'inquiétudes. La grandeur pouvant être ruinée, est une source d'embarras.

Que signifient ces deux sentences ?

B. La première signifie que, et le soin de conserver la faveur, et la crainte de la perdre, remplissent l'esprit d'inquiétude.

C. La seconde avertit, que la ruine vient ordinairement du trop grand souci pour son agrandissement personnel. Qui n'a pas d'ambition personnelle, n'a pas de ruine à craindre.

D. A celui qui est uniquement soucieux de la grandeur de l'empire (et non de la sienne), à celui qui ne désire que le bien de l'empire (et non le sien propre), qu'à celui-là on confie l'empire, (et il sera en bonnes mains.)

Résumé des commentaires.

Suite du chapitre précédent. Autres causes d'usure, autres précautions à prendre pour l'éviter. Pour ceux qui sont en faveur, qui occupent des positions, le souci de se maintenir, use l'âme et le corps. Parce qu'ils sont attachés de cœur, à leur faveur, à leur position. Bien des Sages taoïstes furent honorés de la faveur des grands, occupèrent de hautes positions, sans inconvénient pour eux, détachés qu'ils étaient de toute affection pour leur situation ; désirant, non se maintenir, mais voir leur démission acceptée. Les hommes de cette espèce peuvent être empereurs princes ou ministres, sans détriment pour eux, et sans détriment pour l'empire, qu'ils gouvernent avec le plus haut et le plus entier désintéressement. — Le texte de ce chapitre est fautif dans beaucoup d'éditions modernes.

CHAPITRE 14. TEXTE.

A. En regardant, on ne le voit pas, car il est non-visible. En écoutant, on ne l'entend pas, car il est non-sonore. En touchant, on ne le sent pas, car il est non-palpable. Ces trois *attributs* ne doivent pas être distingués, car ils désignent un même être.

B. *Cet être, le Principe,* n'est pas lumineux en dessus et obscur en dessous, *comme les corps matériels opaques, tant il est ténu.* Il se dévide (existence et action continues). Il n'a pas de nom propre. Il remonte jusqu'au temps où il n'y eut pas d'êtres *autres que lui.* Superlativement dépourvu de forme et de figure, il est indéterminé. *Il n'a pas de parties* ; par devant on ne lui voit pas de tête, par derrière pas d'arrière-train.

C. C'est ce Principe primordial, qui régit tous les êtres, jusqu'aux actuels. Tout ce qui est, depuis l'antique origine, c'est le dévidage du Principe.

Résumé des commentaires.

Les treize premiers chapitres forment une série. Ici l'auteur reprend depuis le commencement. Nouvelle description du Principe, non-sensible tant il est ténu ; le néant de forme ; l'être infini indéfini ; qui fut avant tout ; qui fut cause de tout. Description pittoresque de **tei** *son action productrice continue et variée, par la métaphore* 紀 **ki** *dévidage d'une bobine. Le sens est clair :* 道 散 爲 德 *les produits divers du Principe, sont les manifestations de sa vertu ; la chaîne infinie de ces manifestations de la vertu du Principe, peut s'appeler le dévidage du Principe.* — *Ce chapitre* *important, ne présente aucune difficulté.*

CHAPITRE 15. TEXTE.

A. Les Sages de l'antiquité, étaient subtils, abstraits, profonds, à un degré que les paroles ne peuvent exprimer. Aussi vais-je me servir de comparaisons imagées, pour me faire comprendre vaille que vaille.

B. Ils étaient circonspects comme celui qui traverse un cours d'eau sur la glace ; prudents comme celui qui sait que ses voisins ont les yeux sur lui ; réservés comme un convive devant son hôte. Ils étaient indifférents comme la glace fondante (qui est glace ou eau, qui n'est ni glace ni eau). Ils étaient rustiques comme le tronc (dont la rude écorce cache le cœur excellent). Ils étaient vides comme la vallée (par rapport aux montagnes qui la forment). Ils étaient accommodants comme l'eau limoneuse, (eux, l'eau claire, ne repoussant pas la boue, ne refusant pas de vivre en contact avec le vulgaire, ne faisant pas bande à part).

C. (Chercher la pureté et la paix dans la séparation d'avec le monde, c'est exagération. Elles peuvent s'obtenir dans le monde.) La pureté s'obtient dans le trouble (de ce monde), par le calme (intérieur), à condition qu'on ne se chagrine pas de l'impureté du monde. La paix s'obtient dans le mouvement (de ce monde), par celui qui sait prendre son parti de ce mouvement, et qui ne s'énerve pas à désirer qu'il s'arrête.

D. Celui qui garde cette règle de ne pas se consumer en désirs stériles d'un état chimérique, celui-là vivra volontiers dans l'obscurité, et ne prétendra pas à renouveler le monde.

Résumé des commentaires.

Tchang-houngyang explique ainsi le dernier paragraphe D, assez obscur, à cause de son extrême concision : Celui-là restera fidèle aux enseignements des anciens, et ne se laissera pas séduire par des doctrines nouvelles. Cette explication paraît difficilement soutenable.

CHAPITRE 16. TEXTE.

A. Celui qui est arrivé au maximum du vide (de l'indifférence), celui-là sera fixé solidement dans le repos.

B. Les êtres innombrables sortent (du non-être), et je les y vois retourner. Ils pullulent, puis retournent tous à leur racine.

C. Retourner à sa racine, c'est entrer dans l'état de repos. De ce repos ils sortent, pour une nouvelle destinée. Et ainsi de suite, continuellement, sans fin.

D. Reconnaître la loi de cette continuité immuable (des deux états de vie et de mort), c'est la sagesse. L'ignorer, c'est causer follement des malheurs (par ses ingérences intempestives).

E. Celui qui sait que cette loi pèse sur les êtres, est juste (traite tous les êtres d'après leur nature, avec équité), comme doit faire un roi, comme fait le ciel, comme fait le Principe. Et par suite il dure, et vit jusqu'au terme de ses jours, ne s'étant pas fait d'ennemis.

Résumé des commentaires.

L'immuabilité est un attribut propre au Principe. Les êtres y participent, en proportion de leur ressemblance acquise avec le Principe. Le Sage taoïste absolument indifférent, étant de tous les êtres celui qui ressemble le plus au Principe, est le plus immuable par conséquent. — Sauf le Principe, tous les êtres sont soumis à l'alternance continuelle des deux états de vie et de mort. Les commentateurs appellent cette alternance, le va-et-vient de la navette, sur le métier à tisser cosmique. Tchang-houngyang la compare à la respiration, l'inspiration active répondant à la vie, l'expiration passive répondant à la mort, la fin de l'une étant le commencement de l'autre. Le même se sert, comme terme de comparaison, de la révolution lunaire, la pleine lune étant la vie, la nouvelle lune étant la mort, avec deux périodes intermédiaires de croissance et de décroissance. Tout cela est classique, et ressassé dans tous les auteurs taoïstes.

CHAPITRE 17. TEXTE.

A. Dans les premiers temps (quand, dans les choses humaines, tout était encore conforme à l'action du Principe), les sujets savaient à peine qu'ils avaient un prince (tant l'action de celui-ci était discrète).

B. Plus tard le peuple aima et flatta le prince (à cause de ses bienfaits). Plus tard il le craignit (à cause de ses lois), et le méprisa (à cause de ses injustices). Il devint déloyal, pour avoir été traité déloyalement, et perdit confiance, ne recevant que de bonnes paroles *non suivies d'effet*.

C. *Combien délicate fut la touche des anciens souverains.* Alors que tout prospérait grâce à leur administration, leur peuple s'imaginait avoir fait en tout sa propre volonté.

Résumé des commentaires.

Le sens est obvie, et les commentateurs sont tous d'accord. Cette utopie du gouvernement imperceptible, sans châtiments et sans récompenses, hantait encore le cerveau des lettrés chinois, il n'y a pas bien longtemps.

CHAPITRE 18. TEXTE.

A. Quand l'action conforme au Principe dépérit (quand les hommes cessèrent d'agir spontanément avec bonté et équité), ou inventa les principes *artificiels* de la bonté et de l'équité ; et ceux de la prudence et de la sagesse, qui dégénérèrent bientôt en politique.

B. Quand les parents ne vécurent plus dans l'harmonie *naturelle ancienne*, on tâcha de suppléer à ce déficit par l'invention des principes *artificiels* de la piété filiale et de l'affection paternelle.

C. Quand les États furent tombés dans le désordre, on inventa le *type* du ministre fidèle.

Résumé des commentaires.

Les principes et les préceptes, en un mot la morale conventionnelle, inutiles dans l'âge du bien spontané, furent inventés quand le monde tomba en décadence, comme un remède à cette décadence. L'invention fut plutôt malheureuse. Le seul vrai remède eût été le retour au Principe primitif. — C'est ici la déclaration de guerre de Lao-tzeu à Confucius. Tous les auteurs taoïstes, Tchoang-tzeu en particulier, ont déclamé contre la bonté et l'équité artificielles, mot d'ordre du Confucéisme.

CHAPITRE 19. TEXTE

A. Rejetez la sagesse et la prudence (artificielles, conventionnelles, la politique, pour revenir à la droiture naturelle primitive), et le peuple sera cent fois plus heureux.

B. Rejetez la bonté et l'équité (artificielles, la piété filiale et paternelle conventionnelles), et le peuple reviendra (pour son bien, à la bonté et à l'équité naturelles,) à la piété filiale et paternelle spontanées.

C. Rejetez l'art et le lucre, et les malfaiteurs disparaîtront. (Avec la simplicité primordiale, on reviendra à l'honnêteté primordiale.)

D. Renoncez à ces trois catégories *artificielles*, car l'artificiel ne suffit pour rien.

E. Voici à quoi il faut vous attacher : être simple, rester naturel, avoir peu d'intérêts particuliers, et peu de désir.

Résumé des commentaires.

Ce chapitre est la suite du précédent. Il est parfaitement clair. Les commentateurs s'accordent. Matière développée au long par Tchoang-tzeu.

CHAPITRE 20. TEXTE.

A. Renoncez à toute science, et vous serez libre de tout souci. Qu'est-ce que la différence entre les particules *wei* et *a* (sur laquelle les rhéteurs ont tant à dire) ? Qu'est-ce que la différence entre le bien et le mal (sur laquelle les critiques n'arrivent pas à s'accorder) ? (Ce sont là des futilités, qui empêchent d'avoir l'esprit libre. Or la liberté d'esprit est nécessaire, pour entrer en relations avec le Principe.)

B. Sans doute, parmi les choses que les hommes vulgaires craignent, il en est qu'il faut craindre aussi ; mais pas comme eux, avec trouble d'esprit, jusqu'à en perdre son équilibre *mental*.

C. Il ne faut pas non plus se laisser déséquilibrer par le plaisir, comme il leur arrive, quand ils ont fait un bon repas, quand ils ont regardé le paysage du haut d'une tour au printemps avec accompagnement de vin, etc.)

D. Moi (le Sage), je suis comme incolore et indéfini ; neutre comme l'enfançon qui n'a pas encore éprouvé sa première émotion ; comme sans dessein et sans but.

E. Le vulgaire abonde (en connaissances variées), tandis que moi je suis pauvre (m'étant défait de toute inutilité), et *comme* ignare, tant je me suis purifié. Eux paraissent pleins de lumières, moi je parais obscur. Eux cherchent et scrutent, moi je reste concentré en moi. Indéterminé, comme l'immensité des eaux, je flotte sans arrêt. Eux sont pleins (de talents), tandis que moi je suis *comme* borné et inculte.

F. Je diffère ainsi du vulgaire, parce que je vénère *et imite* la mère nourricière universelle, *le Principe*.

Résumé des commentaires.

Le texte de ce chapitre varie dans les diverses éditions ; il doit avoir été mutilé ou retouché. Les commentaires diffèrent aussi beaucoup les uns des autres. L'obscurité provient, je pense, de ce que Lao-tzeu parlant de lui-même, et se proposant comme modèle des disciples du Principe, n'aura pas voulu parler plus clair. Tchang-houngyang me paraît avoir le mieux interprété sa pensée.

Chapitre 21. Texte.

A. Tous les êtres *qui jouent un rôle* dans la grande manifestation *sur le théâtre cosmique*, sont issus du principe, par sa vertu (son dévidage).

B. Voici que être est le Principe : il est indistinct et indéterminé Oh combien indistinct et indéterminé ! — Dans cette indistinction et indétermination, il y a des types. Oh qu'il est indistinct et indéterminé ! — Dans cette indistinction et indétermination, il y a des êtres *en puissance*. Oh qu'il est mystérieux et obscur ! — Dans ce mystère, dans cette obscurité, il y a une essence, qui est réalité. — *Voilà quelle sorte d'être est le Principe.*

C. Depuis l'antiquité jusqu'à présent, son nom (son être) restant le même, de lui sont sortis tous les êtres.

D. Comment sais-je que telle fut l'origine de tous les êtres ?... Par cela (par l'observation objective de l'univers, qui révèle que les contingents doivent être issus de l'absolu).

Résumé des commentaires.

Ce chapitre élevé n'est pas obscur, et les commentateurs s'accordent. Toutes ces notions nous sont déjà connues. C'est le troisième chapitre consacré à la définition du Principe et de sa Vertu ; plus clair que les précédents ; comme si Lao-tzeu, en y revenant, avait précisé ses idées.

CHAPITRE 22. TEXTE.

A. *Les anciens disaient*, l'incomplet sera complété, le courbe sera redressé, le creux sera rempli, l'usé sera renouvelé ; la simplicité fait réussir, la multiplicité égare.

B. Aussi le Sage qui s'en tient à l'unité, est-il le modèle de l'empire, (du monde, l'homme idéal). Il brille, parce qu'il ne s'exhibe pas. Il s'impose, parce qu'il ne prétend pas avoir raison. On lui trouve du mérite, parce qu'il ne se vante pas. Il croît constamment, parce qu'il ne se pousse pas. Comme il ne s'oppose à personne, personne ne s'oppose à lui.

C. Les axiomes des anciens cités ci-dessus, ne sont-ils pas pleins de sens ? Oui, vers le parfait (qui ne fait rien pour attirer), tout afflue *spontanément*.

Résumé des commentaires.

Le sens est clair. S'en tenir à l'unité, c'est, dit Tchang-houngyang, s'oublier soi-même et oublier toutes choses, pour se concentrer dans la contemplation de l'unité originale.

CHAPITRE 23. TEXTE.

A. Peu parler, et n'agir que sans effort, voilà la *formule*.

B. Un vent impétueux ne se soutient pas durant une matinée, une pluie torrentielle ne dure pas une journée. Et pourtant ces effets sont produits par le ciel et la terre, (les plus puissants de tous les agents. Mais ce sont des effets forcés, exagérés, voilà pourquoi ils ne peuvent pas être soutenus). Si le ciel et la terre ne peuvent pas soutenir une action forcée, combien moins l'homme le pourra-t-il.

C. Celui qui se conforme au Principe, conforme ses principes à ce Principe, son agir à l'action de ce Principe, son non-agir à l'inaction de ce Principe. Ainsi ses principes, ses actions, ses inactions, (spéculations, interventions, abstentions,) lui donneront toujours le contentement d'un succès, (car, quoi qu'il arrive ou n'arrive pas, le Principe évolue, donc il est content).

D. (Cette doctrine de l'abnégation de ses opinions et de son action, est du goût de peu de gens.) Beaucoup n'y croient que peu, les autres pas du tout.

Résumé des commentaires.

Le sens est clair, et les commentateurs s'accordent. Le texte de ce chapitre est très incorrect dans les éditions modernes, ayant été retouché avec inintelligence.

Chapitre 24. Texte.

A. A force de se dresser sur la pointe des pieds, on perd son équilibre. A vouloir faire de trop grandes enjambées, on n'avance pas. A se montrer, on perd sa réputation. A s'imposer, on perd son influence. A se vanter, on se déconsidère. A se pousser, on cesse de croître.

B. A la lumière du Principe, toutes ces manières d'agir sont odieuses, dégoûtantes. Car elles sont excès, superfétation ; ce qu'une indigestion est à l'estomac, ce qu'une tumeur est au corps. Quiconque a des principes (conformes au Principe), ne fait pas ainsi.

Résumé des commentaires.

Ce chapitre est la suite des deux précédents. Le sens est clair. Les commentateurs s'accordent. Excès sur la simplicité naturelle.

CHAPITRE 25. TEXTE.

A. Il est un être d'origine inconnue, qui exista avant le ciel et la terre, imperceptible et indéfini, unique et immuable, omniprésent et inaltérable, la mère de tout ce qui est.

B. Je ne lui connais pas de nom propre. Je le désigne par le mot Principe. S'il fallait le nommer, on pourrait l'appeler *le Grand*, grand aller, grand éloignement, grand retour, (le principe de l'immense évolution cyclique du cosmos, du devenir et du finir de tous les êtres).

C. Le nom *Grand* convient (proportionnellement) à quatre êtres (superposés) ; à l'empereur, à la terre, au ciel (triade chinoise classique), au Principe. L'empereur doit sa grandeur à la terre (son théâtre), la terre doit sa grandeur au ciel (qui la féconde), le ciel doit sa grandeur au Principe (dont il est l'agent principal). (Grandeur d'emprunt, comme on voit. Tandis que) le Principe doit sa grandeur essentielle, à son aséité.

Résumé des commentaires.

Chapitre célèbre ; comparez le chapitre 1. Les commentateurs sérieux s'accordent, les verbeux bafouillent. Le Principe est appelé la mère de tout ce qui est, en tant que source de l'être de tout ce qui est. Il ne peut être nommé, étant le néant de forme, lequel est dépourvu de tout accident auquel on puisse accrocher un qualificatif. Être indéfini, ou Principe universel, sont les seuls termes qui lui soient applicables proprement.

Chapitre 26. Texte

A. Le lourd est la base (racine) du léger, le repos est le soutien (prince) du mouvement. (Ces choses doivent toujours être unies dans un juste tempérament.)

B. Aussi un prince sage, quand il voyage (dans son char léger), ne se sépare-t-il jamais des lourds fourgons qui portent ses bagages. Par quelques beaux paysages qu'il passe, il ne prend son gîte que dans les localités paisibles.

C. Hélas, comment un empereur a-t-il pu donner à l'empire le spectacle d'une folle conduite, perdant à force de légèreté toute autorité, et à force de libertinage tout repos ?

Résumé des commentaires.

Allusion historique à l'empereur You-wang, *ou à un autre, on ne sait pas au juste. Les commentateurs sont d'avis que ce chapitre est seulement une exhortation à une conduite réglée.*

Chapitre 27. Texte

A. L'habile marcheur ne laisse pas de traces, l'habile parleur ne blesse personne, l'habile calculateur ne se sert pas de fiches, l'expert en serrures en fabrique que personne ne peut ouvrir, l'expert en nœuds en noue que personne ne peut dénouer. (Tous les spécialistes ont ainsi leur spécialité, qui fait leur gloire, dont ils tirent profit.)

B. De même le Sage (politicien confucéen), le sauveur *professionnel* des hommes et des choses, a ses procédés à lui. Il se considère comme le maître *né* des autres hommes, qu'il estime être la matière *née de son métier*.

C. Or c'est là s'aveugler, (voiler la lumière, les principes taoïstes). Ne pas vouloir régenter, ne pas s'approprier autrui, quoique sage faire l'insensé (s'obstiner à vivre dans la retraite), voilà la vérité essentielle.

Résumé des commentaires.

Traduit d'après Tchang-houngyang, lequel remarque, avec raison, que presque tous les commentateurs se sont trompés sur l'interprétation de ce chapitre. Opposition nette du Confucéiste et du Taoïste. Le premier ne rêve qu'une fonction. qui lui donne autorité sur les hommes. Le second s'en défend tant qu'il peut.

CHAPITRE 28. TEXTE.

A. Avoir conscience de sa puissance virile (savoir qu'on est un coq), et se tenir néanmoins volontairement dans l'état inférieur de la femelle (de la poule) ; se tenir volontairement au plus bas point dans l'empire.... Se comporter ainsi, c'est montrer qu'on conserve encore la vertu primordiale, (le désintéressement absolu, participation du Principe).

B. Se savoir éclairé, et se faire passer volontairement pour ignare ; être volontiers le marchepied de tous.... Se comporter ainsi, c'est prouver qu'en soi la vertu primordiale n'a pas vacillé, qu'on est encore uni au premier Principe.

C. Se savoir digne de gloire, et rester volontairement dans l'obscurité ; être volontiers la vallée (le plus bas point) de l'empire.... Se comporter ainsi, c'est prouver qu'on possède encore intacte l'abnégation originelle, qu'on est encore dans l'état de simplicité naturelle.

D. (Le Sage refusera donc la charge de gouverner. S'il est contraint de l'accepter, alors qu'il se souvienne que) de l'unité primordiale, les êtres multiples sont sortis par éparpillement.

(Qu'il ne s'occupe jamais de ces êtres divers), mais gouverne comme chef des officiers (premier moteur), uniquement appliqué au gouvernement général, sans s'occuper nullement des détails.

Résumé des commentaires.

Ce chapitre se rattache à C, la fin du précédent. Il décrit bien le gouvernement olympien, tel que l'entendent les Taoïstes. Le chapitre 29 fait suite.

CHAPITRE 29. TEXTE.

A. Pour celui qui tient l'empire, vouloir le manipuler (agir positivement, gouverner activement), à mon avis, c'est vouloir l'insuccès. L'empire est un mécanisme d'une délicatesse extrême. *Il faut le laisser aller tout seul.* Il n'y faut pas toucher. Qui le touche, le détraque. Qui veut se l'approprier, le perd.

B. Quand il gouverne, le Sage laisse aller tous les êtres (et l'empire qui est leur somme), d'après leurs natures diverses ; les agiles et les lents ; les apathiques et les ardents ; les forts et les faibles ; les durables et les éphémères.

C. Il se borne à réprimer les formes d'excès qui seraient nuisibles a l'ensemble des êtres, comme, la puissance, la richesse, l'ambition.

Résumé des commentaires.

Tchang-houngyang *appelle cette répression des excès, la seule intervention permise au* Taoïste, 此乃無爲中之有爲也 *l'agir dans le non-agir.*

CHAPITRE 30. TEXTE.

(De tous les excès, le plus préjudiciable, le plus damnable, c'est celui des armes, la guerre).

A. Que ceux qui assistent un prince de leurs conseils, se gardent de vouloir faire sentir à un pays la force des armes. (Car pareille action appelle la revanche, se paie toujours fort cher.) Là où des troupes séjournent, les terres abandonnées par les laboureurs, ne produisent plus que des épines. Là où de grandes armées ont passé, des années de malheur (famine et brigandage) suivent.

B. Aussi le bon général se contente-t-il de faire ce qu'il faut (le moins possible ; répression plutôt morale que matérielle), et s'arrête aussitôt, se gardant bien d'exploiter sa force jusqu'au bout. Il fait tout juste ce qu'il faut (pour rétablir la paix), non pour sa gloire et son avantage, mais par nécessité et à contre-cœur, sans intention d'augmenter sa puissance.

C. Car à l'apogée de toute puissance, succède toujours la décadence. Se faire puissant, est donc contraire au Principe, (source de la durée). Qui manque au Principe sur ce point, ne tarde pas à périr.

Commentaires littéraux. Aucune controverse.

CHAPITRE 31. TEXTE.

A. Les armes les mieux faites, sont des instruments néfastes, que tous les êtres ont en horreur. Aussi ceux qui se conforment au Principe, ne s'en servent pas.

B. En temps de paix, le prince met à sa gauche (la place d'honneur) le ministre civil qu'il honore ; mais même en temps de guerre, il met le commandant militaire à sa droite (pas la place d'honneur, même alors qu'il est dans l'exercice de ses fonctions).

Les armes sont des instruments néfastes, dont un prince sage ne se sert qu'à contre-cœur et par nécessité, préférant toujours la paix modeste à une victoire glorieuse.

Il ne convient pas qu'on estime qu'une victoire soit un bien. Celui qui le ferait, montrerait qu'il a un cœur d'assassin. Il ne conviendrait pas qu'un pareil homme règne sur l'empire.

C. De par les rits, on met à gauche les êtres fastes, et à droite les êtres néfastes. (Or quand l'empereur reçoit ensemble les deux généraux,) le général suppléant (qui n'agit qu'à défaut du titulaire et qui est par conséquent moins néfaste) est placé à gauche, tandis que le général commandant est mis à droite, c'est-à-dire à la première place selon les rits funèbres, (la place du conducteur du deuil, du chef des pleureurs). Car à celui qui a tué beaucoup d'hommes, incombe de les pleurer, avec larmes et lamentations. La seule place qui convienne vraiment à un général vainqueur, c'est celle de pleureur en chef, (conduisant le deuil de ceux dont il a causé la mort).

Commentaires littéraux. Aucune controverse.

CHAPITRE 32. TEXTE.

A. Le Principe n'a pas de nom propre. *Il est la nature.* Cette nature si inapparente, est plus puissante que quoi que ce soit. Si les princes et l'empereur s'y conforment, tous les êtres se feront spontanément leurs collaborateurs ; le ciel et la terre agissant en parfaite harmonie, répandront une rosée sucrée (le signe le plus faste possible) ; le peuple sera réglé, sans qu'on le contraigne.

B. Quand, au commencement, *dans ce monde visible*, le Principe par sa communication produisit les êtres qui ont des noms (sensibles), il ne se communiqua pas à l'infini, ni d'une manière qui l'épuisât, (mais seulement comme par des prolongements ténus, sa masse restant intacte). Il en est du Principe par rapport aux êtres divers qui remplissent le monde, comme de la masse des grands fleuves et des mers par rapport aux ruisseaux et aux filets d'eau.

Résumé des commentaires.

Chaque être existe par un prolongement du Principe en lui. Ces prolongements ne sont pas détachés du Principe, lequel ne diminue donc pas en se communiquant. Le prolongement du Principe dans l'être, est la nature de cet être. Le Principe est la nature universelle, étant la somme de toutes les natures individuelles, ses prolongements.

CHAPITRE 33. TEXTE.

A. Connaître les autres, c'est sagesse ; mais se connaître soi-même, c'est sagesse supérieure, (la nature propre étant ce qu'il y a de plus profond et de plus caché). — Imposer sa volonté aux autres, c'est force ; mais se l'imposer à soi-même, c'est force supérieure (les passions propres étant ce qu'il y a de plus difficile à dompter). Se suffire (être content de ce que le destin a donné) est la vraie richesse ; se maîtriser (se plier à ce que le destin a disposé) est le vrai caractère.

B. Rester à sa place (naturelle, celle que le destin a donnée), fait durer longtemps. Après la mort, ne pas cesser d'être, est la vraie longévité, (laquelle est le partage de ceux qui ont vécu en conformité avec la nature et le destin).

Résumé des commentaires.

La mort et la vie, deux formes de l'être. En, B, il s'agit de la survivance consciente. Voyez Tome I. Introduction, page 10.

Chapitre 34. Texte.

A. Le grand Principe se répand, dans tous les sens. Il se prête avec complaisance à la genèse de tous les êtres (ses participés). Quand une œuvre est devenue, il ne se l'attribue pas. Bienveillamment il nourrit tous les êtres, sans s'imposer à eux comme un maître (pour les avoir nourris ; les laissant libres ; n'exigeant d'eux aucun retour avilissant). A cause de son désintéressement constant, il devrait, ce semble, être comme diminué. Mais non ; tous les êtres envers lesquels il est si libéral, affluant vers lui, il se trouve grandi (par cette confiance universelle).

B. Le Sage imite cette conduite. Lui aussi se fait petit (par son désintéressement et sa délicate réserve), et acquiert par là la vraie grandeur.

Rien de plus dans les commentaires.

Chapitre 35. Texte.

A. Parce qu'il ressemble au grand prototype (le Principe, par son dévouement désintéressé), tous vont au Sage. Il les accueille tous, leur fait du bien, leur donne repos, paix et bonheur.

B. La musique et la bonne chère retiennent *pour une nuit seulement* un hôte qui passe (les plaisirs sensuels sont passagers et il n'en reste rien). Tandis que l'exposé du grand principe du dévouement désintéressé, simple et sans apprêt, qui ne charme ni les yeux ni les oreilles, *plaît, se grave*, et est d'une fécondité inépuisable en applications pratiques.

Rien de plus dans les commentaires.

Chapitre 36. Texte.

A. Le commencement de la contraction suit nécessairement l'apogée de l'expansion. L'affaiblissement suit la force, la décadence suit la prospérité, le dépouillement suit l'opulence. Voilà la lumière subtile (que beaucoup ne veulent pas voir). Toute puissance et toute supériorité précédente, s'expie par la débilité et l'infériorité subséquente. *Le plus appelle le moins, l'excès appelle le déficit.*

B. Que le poisson ne sorte pas des profondeurs (où il vit ignoré mais en sécurité, pour se montrer à la surface où il sera harponné). Qu'un État ne fasse pas montre de ses ressources, (s'il ne veut pas qu'aussitôt tous se tournent contre lui pour l'écraser).

Résumé des commentaires.

Rester petit, humble, caché ; ne pas attirer l'attention ; voilà le secret pour vivre bien et longtemps.

CHAPITRE 37. TEXTE.

A. Le Principe est toujours non-agissant (n'agit pas activement) et cependant tout est fait par lui (par participation inapparente).

B. Si le prince et les seigneurs pouvaient gouverner ainsi (sans y mettre la main), tous les êtres deviendraient spontanément parfaits (par retour à la nature).

C. Il n'y aurait plus ensuite qu'à réprimer leurs velléités éventuelles de sortir de cet état (en agissant, en les rappelant chaque fois à la nature innommée à la simplicité primordiale du Principe). Dans cet état de nature innommée, pas de désirs. Pas de désirs, et tout est en paix, et l'État se gouverne de lui-même.

Les commentaires n'ajoutent rien. Comparez chapitre 3.

LIVRE II

CHAPITRE 38. TEXTE.

A. Ce qui est supérieur à la Vertu du Principe (le Principe lui-même considéré dans son essence), n'agit pas, mais conserve en soi la Vertu à l'état d'immanence. Tout ce qui est inférieur à la Vertu du Principe (les règles de conduite artificielles), n'est qu'un palliatif à la perte de la Vertu ; palliatif qui n'a avec elle rien de commun.

B. Ce qui est supérieur à la Vertu (le Principe), n'agit pas en détail. Ce qui est inférieur à la Vertu (les règles artificielles), n'existe que pour l'action en détail.

C. Ce qui est au-dessus de la bonté (artificielle confucéenne, le Principe) n'agit pas en détail. Ce qui est au-dessus de l'équité (artificielle, la bonté) agit en détail. Ce qui est au-dessus des rits (l'équité) lutte avec les penchants des divers êtres, d'où les rits et les lois.

En d'autres termes, après l'oubli de la nature avec ses instincts naturels bons, vinrent les principes artificiels palliatifs de ce déficit ; lesquels sont, dans l'ordre descendant, la bonté, l'équité, les rits et les lois.

Oui, les rits ne sont qu'un pauvre expédient pour couvrir la perte de la droiture et de la franchise originelles. Ils sont une source de troubles (étiquette, rubriques) plutôt que d'ordre.

Enfin le dernier terme de cette évolution descendante, la sagesse politique, fut le commencement de tous les abus.

D. L'homme vraiment homme, s'en tient a la droiture et au bon sens naturels, méprisant les principes artificiels. Usant de discernement, il rejette cela (le faux), pour embrasser ceci (le vrai).

Résumé des commentaires.

Ce chapitre est dirigé contre le Confucéisme. Le bon sens naturel global, c'est l'unité. Les préceptes moraux artificiels, c'est la multiplicité. Le chapitre suivant va montrer que la multiplicité ruine, que l'unité sauve.

CHAPITRE 39. TEXTE.

A. Voici les êtres qui participent à la simplicité primitive. Le ciel, qui doit à cette simplicité sa luminosité. La terre, qui lui doit sa stabilité. L'action génératrice universelle, qui lui doit son activité. L'espace médian, qui lui doit sa fécondité. La vie commune à tous les êtres. Le pouvoir de l'empereur et des princes. (Vie et pouvoir étant des émanations du Principe).

B. Ce qui les fait tels, c'est la simplicité (primitive à laquelle ils participent. Si le ciel venait à la perdre, il tomberait. Si la terre venait à la perdre, elle vacillerait. Si l'action génératrice la perdait, elle cesserait. Si l'espace médian la perdait, il s'épuiserait. Si la vie la perdait, tous les êtres disparaîtraient. Si l'empereur et les princes la perdaient, c'en serait fait de leur dignité.

C. Toute élévation, toute noblesse, est assise sur l'abaissement et la simplicité (caractères propres du Principe). Aussi est-ce avec raison, que l'empereur et les princes, les plus exaltés des hommes, se désignent par les termes, *seul, unique, incapable*, et cela sans s'avilir.

D. (Appliquant le même principe de la simplicité dans leur gouvernement), qu'ils réduisent les multitudes de leurs sujets à l'unité, les considérant comme une masse indivise avec une impartialité sereine, n'estimant pas les uns précieux comme jade et les autres vils comme cailloux.

Résumé des commentaires.

La vue, globale, comme d'une distance infinie, les individus et les détails n'étant pas visibles. Nous connaissons cela. Ce chapitre complète le précédent.

CHAPITRE 40. TEXTE.

A. Le retour en arrière (vers le Principe), est la forme de mouvement caractéristique de ceux qui se conforment au Principe. L'atténuation est l'effet que produit en eux leur conformation au Principe.

B. *Considérant que* tout ce qui est, est né de l'être *simple*, et que l'être est né du non-être *de forme, ils tendent, en se diminuant sans cesse, à revenir à la simplicité primordiale.*

Les commentaires n'ajoutent rien au sens, qui est clair.

CHAPITRE 41. TEXTE.

A. Quand un lettré d'ordre supérieur a entendu parler du retour au Principe, il s'y applique avec zèle. Si c'est un lettré d'ordre moyen, il s'y applique avec indécision. Si c'est un lettré d'ordre inférieur, il s'en moque. Et c'est une marque de la vérité de cette doctrine, que cette sorte de gens s'en moque. *Le fait qu'ils ne la comprennent pas, prouve sa transcendance.*

B. On dit, comme en proverbe : ceux qui ont compris le Principe, sont comme aveuglés ; ceux qui tendent vers lui, sont comme désorientés ; ceux qui l'ont atteint, paraissent comme vulgaires. C'est que, la grande vertu se creuse comme une vallée, la grande lumière se voile volontairement de ténèbres, la vertu vaste fait croire qu'elle est défectueuse, la vertu solide se donne l'air de l'incapacité, le Sage cache ses qualités sous des dehors plutôt rebutants.

C. *Celui-là serait bien trompé, qui croirait à ces apparences.* Carré si grand que ses angles sont invisibles (infini) ! Grand vase jamais fini ! Grand sens dans un faible son ! Grand type mais insaisissable ! *Le Sage ressemble au Principe.* — Or le Principe est latent et n'a pas de nom, mais par sa douce communication, tout est produit. *Ainsi, à proportion, du Sage.*

Rien de plus dans les commentaires.

CHAPITRE 42. TEXTE.

A. Le Principe ayant émis sa vertu une, celle-ci se mit à évoluer selon deux modalités alternantes. Cette évolution produisit (ou condensa) l'air médian (la matière ténue). De la matière ténue, sous l'influence des deux modalités *yinn* et *yang*, furent produits tous les êtres sensibles. Sortant du *yinn* (de la puissance), ils passent au *yang* (à l'acte), par influence des deux modalités sur la matière.

B. Ce que les hommes n'aiment pas, c'est d'être seuls, uniques, incapables, (l'obscurité et l'abaissement), et cependant les empereurs et les princes se désignent par ces termes, (humilité qui ne les avilit pas). Les êtres se diminuent en voulant s'augmenter, et s'augmentent en se diminuant.

C. En parlant ainsi, je redis l'enseignement traditionnel. Les forts arrogants ne meurent pas de leur belle mort. Je fais de cet axiome le fond de mon enseignement.

Rien de plus dans les commentaires. Dans A, il n'est pas question de la

Trinité. A B, comparez chapitre 39 C.

CHAPITRE 43. TEXTE.

A. Partout et toujours, c'est le mou qui use le dur (l'eau use la pierre). Le non-être pénètre même là où il n'y a pas de fissure (les corps les plus homogènes, comme le métal et la pierre). Je conclus de là, à l'efficacité suprême du non-agir.

B. Le silence et l'inaction ! Peu d'hommes arrivent à comprendre leur efficacité.

Rien de plus dans les commentaires.

CHAPITRE 44. TEXTE.

A. Le corps n'est-il pas plus important que la renommée ? La vie n'est-elle pas plus considérable que la richesse ? Est-il sage de s'exposer à une grande perte, pour un mince avantage ?

B. Celui qui aime fortement, use beaucoup (son cœur). Celui qui amasse beaucoup, va à une grande ruine (pillage ou confiscation). Tandis que le modeste n'encourt aucune disgrâce, le modéré ne périt pas mais dure.

Rien de plus dans les commentaires.

CHAPITRE 45. TEXTE.

A. Accompli, sous des dehors imparfaits, et donnant sans s'user. Rempli, sans le paraître, et déversant sans s'épuiser. Très droit, sous un air courbé ; très habile, sous des apparences maladroites ; très perspicace, avec l'extérieur d'un homme embarrassé ; *voilà le Sage.*[1]

B. Le mouvement triomphe du froid (réchauffe), le repos abat la chaleur (rafraîchit). La vie retirée du Sage, rectifie tout l'empire, (vient à bout de sa dépravation).

Commentaires : Influence intense, sous les dehors de l'inaction.

CHAPITRE 46. TEXTE.

A. Quand le Principe règne, (la paix étant parfaite), les chevaux de guerre travaillent aux champs. Quand le Principe est oublié, (la guerre étant à l'ordre du jour), on élève des chevaux de bataille jusque dans les faubourgs des villes.

B. Céder à ses convoitises, (et la manie de guerroyer en est une), c'est le pire des crimes. Ne pas savoir se borner, c'est la pire des choses néfastes. La pire des fautes, c'est vouloir *toujours* acquérir *davantage*. Ceux qui savent dire « c'est assez », sont toujours contents.

Rien de plus dans les commentaires.

CHAPITRE 47. TEXTE.

A. Sans sortir par la porte, *on peut* connaître tout le monde ; sans regarder par la fenêtre, *on peut* se rendre compte des voies du ciel (principes qui régissent toutes choses). — Plus on va loin, moins on apprend.

---

[1] Lao-tzeu chapitre 45. Chaque espèce d'être, dit la Glose, a son type naturel. Ainsi chaque espèce d'araignée a sa forme de toile, chaque espèce de bousier a sa forme de boule, spéciale mais invariable. Ainsi l'homme doit s'en tenir à peu de types simples et naturels, sans les multiplier ni les enjoliver. Tout art est perversion.

B. Le Sage arrive *au but*, sans avoir fait un pas *pour l'atteindre*. Il connaît, avant d'avoir vu, *par les principes supérieurs*. Il achève, sans avoir agi, *par son influence transcendante*.

Commentaires : La connaissance supérieure globale, est celle du Sage. La connaissance des détails, est indigne de lui.

CHAPITRE 48. TEXTE.

A. Par l'étude, on multiplie chaque jour (dans sa mémoire les notions particulières inutiles et nuisibles) ; par la concentration sur le Principe, on les diminue chaque jour. Poussée jusqu'au bout, cette diminution aboutit au non-agir, (suite de l'absence de notions particulières).

B. Or il n'est rien, dont le non-agir (le laisser aller), ne vienne à bout. C'est en n'agissant pas, qu'on gagne l'empire. Agir pour le gagner, fait qu'on ne l'obtient pas.

Rien de plus dans les commentaires.

CHAPITRE 49. TEXTE.

A. Le Sage n'a pas de volonté déterminée ; il s'accommode à la volonté du peuple. Il traite également bien les bons et les mauvais, ce qui est la vraie bonté pratique. Il a également confiance dans les sincères et les non-sincères ; ce qui est la vraie confiance pratique.

B. Dans ce monde *mélangé*, le Sage est sans émotion aucune, et a les mêmes sentiments pour tous. Tous les hommes fixent sur lui leurs yeux et leurs oreilles. Il les traite tous comme des enfants, (bienveillance taoïste, quelque peu méprisante).

Rien de plus dans les commentaires.

Chapitre 50. Texte.

A. Les *hommes* sortent dans la vie, et rentrent dans la mort.

B. Sur dix hommes, trois prolongent leur vie (par l'hygiène), trois hâtent leur mort (par leurs excès), trois compromettent leur vie par l'attache qu'ils y ont, (un seul sur dix conserve sa vie jusqu'au terme, parce qu'il en est détaché).

C. Celui qui est détaché de sa vie, ne se détourne pas pour éviter la rencontre d'un rhinocéros ou d'un tigre ; il se jette dans la mêlée sans cuirasse et sans armes ; et *cela sans éprouver aucun mal* ; car il est à l'épreuve de la corne du rhinocéros, des griffes du tigre, des armes des combattants. Pourquoi cela ? parce que, *extériorisé par son indifférence*, il ne donne pas prise à la mort.

Résumé des commentaires.

L'âme étant comme transportée hors du corps par l'extase, le corps ne peut pas être frappé à mort. L'idée paraît être que, pour être mortel, un coup doit atteindre la jonction du corps et de l'âme. Cette jonction cesse temporairement, chez l'extatique.

Chapitre 51. Texte.

A. Le Principe donne la vie *aux êtres* ; puis sa Vertu les nourrit, jusqu'à complètement de leur nature, jusqu'à perfection de leurs facultés. Aussi tous les êtres vénèrent-ils le Principe et sa Vertu.

B. L'éminence du Principe et de sa Vertu, personne ne la leur a conférée ; ils l'ont de tout temps, naturellement.

C. Le Principe donne la vie ; sa Vertu fait croître, protège, parfait, mûrit, entretient, couvre (tous les êtres). Quand ils sont nés, il ne les accapare pas ; il les laisse agir librement, sans les exploiter ; il les laisse croître, sans les tyranniser. Voilà la Vertu transcendante.

Les commentaires n'ajoutent rien.

CHAPITRE 52. TEXTE.

A. Ce qui fut avant le monde, devint la mère du monde. Qui a atteint la mère (la matière, le corps), connaît par elle son fils (l'esprit vital qui y est enfermé). Qui connaît le fils (son esprit vital) et conserve la mère (son corps), arrivera à la fin de ses jours sans accident.

B. S'il tient sa bouche fermée et ses narines closes (pour empêcher l'évaporation du principe vital), il arrivera à la fin de ses jours sans avoir éprouvé de décadence. Tandis que, s'il parle beaucoup et se fait de nombreux soucis, il usera et abrégera sa vie.

C. Borner ses considérations aux petites choses, et ses soucis aux affaires de faible importance, rend l'esprit clair et le corps fort. Concentrer dans son intelligence ses rayons intellectuels, et ne pas laisser l'application mentale léser son corps, c'est là voiler (son esprit) pour faire durer (sa vie).

Résumé des commentaires.

Texte obscur, mais les commentateurs s'accordent. Fondement de l'aérothérapie taoïste, voyez Tome I. *Introduction, page* 13.

CHAPITRE 53. TEXTE.

A. Quiconque est quelque peu sage, doit se conformer au grand Principe, en évitant par-dessus tout la fastueuse jactance. Mais, à cette voie *large*, on préfère les sentiers *étroits*. (Peu d'hommes marchent dans la voie du désintéressement obscur. Ils préfèrent les sentiers, leur vanité, leur avantage. Ainsi font les princes de ce temps.)

B. Quand les palais sont trop bien entretenus, les terres sont incultes et les greniers sont vides, (car les laboureurs sont réquisitionnés pour les corvées).

C. S'habiller magnifiquement, porter à la ceinture une épée tranchante, se gorger de nourriture et de boisson, amasser des richesses à ne plus savoir qu'en faire (comme font les princes de ce temps), c'est là ressembler au brigand (qui jouit avec ostentation de son butin). Pareille conduite est opposée au Principe.

Les commentaires n'ajoutent rien.

CHAPITRE 54. TEXTE.

A. Celui qui bâtit sur le désintéressement, son œuvre ne sera pas détruite. Celui qui conserve avec désintéressement, ne perdra pas ce qu'il a. Ses fils et ses petits-fils lui feront des offrandes sans interruption (c'est-à-dire lui succéderont et jouiront du fruit de ses œuvres).

B. Il faut tout d'abord que soi-même l'on se soit conformé parfaitement au Principe ; ensuite cette conformité s'étendra spontanément, de soi, à sa famille, à son district, à la principauté, à l'empire ; (foyer central ; rayon de plus en plus vaste).

C. Par sa propre nature, on connaît celle des autres individus, et de toutes les collections d'individus, familles, districts, principautés, empire.

D. Comment connaître la nature de tout un empire ?... Par cela (par sa propre nature, comme il a été dit ci-dessus).

Les commentaires n'ajoutent rien.

Chapitre 55. Texte.

A. Celui qui contient en lui la Vertu parfaite (sans luxure et sans colère), est comme le tout petit enfant, que le scorpion ne pique pas, que le tigre ne dévore pas, que le vautour n'enlève pas, *que tout respecte.*

B. Les os de l'enfant sont faibles, ses tendons sont débiles, mais il saisit fortement les objets (comme son âme et son corps se tiennent avec force). Il n'a encore aucune idée de l'acte de la génération, et conserve par suite sa vertu séminale complète. Il vagit doucement tout le long du jour, sans que sa gorge s'enroue, tant sa paix est parfaite.

C. La paix fait durer ; qui comprend cela, est éclairé. Tandis que tout orgasme, surtout la luxure et la colère, usent, De là vient que, à la virilité (dont l'homme abuse) succède la décrépitude... La vie intense est contraire au Principe, et par suite mortelle prématurément.

Résumé des commentaires.

Ce chapitre condamne la luxure et la colère, comme étant ce qui use le plus la vie.

Chapitre 56. Texte.

A. Celui qui parle (beaucoup, montre par là qu'il) ne connaît pas (le Principe).

B. Celui qui connaît (le Principe), ne parle pas. Il tient sa bouche close, il retient sa respiration, il émousse son activité, il se délivre de toute complication, il tempère sa lumière, il se confond avec le vulgaire. Voilà la mystérieuse union (au Principe).

C. Un pareil homme, personne ne peut se l'attacher (par des faveurs), ni le rebuter (par de mauvais traitements). Il est insensible au gain et à la perte, à l'exaltation comme à l'humiliation. Etant tel, il est ce qu'il y a de plus noble au monde.

Résumé des commentaires.

超 然 物 表, 與 造 物 遊 *Supérieur à tout ce qui paraît, il converse avec l'auteur des êtres, le Principe.* Tchang-houngyang.

CHAPITRE 57. TEXTE.

A. Avec de la rectitude on peut gouverner, avec de l'habileté on peut guerroyer, mais c'est le non-agir qui gagne *et conserve* l'empire.

B. D'où sais-je qu'il en est ainsi ? De ce que je vais dire : Plus il y a de règlements, moins le peuple s'enrichit. Plus il y a de sources de revenus, moins il y a d'ordre. Plus il y a d'inventions ingénieuses, moins il y a d'objets sérieux et utiles. Plus le code est détaillé, plus les voleurs pullulent. *La multiplication ruine tout.*

C. Aussi le programme du Sage est-il tout contraire. Ne pas agir, et le peuple s'amende. Rester tranquille, et le peuple se rectifie. Ne rien faire, et le peuple s'enrichit. Ne rien vouloir, et le peuple revient à la spontanéité naturelle.

Les commentaires n'ajoutent rien.

Chapitre 58. Texte.

A. Quand le gouvernement est simple, le peuple abonde en vertu. Quand le gouvernement est politique, le peuple manque de vertu.

B. Le mal et le bien, se succèdent, alternent. Qui discernera les apogées (de ce mouvement circulaire, le mal et le bien. C'est très délicat, un excès ou un défaut changeant l'entité morale). A beaucoup la juste mesure manque. Chez les uns la droiture exagérée dégénère en manie, chez les autres la bonté exagérée devient de l'extravagance. (Les vues varient en conséquence.) Il y a beau temps que les hommes sont ainsi fous.

C. (Le Sage les prend comme ils sont.) Morigéné, il n'est pas tranchant. Droit, il n'est pas rude. Eclairé, il n'humilie pas.

Les commentaires n'ajoutent rien.

Chapitre 59. Texte.

A. Pour coopérer avec le ciel dans le gouvernement des hommes, l'essentiel c'est de tempérer son action.

B. Cette modération doit être le premier souci. Elle procure l'efficacité parfaite, laquelle réussit à tout, même à gouverner l'empire.

C. Qui possède cette mère de l'empire (sage modération), durera longtemps. Elle est ce qu'on a appelé la racine pivotante, le tronc solide. Elle est le principe de la perpétuité.

Les commentaires n'ajoutent rien.

Chapitre 60. Texte.

A. Pour gouverner un grand État, il faut s'y prendre comme celui qui fait cuire de tout petits poissons, (très délicatement, autrement ils se dissocient).

B. Quand un État est gouverné d'après le Principe, les morts n'y apparaissent pas pour faire du mal au peuple, parce que le Sage qui gouverne ne fait pas de mal au peuple,

C. Le mérite de cette double tranquillité (de la part des morts et des vivants), revient donc au Sage.

Résumé des commentaires.

Les fantômes ne sont pas les âmes des morts. Ils sont, dans l'harmonie morale, ce qu'est un tourbillon dans l'atmosphère physique au repos. Ce désordre est produit par le mouvement des passions, haines et autres. Il ne se produit pas quand les esprits sont calmes.

Chapitre 61. Texte.

A. Si un grand État s'abaisse, comme ces creux dans lesquels les eaux confluent, tout le monde viendra à lui. Il sera comme la femelle universelle (Chapitre 8 et 28).

B. Dans sa passivité et son infériorité *apparentes*, la femelle est supérieure au mâle (car c'est elle qui enfante). — A condition de savoir s'abaisser, le grand État gagnera les petits États, qui s'abaissant aussi, rechercheront son protectorat. L'un s'étant abaissé, les autres s'étant abaissé seront reçus. Au fond, le grand État désire protéger les autres, les petits États ne demandent qu'à reconnaître son protectorat.

C. Pour que ce vœu commun se réalise, il ne faut qu'une chose, mais il la faut nécessairement. A savoir, que les grands daignent s'abaisser vers les petits. (S'ils sont orgueilleux et durs, pas d'espoir.)

Rien de plus dans les commentaires.

Chapitre 62. Texte.

A. Le Principe est le palladium de tous les êtres. C'est lui qui est le trésor du bon (ce par quoi il est bon), et le salut du mauvais (ce qui l'empêche de périr).

B. C'est à lui qu'il faut savoir gré des paroles affectueuses et de la noble conduite des bons. C'est par égard pour lui, que les méchants ne doivent pas être rejetés.

C. C'est pour cela (pour la conservation et le développement de la part du Principe qui est dans les êtres), que sont institués l'empereur et les grands ministres. Non pour qu'ils se complaisent dans leur sceptre et leur quadrige. Mais pour qu'ils méditent sur le Principe, (s'avancent dans sa connaissance et le développent chez les autres).

D. Pourquoi les anciens faisaient-ils tant de cas du Principe ? N'est-ce pas parce qu'il est la source de tous les biens et le remède à tous les maux ? Ce qu'il y a de plus noble au monde !

Les commentaires n'ajoutent rien.

Chapitre 63. Texte.

A. Agir sans agir ; s'occuper sans s'occuper ; goûter sans goûter ; voir du même œil, le grand, le petit, le beaucoup, le peu ; faire le même cas des reproches et des remerciements ; *voilà comme fait le Sage.*

B. Il n'attaque les complications difficiles, que dans leurs détails faciles, et ne s'applique aux grands problèmes, que dans leurs faibles commencements.

C. Jamais le Sage n'entreprend rien de grand, c'est pourquoi il fait de grandes choses. Qui promet beaucoup, ne peut pas tenir sa parole ; qui s'embarrasse de trop de choses même faciles, ne réussit à rien.

D. Le Sage évite de loin la difficulté, aussi n'a-t-il jamais de difficultés.

Les commentaires n'ajoutent rien.

CHAPITRE 64. TEXTE.

A. Ce qui est paisible, est facile à contenir ; ce qui n'a pas encore paru, est aisé à prévenir ; ce qui est faible, est facile à briser ; ce qui est menu, est aisé à disperser. Il faut prendre ses mesures avant que la chose ne soit, et protéger l'ordre avant que le désordre n'ait éclaté.

B. Un arbre que les deux bras ont peine à embrasser, est né d'une radicule fine comme un cheveu ; une tour à neuf étages, s'élève d'un tas de terre ; un voyage de mille stades, a débuté par un pas.

C. Ceux qui en font trop, gâtent leur affaire. Ceux qui serrent trop fort, finissent par lâcher. Le Sage qui n'agit pas, ne gâte aucune affaire. Comme il ne tient à rien, rien ne lui échappe.

D. Quand le vulgaire fait une affaire, il la manque d'ordinaire, au moment où elle allait réussir, (l'enivrement de son commencement de succès, lui faisant perdre la mesure et commettre des maladresses). Il faut, pour réussir, que la circonspection du commencement, dure jusqu'à l'achèvement.

E. Le Sage ne se passionne pour rien. Il ne prise aucun objet, parce qu'il est rare. Il ne s'attache à aucun système, mais s'instruit par les fautes des autres. Pour coopérer à l'évolution universelle, il n'agit pas, *mais laisse aller.*

Les commentaires n'ajoutent rien.

CHAPITRE 65. TEXTE.

A. Dans l'antiquité, ceux qui se conformaient au Principe, ne cherchaient pas à rendre le peuple intelligent, mais visaient à le faire rester simple.

B. Quand un peuple est difficile à gouverner, c'est qu'il en sait trop long. Celui qui prétend procurer le bien en y répandant l'instruction, celui-là se trompe et ruine ce pays. Tenir le peuple dans l'ignorance, voit qui fait le salut d'un pays.

C. C'est là la formule de l'action mystérieuse, de grande profondeur, de longue portée. Elle n'est pas du goût des êtres (curieux) ; mais, grâce à elle, tout vient à bien paisiblement.

Comparez chapitre 3 B. Rien de plus dans les commentaires.

CHAPITRE 66. TEXTE.

A. Pourquoi les fleuves et les océans sont-ils les rois de toutes les vallées ? (déversoirs généraux, recevant en tribut tous les cours d'eau). Parce qu'ils sont bénévolement les inférieurs de toutes les vallées (comme niveau). Voilà pourquoi toutes les eaux confluent vers eux.

B. Suivant cet exemple, que le Sage qui désire devenir supérieur au vulgaire, se mette en paroles au-dessous de lui (parle très humblement de lui-même), s'il veut devenir le premier, qu'il se mette à la dernière place, (et continue à faire ainsi, après qu'il aura été exalté). Alors il pourra être élevé au pinacle, sans que le peuple se sente opprimé par lui ; il pourra être le premier, sans que le peuple se plaigne de lui. Tout l'empire le servira avec joie, sans se lasser. Car lui ne s'opposant à personne, personne ne s'opposera à lui.

Comparez chapitre 8. Les commentaires n'ajoutent rien.

CHAPITRE 67. TEXTE.

A. Tout l'empire dit que le Sage est noble, malgré son air vulgaire ; air qu'il se donne, précisément parce qu'il est noble (pour voiler sa noblesse et ne pas s'attirer d'envieux). Tout le monde sait, au contraire, combien ceux qui posent pour nobles, sont hommes de mince valeur.

B. Le Sage prise trois choses et y tient : la charité, la simplicité, l'humilité. Étant charitable, il sera brave (dans les justes limites, sans cruauté). Étant simple, il sera libéral (dans les justes limites, sans gaspillage). Étant humble, il gouvernera les hommes sans tyrannie.

C. Les hommes d'aujourd'hui mettent en oubli la charité, la simplicité, l'humilité. Ils prisent la guerre, le faste, l'ambition. C'est là vouloir périr. C'est vouloir ne pas réussir.

D. Car c'est l'agresseur charitable, qui gagne la bataille (non l'agresseur barbare ; c'est le défenseur charitable, qui est inexpugnable (non le batailleur impitoyable). Ceux auxquels le ciel veut du bien, il les fait charitables.

Résumé des commentaires.

La simplicité et l'humilité sont traitées ailleurs, chapitres 75, 77 et 78.

Chapitre 68. Texte.

A. Que celui qui commande, ne pense pas que c'est la tactique, la valeur, l'effort, qui donnent la victoire.

B. C'est en se mettant au service des hommes, qu'on dompte les hommes. C'est là le vrai procédé, qu'on formule parfois comme suit : art de ne pas lutter (de s'accommoder, de gagner en se faisant tout à tous) ; pouvoir de manier les hommes ; action conforme à celle du ciel. Toutes ces formules désignent la même chose, qui lit la grandeur des Anciens.

Les commentaires n'ajoutent rien.

Chapitre 69. Texte.

A. Plutôt la défensive que l'offensive, plutôt reculer d'un pied qu'avancer d'un pouce, sont des principes courants dans l'art militaire. Céder vaut mieux que triompher. Prévenir par la diplomatie vaut mieux encore.

B. C'est là le sens de certaines formules abstruses de l'art militaire, comme : avancer sans marcher ; se défendre sans remuer les bras ; statu quo sans lutte ; conserver sans armes, et autres.

C. Il n'est pas de fléau pire qu'une guerre faite à la légère, (cherchée délibérément, poussée au-delà du nécessaire). Qui fait cela, expose ses biens à leur perte, et cause beaucoup de deuil.

Suite du chapitre précédent. Les commentaires n'ajoutent rien.

Chapitre 70. Texte.

A. Ce que j'enseigne (c'est *Lao-tzeu* qui parle), est facile à comprendre et à pratiquer, et pourtant le monde ne veut ni le comprendre ni le pratiquer.

B. Mes préceptes et mes procédés dérivent d'un principe et d'un procédé supérieur, le Principe et sa vertu.

C. Le monde ne reconnaît pas le Principe qui me dirige, c'est pourquoi il ne me connaît pas, moi. Très peu me comprennent. Cela fait ma gloire. Il m'advient comme au Sage, qui est méconnu du vulgaire à cause de sa tenue grossière, quoiqu'il ait le sein rempli de pierres précieuses.

Les commentaires n'ajoutent rien.

Chapitre 71. Texte.

A. Tout savoir et croire qu'on ne sait rien, voilà le vrai savoir (la science supérieure). Ne rien savoir et croire qu'on sait tout, voilà le mal commun des humains.

B. Tenir ce mal pour un mal, en préserve. Le Sage est exempt de fatuité, parce qu'il redoute la fatuité. Cette crainte l'en préserve.

Résumé des commentaires.

Le non-savoir rentre dans le non-agir, car savoir est un acte, disent les Taoïstes, qui rejettent les théories, généralisations, classifications, n'admettant que l'appréhension objective des cas particuliers.

Chapitre 72. Texte.

A. Ceux-là se perdent, qui ne craignent pas, alors qu'ils devraient craindre, (qui s'exposent au danger, par curiosité, par amour du gain, par ambition).

B. Ne trouvez pas trop étroite votre demeure natale, ne vous dégoûtez pas de la condition dans laquelle vous êtes né. (Restez ce que vous êtes et où vous êtes. L'effort pour chercher mieux, vous perdrait peut-être.). On ne se dégoûte pas, à condition de ne pas vouloir se dégoûter. (Le dégoût est toujours volontaire, provenant de ce qu'on a comparé sa situation à une autre, et préféré l'autre.)

C. Le Sage connaît sa valeur, mais ne se montre pas (n'éprouve pas le besoin d'exhiber sa valeur). Il s'aime, mais ne cherche pas à se faire estimer. Il discerne, adoptant ceci et rejetant cela (d'après les lumières de sa sagesse).

Les commentaires n'ajoutent rien.

CHAPITRE 73. TEXTE.

A. Le courage actif (valeur guerrière) procure la mort. Le courage passif (patience, endurance) conserve la vie. Il y a donc deux courages, l'un nuisible, l'autre profitable.

B. (Patience et longanimité valent toujours mieux que l'action incisive, même dans le gouvernement, dans la politique.) Car, le ciel veut-il du mal à cet homme *ou à cette nation* ? et pourquoi ? qui le sait ? — Aussi le Sage est-il toujours comme embarrassé, (hésitant, se décidant difficilement à l'intervention énergique).

C. Car la voie du ciel (sa conduite constante), c'est de ne pas intervenir positivement. Il vainc sans lutter. Il se fait obéir sans ordonner. Il fait venir sans appeler. Il fait tout aboutir, en ayant l'air de tout laisser traîner.

D. Le filet du ciel enserre tout. Ses mailles sont larges, et pourtant personne ne lui échappe.

Résumé des commentaires.

Supposé que, par bénignité, le Sage ait laissé échapper un coupable du filet de la loi humaine, le filet céleste le prendra. Le Sage s'en remet donc au ciel, et agit plutôt moins que plus, de peur d'agir contre les intentions du ciel, ou d'empiéter sur ses droits.

Chapitre 74. Texte.

A. Si le peuple ne craint pas la mort, à quoi bon chercher à le contenir par la crainte de la mort ? S'il craignait la mort, alors seulement prendre et tuer ceux qui font du désordre, détournerait les autres d'en faire autant.

B. (Ils ont donc tort, les légistes, qui prodiguent la peine de mort, et croient que cela fera tout marcher.) Celui qui est préposé à la mort (le ciel), tue. (Laissons-le faire. Ne faisons pas son métier. Lui seul en est capable.)

C. A l'homme qui voudrait tuer à sa place, il arriverait comme il arrive à celui qui joue avec la doloire du charpentier. Ceux qui, à ce jeu-là, ne se coupent pas les doigts, sont rares.

Résumé des commentaires.

Pour tirer quelque chose des hommes, mieux vaut les traiter avec bénignité. — Contre l'école des légistes fa-kia, qui ne connaît que les supplices. C'est un fait d'expérience, disent les commentateurs, que le peuple craint moins la mort que les travaux forcés par exemple ; et que, une fois emballé, il perd toute crainte.

Chapitre 75. Texte.

A. Si le peuple a faim, c'est parce que le prince dévore des sommes excessives (qu'il lui extorque).

B. Si le peuple est rétif, c'est parce que le prince agit trop, (l'indispose par ses innovations).

C. Si le peuple s'expose légèrement à la mort (dans des entreprises hasardeuses), c'est parce qu'il aime trop la vie (amour du bien-être, de la jouissance, de la gloire).

D. Celui qui ne fait rien pour vivre, est plus sage que celui qui se donne du mal pour vivre.

Résumé des commentaires.

Que le prince et le peuple cultivent la simplicité, et tout ira bien. Ce chapitre continue le chapitre 67. Le sens de D est : celui qui ne se soucie pas de la richesse et de la gloire, est plus sage que celui qui se fatigue et se met en péril, pour la richesse et la gloire.

Chapitre 76. Texte.

A. Quand l'homme vient de naître, il est souple et faible (mais plein de vie) ; quand il est devenu fort et puissant, alors il meurt.

B. Il en est de même des végétaux, délicats (herbacés) à leur naissance, ligneux à leur mort.

C. Celui qui est fort et puissant, est marqué pour la mort ; celui qui est flexible et faible, est marqué pour la vie.

D. L'armée nombreuse sera défaite. Le grand arbre sera abattu.

E. Tout ce qui est fort et grand, est en moins bonne situation. L'avantage est toujours au souple et au faible.

Chêne et roseau du bon La Fontaine.

Chapitre 77. Texte.

A. Le ciel en agit (à l'égard des hommes), comme l'archer qui, bandant son arc, déprime les convexités et fait bomber les concavités (que son arc présentait à l'état de repos), diminuant le plus et augmentant le moins, (abaissant ce qui est élevé, et élevant ce qui est abaissé). Il ôte à ceux qui abondent, et ajoute à ceux qui manquent.

B. Tandis que les hommes (mauvais princes qui grugent le peuple), font tout le contraire, ôtant à ceux qui manquent (le peuple), pour ajouter à ceux qui abondent (leurs favoris).... Alors que tout superflu devrait revenir à l'empire (au peuple).... Mais cela, seul celui qui possède le Principe, en est capable.

C. Le Sage se conforme au Principe. Il influe, sans s'attribuer le résultat. Il accomplit, sans s'approprier son œuvre. Il ne prétend pas au titre de Sage, (mais se tient volontairement dans l'obscurité).

Nota : l'arc chinois se bande en le retournant, ce qui produit exactement l'effet décrit en A.

Chapitre 78. Texte.

A. En ce monde, rien de plus souple et de plus faible que l'eau ; cependant aucun être, quelque fort et puissant qu'il soit ; ne résiste à son action (corrosion, usure, choc des vagues) ; et aucun être ne peut se passer d'elle (pour boire, croître, etc.).

B. *Est-il assez clair que* la faiblesse vaut mieux que la force, *que* la souplesse prime la raideur ? Tout le monde en convient ; personne ne fait ainsi.

C. Les Sages ont dit : Celui-là est capable d'être le chef du territoire et le souverain de l'empire, que ne rebutent, ni l'ordure *morale*, ni le malheur politique. (Celui qui est assez souple pour s'accommoder à tout cela ; et non l'homme raide et systématique.)

D. C'est là une parole bien vraie, quoiqu'elle offense *les oreilles d'un grand nombre*.

Ce chapitre et le précédent, se rattachent au chapitre 67.

CHAPITRE 79. TEXTE.

A. Après que le principal d'une contestation a été arrangé, il reste toujours des griefs accessoires, et la charité ne revient pas à l'état où elle était auparavant (froissements).

B. (Aussi le Sage ne conteste-t-il jamais, malgré son droit.) Gardant son talon de souche, il n'exige, pas l'exécution (de ce qui est écrit).

C. Celui qui sait se conduire d'après la Vertu du Principe, laisse dormir ses titres. Celui qui ne sait pas se conduire ainsi, extorque ce qui lui est dû.

D. Le ciel est impartial. (S'il était capable de quelque partialité,) il avantagerait les gens de bien, (ceux qui font comme il est dit en C. Il les comblerait, parce qu'ils ne demandent rien).

Les commentaires n'ajoutent rien.

CHAPITRE 80. TEXTE.

A. *Si j'étais roi* d'un petit État, d'un petit peuple, je me garderais bien d'utiliser (de mettre en charge) les quelques dizaines d'hommes capables que cet État contiendrait.

B. J'empêcherais mes sujets de voyager, en leur faisant craindre la mort *par accident possible*, tellement qu'ils n'oseraient pas monter dans un bateau ou sur un char.

C. Je défendrais tout usage des armes.

D. En fait de lettres et de science, je les obligerais à revenir aux cordelettes à nœuds (quippus).

E. C'est alors qu'ils trouveraient leur nourriture savoureuse, leurs habits beaux, leurs maisons paisibles, leurs us et coutumes agréables.

F. (J'empêcherais la curiosité et les communications, au point que,) mes sujets entendissent-ils de chez eux les cris des coqs et des chiens de l'État voisin, ils mourraient de vieillesse avant d'avoir passé la frontière et eu des relations avec ceux de l'État voisin.

Le rat dans son fromage, idéal taoïste.

CHAPITRE 81. TEXTE.

A. (J'ai fini. Vous trouverez peut-être mon discours assez fruste, peu subtil, guère savant.) C'est que la franchise native ne s'attife pas, la droiture naturelle n'ergote pas, le sens commun se passe de l'érudition artificielle.

B. Le Sage ne thésaurise pas, *mais donne*. Plus il agit pour les hommes, plus il peut ; plus il leur donne, plus il a. Le ciel fait du bien à tous, ne fait de mal à personne. Le Sage *l'imite*, agissant *pour le bien de tous*, et ne s'opposant *à personne*.

Les commentaires n'ajoutent rien.

沖虛眞經

Tchoung — Hu — Tchenn — King

L'œuvre de Lie-Tzeu

列子

Chapitre I

Genèse et transformations

▲ **Lie1.A** *Lie-tzeu* habitait un cottage, dans la principauté de *Tcheng*, depuis quarante ans, sans que personne prit garde à lui ; sans que le prince, ses ministres et ses officiers, vissent en lui autre chose qu'un homme vulgaire. La famine étant venue à sévir dans le pays, il se disposa à émigrer dans celui de *Wei*. Ses disciples lui dirent :

— Maître, vous allez partir, sans qu'on puisse savoir si et quand vous reviendrez. Veuillez nous enseigner, avant votre départ, ce que vous avez appris de votre maître *Linn* de *Hou-K'iou*.

Lie-tzeu sourit et dit :

— Ce que j'ai appris de mon maître ? Quand il enseignait *Pai-hounn-ou-jenn*,[2] j'ai saisi quelque chose, que je vais essayer de vous rapporter. Il disait qu'il y a un producteur qui n'a pas été produit, un transformeur qui n'est pas transformé. Ce non-produit a produit tous les êtres, ce non-transformé transforme tous les êtres. Depuis le commencement de la production, le producteur ne peut plus ne pas produire ; depuis le commencement des transformations, le transformeur ne peut plus ne pas transformer. La chaîne des productions et des transformations est donc ininterrompue, le producteur et le transformeur produisant et transformant sans cesse. Le producteur, c'est le *Yinn-yang* (le Principe sous sa double

---

[2] Un condisciple. Humilité rituelle. On ne doit pas se donner pour le disciple d'un homme illustre, crainte de lui faire honte.

modalité alternante) ; le transformeur, c'est le cycle des quatre saisons (révolution du binôme ciel-terre). Le producteur est immobile, le transformeur va et vient. Et le mobile, et l'immobile, dureront toujours.

▲ **Lie1.B**. Dans les écrits de *Hoang-ti*, il est dit :[3] La puissance expansive transcendante qui réside dans l'espace médian (la vertu du Principe) ne meurt pas. Elle est la mère mystérieuse (de tous les êtres). Sa porte est la racine du ciel et de la terre (le Principe). Pullulant, elle ne dépense pas. Agissant, elle ne fatigue pas.... Cela revient à dire, que le producteur n'est pas produit, que le transformeur n'est pas transformé. Le producteur-transformeur produit et transforme, devient sensible, revêt des figures, parvient à l'intelligence, acquiert des énergies, agit et sommeille, restant toujours lui (unicité du cosmos, sans distinction réelle). Dire que des êtres distincts sont produits et transformés, deviennent sensibles, revêtent des figures, parviennent à l'intelligence, acquièrent des énergies, agissent et sommeillent, c'est errer.

▲ **Lie1.C**. *Lie-tzeu* dit :

— Analysant la production du cosmos par le Principe sous sa double modalité *Yinn* et *yang*, l'éclosion du sensible du non-sensible, le germe de l'action génératrice paisible du ciel et de la terre, les anciens Sages y distinguèrent les stades suivants : grande mutation, grande origine, grand commencement, grand flux.[4] La grande mutation, c'est le stade antérieur à l'apparition de la matière ténue (giration des deux modalités, dans l'être indéfini, dans le néant de forme, dans le Principe, sorti de son immobilité absolue). La grande origine, c'est le stade de la matière ténue. Le grand commencement, c'est le stade de la

---

[3] Textuellement le chapitre 6 de Lao-tzeu

[4] Proprement, grand dévidage. Le cours régulier des choses, telles qu'elles sont, dans le monde tel qu'il est.

matière palpable. Le grand flux, c'est le stade de la matière plastique, des substances corporelles, des êtres matériels actuels. — L'état primitif, alors que la matière était encore imperceptible, s'appelle aussi *Hounn-lunn* ; ce qui signifie que, alors, tous les êtres à venir dans la suite, étaient contenus comme dans une houle confuse, indiscernables, inconnaissables. Son nom ordinaire est *I* la mutation, parce que de lui tout sortira par voie de transformation. — Partant de l'état non-sensible et non-différencié, commençant par un, la progression passant par sept, alla jusqu'à neuf ;[5] la régression ramènerait tout à l'unité. — Un fut le point de départ de la genèse des êtres sensibles. Elle se produisit en cette manière : La matière plus pure et plus légère étant montée, devint le ciel ; la matière moins pure et plus lourde étant descendue, devint la terre ; de la matière la mieux tempérée, restée dans le vide médian, sortirent les hommes. L'essence de tous les êtres fit d'abord partie du ciel et de la terre, d'où tous les êtres sortirent successivement par voie de transformation.

▲ **Lie1.D.** *Lie-tzeu* dit :

— Pris isolément, le ciel et la terre n'ont pas toutes les capacités, un Sage n'a pas tous les talents, un être n'a pas toutes les propriétés. Le ciel donne la vie et couvre, la terre fournit la matière et porte, le Sage enseigne et amende, les êtres ont chacun ses qualités propres limitées. Le ciel et la terre ont leurs déficits respectifs qu'ils compensent réciproquement, le Sage a ses défauts qui l'obligent à recourir à autrui, tous les êtres doivent s'entr'aider. Le ciel ne peut pas suppléer la terre, la terre ne peut pas remplacer le Sage, le Sage ne peut pas changer la nature des êtres, les êtres spécifiques ne peuvent pas sortir de leur degré. L'action du ciel et de la terre consiste dans

---

[5] Sept est, je pense, une allusion à la genèse des sept corps célestes, les sept recteurs de la philosophie chinoise. Neuf, le dernier des chiffres simples, après lequel multiples à l'infini.

l'alternance du *yinn* et du *yang*, l'influence du Sage consiste à inculquer la bonté et l'équité, la nature des êtres est active ou passive ; tout cela est naturel et immuable. — Parce qu'il y a des produits, il y a un producteur de ces produits. Il y a un auteur, des formes corporelles, des sons, des couleurs, des saveurs. Les produits sont mortels, leur producteur ne l'est pas. L'auteur des formes corporelles n'est pas corporel, celui des sons n'est pas perceptible à l'ouïe, celui des couleurs n'est pas visible à l'œil, celui des saveurs n'est pas perçu par le goût. *Sauf son infinité et son immortalité*, le producteur, l'auteur (*le Principe*), est indéterminé, capable de devenir, dans les êtres, *yinn* ou *yang*, actif ou passif ; contracté ou étendu, rond ou carré, agent de vie ou de mort, chaud ou froid, léger ou lourd, noble ou vil, visible ou invisible, noir ou jaune, doux ou amer, puant ou parfumé. Dépourvu de toute connaissance *intellectuelle* et de toute puissance *intentionnelle*, il sait tout et peut tout, (car il est immanent dans tout ce qui sait et peut, ce qui est, dit la Glose, la connaissance et la puissance suprême).

▲ **Lie1.E.** Comme *Lie-tzeu*, qui se rendait dans la principauté de *Wei*, prenait son repas au bord du chemin, quelqu'un de ceux qui l'accompagnaient ayant vu un crâne séculaire qui gisait là, le ramassa et le lui montra. *Lie-tzeu* le regarda, puis dit à son disciple *Pai-fong* :

— Lui et moi savons que la distinction entre la vie et la mort n'est qu'imaginaire, *lui par expérience, moi par raisonnement*. Lui et moi savons, que tenir à la vie et craindre la mort, est déraisonnable, *la vie et la mort n'étant que deux phases fatalement successives*. Tout passe, selon les temps ou les milieux, par des états successifs, *sans changer essentiellement*. Ainsi les grenouilles deviennent cailles, et les cailles deviennent grenouilles, selon que le milieu est humide ou sec. Un même germe deviendra nappe de lentilles d'eau sur un étang, ou tapis de mousse sur une colline. Engraissée, la mousse devient le végétal *ou-tsu*, dont la racine se convertit en vers, les feuilles se changeant en papillons. Ces papillons produisent une sorte de larve, qui se loge sous les âtres, et qu'on appelle *K'iu-touo*. Après mille jours, ce *K'iu-touo* devient l'oiseau *K'ien-u-kou*, dont la salive donne naissance à l'insecte *seu-mi*. Celui-ci se change en *cheu-hi*, en *meou-joei*, en *fou-k'uan*, (toutes formes successives d'un même être, dit la Glose). Le foie du mouton se transforme en *ti-kao*. Le sang de cheval se transforme en feux follets. Le sang humain se transforme en farfadets. La crécerelle devient faucon, puis buse, puis le cycle recommence. L'hirondelle devient coquillage, puis redevient hirondelle. Le campagnol devient caille, puis redevient campagnol. Les courges, en pourrissant, produisent des poissons. Les vieux poireaux deviennent lièvres. Les vieux boucs deviennent singes. Du frai de poisson, sortent des sauterelles, en temps de sécheresse. Le quadrupède *lei* des monts *T'an-yuan*, est fécond par lui-même. L'oiseau *i* se féconde en regardant dans l'eau. Les insectes *ta-Yao* sont tous femelles et se reproduisent sans intervention de mâle ; les guêpes *tcheu-fong* sont toutes mâles et se reproduisent sans intervention de femelle. *Heou-tsi* naquit de l'empreinte d'un grand pied, *I-yinn* d'un mûrier creux. L'insecte *k'ue-tchao* naît de l'eau, et le *hi-ki* du vin. Les végétaux *yang-hi* et *pou-sunn*, sont deux formes alternantes. Des vieux bambous sort l'insecte *Ts'ing-ning*, qui devient léopard, puis cheval, puis homme. L'homme rentre dans le métier à tisser (c'est-à-dire que pour lui, le va-et-vient de la navette, la série des transformations recommence). Tous les êtres sortent du *grand* métier *cosmique*, pour y rentrer ensuite.[6]

▲ **Lie1.F.** Dans les écrits de *Hoang-ti*, il est dit : la substance qui se projette, ne produit pas une substance nouvelle, mais une ombre ; le son qui résonne, ne produit pas un son nouveau,

---

[6] De ce passage qui résume peut être des légendes exotiques, la Glose dit fort bien : Désordre apparent, mais, en réalité, toutes les formes de transformisme sont Parcourues ; parthénogenèse, génération alternante, transformation dans une même classe (végétaux), transformation dans deux ou plusieurs classes (végétaux, animaux, etc.), transformation d'êtres inanimés en vivants, transformation avec ou sans mort intermédiaire. Si les taoïstes avalent su ce que nous savons des aphidiens, des ténias, de tant de parasites, quelle joie !

mais un écho ; quand le néant de forme se meut, il ne produit pas un néant nouveau, mais l'être sensible. Toute substance aura une fin. Le ciel et la terre étant des substances, finiront comme moi ; si toutefois l'on peut appeler fin, ce qui n'est qu'un changement d'état. Car le Principe, de qui tout émane, n'aura pas de fin, puisqu'il n'a pas eu de commencement, et n'est pas soumis aux lois de la durée. Les êtres passent successivement par les états d'être vivants et d'être non-vivants, d'être matériels et d'être non-matériels. L'état de non-vie n'est pas produit par la non-vie, mais fait suite à l'état de vie (comme son ombre, ci-dessus). L'état de non-matérialité n'est pas produit par l'immatérialité, mais fait suite à l'état de matérialité (comme son écho, ci-dessus). Cette alternance successive, est fatale, inévitable. Tout vivant cessera nécessairement de vivre, et cessera ensuite nécessairement d'être non-vivant, reviendra nécessairement à la vie. Donc vouloir faire durer sa vie et échapper à la mort, c'est vouloir l'impossible. — Dans le composé humain, l'esprit vital est l'apport du ciel, le corps est la contribution de la terre. (L'homme commence par l'agrégation de son esprit vital avec les grossiers éléments terrestres, et finit par l'union du même esprit avec les purs éléments célestes. Quand l'esprit vital quitte la matière, chacun des deux composants retourne à son origine. De là vient qu'on appelle les (*koei*) morts, les (*koei*) retournés. Ils sont retournés en effet à leur demeure propre (le cosmos). *Hoang-ti* a dit : l'esprit vital rentre par sa porte (dans le Principe, voyez *Lao-tzeu* chap. 6 C et ailleurs), le corps retourne à son origine (la matière), et c'en est fait de la personnalité.

▲**Lie1.G.** La vie d'un homme, de sa naissance à sa mort, comprend quatre grandes périodes, le temps de l'enfance, la jeunesse robuste, les années de la vieillesse, la mort. Durant l'enfance, toutes les énergies étant concentrées, l'harmonie du complexe est parfaite, rien ne peut lui nuire tant son fonctionnement est précis. Durant la jeunesse robuste, le sang et les esprits bouillonnant à déborder, les imaginations et les convoitises foisonnent, l'harmonie du complexe n'est plus parfaite, les influences extérieures rendent son fonctionnement défectueux. Durant les années de la vieillesse, les imaginations et les convoitises se calment, le corps s'apaise, les êtres extérieurs cessent d'avoir prise sur lui ; quoiqu'il ne revienne pas à la perfection de l'enfance, il y a cependant progrès sur la période de la jeunesse. Enfin, par la fin de l'existence, par la mort, l'homme arrive au repos, retourne à son apogée, (à sa perfection intégrale, l'union avec le cosmos).

▲ **Lie1.H.** Confucius allant visiter le mont *T'ai-chan*, rencontra, dans la plaine de *Tch'eng*, un certain *Joung-K'i*, vêtu d'une peau de cerf, ceint d'une corde, jouant de la cithare et chantant.

— Maître, lui demanda-t-il, de quoi pouvez-vous bien vous réjouir ainsi ?

— J'ai, dit *Joung-K'i*, bien des sujets de joie. De tous les êtres, l'homme est le plus noble ; or j'ai eu pour mon lot un corps d'homme ; c'est là mon premier sujet de joie. Le sexe masculin est plus noble que le sexe féminin ; or j'ai eu pour mon lot un corps masculin ; c'est là mon second sujet de joie. Que d'hommes, après leur conception, meurent avant d'avoir vu la lumière, ou meurent dans les langes avant l'éveil de leur raison ; or il ne m'est arrivé rien de pareil ; j'ai vécu quatre-vingt-dix ans ; voilà mon troisième sujet de joie.... Et de quoi m'attristerais-je ? De ma pauvreté ? c'est là le lot ordinaire des Sages. De la mort qui approche ? c'est là le terme de toute vie.

Confucius dit à ses disciples :

— Celui-là sait se consoler.

▲ **Lie1.I.** Un certain *Linn-lei*, plus que centenaire, encore vêtu d'une peau au temps de la moisson du blé (maximum de la chaleur, parce qu'il n'avait aucun autre vêtement), glanait des épis en chantonnant. Confucius qui se rendait à *Wei*, l'ayant rencontré dans la campagne, dit à ses disciples :

— Essayez d'entrer en conversation avec ce vieillard ; il pourra nous apprendre quelque chose.

Tzeu-koung alla donc à *Linn-lei*, le salua, et lui dit avec compassion :

— Maître, ne regrettez-vous rien, que vous chantiez ainsi, en faisant cette besogne de mendiant ?

Linn-lei continua de glaner et de fredonner, sans faire attention à *Tzeu-koung*. Mais celui-ci ne cessant de le saluer ; il finit par le regarder, et lui dit :

— Que regretterais-je ?

— Mais, dit *Tzeu-koung*, de ne vous être pas appliqué et ingénié davantage, durant votre jeunesse et votre âge mûr, pour arriver à quelque fortune ; d'être resté célibataire, atteignant ainsi la vieillesse sans femme et sans enfants ; de devoir mourir bientôt, sans secours et sans offrandes. Vous étant créé une pareille condition, comment pouvez-vous chanter, en faisant cette besogne de mendiant ?

— Parce que, dit *Linn-lei* en riant, j'ai mis mon bonheur dans des choses, qui sont à la portée de tous, et que tous détestent (pauvreté, obscurité, etc.). Oui, je ne me suis ni appliqué ni ingénié ; cela m'a valu de ne pas m'user, et de vivre jusqu'à mon âge. Oui, je suis resté célibataire, et par suite la perspective de la mort ne m'attriste pas, pour la veuve et les orphelins que je ne laisserai pas.

— Mais, dit *Tzeu-koung*, tout homme aime la vie, et craint la mort. Comment pouvez-vous faire si bon marché de la vie, et aimer la mort ?

— Parce que, dit *Linn-lei*, la mort est à la vie, ce que le retour est à l'aller. Quand je mourrai ici, ne renaîtrai-je pas ailleurs ? Et si je renais, ne sera-ce pas dans des circonstances différentes ? Or comme je n'ai qu'à gagner au change, quel qu'il soit, ne serait-ce pas sottise si je craignais la mort, par laquelle j'obtiendrai mieux que ce que j'ai ?

Tzeu-koung ne comprit pas bien le sens de ces paroles. Il les rapporta à Confucius.

— J'avais raison de penser, dit celui-ci, que nous pourrions apprendre quelque chose de cet homme. Il sait, mais pas tout, (puisqu'il s'arrête à la succession des existences, sans pousser jusqu'à l'union avec le Principe, qui est le terme).

▲ **Lie1.J.** *Tzeu koung* s'ennuyant d'étudier, dit à Confucius :

— Veuillez m'accorder quelque repos !

— Il n'y a pas, lui dit Confucius, de lieu de repos parmi les vivants.

— Alors, dit *Tzeu-koung*, donnez-moi du repos, sans lieu.

— Tu trouveras, dit Confucius, le repos sans localisation, dans la mort.

— Alors, dit *Tzeu-koung*, vive la mort, le repos du Sage, que les sots craignent bien à tort !

— Te voilà initié, dit Confucius. Oui, le vulgaire parle des joies de la vie, des honneurs de la vieillesse, des affres de la mort. La réalité est, que la vie est amère, que la vieillesse est une décadence, que la mort est le repos.

▲ **Lie1.K.** *Yen-tzeu* dit :

— Ce sont les anciens qui ont le mieux compris ce qu'est au

juste la mort, le repos désiré par les bons, la fatalité redoutée par les méchants. La mort, c'est le retour. Aussi appelle-t-on les morts, *les retournés*. Logiquement, on devrait appeler les vivants, *les revenus*.

« Marcher sans savoir où l'on va, c'est le fait des égarés, dont on rit. Hélas ! maintenant la plupart des hommes sont égarés, ignorant où ils vont dans la mort, et personne ne rit d'eux. Qu'un homme néglige ses affaires, pour errer sans but, on dira de lui qu'il est fou. J'en dis autant de ceux qui, oubliant l'au-delà, s'immergent dans les richesses et les honneurs ; quoique, ceux-là, le monde les juge sages. Non, ce sont des dévoyés. Le Sage seul sait où il va.

▲ **Lie1.L.** Quelqu'un demanda à *Lie-tzeu* :

— Pourquoi estimez-vous tant le vide ?

— Le vide, dit *Lie-tzeu*, ne peut pas être estimé pour lui-même. Il est estimable pour la paix qu'on y trouve. La paix dans le vide, est un état indéfinissable. On arrive à s'y établir. Ou ne la prend ni ne la donne. Jadis on y tendait. Maintenant on préfère l'exercice de la bonté et de l'équité, qui ne donne pas le même résultat.

▲ **Lie1.M.** Jadis *Tcheou-hioung* disait :

— Les transports des êtres défunts, sous l'action du ciel et de la terre, sont imperceptibles. L'être qui périt ici, renaît ailleurs ; celui qui s'ajoute ici, se retranche ailleurs. Décadence et prospérité, devenir et cesser, les allées et les venues s'enchaînent, sans que le fil de cet enchaînement soit saisissable. Si insensibles sont la venue de ceux qui viennent et le départ de ceux qui partent, que l'univers présente toujours le même aspect. Tout comme les changements d'un organisme humain, visage, peau, cheveux, depuis sa naissance jusqu'à sa mort, sont quotidiens, mais ne peuvent pas se constater d'un jour à l'autre.

▲ **Lie1.N.** Dans le pays de *Ki*, un homme était tourmenté par la crainte que le ciel ne lui tombât sur la tête et que la terre ne s'effondrât sous ses pieds. La crainte de ce grand cataclysme l'obsédait au point qu'il en perdit le sommeil et l'appétit.

Un ami s'émut de son état, et entreprit de le remonter.

— Le ciel, lui dit-il, n'est pas solide. Il n'y a, là-haut, que des vapeurs qui vont et viennent, s'étendant et se contractant, formant la respiration cosmique. Cela ne peut pas tomber.

— Soit, dit le trembleur ; mais le soleil, la lune, les étoiles ?

— Ces corps célestes, dit l'ami, ne sont aussi faits que de gaz lumineux. S'ils venaient à tomber, ils n'ont pas assez de masse pour faire même une blessure.

— Et si la terre s'effondrait ? demanda le trembleur.

— La terre est un trop gros morceau, dit l'ami, pour que les pas des hommes l'usent ; et trop bien suspendu dans l'espace, pour que leurs secousses l'ébranlent.

Rassuré, le trembleur se mit à rire ; et l'ami, content d'avoir réussi à le rassurer, rit aussi.

Cependant *Tch'ang-lou-tzeu* ayant entendu raconter cette histoire, critiqua et le toqué et son ami, en ces termes :

— Que le ciel et les corps célestes soient faits de vapeurs légères, que la terre qui porte tout soit faite de matière solide, soit, c'est vrai. Mais ces vapeurs et cette matière sont des composés. Qui peut garantir que ces composés ne se décomposeront jamais ? Etant donné cette incertitude, spéculer sur l'éventualité possible de la ruine du ciel et de la terre, est raisonnable. Mais vivre dans l'attente continuelle de cette ruine, est déraisonnable. Laissons le soin de gémir sur le grand effondrement, à ceux qui en seront les contemporains.

Lie-tzeu, ayant entendu cette solution, dit :

— Affirmer que le ciel et la terre seront ruinés, ce serait trop s'avancer ; affirmer qu'ils ne seront pas ruinés, ce serait aussi trop s'avancer. Il est impossible de savoir avec certitude, ce qui en sera, si oui si non. Je conclus cela d'une analogie. Les vivants ne savent rien de leur futur état de mort, Les morts ne savent rien de leur futur état de nouvelle vie. Ceux qui viennent (les vivants) ne savent pas comment se fera leur départ (mort), et ceux qui sont partis (les morts) ne savent pas comment ils reviendront (en vie). Incapables de se rendre compte des phases de leur propre évolution, comment les hommes pourraient-ils se rendre compte des crises du ciel et de la terre ?

▲ **Lie1.O.** *Chounn* demanda à *Tcheng* :

— Le Principe peut-il être possédé ?

— Tu ne possèdes pas même ton corps, dit *Tcheng* ; alors comment posséderais-tu le Principe ?

— Si moi je ne possède pas mon corps, fit *Chounn* surpris, alors à qui est-il ?

— Au ciel et à la terre, dont il est une parcelle, répondit *Tcheng*. Ta vie est un atome de l'harmonie cosmique. Ta nature et son destin sont un atome de l'accord universel. Tes enfants et tes petits-enfants ne sont pas à toi, mais au grand tout, dont ils sont des rejetons. Tu marches sans savoir ce qui te pousse, tu t'arrêtes sans savoir ce qui te fixe, tu manges sans savoir comment tu assimiles. Tout ce que tu es, est un effet de l'irrésistible émanation cosmique. Alors qu'est-ce que tu possèdes ?

▲ **Lie1.P.** Dans le pays de *Ts'i*, un certain *Kouo* était très riche.

Dans le pays de *Song*, un certain *Hiang* était très pauvre. Le pauvre alla demander au riche, comment il avait fait pour s'enrichir.

— En volant, lui dit celui-ci. Quand je commençai à voler, au bout d'un an j'eus le nécessaire, au bout de deux ans j'eus l'abondance, au bout de trois ans j'eus l'opulence, puis je devins un gros notable.

Se méprenant sur le terme voler, le *Hiang* n'en demanda pas davantage. Au comble de la joie, il prit congé, et se mit aussitôt à l'œuvre, escaladant ou perçant les murs, faisant main basse sur tout ce qui lui convenait. Bientôt arrêté, il dut rendre gorge, et perdit encore le peu qu'il possédait auparavant, trop heureux d'en être quitte à ce compte. Persuadé que le *Kouo* l'avait trompé, il alla lui faire d'amers reproches.

— Comment t'y es-tu pris ? demanda le *Kouo*, tout étonné.

— Quand le *Hiang* lui eut raconté ses procédés, ah ! mais, fit le *Kouo*, ce n'est pas par cette sorte de vol-là, que je me suis enrichi. Moi, suivant les temps et les circonstances, j'ai volé leurs richesses au ciel et à la terre, à la pluie, aux monts et aux plaines. Je me suis approprié ce qu'ils avaient fait croître et mûrir, les animaux sauvages des prairies, les poissons et les tortues des eaux. Tout ce que j'ai, je l'ai volé à la nature, mais avant que ce ne fût à personne ; tandis que toi, tu as volé ce que le ciel avait déjà donné à d'autres hommes.

Le *Hiang* s'en alla mécontent, persuadé que le *Kouo* le trompait encore. Il rencontra le Maître du faubourg de l'est, et lui raconta son cas.

— Mais oui, lui dit celui-ci, toute appropriation est un vol. Même l'être, la vie, est un vol d'une parcelle de l'harmonie du *yinn* et du *yang* ; combien plus toute appropriation d'un être matériel est-elle un vol fait à la nature. Mais il faut distinguer vol et vol. Voler la nature, c'est le vol commun que tous commettent, et qui n'est pas puni. Voler autrui, c'est le vol privé que les voleurs commettent, et qui est puni. Tous les hommes vivent de voler le ciel et la terre, sans être pour cela des voleurs.

CHAPITRE 2

SIMPLICITÉ NATURELLE

▲ **Lie2.A.** *Hoang-ti* régnait depuis quinze ans, jouissant de sa popularité, se préoccupant de sa santé, accordant du plaisir à ses sens, au point d'en être hâve et hagard. Quand il eut régné durant trente années, faisant des efforts intellectuels et physiques continuels pour organiser l'empire et améliorer le sort du peuple, il se trouva encore plus maigre et plus fatigué. Alors il se dit en soupirant : je dois avoir excédé. Si je ne suis pas capable de me faire du bien à moi-même, comment serai-je capable d'en faire à tous les êtres ?

Sur ce, *Hoang-ti* abandonna les soucis du gouvernement, quitta le palais, se défit de son entourage, se priva de toute musique, se réduisit à un ordinaire frugal, se confina dans un appartement écarté, où il s'appliqua durant trois mois uniquement à régler ses pensées et à brider son corps. Durant cette réclusion, un jour, pendant sa sieste, il rêva qu'il se promenait dans le pays de *Hoa-su-cheu*.

Ce pays est à l'ouest de *Yen-tcheou*, au nord de *T'ai-tcheou*, à je ne sais combien de myriades de stades de ce pays de *Ts'i*. On ne saurait y aller, ni en barque, ni en char ; seul le vol de l'âme y atteint. Dans ce pays, il n'y a aucun chef ; tout y marche spontanément. Le peuple n'a ni désirs ni convoitises, mais son instinct naturel seulement. Personne n'y aime la vie, n'y redoute la mort ; chacun vit jusqu'à son terme. Pas d'amitiés et pas de haines. Pas de gains et pas de pertes. Pas d'intérêts et pas de craintes. L'eau ne les noie pas, le feu ne les brûle pas. Aucune arme ne peut les blesser, aucune main ne peut les léser. Ils s'élèvent dans l'air comme s'ils montaient des marches, et s'étendent dans le vide comme sur un lit. Nuages et brouillards n'interceptent pas leur vue, le bruit du tonnerre n'affecte pas leur ouïe, aucune beauté, aucune laideur n'émeut leur cœur, aucune hauteur, aucune profondeur ne gène leur course. Le vol de l'âme les porte partout.

A son réveil, une paisible lumière se fit dans l'esprit de l'empereur. Il appela ses principaux ministres, *T'ien-lao*, *Li-mou*, *T'ai-chan-ki*, et leur dit :

— Durant trois mois de retraite, j'ai réglé mon esprit et dompté mon corps, pensant comment il faudrait m'y prendre pour gouverner sans me fatiguer. Dans l'état de veille, je n'ai pas trouvé la solution ; elle m'est venue, pendant que je dormais. Je sais maintenant que le Principe suprême ne s'atteint pas par des efforts positifs, (mais par abstraction et inaction). La lumière est faite dans mon esprit, mais je ne puis pas vous expliquer la chose davantage.

Après ce songe, *Hoang-ti* régna encore durant vingt-huit ans, (appliquant la méthode de laisser aller toutes choses). Aussi l'empire devint-il très prospère, presque autant que le pays de *Hoa-su-cheu*. Puis l'empereur monta vers les hauteurs, d'où, deux siècles plus tard, le peuple (qui le regrettait) le rappelait encore.

▲**Lie2.B.** Le mont *Lie-kou-ie* se trouve dans l'île *Ho-tcheou*. Il est habité par des hommes transcendants, qui ne font pas usage d'aliments, mais aspirent l'air et boivent la rosée. Leur esprit est limpide comme l'eau d'une source, leur teint est frais comme celui d'une jeune fille. Les uns doués de facultés extraordinaires, les autres seulement très sages, sans amour, sans crainte, ils vivent paisibles, simplement, modestement, ayant ce qu'il leur faut 85 sans avoir besoin de se le procurer. Chez eux, le *yinn* et le *yang* sont sans cesse en harmonie, le soleil et la lune éclairent sans interruption, les quatre saisons sont régulières, le vent et la pluie viennent à souhait, la reproduction des animaux et la maturation des récoltes arrivent à point. Pas de miasmes meurtriers, pas de bêtes malfaisantes, pas de fantômes causant la maladie ou la mort, pas d'apparitions ou de bruits extraordinaires, (phénomènes qui dénotent toujours un défaut dans l'équilibre cosmique).

▲ **Lie2.C.** De son maître *Lao-chang-cheu*, et de son ami *Pai-kao-tzeu*, *Lie-tzeu* apprit l'art de chevaucher sur le vent (randonnées extatiques). *Yinn-cheng* l'ayant su, alla demeurer avec lui, dans l'intention d'apprendre de lui cet art, et assista à ses extases qui le privaient de sentiment pour un temps notable. Plusieurs fois il en demanda la recette, mais fut éconduit à chaque fois. Mécontent, il demanda son congé. *Lie-tzeu* ne lui répondit pas. *Yinn-cheng* s'en alla. Mais, toujours travaillé par le même désir, au bout de quelques mois il retourna chez *Lie-tzeu*. Celui-ci lui demanda :

— Pourquoi es-tu parti ? pourquoi es-tu revenu ?

Yinn-cheng dit :

— Vous avez repoussé toutes mes demandes ; je vous ai pris en grippe et suis parti ; maintenant mon ressentiment étant éteint, je suis revenu.

Lie-tzeu dit :

— Je te croyais l'âme mieux faite que cela ; se peut-il que tu l'aies vile à ce point ? Je vais te dire comment moi j'ai été formé par mon maître. J'entrai chez lui avec un ami. Je passai dans sa maison trois années entières, occupé à brider mon cœur et ma bouche, sans qu'il m'honorât d'un seul regard. Comme je progressais, au bout de cinq ans il me sourit pour la première fois. Mon progrès s'accentuant, au bout de sept ans il me fit asseoir sur sa natte. Au bout de neuf années d'efforts, j'eus enfin perdu toute notion du oui et du non, de l'avantage et du désavantage, de la supériorité de mon maître et de l'amitié de mon condisciple. Alors l'usage spécifique de mes divers sens, fut remplacé par un sens général ; mon esprit se condensa, tandis que mon corps se raréfiait ; mes os et mes chairs se liquéfièrent (s'éthérisèrent) ; je perdis la sensation que je pesais sur mon siège, que j'appuyais sur mes pieds (lévitation) ; enfin je partis, au gré du vent, vers l'est, vers l'ouest, dans toutes les directions, comme une feuille morte emportée, sans me rendre compte si c'est le vent qui m'enlevait, ou si c'est moi qui enfourchais le vent. Voilà par quel long exercice de dépouillement, de retour à la nature, j'ai dû passer, pour arriver à l'extase. Et toi qui viens à peine d'entrer chez un maître, qui es encore si imparfait que tu t'impatientes et te courrouces ; toi dont l'air repousse et dont la terre doit encore supporter le corps grossier et lourd, tu prétends t'élever sur le vent dans le vide ?

Yinn-cheng se retira confus, sans oser rien répondre.

▲ **Lie2.D.** *Lie-tzeu* demanda à *Koan-yinn-tzeu* :

— Que le surhomme passe là où il n'y a pas d'ouverture, traverse le feu sans être brûlé, s'élève très haut sans éprouver de vertige ; dites-moi, s'il vous plaît, comment fait-il pour en arriver là ?

— En conservant, dit *Koan-yinn-tzeu*, sa nature parfaitement pure ; non par aucun procédé savant ou ingénieux. Je vais t'expliquer cela. Tout ce qui a forme, figure, son et couleur, tout cela ce sont les êtres. Pourquoi ces êtres se feraient-ils opposition les uns aux autres ? Pourquoi y aurait-il entre eux un autre ordre, que la priorité dans le temps ? Pourquoi leur évolution cesserait-elle, avec la déposition de leur forme actuelle ? Comprendre cela à fond, voilà la vraie science. Celui qui l'a compris, ayant une base ferme, embrassera toute la chaîne des êtres, unifiera ses puissances, fortifiera son corps, rentrera ses énergies, communiquera avec l'évolution universelle. Sa nature conservant sa parfaite intégrité, son esprit conservant son entière liberté, rien d'extérieur n'aura prise sur lui. Si cet homme, en état d'ivresse, tombe d'un char, il ne sera pas blessé mortellement. Quoique ses os et ses articulations soient comme ceux des autres hommes, le même traumatisme n'aura pas sur lui le même effet ; parce que son esprit, étant entier, protège son corps. L'inconscience agit comme une enveloppe protectrice. Rien n'a prise sur le corps, quand l'esprit n'est pas ému. Aucun être ne peut nuire au Sage, enveloppé dans l'intégrité de sa nature, protégé par la liberté de son esprit.

▲ **Lie2.E.** *Lie-uk'eou* (*Lie-tzeu*) tirait de l'arc en présence de *Pai-hounn-ou jenn*, une tasse contenant de l'eau étant attachée sur son coude gauche. Il bandait l'arc de la main droite, à son maximum, décochait, replaçait une autre flèche, décochait encore ; et ainsi de suite, avec l'impassibilité d'une statue, sans que l'eau de la tasse vacillât.

Pai-hounn-ou-jenn lui dit :

— Votre tir est le tir d'un archer tout occupé de son tir (tir artificiel), non le tir d'un archer indifférent pour son tir (tir naturel). Venez avec moi sur quelque haute montagne, au bord d'un précipice, et nous verrons si vous conservez encore cette présence d'esprit.

Les deux hommes firent ainsi. *Pai-hounn-ou-jenn* se campa au bord du précipice, dos au gouffre, ses talons débordant dans le vide (or l'archer doit se rejeter en arrière pour bander), puis salua *Lie-uk'eou* d'après les rites, avant de commencer son tir. Mais *Lie-uk'eou*, saisi de vertige, gisait déjà par terre, la sueur lui ruisselant jusqu'aux talons. *Pai-hounn-ou-jenn* lui dit :

— Le sur-homme plonge son regard dans les profondeurs du ciel, dans les abîmes de la terre, dans le lointain de l'horizon, sans que son esprit s'émeuve. Il me paraît que vos yeux sont hagards, et que, si vous tiriez, vous n'atteindriez pas le but.

▲ **Lie2.F.** Un membre au clan *Fan*, nommé *Tzeu-hoa*, très avide de popularité, s'était attaché tout le peuple de la principauté *Tsinn*. Le prince de *Tsinn* en avait fait son favori, et l'écoutait plus volontiers que ses ministres, distribuant à son instigation les honneurs et les blâmes. Aussi les quémandeurs faisaient-ils queue à la porte de *Tzeu-hoa*, lequel s'amusait à leur faire faire devant lui assaut d'esprit, à les faire même se battre, sans s'émouvoir aucunement des accidents qui arrivaient dans ces joutes. Les mœurs publiques de la principauté *Tsinn* pâtirent de ces excès.

Un jour *Ho-cheng* et *Tzeu-pai*, qui revenaient de visiter la famille *Fan*, passèrent la nuit, à une étape de la ville, dans une auberge tenue par un certain *Chang-K'iou-k'ai* (taoïste). Ils s'entretinrent de ce qu'ils venaient de voir. Ce *Tzeu-hoa*, dirent-ils, est tout-puissant ; il sauve et perd qui il veut ; il enrichit ou ruine à son gré.

Chang-K'iou-k'ai que la faim et le froid empêchaient de dormir, entendit cette conversation par l'imposte. Le lendemain, emportant quelques provisions, il alla en ville, et se présenta à la porte de *Tzeu-hoa*. Or ceux qui assiégeaient cette porte, étaient tous personnes de condition, richement habillés et venus en équipages, prétentieux et arrogants. Quand ils virent ce vieillard caduc, au visage hâlé, mal vêtu et mal coiffé, tous le regardèrent de haut, puis le méprisèrent, enfin se jouèrent de lui de toute manière. Quoi qu'ils dissent, *Chang-K'iou-k'ai* resta impassible, se prêtant à leur jeu en souriant.

Sur ces entrefaites, *Tzeu-hoa* ayant conduit toute la bande sur une haute terrasse, dit :

— Cent onces d'or sont promises à qui sautera en bas !

Les rieurs de tout à l'heure eurent peur. *Chang-K'iou-k'ai* sauta aussitôt, descendit doucement comme un oiseau qui plane, et se posa à terre sans se casser aucun os.

— C'est là un effet du hasard, dit la bande.

Ensuite *Tzeu-hoa* les conduisit tous au bord du Fleuve, à un coude qui produisait un profond tourbillon.

— A cet endroit, dit-il, tout au fond, est une perle rare ; qui l'aura retirée, pourra la garder !

Chang-K'iou-k'ai plongea aussitôt, et rapporta la perle rare du fond du gouffre. Alors la bande commença à se douter qu'elle avait affaire à un être extraordinaire.

Tzeu-hoa le fit habiller, et l'on s'attabla. Soudain un incendie éclata dans un magasin de la famille *Fan*.

— Je donne, dit *Tzeu-hoa*, à celui qui entrera dans ce brasier, tout ce qu'il en aura retiré !

Sans changer de visage, *Chang-K'iou-k'ai* entra aussitôt dans le feu, et en ressortit, sans être ni brûlé ni même roussi.

Convaincue enfin que cet homme possédait des dons transcendants, la bande, lui fit des excuses.

— Nous ne savions pas, dirent-ils ; voilà pourquoi nous vous avons manqué. Vous n'y avez pas fait attention, pas plus qu'un sourd ou qu'un aveugle, confirmant par ce stoïcisme votre transcendance. Veuillez nous faire part de votre formule !

— Je n'ai pas de formule, dit *Chang-K'iou-k'ai*. Je vais comme mon instinct naturel me pousse, sans savoir ni pourquoi ni comment. Je suis venu ici pour voir, parce que deux de mes hôtes ont parlé de vous, la distance n'étant pas grande. J'ai cru parfaitement tout ce que vous m'avez dit, et ai voulu le faire, sans arrière-pensée relative à ma personne. J'ai donc agi sous l'impulsion de mon instinct naturel complet et indivis. A qui agit ainsi, aucun être ne s'oppose, (cette action étant dans le sens du mouvement cosmique). Si vous ne veniez de me le dire, je ne me serais jamais douté que vous vous êtes moqués de moi. Maintenant que je le sais, je suis quelque peu ému. Dans cet état, je n'oserais plus, comme auparavant, affronter l'eau et le feu, car je ne le ferais pas impunément.

Depuis cette leçon, les clients de la famille Fan n'insultèrent plus personne. Ils descendaient de leurs chars, pour saluer sur la route, même les mendiants et les vétérinaires.

Tsai-no rapporta toute cette histoire à Confucius.

— Sans doute, dit celui-ci. Ignorais-tu que l'homme absolument simple, fléchit par cette simplicité tous les êtres, touche le ciel et la terre, propitie les mânes, si bien que rien absolument ne s'oppose à lui dans les six régions de l'espace, que rien ne lui est hostile, que le feu et l'eau ne le blessent pas ? Que si sa simplicité mal éclairée a protégé *Chang-K'iou-k'ai*, combien plus ma droiture avisée me protègera-t-elle moi. Retiens cela ! (Bout de l'oreille du chef d'école.)

▲**Lie2.G.** L'intendant des pacages de l'empereur *Suan-wang* de la dynastie *Tcheou*, avait à son service un employé *Leang-ying*, lequel était doué d'un pouvoir extraordinaire sur les animaux sauvages. Quand il entrait dans leur enclos pour les nourrir, les plus réfractaires, tigres, loups, aigles pêcheurs, se soumettaient docilement à sa voix. Il pouvait les affronter impunément, dans les conjonctures les plus critiques, temps du rut ou de la lactation, ou quand des espèces ennemies se trouvaient en présence. L'empereur ayant su la chose, crut à l'usage de quelque charme, et donna ordre à l'officier *Mao-K'iouyuan* de s'en informer. *Leang-ying* dit :

— Moi petit employé, comment posséderais-je un charme ? Si j'en possédais quelqu'un, comment oserais-je le cacher à l'empereur ? En peu de mots, voici tout mon secret : Tous les êtres qui ont du sang dans les veines, éprouvent des attraits et des répulsions. Ces passions ne s'allument pas spontanément, mais par la présence de leur objet. C'est sur ce principe que je m'appuie, dans mes rapports avec les bêtes féroces. Je ne donne jamais à mes tigres une proie vivante, pour ne pas allumer leur passion de tuer ; ni une proie entière, pour ne pas exciter leur appétit de déchirer. Je juge de ce que doivent être leurs dispositions, d'après le degré auquel ils sont affamés ou rassasiés. Le tigre a ceci de commun avec l'homme, qu'il affectionne ceux qui le nourrissent et le caressent, et ne tue que ceux qui le provoquent. Je me garde donc de jamais irriter mes tigres, et m'efforce au contraire de leur plaire. Cela est difficile aux hommes d'humeur instable. Mon humeur est toujours la même. Contents de moi, mes animaux me regardent comme étant des leurs. Ils oublient, dans ma ménagerie, leurs forêts profondes, leurs vastes marais, leurs monts et leurs vallées. Simple effet d'un traitement rationnel.

▲ **Lie2.H.** *Yen-Hoei* dit à Confucius :

— Un jour que je franchissais le rapide de *Chang*, j'admirai la dextérité extraordinaire du passeur, et lui demandai : cet art s'apprend-il ? « Oui, dit-il. Quiconque sait nager, peut l'apprendre. Un bon nageur l'a vite appris. Un bon plongeur le sait sans l'avoir appris. » Je n'osai pas dire au passeur, que je ne comprenais pas sa réponse. Veuillez me l'expliquer, s'il vous plaît.

— Ah ! dit Confucius, je t'ai dit cela souvent en d'autres termes, et tu ne comprends pas encore ! Ecoute et retiens cette fois ! Quiconque sait nager, peut l'apprendre, parce qu'il n'a pas peur de l'eau. Un bon nageur l'a vite appris, parce qu'il ne pense même plus à l'eau. Un bon plongeur le sait sans l'avoir appris, parce que l'eau étant devenue comme son élément, ne lui cause pas la moindre émotion. Rien ne gêne l'exercice des facultés de celui dont aucun trouble ne pénètre l'intérieur.... Quand l'enjeu est un tesson de poterie, les joueurs sont posés. Quand c'est de la monnaie, ils deviennent nerveux. Quand c'est de l'or, ils perdent la tête. Leur habileté acquise restant la même, Ils sont plus ou moins incapables de la déployer, l'affection d'un objet extérieur les distrayant plus ou moins. Toute attention prêtée à une chose extérieure, trouble ou altère l'intérieur.

▲ **Lie2.I.** Un jour que Confucius admirait la cascade de *Lu-leang*, saut de deux cent quarante pieds, produisant un torrent qui bouillonne sur une longueur de trente stades, si rapide que ni caïman ni tortue ni poisson ne peut le remonter, il aperçut un homme qui nageait parmi les remous. Croyant avoir affaire à un désespéré qui cherchait la mort, il dit à ses disciples de suivre la rive, afin de le retirer, s'il passait à portée. Or, à quelques centaines de pas en aval, cet homme sortit lui-même de l'eau, défit sa chevelure pour la sécher, et se mit à suivre le bord, au pied de la digue, en fredonnant. Confucius l'ayant rejoint, lui dit :

— Quand je vous ai aperçu nageant dans ce courant, j'ai pensé que vous vouliez en finir avec la vie. Puis, en voyant l'aisance avec laquelle vous sortiez de l'eau, je vous ai pris pour un être transcendant. Mais non, vous êtes un homme, en chair et en os. Dites-moi, je vous prie, le moyen de se jouer ainsi dans l'eau.

— Je ne connais pas ce moyen, fit l'homme. Quand je commençai, je m'appliquai ; avec le temps, la chose me devint facile ; enfin je la fis naturellement, inconsciemment. Je me laisse aspirer par l'entonnoir central du tourbillon, puis rejeter par le remous périphérique. Je suis le mouvement de l'eau, sans faire moi-même aucun mouvement. Voilà tout ce que je puis vous en dire.

▲ **Lie2.J.** Confucius se rendait dans le royaume de *Tch'ou*. Dans une clairière, il aperçut un bossu, qui abattait les cigales au vol, comme s'il les eût prises avec ses mains.

— Vous êtes très habile, lui dit-il ; dites-moi votre secret.

— Voici, dit le bossu. Je m'exerçai, durant cinq ou six mois, à faire tenir des balles en équilibre sur ma canne. Quand je fus arrivé à en faire tenir deux, je ne manquai plus que peu de cigales. Quand je fus arrivé à en faire tenir trois, je n'en ratai plus qu'une sur dix. Quand je fus arrivé à en faire tenir cinq, je pris les cigales au vol, avec ma canne, aussi sûrement qu'avec ma main. Ni mon corps, ni mon bras, n'éprouvent plus aucun frémissement nerveux spontané. Mon attention ne se laisse plus distraire par rien. Dans cet univers immense plein de tant d'êtres, je ne vois que la cigale que je vise, aussi ne la manqué-je jamais.

Confucius regarda ses disciples et leur dit :

— Concentrer sa volonté sur un objet unique, produit la coopération parfaite du corps avec l'esprit.

Prenant la parole à son tour, le bossu demanda à Confucius :

— Mais vous, lettré, dans quel but m'avez-vous demandé cela ? Pourquoi vous informer de ce qui n'est pas votre affaire ? N'auriez-vous pas quelque intention malveillante ?

Un jeune homme qui habitait au bord de la mer, aimait beaucoup les mouettes. Tous les matins, il allait au bord de la mer pour les saluer, et les mouettes descendaient par centaines, pour jouer avec lui. Un jour le père du jeune homme lui dit :

— Puisque les mouettes sont si familières avec toi, prends-en quelques-unes et me les apporte, pour que moi aussi je puisse jouer avec elles.

Le lendemain le jeune homme se rendit à la plage comme de coutume, mais avec l'intention secrète d'obéir à son père. Son extérieur trahit son intérieur. Les mouettes se défièrent. Elles se jouèrent dans les airs au-dessus de sa tête, mais aucune ne descendit.

Le meilleur usage qu'on puisse faire de la parole, c'est de se taire. La meilleure action, c'est de ne pas agir. Vouloir embrasser tout ce qui est connaissable, ne produit qu'une science superficielle.

▲ **Lie2.K.** Menant avec lui un train de cent mille personnes, *Tchao-siang-tzeu* chassait dans les monts *Tchoung-chan*. Pour faire sortir les bêtes sauvages de leurs repaires, il fit mettre le feu à la brousse. La lueur de l'incendie fut visible à cent stades de distance. Au milieu de ce brasier, on vit un homme sortir d'un rocher, voltiger dans la flamme, se jouer dans la fumée. Tous les spectateurs jugèrent, que ce ne pouvait être qu'un être transcendant.

Quand l'incendie eût passé, il vint, tranquille, comme si de rien n'était. Surpris, *Tchao-siang-tzeu* le retint et l'examina à loisir. C'était un homme fait comme les autres. *Tchao-siang-tzeu* lui ayant demandé son secret pour pénétrer les rochers et séjourner dans le feu, cet homme dit :

— Qu'est-ce qu'un rocher ? Qu'est-ce que du feu ?

Tchao-siang-tzeu dit :

— Ce dont vous êtes sorti, c'est un rocher ; ce que vous avez traversé, c'était du feu.

— Ah ! fit l'homme, je n'en savais rien.

Le marquis *Wenn* de *Wei* ayant entendu raconter ce fait, demanda à *Tzeu-hia* ce qu'il pensait de cet homme.

— J'ai ouï dire à mon maître (Confucius), dit *Tzeu-hia*, que celui qui a atteint à l'union parfaite avec le cosmos, n'est plus blessé par aucun être ; qu'il pénètre à son gré le métal et la pierre ; qu'il marche à volonté sur l'eau et dans le feu.

— Vous, demanda le marquis, possédez-vous ce don ?

— Non, dit *Tzeu-hia*, car je n'ai pas encore réussi à me défaire de mon intelligence et de ma volonté ; je ne suis encore que disciple.

— Et votre maître Confucius, possède-t-il ce don ? demanda le marquis.

— Oui, dit *Tzeu-hia*, mais il n'en fait pas parade.

Le marquis *Wenn* fut édifié.

▲ **Lie2.L.** Un devin des plus transcendants, nommé *Ki-hien*, originaire de la principauté de *Ts'i*, s'établit dans celle de *Tcheng*. Il prédisait les malheurs et la mort, au jour près, infailliblement. Aussi les gens de *Tcheng*, qui ne tenaient pas à en savoir si long, s'enfuyaient-ils du plus loin qu'ils le voyaient venir.

Lie-tzeu étant allé le voir, fut émerveillé de ce qu'il vit et entendit. Quand il fut revenu, il dit à son maître *Hou-K'iou-tzeu* :

— Jusqu'ici je tenais votre doctrine pour la plus parfaite, mais voici que j'en ai trouvé une supérieure.

Hou-K'iou-tzeu dit :

— C'est que tu ne connais pas toute ma doctrine, n'ayant reçu de moi que l'enseignement exotérique, et non l'ésotérique. Ton savoir ressemble aux œufs que pondent les poules privées de coq ; il y manque (le germe) l'essentiel. Et puis, quand on discute, il faut avoir une foi ferme en son opinion, sous peine, si l'on vacille, d'être deviné par l'adversaire. C'est ce qui te sera arrivé. Tu te seras trahi, et auras pris ensuite le flair naturel de *Ki-hi*en pour de la divination transcendante. Amène-moi cet homme, pour que je voie ce qui en est.

Le lendemain, *Lie-tzeu* amena le devin chez *Hou-K'iou-tzeu*, sous prétexte de consultation médicale. Quand il fut sorti, le devin dit à *Lie-tzeu* :

— Hélas ! votre maître est un homme mort. C'en sera fait de lui, avant peu de jours. J'ai eu, en l'examinant, une vision étrange, comme de cendres humides, présage de mort.

Quand il eut congédié le devin, *Lie-tzeu* rentra, tout en larmes, et rapporta à *Hou-K'iou-tzeu* ce qu'on venait de lui dire. *Hou-K'iou-tzeu* dit :

— C'est que je me suis manifesté à lui, sous la figure d'une terre inerte et stérile, toutes mes énergies étant arrêtées, (aspect que le vulgaire ne présente qu'aux approches de la mort, mais que le contemplatif présente à volonté). Il y a été pris. Amène-le une autre fois, et tu verras la suite de l'expérience.

Le lendemain *Lie-tzeu* ramena le devin. Quand celui-ci fut sorti, il dit à *Lie-tzeu* :

— Il est heureux que votre maître se soit adressé à moi ; il y a déjà du mieux ; les cendres se raniment ; j'ai vu des signes d'énergie vitale.

Lie-tzeu rapporta ces paroles à *Hou-K'iou-tzeu*, qui dit :

— C'est que je me suis manifesté à lui sous l'aspect d'une terre fécondée par le ciel, l'énergie montant de la profondeur sous l'influx d'en haut. Il a bien vu, mais mal interprété, (prenant pour naturel ce qui est contemplation). Amène-le encore, pour que nous continuions l'expérience.

Le lendemain *Lie-tzeu* ramena le devin. Après avoir fait son examen, celui-ci lui dit :

— Aujourd'hui j'ai trouvé à votre maître un aspect vague et

indéterminé, duquel je ne puis tirer aucun pronostic ; quand son état se sera mieux défini, je pourrai vous dire ce qui en est.

Lie-tzeu rapporta ces paroles à *Hou-K'ioutzeu*, qui dit :

— C'est que je me suis manifesté à lui sous la figure du grand chaos non encore différencié, toutes mes puissances étant en état d'équilibre neutre. Il ne pouvait de fait tirer rien de net de cette figure. Un remous dans l'eau peut être causé aussi bien par les ébats d'un monstre marin, par un écueil, par la force du courant, par un jaillissement, par une cascade, par la jonction de deux cours d'eau, par un barrage, par une dérivation, par la rupture d'une digue ; effet identique de neuf causes distinctes, (donc impossibilité de conclure directement du remous à la nature de sa cause ; il faut qu'un examen ultérieur détermine celle-ci). Amène-le une fois encore, et tu verras la suite.

Le lendemain, le devin étant revenu, ne s'arrêta qu'un instant *devant Hou-K'iou-tzeu, n'y comprit rien, perdit contenance et* s'enfuit.

— Cours après lui, dit *Hou-K'iou-tzeu*.

Lie-tzeu obéit, mais ne put le rattraper.

— Il ne reviendra pas, dit *Hou-K'iou-tzeu*. C'est que je lui ai manifesté ma sortie du principe primordial avant les temps, une motion dans le vide sans forme apparente, un bouillon de la puissance inerte. C'était trop fort pour lui, voilà pourquoi il a pris la fuite.

Constatant que de fait il n'entendait encore rien à la doctrine ésotérique de son maître, *Lie-tzeu* se confina dans sa maison durant trois années consécutives. Il fit la cuisine pour sa femme, il servit les porcs comme s'ils eussent été des hommes, (pour détruire en soi les préjugés humains). Il se désintéressa de toutes choses. Il ramena tout ce qui en lui était culture artificielle, à la simplicité naturelle primitive. Il devint fruste comme une motte de terre, étranger à tous les événements et accidents, et demeura ainsi concentré en un jusqu'à la fin de ses jours.

▲ **Lie2.M.** Comme maître *Lie-tzeu* allait à *Ts'i*, il revint soudain sur ses pas. *Pai-hounn-ou-jenn* qu'il rencontra, lui demanda :

— Pourquoi rebroussez-vous chemin de la sorte ?

— Parce que j'ai peur, dit *Lie-tzeu*.

— Peur de quoi ? fit *Pai-hounn-ou-jenn*.

— Je suis entré dans dix restaurants, dit *Lie-tzeu*, et cinq fois j'ai été servi le premier. Il faut que ma perfection intérieure transparaissant, ait donné dans l'œil à ces gens-là, pour qu'ils aient servi après moi des clients plus riches ou plus âgés que moi. J'ai donc eu peur que, si j'allais jusqu'à la capitale de *Ts'i*, ayant connu lui aussi mon mérite, le prince ne se déchargeât sur moi du gouvernement qui lui pèse.

— C'est bien pensé, dit *Pai-hounn-ou-jenn*. Vous avez échappé à un patron princier ; mais je crains que vous n'ayez bientôt des maîtres à domicile.

Quelque temps après, *Pai-hounn-ou-jenn* étant allé visiter *Lie-tzeu*, vit devant sa porte une quantité de souliers (indice de la présence de nombreux visiteurs). S'arrêtant dans la cour, il réfléchit longuement, le menton appuyé sur le bout de son bâton, puis partit sans mot dire. Cependant le portier avait averti *Lie-tzeu*. Celui-ci saisit vivement ses sandales, et sans prendre le temps de les chausser, courut après son ami. Quand il l'eut rejoint à la porte extérieure, il lui dit :

— Pourquoi partez-vous ainsi, sans me laisser aucun avis utile ?

— A quoi bon désormais ? dit *Pai-hounn-ou-jenn*. Ne vous l'ai-je pas dit ? Vous avez des maîtres maintenant. Sans doute, vous ne les avez pas attirés, mais vous n'avez pas non plus su les repousser. Quelle influence aurez-vous désormais sur ces gens-là ? On n'influence qu'à condition de tenir à distance. A ceux par qui l'on est gagné, on ne peut plus rien dire. Ceux avec qui l'on est lié, on ne peut pas les reprendre. Les propos de gens vulgaires, sont poison pour l'homme parfait. A quoi bon converser avec des êtres qui n'entendent ni ne comprennent ?

▲ **Lie2.N.** *Yang-tchou* allant à *P'ei* et *Lao-tzeu* allant à *Ts'inn*, les deux se rencontrèrent à *Leang*. A la vue de *Yang-tchou*, *Lao-tzeu* leva les yeux au ciel, et dit avec un soupir :

— J'espérais pouvoir vous instruire, mais je constate qu'il n'y a pas moyen.

Yang-tchou ne répondit rien. Quand les deux voyageurs furent arrivés à l'hôtellerie où ils devaient passer la nuit, *Yang-tchou* apporta d'abord lui-même tous les objets nécessaires pour la toilette. Ensuite, quand *Lao-tzeu* fut installé dans sa chambre, ayant quitté ses chaussures à la porte, *Yang-tchou* entra en marchant sur ses genoux, et dit à *Lao-tzeu* :

— Je n'ai pas compris ce que vous avez dit de moi, en levant les yeux au ciel et soupirant. Ne voulant pas retarder votre marche, je ne vous ai pas demandé d'explication alors. Mais maintenant que vous êtes libre, veuillez m'expliquer le sens de vos paroles.

— Vous avez, dit *Lao-tzeu*, un air altier qui rebute ; tandis que le Sage est comme confus quelque irréprochable qu'il soit, et se juge insuffisant quelle que soit sa perfection.

— Je profiterai de votre leçon, dit *Yang-tchou*, très morfondu.

Cette nuit-là même *Yang-tchou* s'humilia tellement, que le personnel de l'auberge qui l'avait servi avec respect le soir à son arrivée, n'eut plus aucune sorte d'égards pour lui le matin à son départ. (Le respect des valets étant, en Chine, en proportion de la morgue du voyageur.)

▲ **Lie2.O.** *Yang-tchou* passant par la principauté de *Song*, reçut l'hospitalité dans une hôtellerie. L'hôtelier avait deux femmes, l'une belle, l'autre laide. La laide était aimée, la belle était détestée.

— Pourquoi cela ? demanda *Yang-tchou* à un petit domestique.

— Parce que, dit l'enfant, la belle fait la belle, ce qui nous la rend déplaisante ; tandis que la laide se sait laide, ce qui nous fait oublier sa laideur.

— Retenez ceci, disciples ! dit *Yang-tchou*. Etant sage, ne pas poser pour sage ; voilà le secret pour se faire aimer partout.

▲ **Lie2.P.** Il y a, en ce monde, comme deux voies ; celle de la subordination, la déférence ; celle de l'insubordination, l'arrogance. Leurs tenants ont été définis par les anciens en cette manière : les arrogants n'ont de sympathie que pour les plus petits que soi, les déférents affectionnent aussi ceux qui leur sont supérieurs. L'arrogance est dangereuse, car elle s'attire des ennemis ; la déférence est sûre, car elle n'a que des amis. Tout réussit au déférent, et dans la vie privée, et dans la vie publique ; taudis que l'arrogant n'a que des insuccès. Aussi *U-tzeu* a-t-il dit, que la puissance doit toujours être tempérée par la condescendance ; que c'est la condescendance qui rend la puissance durable ; que cette règle permet de pronostiquer à coup sûr, si tel particulier, si tel État, prospérera ou dépérira. La force n'est pas solide, tandis que rien n'égale la solidité de la douceur. Aussi *Lao-tan* a-t-il dit : « la puissance d'un état lui attire la ruine, comme la grandeur d'un arbre appelle la cognée. La faiblesse fait vivre, la force fait mourir. »

▲ **Lie2.Q.** Le Sage s'allie avec qui a les mêmes sentiments intérieurs que lui, le vulgaire se lie avec qui lui plaît par son extérieur. Or dans un corps humain peut se cacher un cœur de bête ; un corps de bête peut contenir un cœur d'homme. Dans les deux cas, juger d'après l'extérieur, induira en erreur.

Fou-hi, Niu-wa, Chenn-noung, U le Grand, eurent, qui une tête humaine sur un corps de serpent, qui une tête de bœuf, qui un museau de tigre ; mais, sous ces formes animales, ce furent de grands Sages. Tandis que *Kie* le dernier des *Hia, Tcheou* le dernier des *Yinn*, le duc *Hoan* de *Lou*, le duc *Mou* de *Tch'ou*, furent des bêtes sous forme humaine. — Quand *Hoang-ti* livra bataille à Yen-ti dans la plaine de *Fan-ts'uan*, des bêtes féroces formèrent son front de bataille, des oiseaux de proie ses troupes légères. Il s'était attaché ces animaux par son ascendant. — Quand *Yao* eut chargé *K'oei* du soin de la musique, les animaux accoururent et dansèrent, charmés par ces accents.

Peut-on dire, après cela, qu'il y ait, entre les animaux et les hommes, une différence essentielle ? Sans doute, leurs formes et leurs langues diffèrent de celles des hommes, mais n'y aurait-il pas moyen de s'entendre avec eux malgré cela ? Les Sages susdits, qui savaient tout et qui étendaient leur sollicitude à tous, surent gagner aussi les animaux. Il y a tant de points communs entre les instincts des animaux et les mœurs des hommes. Eux aussi vivent par couples, les parents aimant leurs enfants. Eux aussi recherchent pour s'y loger les lieux sûrs. Eux aussi préfèrent les régions tempérées aux régions froides. Eux aussi se réunissent par groupes, marchent en ordre, les petits au centre, les grands tout autour. Eux aussi s'indiquent les bons endroits pour boire ou pour brouter. — Dans les tout premiers temps, les animaux et les hommes habitaient et voyageaient ensemble. Quand les hommes se furent donné des empereurs et des rois, la défiance surgit et causa la séparation. Plus tard la crainte éloigna de plus en plus les animaux des hommes. Cependant, encore maintenant, la distance n'est pas infranchissable. A l'Est, chez les *Kie-cheu*, on comprend encore la langue, au moins des animaux domestiqués. Les anciens

Sages comprenaient le langage et pénétraient les sentiments de tous les êtres, communiquaient avec tous comme avec leur peuple humain, aussi bien avec les *koei* les *chenn* les *li* les *mei* (êtres transcendants), qu'avec les volatiles les quadrupèdes et les insectes. Partant de ce principe, que les sentiments d'êtres qui ont même sang et qui respirent même air, ne peuvent pas être grandement différents, ils traitaient les animaux à peu près comme des hommes, avec succès.

Un éleveur de singes de la principauté *Song*, était arrivé à comprendre les singes, et à se faire comprendre d'eux. Il les traitait mieux que les membres de sa famille, ne leur refusant rien. Cependant il tomba dans la gène. Obligé de rationner ses singes, il s'avisa du moyen suivant, pour leur faire agréer la mesure.

— Désormais, leur dit-il, vous aurez chacun trois taros le matin et quatre le soir ; cela vous va-t-il ?

Tous les singes se dressèrent, fort courroucés

— Alors, leur dit-il, vous aurez chacun quatre taros le matin, et trois le soir ; cela vous va-t-il ?

Satisfaits qu'on eût tenu compte de leur déplaisir, tous les singes se recouchèrent, très contents.... C'est ainsi qu'on gagne les animaux. Le Sage gagne de même les sots humains. Peu importe que le moyen employé soit réel ou apparent ; pourvu qu'on arrive à satisfaire, à ne pas irriter.

Autre exemple de l'analogie étroite entre les animaux et les hommes : *Ki-sing-tzeu* dressait un coq de combat, pour l'empereur *Suan* des *Tcheou*. Au bout de dix jours, comme on lui en demandait des nouvelles, il dit :

— Il n'est pas encore en état de se battre ; il est encore vaniteux et entêté.

Dix jours plus tard, interrogé de nouveau, il répondit :

— Pas encore ; il répond encore au chant des autres coqs.

Dix jours plus tard, il dit :

— Pas encore ; il est encore nerveux et passionné.

Dix jours plus tard, il dit :

— Maintenant il est prêt ; il ne fait plus attention au chant de ses semblables ; il ne s'émeut, à leur vue, pas plus que s'il était de bois. Toutes ses énergies sont ramassées. Aucun autre coq ne tiendra devant lui.

▲ **Lie2.R.** *Hoei-yang*, parent de *Hoei-cheu*, et sophiste comme lui, étant allé visiter le roi *K'ang* de *Song*, celui-ci trépigna et toussa d'impatience à sa vue, et lui dit avec volubilité :

— Ce que j'aime, moi, c'est la force, la bravoure ; la bonté et l'équité sont des sujets, qui ne me disent rien ; vous voilà averti ; dites maintenant ce que vous avez à me dire.

— Justement, dit *Hoei-yang*, un de mes thèmes favoris, c'est d'expliquer pourquoi les coups des braves et des forts restent parfois sans effet ; vous plairait-il d'entendre ce discours-là ?

— Très volontiers, dit le roi.

— Ils restent sans effet, reprit le sophiste, quand ils ne les portent pas. Et pourquoi ne les portent-ils pas ? Soit parce qu'ils n'osent pas, soit parce qu'ils ne veulent pas. C'est là encore un de mes thèmes favoris.... Mettons que ce soit parce qu'ils ne veulent pas. Pourquoi ne le veulent-ils pas ? Parce qu'il n'y aura aucun avantage. C'est encore là un de mes sujets favoris.... Supposons maintenant qu'il y ait un moyen d'obtenir tous les avantages, de gagner le cœur de tous les hommes et de toutes les femmes de l'empire, de se mettre à l'abri de tous les ennuis, ce moyen, n'aimeriez-vous pas le connaître ?

— Ah que si ! fit le roi.

— Eh bien, dit le sophiste, c'est la doctrine de Confucius et de *Mei-ti*, dont tout à l'heure vous ne vouliez pas entendre parler. Confucius et *Mei-ti*, ces deux princes sans terre, ces nobles sans titres, sont la joie et l'orgueil des hommes et des femmes de tout l'empire. Si vous, prince, qui avez terres et titres, embrassez la doctrine de ces deux hommes, tout le monde se donnera à vous, et vous deviendrez plus célèbre qu'eux, ayant eu le pouvoir en plus.[7]

Le roi de *Song* ne trouva pas un mot à répondre. *Hoei-yang* sortit triomphant. Il était déjà loin, quand le roi de *Song* dit à ses courtisans :

— Mais parlez donc ! cet homme m'a réduit au silence !

---

[7] *Hoei-yang* n'était pas disciple de Confucius. Mais le triomphe des sophistes consistait à mettre leur adversaire à quia sur sa propre thèse. Le roi de *Sang* ayant commencé par déclarer qu'il délestait le Confucéisme, *Hoei-yang* lui prouve, sans y croire, que c'est la meilleure des doctrines.

CHAPITRE 3[8]

ÉTATS PSYCHIQUES

▲ **Lie3.A.** Au temps de l'empereur Mou des *Tcheou*, il vint, à la cour de cet empereur, un magicien d'un pays situé à l'Extrême-Occident. Cet homme entrait impunément dans l'eau et dans le feu, traversait le métal et la pierre, faisait remonter les torrents vers leur source, changeait de place les remparts des villes, se soutenait dans les airs sans tomber, pénétrait les solides sans éprouver de résistance, prenait à volonté toutes les figures, gardait son intelligence d'homme sous la forme d'un objet inanimé, etc. L'empereur Mou le vénéra comme un génie, le servit comme son maître, lui donna le meilleur de son avoir en fait de logement, d'aliments et de femmes. Cependant le magicien trouva le palais impérial inhabitable, la cuisine impériale immangeable, les femmes du harem indignes de son affection. Alors l'empereur lui fit bâtir un palais spécial. Matériaux et main-d'œuvre, tout fut exquis. Les frais épuisèrent le trésor impérial. L'édifice achevé s'éleva à la hauteur de huit mille pieds. Quand l'empereur en fit la dédicace, il l'appela *tour touchant au ciel*. Il le peupla de jeunes gens choisis, appelés des principautés de *Tcheng* et de *Wei*. Il y installa des bains et un harem. Il y accumula les objets précieux, les fins tissus, les fards, les parfums, les bibelots. Il y fit exécuter les plus célèbres symphonies. Chaque mois il offrit une provision de vêtements superbes, chaque jour une profusion de mets exquis.... Rien n'y fit. Le magicien ne trouva rien à son goût, habita son nouveau logis sans s'y plaire, et fit de fréquentes absences.

---

[8] Réalité, mémoire, imagination, rêve, extase, folie, etc.

Un jour que, durant un festin, l'empereur s'étonnait de sa conduite ;

— Venez avec moi, lui dit-il.

L'empereur saisit la manche du magicien, qui l'enleva aussitôt dans l'espace, jusqu'au palais des hommes transcendants, situé au milieu du ciel. Ce palais était fait d'or et d'argent, orné de perles et de jade, sis plus haut que la région des nimbus pluvieux, sans fondements apparents, flottant dans l'espace comme un nuage. Dans ce monde supraterrestre, vues, harmonies, parfums, saveurs, rien n'était comme dans le monde des hommes. L'empereur comprit qu'il était dans la cité du Souverain céleste. Vu de là-haut, son palais terrestre lui apparut comme un tout petit tas de mottes et de brindilles. Il serait resté là durant des années, sans même se souvenir de son empire ; mais le magicien l'invita à le suivre plus haut.... Cette fois il l'enleva, par delà le soleil et la lune, hors de vue de la terre et des mers, dans une lumière aveuglante, dans une harmonie assourdissante. Saisi de terreur et de vertige, l'empereur demanda à redescendre. La descente s'effectua avec la rapidité d'un aérolithe qui tombe dans le vide.

Quand il revint à lui, l'empereur se retrouva assis sur son siège, entouré de ses courtisans, sa coupe à demi pleine, son ragoût à demi mangé.

— Que m'est-il arrivé ? demanda-t-il à son entourage.

— Vous avez paru vous recueillir, durant un instant, dirent ses gens.

L'empereur estimait avoir été absent durant trois mois au moins.

— Qu'est-ce que cela ? demanda-t-il au magicien.

— Oh ! rien de plus simple, dit celui-ci. J'ai enlevé votre esprit. Votre corps n'a pas bougé. Ou plutôt, je n'ai même pas déplacé votre esprit. Toute distinction, de lieu, de temps, est illusoire. La représentation mentale de tous les possibles, se fait sans mouvement et abstrait du temps.

C'est de cet épisode, que date le dégoût de l'empereur *Mou*, pour le gouvernement de son empire, pour les plaisirs de sa cour, et son goût pour les flâneries. C'est alors que, avec ses huit fameux chevaux tous de poil différent, *Tsao-fou* conduisant son char et *Ts'i-ho* lui servant d'écuyer, *Chenn-pai* menant le fourgon avec *Penn-joung* comme aide, il entreprit sa célèbre randonnée par delà les frontières occidentales. Après avoir fait mille stades, il arriva dans la tribu des *Kiu-seou*, qui lui tirent boire du sang de cygne, et lui lavèrent les pieds avec du koumys (deux fortifiants). La nuit suivante fut passée au bord du torrent rouge. Au jour, l'empereur gravit le mont *K'ounn-Lunn*, visita l'ancien palais de *Hoang-ti*, et éleva un cairn en mémoire de son passage. Ensuite il visita *Si-wang-mou*,[9] et fut fêté par lui (ou par elle) près du lac vert. Ils échangèrent des toasts, et l'empereur ne dissimula pas qu'il lui était pénible de devoir s'en retourner. Après avoir contemplé l'endroit où le soleil se couche au terme de sa course diurne de dix mille stades, il reprit le chemin de l'empire. Somme toute, il revint désillusionné, n'ayant rien trouvé qui ressemblât à sa vision.

— Hélas ! dit-il en soupirant, la postérité dira de moi, que j'ai sacrifié le devoir au plaisir.

Et de fait, n'ayant cherché que le bonheur présent, il ne fut pas bon empereur, et ne devint pas parfait génie, mais arriva seulement à vivre longtemps, et mourut centenaire.

▲ **Lie3.B.** *Lao-Tch'eng-tzeu* s'était mis à l'école de maître

---

[9] Probablement un roi, dont la légende a fait une femme. Vers le Pamir, peut être.

Yinn-wenn (Koanyinn-Lzeu), pour apprendre de lui le secret de la fantasmagorie universelle. Durant trois années entières, celui-ci ne lui enseigna rien. Attribuant cette froideur de son maître à ce qu'il le jugeait peu capable, *Lao-Tch'eng-tzeu* s'excusa et offrit de se retirer. Maître *Yinn-wenn* l'ayant salué (marque d'estime extraordinaire), le conduisit dans sa chambre, et là, sans témoins (science ésotérique), il lui dit :

— Jadis, quand *Lao-tan* partit pour l'Ouest,[10] il résuma pour moi sa doctrine en ces mots : et l'esprit vital, et le corps matériel, sont fantasmagorie. Les termes *vie* et *mort*, désignent la genèse initiale d'un être par l'action de la vertu génératrice, et sa transformation finale par l'influence des agents naturels. La succession de ces genèses, de ces transformations, quand le nombre est plein, sous l'influence du moteur universel, voilà la fantasmagorie. Le Principe premier des êtres, est trop mystérieux, trop profond, pour pouvoir être sondé. Nous ne pouvons étudier que le *devenir* et le *cesser* corporel, qui sont visibles et manifestes. Comprendre que l'évolution cosmique consiste pratiquement dans la succession des deux états de vie et de mort, voilà la clef de l'intelligence de la fantasmagorie. Nous sommes sujets à cette vicissitude, toi et moi, et pouvons constater ses effets en nous-mêmes.

Cette instruction reçue, *Lao-Tch'eng-tzeu* retourna chez lui, la médita durant trois mois, et trouva le secret du mystère, si bien qu'il devint maître de la vie et de la mort, put à volonté modifier les saisons, produisit des orages en hiver et de la glace en été, changea des volatiles en quadrupèdes et réciproquement. Il n'enseigna à personne la formule, que personne n'a retrouvée depuis, D'ailleurs, dit *Lie-tzeu*, pour qui posséderait la science des transformations, mieux vaudrait la garder secrète, mieux vaudrait ne pas s'en servir. Les anciens Souverains ne durent pas leur célébrité à des déploiements extraordinaires de science

---

[10] S'il est authentique, ce texte est le plus ancien qui parle de ce départ.

ou de courage. On leur sut gré d'avoir agi pour le bien de l'humanité sans ostentation.

▲ Lie3.C. L'application de l'esprit a huit effets, savoir : la délibération, l'action, le succès, l'insuccès, la tristesse, la joie, la vie, la mort ; tout cela tient au corps. L'abstraction de l'esprit a six causes, savoir : la volonté, l'aversion, la pensée intense, le sommeil, le ravissement, la terreur ; tout cela tient à l'esprit. Ceux qui ne savent pas l'origine naturelle des émotions, se préoccupent de sa cause, quand ils en ont éprouvé quelqu'une. Ceux qui savent que l'origine des émotions est naturelle, ne s'en préoccupent plus, puisqu'ils en savent la cause. Tout, dans le corps d'un être, plénitude et vacuité, dépense et augment, tout est en harmonie, en équilibre, avec l'état du ciel et de la terre, avec l'ensemble des êtres qui peuplent le cosmos. Une prédominance du *yinn*, fait qu'on rêve de passer l'eau à gué, avec sensation de fraîcheur. Une prédominance du *yang*, fait qu'on rêve de traverser le feu, avec sensation de brûlure. Un excès simultané de *yinn* et de *yang*, fait qu'on rêve de périls et de hasards, avec espoir et crainte. Dans l'état de satiété, on rêve qu'on donne ; dans l'état de jeûne, on rêve qu'on prend. Les esprits légers rêvent qu'ils s'élèvent dans l'air, les esprits graves rêvent qu'ils s'enfoncent dans l'eau. Se coucher ceint d'une ceinture, fait qu'on rêve de serpents ; la vue d'oiseaux qui emportent des crins, fait qu'on rêve de voler. Avant un deuil, on rêve de feu ; avant une maladie, on rêve de manger. Après avoir beaucoup bu, on fait des rêves tristes ; après avoir trop dansé, on pleure en rêve.

Lie-tzeu dit :

— Le rêve, c'est une rencontre faite par l'esprit ; la réalité (perception objective), c'est un contact avec le corps. Les pensées diurnes, les rêves nocturnes, sont également des impressions. Aussi ceux dont l'esprit est solide, pensent et rêvent peu, et attachent peu d'importance à leurs pensées et à leurs rêves. Ils savent que, et la pensée et le rêve, n'ont pas la réalité qui paraît, mais sont des reflets de la fantasmagorie cosmique. Les Sages anciens ne pensaient que peu quand ils veillaient, ne rêvaient pas quand ils dormaient, et ne parlaient ni de leurs pensées ni de leurs rêves, parce qu'ils croyaient aussi peu aux unes qu'aux autres.

« A l'angle sud-ouest de la terre *carrée*, est un pays dont j'ignore les frontières. Il s'appelle *Kou-mang*. Les alternances du *yinn* et du *yang* ne s'y faisant pas sentir, il n'a pas de saisons ; le soleil et la lune ne l'éclairant pas, il n'a ni jours ni nuits. Ses habitants ne mangent pas, ne s'habillent pas. Ils dorment presque continuellement, ne s'éveillant qu'une fois tous les cinquante jours. Ils tiennent pour réalité, ce qu'ils ont éprouvé durant leur sommeil ; et pour illusion, ce qu'ils ont éprouvé dans l'état de veille. — Au centre *de la terre* et des quatre mers, est le royaume central (la Chine), assis sur le Fleuve Jaune, s'étendant du pays de *Ue* jusqu'au mont *T'ai-chan*, avec une largeur est-ouest de plus de dix mille stades. Les alternances du *yinn* et du *yang* y produisent des saisons froides et chaudes, la lumière et l'obscurité alternant y produisent des jours et des nuits. Parmi ses habitants, Il y a des sages et des sots. Ses produits naturels et industriels sont nombreux et variés. Il a ses princes et ses fonctionnaires, ses rites et ses lois. On y parle et on y agit beaucoup. Les hommes y veillent et dorment tour à tour, tenant pour réel ce qu'ils ont éprouvé dans l'état de veille, et pour vain ce qu'ils ont éprouvé dans l'état de sommeil.

« A l'angle nord-est de la terre *carrée*, est le pays de *Fou-lao*, dont le sol sans cesse brûlé par les rayons du soleil, ne produit pas de céréales. Le peuple se nourrit de racines et de fruits qu'ils mangent crus. Brutaux, ils prisent plus la force que la justice. Ils sont presque continuellement en mouvement, rarement au repos. Ils veillent beaucoup et dorment peu. Ils tiennent pour réel ce qu'ils ont éprouvé dans l'état de veille.

▲**Lie3.D.** Un certain *Yinn*, officier des *Tcheou*, vivait luxueusement. Ses gens n'avaient aucun repos, depuis l'aube jusqu'à la nuit. Un vieux valet, cassé et infirme, n'était pas moins malmené que les autres. Or, après avoir durement peiné tout le jour, chaque nuit cet homme rêvait qu'il était prince, assis sur un trône, gouvernant un pays, jouissant de tous les plaisirs. A son réveil, il se retrouvait valet, et peinait comme tel le jour durant. Comme des amis plaignaient son sort, le vieux valet leur dit :

— Je ne suis pas si à plaindre. La vie des hommes se partage également en jour et nuit. Durant le jour, je suis valet et peine ; mais durant la nuit, je suis prince et m'amuse beaucoup. J'ai moitié de bon temps ; pourquoi me plaindrais-je ?

Cependant le maître de ce valet, après une journée de plaisir, rêvait chaque nuit qu'il était valet, surchargé de besogne, grondé et fustigé. Il raconta la chose à un ami. Celui-ci lui dit :

— Ce doit être que vous excédez, durant le jour, le lot de jouissance que le destin vous a assigné ; le destin se compense, par la souffrance de vos nuits.

L'officier crut son ami, modéra son luxe, traita mieux ses gens, et s'en trouva bien. (Du coup le vieux valet perdit aussi son plaisir nocturne, que le destin lui allouait en compensation de l'excès de ses fatigues diurnes.)

▲**Lie3.E.** Un bûcheron de *Tcheng* qui faisait des fagots, rencontra un chevreuil égaré, qu'il tua et cacha dans un fossé sous des branchages, comptant revenir l'enlever en cachette. N'ayant pu retrouver l'endroit, il crut avoir rêvé, et raconta l'histoire. Un de ses auditeurs, suivant ses indications, trouva le chevreuil et le rapporta chez lui. Le rêve de ce bûcheron était réel, dit-il aux gens de sa maison. Réel pour toi, dirent ceux-ci, puisque c'est toi qui as eu l'objet.

Cependant, la nuit suivante, le bûcheron eut révélation, en songe, que son chevreuil avait été trouvé par un tel, qui le cachait dans sa maison. Y étant allé de grand matin, il découvrit en effet le chevreuil, et accusa un tel par devant le chef du village. Celui-ci dit au bûcheron :

— Si tu as tué ce chevreuil étant en état de veille, pourquoi as-tu raconté que tu l'as tué en rêve ? Si tu as tué un chevreuil en rêve, ce ne peut pas être ce chevreuil réel. Donc, puisqu'il ne conteste pas que tu as tué la bête, je ne puis pas te l'adjuger. Par ailleurs, ton adversaire l'ayant trouvée sur les indications de ton rêve, et toi l'ayant retrouvée par suite d'un autre rêve, partagez-la entre vous deux.

Le jugement du chef de village ayant été porté à la connaissance du prince de *Tcheng*, celui-ci le renvoya à l'examen de son ministre. Le ministre dit :

— Pour décider de ce qui est rêve et de ce qui n'est pas rêve, et du droit en matière de rêve, *Hoang-ti* et *K'oung-K'iou* sont seuls qualifiés. Comme il n'y a actuellement ni *Hoang-ti* ni *K'oung-K'iou* pour trancher ce litige, je pense qu'il faut s'en tenir à la sentence arbitrale du chef de village.

▲ **Lie3.F.** A *Yang-li* dans la principauté *Song*, un certain *Hoa-tzeu* d'âge moyen, fit une maladie qui lui enleva complètement la mémoire. Il ne savait plus le soir qu'il avait fait telle acquisition le matin ; il ignorait le lendemain qu'il avait fait telle dépense le jour précédent. Dehors il oubliait de marcher, à la maison il ne pensait pas à s'asseoir. Tout souvenir du passé s'effaçait pour lui au fur et à mesure.

Un lettré de la principauté de *Lou*, s'offrit à traiter ce cas d'amnésie. La famille de *Hoa-tzeu* lui promit la moitié de sa fortune, s'il réussissait. Le lettré dit :

— Contre cette maladie, les incantations, les prières, les drogues et l'acuponcture, sont sans effet. Si j'arrive à restyler son esprit, il guérira ; sinon, non.

Ayant ensuite constaté expérimentalement, que le malade demandait encore des habits quand il était nu, des aliments quand il avait faim, et de la lumière en cas d'obscurité, il dit à la famille :

— Il y a espoir de guérison. Mais, mon procédé est secret ; je ne le communique à personne.

Sur ce, il s'enferma seul avec le malade, lequel, au bout de sept jours, se trouva guéri de cette amnésie vieille de plusieurs années. Mais, ô surprise ! dès que la mémoire lui fut revenue, *Hoa-tzeu* entra dans une grande colère, fit de sanglants reproches à sa famille, prit une lance et mit le lettré en fuite.

On se saisit de lui, et on lui demanda la raison de cette fureur.

— Ah ! dit-il, j'étais si heureux, alors que je ne savais même pas s'il y a un ciel et une terre ! Maintenant il me faudra de nouveau enregistrer dans ma mémoire, les succès et les insuccès, les joies et les peines, le mal et le bien passés, et m'en préoccuper pour l'avenir. Qui me rendra, ne fût-ce que pour un moment, le bonheur de l'inconscience ?

Tzeu-koung ayant appris cette histoire, en fut très étonné, et en demanda l'explication à Confucius.

— Tu n'es pas capable de comprendre cela (esprit trop pratique), dit Confucius ; *Yen-Hoei* (le contemplatif abstrait) comprendra mieux.

▲**Lie3.G.** Un certain *P'ang* de la principauté *Ts'inn*, avait un fils. Tout petit, cet enfant parut intelligent. Mais, quand il grandit, sa mentalité devint fort étrange. Le chant le faisait pleurer, le blanc lui paraissait noir, les parfums lui paraissaient puants, le sucre amer, le mal bien. En un mot, pensées et choses, en tout et pour tout, il était le contraire des autres hommes.

Un certain *Yang* dit à son père :

— Ce cas est bien extraordinaire, mais les lettrés de *Lou* sont très savants ; demandez-leur conseil.

Le père du déséquilibré, alla donc à *Lou*. Comme il passait par *Tch'enn*, il rencontra *Lao-tan*, et lui raconta le cas de son fils. *Lao-tan* lui répondit :

— C'est pour cela que tu tiens ton fils pour fou ? Mais les hommes de ce temps en sont tous là. Tous prennent le mal pour le bien, tenant leur profit pour règle des mœurs. La maladie de ton fils, est la maladie commune ; il n'est personne qui n'en souffre pas. Un fou par famille, une famille de fous par village, un village de fous par principauté, une principauté de fous dans l'empire, ce serait tolérable, à la rigueur. Mais maintenant, l'empire entier est fou, de la même folie que ton fils ; ou plutôt, toi qui penses autrement que tout le monde, c'est toi qui es fou. Qui définira jamais la règle des sentiments, des sons, des couleurs, des odeurs, des saveurs, du bien et du mal ? Je ne sais pas au juste si moi je suis sage mais je sais certainement que les lettrés de *Lou* (qui prétendent définir ces choses), sont les pires semeurs de folie. Et c'est à eux que tu vas demander de te guérir ton fils ?! Crois-moi, épargne les frais d'un voyage inutile, et retourne chez toi par le plus court chemin.

▲**Lie3.H.** Un enfant né dans la principauté de *Yen* (tout au nord), avait été transporté et élevé dans le royaume de *Tch'ou* (tout au sud de l'empire ;, où il passa toute sa vie. Vieillard, il retourna dans son pays natal. A mi-chemin, comme il approchait du chef-lieu de *Tsinn*, ses compagnons de voyage lui dirent, pour se moquer de lui :

— Voici le chef-lieu de *Yen* ta patrie.

Notre homme les crut, pâlit et devint triste. Puis, lui montrant un tertre du génie du sol, ils lui dirent :

— Voici le tertre de ton village natal.

L'homme soupira douloureusement. Puis ils lui montrèrent une maison et dirent :

— Voici la demeure de tes ancêtres.

L'homme éclata en pleurs. Enfin, lui montrant des tombes quelconque, ils lui dirent :

— Et voilà leurs tombeaux.

A ces mots notre homme éclata en lamentations. Alors ses compagnons se moquant de lui, lui découvrirent leur supercherie.

— Nous t'avons trompé lui dirent-ils. C'est ici *Tsinn* ; ce n'est pas *Yen*.

Notre homme fut très confus, et brida désormais ses sentiments. Si bien que, quand il fut arrivé à *Yen*, et vit vraiment son chef-lieu, le tertre de son village, la demeure de ses ancêtres et leurs sépultures, il n'éprouva que peu ou pas d'émotion.[11]

---

[11] Pour les taoïstes, le sentiment est une erreur, l'émotion est une faute.

CHAPITRE 4

EXTINCTION ET UNION

▲ **Lie4.A.** *Tchoung-ni* méditait dans la retraite. *Tzeu-koung* étant entré pour le servir, le trouva triste. N'osant pas lui demander ce qui l'affligeait, il sortit et avertit *Yen-Hoei* (le disciple favori). Celui-ci prit sa cithare et se mit à chanter. Confucius l'entendit, l'appela et lui demanda :

— Pourquoi es-tu si joyeux ?

— Et pourquoi êtes-vous triste ? demanda *Yen-Hoei*.

— Dis-moi d'abord pourquoi tu es joyeux, fit Confucius.

Yen-Hoei dit :

— Vous m'avez enseigné jadis, que faire plaisir au ciel et se soumettre au destin, chassait toute tristesse. Je fais cela. De là ma joie.

Confucius, l'air sombre, se recueillit un instant, puis dit :

— J'ai prononcé ces paroles, c'est vrai ; mais tu ne les as pas bien comprises. D'ailleurs moi-même j'ai dû en modifier l'interprétation depuis.... Toi, tu les as prises dans le sens restreint du travail de l'amendement personnel, de la patience dans la pauvreté et les vicissitudes, du repos de l'esprit en toute occurrence. Ayant réussi en cela, tu éprouves de la joie.... Moi, je les ai entendues dans un sens plus large. J'ai voulu, coopérant avec le ciel et le destin, amender par mes livres la principauté de

Lou, l'empire tout entier, le temps présent et les âges à venir. Or les princes ne m'ont pas secondé. Mes doctrines n'ont pas été acceptées. Ayant échoué dans le présent et pour une seule principauté, quel espoir puis-je avoir de réussir dans l'avenir et pour l'empire tout entier ? D'abord je m'affligeai de cet insuccès de mes livres, le jugeant contraire aux vues du ciel et aux arrêts du destin. Mais depuis j'ai vu plus clair. J'ai compris que j'avais mal entendu les anciens textes, en les prenant au sens littéral. Intention du ciel, arrêt du destin, ce sont là des manières de dire, des figures oratoires. Cela étant, il n'y a rien qui vaille la peine d'être aimé, d'être désiré, d'être déploré, d'être fait. Peu m'importe désormais le succès ou l'insuccès de mes livres.

Yen-Hoei salua Confucius et dit :

— Maître, je pense comme vous.

Puis, étant sorti, il dit la chose à *Tzeu-koung*. Celui-ci faillit en perdre la tête. Il quitta Confucius, retourna chez lui, médita durant sept jours et sept nuits sans dormir et sans manger, devint maigre comme un squelette. Cependant *Yen-Hoei* étant allé lui parler, ébranla sa foi dans le sens littéral des anciens textes, mais sans arriver à l'élever jusqu'à l'indifférence taoïste. *Tzeu-koung* revint chez Confucius, et rabâcha sans y croire les Odes et les Annales jusqu'à la fin de ses jours.

▲ **Lie4.B.** Un officier de *Tch'enn* en mission dans la principauté de *Lou*, vit en particulier un certain *Chousounn*, qui lui dit :

— Nous avons ici un Sage.

— Ne serait-ce pas *K'oung-K'iou* (Confucius) ? demanda l'officier.

— C'est lui, dit *Chousounn*.

— Comment savez-vous que c'est vraiment un Sage ? demanda l'officier.

— Parce que, dit Chousounn, j'ai ouï dire à son disciple Yen-Hoei, que Koung-K'iou pense avec son corps.

— Alors, dit l'officier, nous avons aussi un Sage, K'ang-ts'ang-tzeu, disciple de Lao-tan, qui voit avec 119 ses oreilles et entend avec ses yeux.

Ce propos de l'officier de Tch'enn ayant été rapporté au prince de Lou, celui-ci très intrigué envoya un ministre de rang supérieur porter à K'ang-ts'ang-tzeu de riches présents et l'inviter à sa cour. K'ang-ts'ang-tzeu se rendit à l'invitation. Le prince le reçut avec le plus grand respect. D'emblée K'ang-ts'ang-tzeu lui dit :

— On vous a mal renseigné, en vous disant que je vois avec mes oreilles et que j'entends avec mes yeux ; un organe ne peut pas être employé pour un autre.

— Peu importe, dit le prince ; je désire connaître votre doctrine.

— Voici, fit K'ang-ts'ang-tzeu : Mon corps est intimement uni à mon esprit ; mon corps et mon esprit sont intimement unis à la matière et à la force cosmiques, lesquelles sont intimement unies au néant *de forme primordial, l'être infini indéfini, le Principe*. Par suite de cette union intime, toute dissonance ou toute consonance qui se produit dans l'harmonie universelle, soit à distance infinie soit tout près, est perçue de moi, mais sans que je puisse dire par quel organe je la perçois. Je sais, sans savoir comment j'ai su !¹²

Cette explication plut beaucoup au prince de *Lou*, qui la communiqua le lendemain à Confucius. Celui-ci sourit sans rien dire.¹³

▲ **Lie4.C.** Le ministre de *Song* ayant rencontré Confucius, lui demanda :

— Êtes-vous vraiment un Sage ?

— Si je l'étais, répondit Confucius, je ne devrais pas dire que oui. Je dirai donc seulement, que j'ai beaucoup étudié et appris.

— Les trois premiers empereurs furent-ils des Sages ? demanda le ministre.

— Ils ont bien gouverné, ils ont été prudents et braves ; je ne sais pas s'ils ont été des Sages, répondit Confucius.

— Et les cinq empereurs qui leur succédèrent ? demanda le ministre.

— Ceux-là, dit Confucius, ont aussi bien gouverné ; ils ont été bons et justes ; je ne sais pas s'ils ont été des Sages.

— Et les trois empereurs qui suivirent ? demanda le ministre.

— Ceux-là, dit Confucius, ont aussi bien gouverné, selon les temps et les circonstances ; je ne sais pas s'ils ont été des Sages.

---

[12] Connaissance taoïste parfaite ; consonance de deux instruments accordés sur le même ton, le cosmos et l'individu, perçue par le sens intime, le sens global.

[13] Sourire d'approbation. Lui aussi étant devenu taoïste, il n'avait rien à dire, dit la glose.

— Mais alors, dit le ministre très étonné, qui donc tenez-vous pour sage ?

Confucius prit un air très sérieux, se recueillit un instant, puis dit :

— Parmi les hommes de l'Ouest,[14] il y en a dont on dit, qu'ils maintiennent la paix sans gouverner, qu'ils inspirent la confiance sans parler, qu'ils font que tout marche sans s'ingérer, si imperceptiblement, si impersonnellement, que le peuple ne les connaît même pas de nom. Je pense que ceux-là sont des Sages, s'il en est d'eux comme on dit.

Le ministre de *Song* n'en demanda pas davantage. Après y avoir pensé, il dit :

— *K'oung-K'iou* m'a fait la leçon.

▲**Lie4.C.** *Tzeu-hi*a demanda à Confucius :

— *Yen-Hoei* vous vaut-il ?

— Comme bonté, dit Confucius, il me dépasse.

— Et *Tzeu-koung* ? demanda *Tzeu-hia*.

— Comme discernement, dit Confucius, *Tzeu-koung* me dépasse.

— Et *Tzeu-lou* ? demanda *Tzeu-hia*.

— Comme bravoure, dit Confucius, *Tzeu-lou* me dépasse.

---

[14] Fiction, dit la glose. Confucius fait la leçon au ministre, en louant des Sages imaginaires, de faire tout le contraire de ce qu'il faisait. Il ne faut pas vouloir tirer de ce texte un renseignement géographique ou historique, qui n'y est pas contenu.

— Et *Tzeu-tchang* ? demanda *Tzeu-hia*.

— Comme tenue, dit Confucius, 121 *Tzeu-tchang* me dépasse.

Très étonné, *Tzeu-hia* se leva et demanda :

— Mais alors, pourquoi ces quatre hommes restent-ils encore à votre école ?

— Voici pourquoi, dit Confucius. *Yen-Hoei*, si bon, ne sait pas résister. *Tzeu-koung*, si clairvoyant, ne sait pas céder. *Tzeu-lou*, si brave, manque de prudence. *Tzeu-tchang*, si digne, n'a pas d'entregent. S'ils me dépassent chacun par quelque qualité, ils me sont tous inférieurs par quelque défaut. C'est à cause de ce défaut, qu'ils restent à mon école, et que j'accepte de les traiter en disciples.

▲**Lie4.E.** Devenu maître à son tour, *Lie-tzeu* le disciple de maître *Linn* de *Hou-K'iou*, l'ami de *Pai-hounn-ou-jenn*, demeurait dans le faubourg du sud, (où demeurait aussi le célèbre taoïste dont on ne connaît que l'appellatif *Nan-kouo-tzeu*, maître du faubourg du sud). *Lie-tzeu* disputait chaque jour avec quiconque se présentait, sans même se préoccuper de savoir à qui il avait affaire. Pour ce qui est de *Nan-kouo-tzeu*, il fut son voisin durant vingt ans sans lui faire visite, et le rencontra souvent dans la rue sans le regarder.

Les disciples en conclurent, que les deux maîtres étaient ennemis. Un nouveau-venu de *Tch'ou*, demanda naïvement à *Lie-tzeu* pourquoi ? *Lie-tzeu* lui dit :

— Il n'y a, entre *Nan-kouo-tzeu* et moi, aucune inimitié. Cet homme cache la perfection du vide sous une apparence corporelle. Ses oreilles n'entendent plus, ses yeux ne voient plus, sa bouche ne parle plus, son esprit ne pense plus. Il n'est plus capable d'aucun intérêt ; donc inutile d'essayer d'avoir avec lui aucun rapport. Si vous voulez, nous allons en faire l'expérience.

Suivi d'une quarantaine de disciples, *Lie-tzeu* alla chez *Nan-kouo-tzeu*. Celui-ci était de fait si perdu dans l'abstraction, qu'il fut impossible de nouer avec lui aucune conversation. Il jeta sur *Lie-tzeu* un regard vague, sans lui adresser une seule parole ; puis, s'adressant aux derniers des disciples, il leur dit :

— Je vous félicite de ce que vous cherchez la vérité avec courage.

Ce fut tout. Les disciples rentrèrent très étonnés. *Lie-tzeu* leur dit :

— De quoi vous étonnez-vous ? Quiconque a obtenu ce qu'il demandait, ne parle plus. Il en est de même du Sage, qui se tait, quand il a trouvé la vérité. Le silence de *Nan-kouo-tzeu* est plus significatif qu'aucune parole. Son air apathique couvre la perfection de la science. Cet homme ne parle et ne pense plus, parce qu'il sait tout. De quoi vous étonnez-vous ?

▲ **Lie4.F.** Jadis quand *Lie-tzeu* était disciple, il mit trois ans à désapprendre de juger et de qualifier en paroles ; alors son maître *Lao-chang* l'honora pour la première fois d'un regard. Au bout de cinq ans, il ne jugea ni ne qualifia plus même mentalement ; alors *Lao-chang* lui sourit pour la première fois. Au bout de sept ans, quand il eut oublié la distinction du oui et du non, de l'avantage et de l'inconvénient, son maître le fit pour la première fois asseoir sur sa natte. Au bout de neuf ans, quand il eut perdu toute notion du droit et du tort, du bien et du mal, et pour soi et pour autrui ; quand il fut devenu absolument indifférent à tout, alors la communication parfaite s'établit pour lui entre le monde extérieur et son propre intérieur. Il cessa de se servir de ses sens, (mais connut tout par science supérieure universelle et abstraite). Son esprit se solidifia, à mesure que son corps se dissolvait ; ses os et ses chairs se liquéfièrent (s'éthérisèrent) ; il perdit toute sensation du siège sur lequel il était assis, du sol sur lequel ses pieds appuyaient ; il perdit toute intelligence des idées formulées, des paroles prononcées ; il atteignit à cet état, où la raison immobile n'est plus émue par rien.

▲ **Lie4.G.** Quand il était jeune disciple, *Lie-tzeu* aimait à se promener. Son maître *Hou-K'iou-tzeu* lui faisant rendre compte, lui demanda :

— Qu'aimes-tu dans la promenade ?

Lie-tzeu dit :

— En général, c'est une détente reposante ; beaucoup y cherchent le plaisir de considérer ; moi j'y trouve le plaisir de méditer ; il y a promeneurs et promeneurs ; moi je diffère du commun.

— Pas tant que tu crois, dit *Hou-K'iou-tzeu* ; car, comme les autres, tu t'amuses. Eux s'amusent visuellement, toi tu t'amuses mentalement. Grande est la différence, entre la méditation extérieure, et la contemplation intérieure. Le méditatif tire son plaisir des êtres, le contemplatif le tire de soi. Tirer de soi, c'est la promenade parfaite ; tirer des êtres, c'est la promenade imparfaite.

Après cette instruction, *Lie-tzeu* crut bien faire en renonçant absolument à se promener.

— Ce n'est pas ainsi que je l'entends, lui dit *Hou-K'ioutzeu* ; promène-toi, mais parfaitement. Le promeneur parfait marche sans savoir où il va, regarde sans se rendre compte de ce qu'il voit. Aller partout et regarder tout dans cette disposition mentale (abstraction totale, vue globale, rien en détail), voilà la promenade et la contemplation parfaites. Je ne t'ai pas interdit toute promenade ; je t'ai conseillé la promenade parfaite.

▲ **Lie4.H.** *Loung-chou* dit au médecin *Wenn-tcheu* :

— Vous êtes un diagnosticien habile. Je suis malade. Pourrez-vous me guérir ?

— S'il plaît au destin, je le pourrai, dit *Wenn-tcheu*. Dites-moi ce dont vous souffrez.

— Je souffre, dit *Loung-chou*, d'un mal étrange. La louange me laisse froid, le dédain ne m'affecte pas ; un gain ne me réjouit pas, une perte ne m'attriste pas ; je regarde avec la même indifférence, la mort et la vie, la richesse et la pauvreté. Je ne fais pas plus de cas des hommes que des porcs, et de moi que des autres. Je me sens aussi étranger dans ma maison que dans une hôtellerie, et dans mon district natal que dans un pays barbare. Aucune distinction ne m'allèche, aucun supplice ne m'effraye ; fortune ou infortune, avantage ou désavantage, joie ou tristesse, tout m'est égal. Cela étant, je ne puis me résoudre à servir mon prince, à frayer avec mes parents et amis, à vivre avec ma femme et mes enfants, à m'occuper de mes serviteurs. Qu'est-ce que cette maladie-là ? Par quel remède peut-elle être guérie ?

Wenn-tcheu dit à *Loung-chou* de découvrir son buste. Puis, l'ayant placé de manière que le soleil donnât en plein sur son dos nu, il se plaça devant sa poitrine, pour examiner ses viscères, par transparence.

— Ah ! dit-il soudain, j'y suis ! Je vois votre cœur, comme un petit objet vide, d'un pouce carré. Six orifices sont déjà parfaitement ouverts, le septième va se déboucher. Vous soutirez de la sagesse des Sages. Que peuvent mes pauvres remèdes contre un mal pareil ?[15]

▲ **Lie4.I.** N'ayant pas eu de cause, vivre toujours, c'est une voie, (celle du Principe seul).[16] Étant né d'un vivant, ne pas cesser d'être après une longue durée, c'est une permanence (celle des génies). Après la vie, cesser d'être, serait le grand malheur. — Ayant eu une cause, être mort toujours, serait l'autre voie. Etant mort d'un mort, cesser d'être de bonne heure, serait l'autre permanence (celle du néant). Après la mort, revivre, c'est le grand bonheur. —Ne pas agir, et vivre, c'est une voie. Obtenir ainsi d'être longtemps, c'est une permanence. — Agir et mourir, c'est l'autre voie. Obtenir par elle de n'être plus, c'est l'autre permanence. — *Ki-leang* étant mort, *Yang-tchou* alla à son domicile et chanta (parce que *Ki-leang* avait vécu content jusqu'au bout de ses jours). *Soei-ou* étant mort, *Yang-tchou* caressa son cadavre en pleurant (comme pour le consoler, parce qu'après une dure vie, *Soei-ou* était mort prématurément). Il fit mal dans les deux cas, tout étant changé après la mort. Sur les vies et les morts, le vulgaire chante ou pleure, sans savoir pourquoi, à tort et à travers. — Pour durer longtemps, il faut ne rien faire, ne rien pousser à l'extrême. C'est un fait d'expérience, que, peu avant de s'éteindre, la vue devient pour un temps plus perçante, ce qui achève de l'user. Entendre le vol des moucherons, est signe qu'on va devenir sourd (même raison). Il en est de même, pour le goût et pour l'odorat. Un excès d'agitation précède et amène la paralysie. Une excessive pénétration, précède et introduit la folie. Tout apogée appelle la ruine.

▲ **Lie4.J.** Dans la principauté de *Tcheng*, à *P'ou-tchai* il y avait

---

[15] *Loung-chou* est un indifférent taoïste presque parfait. Il ne lui reste plus qu'à se défaire de l'illusion de prendre sa sagesse pour une maladie et de vouloir en guérir.

[16] Certains membres de ce paragraphe insérés uniquement pour cause de parallélisme, sont ineptes. Le sens général est qu'il y a deux états, celui de vie et celui de mort ; que l'inaction fait durer la vie, que l'action est un suicide. Nous savons cela.

beaucoup d'hommes d'esprit (théoriciens), à *Tong-li* il y avait beaucoup d'hommes de talent (praticiens). Un certain *Pai-fong-tzeu* de *P'ou-tchai* (théoricien) passant par *Tong-li* avec ses disciples, rencontra *Teng-si* (praticien) avec les siens. Celui-ci dit à ses disciples :

— Si nous nous amusions de ceux-là ?

— Allez ! dirent les disciples.

S'adressant à *Pai-fong-tzeu*, *Teng-si* lui dit :

— A propos d'élevage.... on élève les chiens et les porcs pour s'en servir. Pour quel usage élèves-tu tes disciples ?

Un des disciples qui accompagnaient *Pai-fong-tzeu* répliqua illico :

— Dans les pays de *Ts'i* et de *Lou*, les hommes de talent sortis de votre école abondent. Il y a des artistes en argile, en bois, en métal, en cuir ; des musiciens, des écrivains, des mathématiciens ; des tacticiens, des cérémoniaires, tant et plus. Il ne manque que les hommes d'esprit, pour diriger ces gens-là. C'est à cela qu'on nous destine. Faute de théoriciens, les praticiens ne servent à rien.

Teng-si ne trouva rien à répondre. Des yeux il fit signe à ses disciples de se taire, et se retira penaud.

▲**Lie4.K.** *Koung-i-pai* était célèbre pour sa force. Un grand seigneur, *T'anghi-koung*, le vanta devant l'empereur *Suan-wang* des *Tcheou*. L'empereur le fit inviter à venir à sa cour. *Koung-i-pai* dut obéir. Or il avait un extérieur assez chétif. Etonné, l'empereur lui dit :

— On vante ta force ; qu'es-tu capable de faire ?

Koung-i-pai dit :

— Je puis casser la patte d'une sauterelle, et arracher l'aile d'une cigale.

L'empereur ne fut pas content.

— Moi, dit-il, j'appelle fort, un homme qui peut déchirer une peau de buffle, ou retenir neuf bœufs en les tirant par la queue. Si tu n'es capable que des exploits que tu viens de dire, pourquoi vante-t-on ta force ?

— Voilà une question sage, dit *Koung-i-pai*, en soupirant et reculant modestement ; aussi vais-je vous répondre en toute franchise. Je fus disciple de *Chang-K'iou-tzeu* (taoïste), qui n'eut pas son égal, comme force, dans l'empire, mais qui fut ignoré même de sa famille, parce qu'il ne se produisit jamais. J'assistai mon maître à sa mort. Il me laissa cette instruction : Ceux qui cherchent la renommée, ne l'obtiennent que par des actions extraordinaires. A ne faire que des choses ordinaires, on ne devient même pas célèbre dans sa famille. C'est pourtant le parti que j'ai jugé le meilleur, et je te conseille de m'imiter.... Or si maintenant un grand seigneur a pu vanter ma force devant votre Majesté, c'est que, manquant aux recommandations suprêmes de mon maître mourant, j'en aurai laissé entrevoir quelque chose. Le fait que je me suis trahi, montre que je suis sans force. Car plus fort est celui qui sait cacher sa force, que celui qui sait l'exercer.

▲ **Lie4.L.** Le prince *Meou* de *Tchoung-chan* était la forte tête de *Wei*. Il aimait à s'entretenir avec les habiles gens, s'occupait peu d'administration, et avait une affection déclarée pour *Koungsounn-loung* le sophiste de *Tchao*. Ce faible fit rire le maître de musique *Tzeu-u*. *Meou* lui demanda :

— Pourquoi riez-vous de mon affection pour *Koungsounn-loung* ?

Tzeu-u dit :

— Cet homme-là ne reconnaît pas de maître, n'est l'ami de personne, rejette tous les principes reçus, combat toutes les écoles existantes, n'aime que les idées singulières, et ne tient que des discours étranges. Tout ce qu'il se propose, c'est d'embrouiller les gens et de les mettre à quia. A peu près comme jadis *Han-Van* (sophiste inconnu) et consorts.

Mécontent, le prince *Heou* dit :

— N'exagérez-vous pas ? tenez-vous dans les bornes de la vérité.

Tzeu-u reprit :

— Jugez vous-même. Voici ce que *Koungsounn-loung* dit à *K'oungtch'oan* :

« Un bon archer, lui dit-il, doit pouvoir tirer coup sur coup, si vite et si juste, que la pointe de chaque flèche suivante s'enfonçant dans la queue de la précédente, les flèches enfilées forment une ligne allant depuis la corde de l'arc jusqu'au but. » Comme *K'oung-tch'oan* s'étonnait ;

— Oh ! dit *Koungsounn-loung*, *Houng-tch'ao*, l'élève de *P'eng-mong*, a fait mieux que cela. Voulant faire peur à sa femme qui l'avait fâché, il banda son meilleur arc et décocha sa meilleure flèche si juste, qu'elle rasa ses pupilles sans la faire cligner des yeux, et tomba à terre sans soulever la poussière. »

Sont-ce là des propos d'un homme raisonnable ?

Le prince *Meou* dit :

— Parfois les propos des Sages, ne sont pas compris des sots.

Tout ceux que vous venez de citer, peuvent s'expliquer raisonnablement.

— Vous avez été l'élève de *Koungsounn-loung*, dit *Tzeu-u*, voilà pourquoi vous croyez devoir le blanchir. Moi qui n'ai pas vos raisons, je continuerai à le noircir. Voici quelques échantillons des paradoxes qu'il développa en présence du roi de *Wei* :

« On peut penser sans intention ; on peut toucher sans atteindre ; ce qui est, ne peut pas finir ; une ombre ne peut pas se mouvoir ; un cheveu peut supporter trente mille livres ; un cheval n'est pas un cheval ; un veau orphelin peut avoir une mère ; et autres balivernes. »

Le prince *Meou* dit :

— C'est peut-être vous qui ne comprenez pas ces paroles profondes. Penser sans intention, peut s'entendre de la concentration de l'esprit *uni au Principe* ; toucher sans atteindre, s'entend du contact universel préexistant ; que ce qui est ne peut finir, qu'une ombre ne peut se mouvoir, sont des titres pour introduire la discussion des notions de changement et de mouvement ; qu'un cheveu supporte trente mille livres, sert à introduire la question de ce que sont le continu et la pesanteur ; qu'un cheval blanc n'est pas un cheval, appelle la discussion de l'identité ou de la différence de la substance et des accidents ; un veau orphelin peut avoir une mère, s'il n'est pas orphelin ; etc.

— Vous avez, dit *Tzeu-u*, appris à siffler la note unique de *Koungsounn-loung*. Il faudra que d'autres vous apprennent à vous servir des autres trous *de votre flûte intellectuelle*.

Sous le coup de cette impertinence, le prince se tut d'abord. Quand il se fut ressaisi, il congédia *Tzeu-u* en lui disant :

— Attendez, pour reparaître devant moi, que je vous y invite.

▲ **Lie4.M.** Après cinquante ans de règne, *Yao* voulut savoir si son gouvernement avait eu d'heureux effets, et si le peuple en était content. Il interrogea donc ses conseillers ordinaires, ceux de la capitale et ceux du dehors ; mais aucun ne put lui donner de réponse positive. Alors *Yao* se déguisa, et alla flâner dans les carrefours. Là il entendit un garçon fredonner ce refrain :

« Dans la multitude du peuple, plus de méchants, tout est au mieux. Sans qu'on le leur dise, sans qu'ils s'en rendent compte, tous se conforment aux lois de l'empereur.

Plein de joie, *Yao* demanda au garçon, qui lui avait appris ce refrain ?

— Le maître, dit-il.

Yao demanda au maître, qui avait composé ce refrain ?

— Il vient des anciens, dit le maître.

(Heureux de ce que son règne avait conservé le statu quo antique, de ce que son gouvernement avait été si peu actif que les gouvernés ne s'en étaient même pas aperçu), *Yao* s'empressa d'abdiquer et de céder son trône à *Chounn*, (de peur de ternir sa gloire avant sa mort).

▲ **Lie4.N.** *Koan-yinn-hi* (*Koan-yinn-tzeu*) dit :

— A qui demeure dans son néant (de forme intérieur, état indéterminé), tous les êtres se manifestent. Il est sensible à leur impression comme une eau tranquille ; il les reflète comme un miroir ; il les répète comme un écho. Uni au Principe, il est en harmonie par lui, avec tous les êtres. Uni au Principe, il connaît tout par les raisons générales supérieures, et n'use plus, par suite, de ses divers sens, pour connaître en particulier et en détail. La vraie raison des choses est invisible, insaisissable, indéfinissable, indéterminable. Seul l'esprit rétabli dans l'état de simplicité naturelle parfaite, peut l'entrevoir confusément dans la contemplation profonde. Après cette révélation, ne plus rien vouloir et ne plus rien faire, voilà la vraie science et le vrai talent. Que voudrait encore, que ferait encore, celui à qui a été révélé le néant de tout vouloir et de tout agir. Se bornât-il à ramasser une motte de terre, à mettre en tas de la poussière, quoique ce ne soit pas là proprement faire quelque chose, il aurait cependant manqué aux principes, car il aurait agi.

CHAPITRE 5

LE CONTENU COSMIQUE

▲ **Lie5.A.** L'empereur *T'ang* de la dynastie *Yinn* demanda à *Hia-ko* :

— Jadis, tout au commencement, y eut-il des êtres ?

Hia-ko dit :

— S'il n'y en avait pas eu, comment y en aurait-il maintenant ? Si nous doutions qu'il y en ait eu jadis, les hommes futurs pourraient douter qu'il y en ait eu maintenant (notre présent devant être un jour leur passé), ce qui serait absurde.

— Alors, dit *T'ang*, dans le temps, y a-t-il division ou continuité ? qu'est-ce qui détermine l'antériorité et la postériorité ?

Hia-ko dit :

— On parle, depuis l'origine, de fins et de commencements d'êtres. Au fond, y a-t-il vraiment commencement et fin, ou transition successive continue, qui peut le savoir ? Etant extérieur aux autres êtres, et antérieur à mes propres états futurs, comment puis-je savoir (si les fins, les morts, sont des cessations ou des transformations) ?

— En tout cas, dit *T'ang*, selon vous le temps est infini. Que tenez-vous de l'espace ? Est-il également infini ?

— Je n'en sais rien, dit *Hia-ko*.

T'ang insistant, *Hia-ko* dit :

— Le vide est infini, car au vide on ne peut pas ajouter un vide ; mais comme, aux êtres existants, on peut ajouter des êtres, le cosmos est-il fini ou infini, je n'en sais rien.

T'ang reprit :

— Y a-t-il quelque chose en dehors des quatre mers (de l'espace terrestre connu) ?

Hia-ko dit :

— Je suis allé à l'est jusqu'à *Ying*, et j'ai demandé, au delà qu'y a-t-il ? On m'a répondu, au delà, c'est comme en deçà.... Puis je suis allé vers l'ouest jusqu'à *Pinn*, et j'ai demandé, au delà qu'y a-t-il ? On m'a répondu, au delà, c'est comme en deçà.... J'ai conclu de cette expérience, que les termes, quatre mers, quatre régions, quatre pôles, ne sont peut-être pas absolus. Car enfin, en ajoutant toujours, on arrive à une valeur infinie. Si notre cosmos (ciel-terre) est fini, n'est-il pas continué sans fin par d'autres cosmos (ciel-terre) limitrophes ? Qui sait si notre monde (ciel-terre) est plus qu'une unité dans l'infinité ?

« Jadis *Niu-wa-cheu* ferma avec des pierres des cinq couleurs, la fente qui subsistait à l'horizon entre le pourtour de la calotte céleste et le plateau terrestre (délimitant ainsi ce monde). Il immobilisa la tortue (qui porte la terre), en lui coupant les quatre pattes, rendant ainsi fixe la position des quatre pôles (points cardinaux). Ainsi tout, dans ce monde, fut en équilibre stable. Mais plus tard, dans. sa lutte contre l'empereur *Tchoan-hu*, *Koung-koung-cheu* brisa *Pou-tcheou-chan* la colonne céleste (du nord-ouest), et rompit les attaches de la terre (avec le firmament au sud-est). Il s'ensuivit que le ciel s'inclina vers le nord-ouest, et que la terre baissa en pente vers le sud-est.

Depuis lors, le soleil, la lune, les constellations, glissent toutes vers l'ouest (leur coucher) ; tous les fleuves (de la Chine) coulent vers l'est.

▲ **Lie5.B.** *T'ang* demanda encore :

— Les êtres sont-ils naturellement grands ou petits, longs ou courts, semblables ou différents ?.

Mais, continuant son développement, *Hia-ko* dit :

— Très loin à l'est (sud-est) de la mer de Chine, (à l'endroit où le ciel est décollé de la terre), est un abîme immense, sans fond, qui s'appelle la confluent universel, où toutes les eaux de la terre, et celles de la voie lactée (fleuve collecteur des eaux célestes), s'écoulent sans que jamais son contenu augmente ou diminue. Entre ce gouffre et la Chine, il y a (il y avait) cinq grandes îles, *Tai-u, Yuan-kiao, Fang-hou, Ying tcheou, P'eng-lai*.[17] — A leur base, ces îles mesurent chacune trente mille stades de tour. Leur sommet plan, a neuf mille stades de circonférence. Elles sont toutes à soixante-dix mille stades l'une de l'autre. Les édifices qui couvrent ces îles, sont tous en or et en jade ; les animaux y sont familiers ; la végétation y est merveilleuse ; les fleurs embaument ; les fruits mangés préservent de la vieillesse et de la mort. Les habitants de ces îles, sont tous des génies, des sages. Chaque jour ils se visitent, en volant à travers les airs.

« Primitivement les îles n'étaient pas fixées au fond, niais flottaient sur la mer, s'élevant et s'abaissant avec la marée, vacillant au choc des pieds. Ennuyés de leur instabilité, les génies et les sages se plaignirent au Souverain. Craignant qu'elles n'allassent de fait un jour s'échouer contre les terres occidentales, le Souverain donna ordre au Génie de la mer du nord, de remédier à ce danger. Celui-ci chargea des tortues

---

[17] Le texte le plus ancien, sur les îles des génies, probablement.

monstrueuses de soutenir les cinq îles sur leur dos, trois par île. Elles devaient être relayées tous les soixante mille ans. Alors les îles ne vacillèrent plus. Mais voici qu'un jour un des géants du pays de *Loung-pai* (au nord), arriva dans ces régions à travers les airs, et y jeta sa ligne. Il prit six des quinze tortues, les mit sur son dos, s'en retourna comme il était venu, et prépara leurs écailles pour la divination. Du coup les deux îles *Tai-u* et *Yuan-kiao* (soutenues par ces six tortues), s'abîmèrent dans l'océan, (et les îles des génies se trouvèrent réduites aux trois de la légende). Le Souverain fut très irrité de cette aventure. Il diminua l'étendue du pays de *Loung-pai*, et la stature gigantesque de ses habitants. Cependant, au temps de *Fou-hi* et de *Chenn-noung*, ceux-ci avaient encore plusieurs dizaines de toises de haut. — A quatre cent mille stades à l'est de la Chine, dans le pays de *Ts'iao-Yao*, les hommes ont un pied cinq pouces. — A l'angle nord-est de la terre, les *Tcheng jenn* n'ont que neuf pouces. — *Ceci soit dit des dimensions.*

▲ **Lie5.C.** « *Parlons maintenant des durées.* Au sud de la Chine, croit l'arbre *Ming-ling*, dont la période feuillue (printemps et été) est de cinq siècles, et la période nue (automne et hiver) aussi de cinq siècles, (l'année de mille ans, par conséquent). Dans l'antiquité, le grand arbre *Tch'ounn*, avait une année de seize mille ans. Sur les fumiers pousse un champignon, qui, éclos le matin, est mort le soir. En été, les éphémères naissent durant la pluie, et meurent dès que le soleil paraît. A l'extrême nord, dans les eaux noires du lac céleste, il y a un poisson large de plusieurs milliers de stades, et long en proportion, qu'on appelle le *K'ounn* ; et un oiseau nommé *P'eng*, dont les ailes déployées obscurcissent le ciel comme des nuages, ses autres dimensions étant proportionnées. Ces êtres nous sont connus par le grand *U* qui les vit, par *Pai-i* qui les dénomma, par *I-kien* qui les nomenclatura.... Au bord des eaux naissent les *tsiao-ming*, si petits qu'ils peuvent percher en nombre sur les antennes d'un moustique, sans que celui-ci s'en aperçoive ; invisibles même pour les yeux de *Li-tchou* et de *Tzeu-u*, imperceptibles aux oreilles même de *Tchai-u* et de *Cheu-k'oang*. Mais *Hoang-ti*, après son jeûne de trois mois sur le mont *K'oung-t'oung* en compagnie de *Joung-Tch'eng-tzeu*, quand son esprit fut comme éteint et son corps comme mort, les voyait de son regard transcendant aussi nettement que le mont *Song-chan*, les entendait par son ouïe intime aussi clairement qu'un coup de tonnerre.

« Dans les pays de Ou et de *Tch'ou* (sud), croit un grand arbre, le *You-pi*, qui produit en hiver des fruits rouges d'une saveur acide ; transplanté au nord du *Hoai*, il se change en une broussaille épineuse et stérile (citrus spinosa). La grive ne passe pas la rivière *Tsi*, le blaireau ne peut plus vivre au sud de la *Wenn*. La nature des lieux paraissant être la même, la vie des uns s'y accommode, tandis que celle des autres ne s'y accommode pas, sans qu'on puisse découvrir pourquoi. Si nous ne pouvons pas nous rendre compte de ces choses concrètes, que voulez-vous que je vous dise des choses abstraites, comme le grand et le petit, le long et le court, les ressemblances et les différences ? (Retour à la question posée B.)

▲**Lie5.D.** Le massif des monts *T'ai-hing* et *Wang-ou* avait sept cent stades carrés d'étendue, et quatre-vingt mille pieds de haut.[18] Un nonagénaire de *Pei-chan* lui en voulait, de ce qu'il interceptait les communications entre le Sud et le Nord. Ayant convoqué les gens de sa maison, il leur dit :

— Mettons-nous-y ! Aplanissons cette hauteur ! Mettons le Nord en communication avec la vallée de la *Han* !...

— A l'œuvre, fit le chœur....

Mais la vieille femme du nonagénaire objecta : où mettrez-vous les terres et les pierres de ces montagnes ?...

— Nous les jetterons à la mer, fit le chœur....

---

[18] C'est-à-dire, à la chinoise, qu'on faisait ce chemin, pour arriver au sommet.

L'ouvrage commença donc. Sous la direction du vieillard, son fils et ses petits-fils capables de porter quelque chose, attaquèrent les rochers, creusèrent la terre, portèrent les débris panier par panier jusqu'à la mer. Leur enthousiasme se communiqua à tout leur voisinage. Il n'y eut pas jusqu'au fils de la veuve d'un fonctionnaire, un bambin en train de faire ses secondes dents, qui ne courût avec les travailleurs, quand il ne faisait ni trop chaud ni trop froid.

« Cependant un homme de *Ho-K'iu* qui se croyait sage, essaya d'arrêter le nonagénaire en lui disant :

— Ce que tu fais là, n'est pas raisonnable. Avec ce qui te reste de forces, tu ne viendras pas à bout de ces montagnes....

Le nonagénaire dit :

— C'est toi qui n'es pas raisonnable ; moins que le bambin de la veuve. Moi je mourrai bientôt, c'est vrai ; mais mon fils continuera, puis viendront mes petits-fils, puis les enfants de mes petits-fils, et ainsi de suite. Eux se multiplieront sans fin, tandis que rien ne s'ajoutera jamais plus à la masse finie de cette montagne. Donc ils finiront par l'aplanir.

La constance du nonagénaire épouvanta le génie des serpents, qui supplia le Souverain d'empêcher que ses protégés ne fussent expropriés par ce vieillard obstiné. Celui-ci ordonna aux deux géants fils de *K'oa-no*, de séparer les deux montagnes *T'ai-hing* et *Wang-ou*. Ainsi fut produite la trouée, qui fait communiquer les plaines du Nord avec le bassin de la *Han*. (:Morale, compter sur l'effet du temps).

▲ **Lie5.E.** Jadis le père des deux géants susdits, ayant voulu lutter de vitesse avec le soleil, courut jusqu'à *U-kou*. Altéré, il but le Fleuve, puis avala la *Wei*. Cela ne suffisant pas, il courut vers le grand lac, mais ne put l'atteindre, étant mort de soif en chemin. Son cadavre et son bâton devinrent le *Teng-linn*, étendu de plusieurs milliers de stades.

▲ **Lie5.F.** Le grand *U* dit :

— Dans les six régions, entre les quatre mers, éclairés par le soleil et la lune, réglés par le cours des astres, ordonnés par la succession des saisons, régis par le cycle duodénaire de Jupiter, les êtres vivent dans un ordre que le Sage peut pénétrer.

Hia-ko dit :

— D'autres êtres vivent dans d'autres conditions dont le Sage n'a pas la clef. Exemple : Alors que le grand *U* canalisait les eaux pour assécher les terres, il s'égara, contourna la mer du nord, et arriva, très loin, tout au septentrion, dans un pays sans vent ni pluie, sans animaux ni végétaux d'aucune sorte, un haut plateau bordé de falaises abruptes, avec une montagne conique au centre. D'un trou sans fond, au sommet du cône, jaillit une eau d'une odeur épicée et d'un goût vineux, qui coule en quatre ruisseaux jusqu'au bas de la montagne, et arrose tout le pays. La région est très salubre, ses habitants sont doux et simples. Tous habitent en commun, sans distinction d'âge ni de sexe, sans chefs, sans familles. Ils ne cultivent pas la terre, et ne s'habillent pas. Très nombreux, ces hommes ne connaissent pas les joies de la jeunesse, ni les tristesses de la vieillesse. Ils aiment la musique, et chantent ensemble tout le long du jour. Ils apaisent leur faim en buvant de l'eau du geyser merveilleux, et réparent leurs forces par un bain dans ces mêmes eaux. Ils vivent ainsi tous exactement cent ans, et meurent sans avoir jamais été malades. Jadis, dans sa randonnée vers le Nord, l'empereur *Mou* des *Tcheou* visita ce pays, et y resta trois ans. Quand il en fut revenu, le souvenir qu'il en conservait, lui fit trouver insipides son empire, son palais, ses festins, ses femmes, et le reste. Au bout de peu de mois, il quitta tout pour y retourner. *Koan-tchoung* étant ministre du duc *Hoan* de *Ts'i*, l'avait presque décidé à conquérir ce pays. Mais *Hien p'eng* ayant blâmé le duc de ce qu'il abandonnait *Ts'i*, si vaste, si peuplé, si civilisé, si beau, si riche, pour exposer ses soldats à la mort et ses feudataires à la tentation de déserter, et tout cela pour une lubie d'un vieillard, le duc *Hoan* renonça à l'entreprise, et redit à *Koan-tchoung* les paroles de *Hien p'eng. Koan-tchoung* dit : *Hien p'eng* n'est pas à la hauteur de mes conceptions. Il est si entiché de *Ts'i*, qu'il ne voit rien au-delà.

Les hommes du midi coupent leurs cheveux ras et vont nus ; ceux du nord s'enveloppent la tête et le corps de fourrures ; les Chinois se coiffent et s'habillent. Dans chaque pays, selon ses circonstances particulières et selon ses conditions naturelles, les habitants ont imaginé le meilleur, en fait de culture, de commerce, de pêche, de vêtements, de moyens de communication, etc.

Sans doute, il y a, chez certains peuples, des pratiques déraisonnables ou barbares ; mais celles-là sont artificielles ; il faut chercher à les réformer, mais non s'en choquer.

Ainsi, à l'est de *Ue*, les *Tchee-mou* dévorent tous les premiers nés, pour le bien, disent-ils, des enfants qui viendront ensuite. Quand leur aïeul est mort, ils chassent l'aïeule, parce que, disent-ils, étant la femme d'un mort, elle leur attirerait des malheurs.

Au sud de *Tch'ou*, les *Yen-jenn* raclent les chairs de leurs parents morts et les jettent, puis enterrent pieusement leurs os. Quiconque, parmi eux, ne ferait pas ainsi, ne serait pas réputé fils pieux.

A l'ouest de *Ts'inn*, chez les *I-K'iu*, dans le pays de *Wenn-k'ang*, les parents morts sont brûlés, afin qu'ils montent au ciel avec la fumée. Quiconque ne ferait pas ainsi, serait tenu pour impie.

▲ **Lie5.G.** Soyons réservés dans nos jugements, car même le Sage ignore bien des choses, et des choses qui se voient tous les jours.... Confucius voyageant dans l'est, vit deux garçons qui se disputaient, et leur demanda la raison de leur dispute. Le premier dit :

— Moi je prétends que, à son lever, le soleil est plus près, et que, à midi, il est plus loin.

Le second dit :

— Moi je prétends que, à son lever, le soleil est plus loin, et que, à midi, il est plus près.

Le premier reprit :

— A son lever, le soleil paraît grand ; en plein midi, il paraît petit ; donc il est plus près le matin, et plus loin à midi ; car l'éloignement rapetisse les objets.

Le second dit :

— A son lever, le soleil est frais ; en plein midi, il est ardent ; donc il est plus loin le matin et plus près à midi ; car l'éloignement d'un foyer diminue sa chaleur.

Confucius ne trouva rien à dire pour décider cette question, à laquelle il n'avait jamais pensé. Les deux garçons se moquèrent de lui et dirent :

— Alors pourquoi dit-on de vous, que vous êtes un savant ?

▲**Lie5.H.** Le continu (la continuité) est la plus grande loi du monde. Il est distinct de la cohésion, du contact. Soit un cheveu. On y suspend des poids. Il y a rupture. C'est le cheveu qui est rompu, pas le continu. Le continu ne peut pas être rompu. Certains ne croient pas cela. Je vais leur prouver, par des exemples, que le continu est indépendant du contact.

Tchan-ho pêchait avec une ligne faite d'un seul filament de soie naturel,[19] une aiguille courbée lui servant d'hameçon, une baguette de gaule, la moitié d'un grain de blé d'amorce. Avec cet appareil rudimentaire, il retirait des poissons énormes d'un gouffre profond, sans que sa ligne se rompit, sans que son aiguille se redressât, sans que sa baguette pliât. Le roi de *Tch'ou* l'ayant appris, lui demanda des explications. *Tchan-ho* lui dit : Jadis le célèbre archer *P'ou-ts'ie-tzeu*, avec un arc très faible et une flèche munie d'un simple fil, atteignait les grues grises dans les nuages, grâce à son application mentale qui établissait le continu de sa main à l'objet. Je me suis appliqué durant cinq ans à arriver au même résultat dans la pêche à la ligne. Quand je jette mon hameçon, mon esprit entièrement vide de toute autre pensée, va droit au poisson, par ma main et mon appareil, établissant continuité, et le poisson est pris sans défiance ni résistance. Et si vous, ô roi, appliquiez le même procédé au gouvernement de votre royaume, le résultat serait le même.... Merci ! dit le roi de *Tch'ou*.... *Donc la volonté fait le continu, entre l'esprit et son objet.*

▲ **Lie5.I.** *Le cœur fait le continu, entre l'homme et sa faucille.*

Koung-hou de *Lou*, et *Ts'i-ying* de *Tchao*, étant malades, demandèrent à *Pien-ts'iao*, le célèbre médecin, de les guérir. Il le fit, puis leur dit :

— Ceci n'a été qu'une crise passagère ; la prédisposition constitutionnelle reste, vous exposant à des rechutes certaines ; il faudrait autre chose que des médicaments, pour enlever celle-là.

— Que faudrait-il ? demandèrent les deux hommes....

---

[19] Tel que le ver à soie le produit ; il faut réunir plusieurs de ces filaments, pour faire un fil.

— Toi, dit *Pien-ts'iao* à *Koung-hou*, tu as le cœur fort et le corps faible, et par suite tu t'épuises en projets impraticables. Toi, *Ts'i-ying*, tu as le cœur faible et le corps fort, et par suite tu t'épuises en efforts irréfléchis. Si je changeais vos deux cœurs, vos deux organismes se trouveraient en bon état.

— Faites ! dirent les deux hommes.

Pien-ts'iao leur ayant fait boire du vin contenant une drogue qui les priva de toute connaissance durant trois jours, ouvrit leurs deux poitrines, en retira leurs deux cœurs, les changea, et referma les deux incisions avec sa fameuse pommade. A leur réveil, les deux hommes se trouvèrent parfaitement sains.

Mais voici que, quand ils eurent pris congé, *Koung-hou* alla droit au domicile de *Ts'i-ying*, et s'installa avec sa femme et ses enfants, qui ne le reconnurent pas. *Ts'i-ying* alla de même droit au domicile le *Koung-hou*, et s'installa avec sa femme et ses enfants, qui ne le reconnurent pas davantage. Les deux familles faillirent en venir à un litige. Mais quand *Pien-ts'iao* leur eut expliqué le mystère, elles se tinrent tranquilles.

▲**Lie5.J.** *La musique fait le continu entre l'homme et la nature entière.*

Quand *P'ao-pa* touchait sa cithare, les oiseaux dansaient, les poissons sautaient. Désirant acquérir le même talent, *Cheu-wenn* (qui devint plus tard chef de la musique de *Tcheng*) quitta sa famille, pour s'attacher à *Cheu-Siang*. Il passa d'abord trois années entières, à s'exercer au doigté et à la touche, sans jouer aucun air. Le jugeant peu capable, *Cheu-Siang* finit par lui dire :

— Vous pourriez retourner chez vous....

Déposant sa cithare, *Cheu-wenn* dit en soupirant :

— Non, je ne suis pas incapable ; mais j'ai un but, un idéal plus haut que le jeu classique ordinaire ; Je n'ai pas encore ce qu'il faut, pour communiquer aux êtres extérieurs l'influence issue de mon cœur ; voilà pourquoi je n'ose pas faire résonner ma cithare ; elle ne rendrait pas encore les sons que je voudrais. Puisqu'il faut que je parte, je pars ; mais ce ne sera qu'une absence ; nous verrons bientôt.

De fait, pas lien longtemps après, *Cheu-wenn* revint chez *Cheu-Siang*.

— Où en est votre jeu ? lui demanda celui-ci.

— J'ai réalisé mon idéal, dit *Cheu-wenn* ; vous allez voir....

On était alors en plein printemps. *Cheu-wenn* toucha la corde *Chang*, qui répond au tuyau *Nan* et à la saison d'automne ; aussitôt un vent frais souffla, et les fruits mûrirent. Quand, en automne, il toucha la corde *Kiao*, qui répond à la cloche *Kia* et à la saison du printemps, un vent chaud souffla, et les plantes fleurirent. Quand, en été, il toucha la corde *U*, qui répond à la cloche *Hoang* et à la saison d'hiver, la neige se mit à tomber et les cours d'eau gelèrent. Quand, en hiver, il toucha la corde *Tcheng*, qui répond au tuyau *Joei-pinn* et à la saison d'été, les éclairs brillèrent et la glace fondit. Enfin quand il toucha simultanément les quatre cordes, produisant l'accord parfait, une douce brise souffla, de gracieux nuages flottèrent dans l'air, une rosée sucrée tomba du ciel, et des sources vineuses jaillirent de la terre....

Frappant sa poitrine et bondissant (marques de regret), *Cheu-Siang* dit :

— Quel jeu vous possédez ! Il égale ou surpasse en puissance celui de *Cheu-k'oang* et de *Tseou-yen*. En votre présence, ces maîtres devraient déposer la cithare, et prendre le flageolet, pour vous accompagner.

▲ **Lie5.K.** Autre exemple de la mystérieuse correspondance établie par la musique. Lorsque *Sue-t'an* apprenait le chant sous *Ts'inn-ts'ing*, il se découragea et déclara à son maître qu'il s'en allait. *Ts'inn-ts'ing* ne lui dit pas de rester ; mais, à la collation d'usage au moment du départ, il lui chanta une complainte si attendrissante, que *Sue-t'an* tout changé s'excusa de son inconstance, et demanda qu'il lui fût permis de rester.

Alors *Ts'inn-ts'ing* raconta à son ami l'histoire suivante :

Jadis *Han-no* allant à *Ts'i* et ayant épuisé son viatique, chanta à *Young-menn* pour gagner son repas. Après son départ, les poutres et les chevrons de l'auberge où il avait chanté, continuèrent à redire son chant durant trois jours entiers, si bien que les gens accouraient, croyant qu'il n'était pas parti, ne voulant pas croire l'aubergiste qui les congédiait.... Quand ce *Han-no* chantait une complainte, à un stade à la ronde jeunes et vieux s'affligeaient, au point que, durant trois jours, ils ne prenaient plus de nourriture. Puis, *Han-no* leur ayant chanté un gai refrain, à un stade à la ronde jeunes et vieux, oubliant leur chagrin, dansaient de joie, et comblaient le chanteur de leurs dons. Encore de nos jours, les gens de *Young-menn* expriment leur joie ou leur douleur d'une manière particulièrement gracieuse. C'est de *Han-no* qu'ils ont appris cela.

▲**Lie5.L.** *Autre exemple du continu mystique.* Quand *Pai-ya* touchait sa cithare, *Tchoung-tzeu-K'i* percevait l'intention qu'il avait en jouant. Ainsi, une fois que *Pai-ya* cherchait à exprimer par ses accords l'idée d'une haute montagne :

— Bien, bien, fit *Tchoung-tzeu-K'i* ; elle s'élève, comme le mont *T'ai-chan*....

Une autre fois, comme *Pai-ya* cherchait à rendre le flux d'une eau :

— Bien, bien, dit *Tchoung-tzeu-K'i* ; elle coule comme le *Kiang* ou le Fleuve....

Quelque idée que *Pai-ya* formât dans son intérieur, *Tchoung-tzeu-K'i* la percevait par le jeu de sa cithare. Un jour que les deux amis passaient au nord du mont *T'ai-chan*, surpris par une averse, ils se réfugièrent sous un rocher. Pour charmer les ennuis de l'attente, *Pai-ya* toucha sa cithare, et essaya de rendre, d'abord l'effet d'une pluie, puis, l'écroulement d'un rocher. *Tchoung-tzeu-K'i* devina aussitôt ces deux intentions successives.... Alors *Pai-ya* déposant sa cithare, soupira et dit :

— Votre ouïe est merveilleuse. Tout ce que je pense dans mon cœur, se traduit en image dans votre esprit. Où irai-je, quand je voudrai garder un secret ?

▲ **Lie5.M.** *Autre exemple du continu par l'intention.*

L'empereur *Mou* des *Tcheou* étant allé chasser à l'ouest, franchit les monts *K'ounn-lunn*, alla jusqu'à *Yenchan*, puis revint vers la Chine. Sur le chemin du retour, on lui présenta un artiste nommé *Yen-cheu*.

— Que sais-tu faire ? lui demanda l'empereur.

— Que Votre Majesté daigne me permettre de le montrer, dit l'artiste.

— Je te donnerai un jour, dit l'empereur.

Quand le jour fut venu, *Yen-cheu* se présenta devant l'empereur, avec une escorte.

— Qui sont ceux-ci ? demanda l'empereur.

— Ce sont mes créatures, dit *Yen-cheu* ; elles savent jouer la comédie.

L'empereur les regarda stupéfait. Les automates de *Yen-cheu* marchaient, levaient et baissaient la tête, se mouvaient comme des hommes véritables. Quand on les touchait au menton, ils chantaient, et fort juste. Quand on leur prenait la main, ils dansaient, en cadence. Ils faisaient tout ce qu'on peut imaginer.

L'empereur décida de les donner en spectacle à son harem. Mais voici que, tout en jouant la comédie, les automates tirent des œillades aux dames. Furieux, l'empereur allait faire mettre *Yen-cheu* à mort, croyant qu'il avait frauduleusement introduit des hommes véritables. Alors celui-ci ouvrit ses automates, et montra à l'empereur qu'ils étaient faits de cuir et de bois peint et verni. Cependant tous les viscères étaient formés, et *Yen-cheu* démontra à l'empereur, que, (conformément à la physiologie chinoise), quand on enlevait à un automate son cœur, sa bouche devenait muette ; quand on lui enlevait le foie, ses yeux ne voyaient plus ; quand on lui enlevait les reins, ses pieds ne pouvaient plus se mouvoir.[20]

— C'est merveilleux, dit l'empereur calmé ; tu es presque aussi habile que le Principe auteur de toutes choses ;

Et il ordonna de charger les automates sur un fourgon, pour les rapporter à sa capitale.

Depuis lors on n'a plus rien vu de semblable. Les disciples de *Pan-chou* l'inventeur de la fameuse tour d'approche employée dans les sièges, et de *Mei-ti* le philosophe inventeur du faucon automatique, pressèrent vainement ces deux maîtres de refaire ce que *Yen-cheu* avait fait. Ils n'osèrent même pas essayer (la force de volonté capable de produire la continuité efficace leur manquant).

---

[20] Les automates étaient mus par la volonté de *Yen-cheu*, par continuité mentale. C'est donc lui qui fit les œillades. Sa démonstration des viscères fut une duperie, pour sauver sa vie.

▲ **Lie5.N.** *Autre exemple du continu par l'intention.*

Quand *Kan-ying* le fameux archer bandait son arc, bêtes et oiseaux venaient se livrer à lui, sans attendre sa flèche. Il eut pour disciple *Fei-wei*, qui le surpassa. *Fei-wei* eut pour disciple *Ki-tch'ang*. Il commença par lui dire :

— D'abord apprends à ne plus cligner de l'œil, puis je t'apprendrai à tirer de l'arc.

Ki-tch'ang s'avisa du moyen suivant. Quand sa femme tissait, il se couchait sur le dos sous le métier, fixant les fils qui s'entre-croisaient, et la navette qui passait et repassait. Après deux années de cet exercice, ses yeux devinrent si fixes, qu'un poinçon pouvait les toucher sans les faire cligner. Alors *Ki-tch'ang* alla trouver *Fei-wei*, et lui dit qu'il était prêt.

— Pas encore, dit *Fei-wei*. Il te faut encore apprendre à fixer le point. Quand tu le verras grossi (par la force de ton intention) au point de ne pouvoir être manqué, alors reviens et je t'apprendrai à tirer de l'arc.

Ki-tch'ang suspendit à sa fenêtre un long crin de yak, auquel il fit grimper un pou, puis s'exerça à fixer le pou, quand le soleil passant derrière l'objet, lui donnait en plein dans les yeux. De jour en jour, le pou lui parut plus grand. Au bout de trois ans d'exercice, il le vit énorme, et distingua son cœur. Quand il fut arrivé à percer à coup sûr le cœur du pou, sans que la flèche tranchât le crin, il alla trouver *Fei-wei*.

— Maintenant, dit celui-ci, tu sais tirer de l'arc ; je n'ai plus rien à t'apprendre.

Cependant *Ki-tch'ang* se dit qu'il n'avait au monde d'autre rival que son maître, et résolut de se défaire de lui (dans une de ces luttes d'adresse, comme les archers s'en livraient en ce temps-là).

S'étant rencontrés dans une plaine, les deux hommes prirent position, et tirèrent simultanément l'un contre l'autre, le nombre de flèches étant déterminé. A chaque coup, les deux flèches se heurtaient à mi-chemin, et tombaient mortes, sans soulever la poussière. Mais *Ki-tch'ang* avait mis dans son carquois une flèche de plus, qu'il tira en dernier lieu, comptant percer son maître désarmé. *Fei-wei* para la flèche avec un rameau épineux (qu'il eut le temps de ramasser, et ne se douta pas de la perfidie).

Alors, ayant déposé leur arc, les deux hommes se saluèrent sur le terrain, pleurant d'émotion et se promettant d'être l'un pour l'autre comme père et fils. Ils se jurèrent aussi, avec effusion de leur sang, de ne révéler à personne le secret de leur art (continu mental).

▲ **Lie5.O.** *Autre exemple de l'efficace de la volonté.* Tsao-fou apprit de *T'ai-teou* l'art de conduire un char. Quand il entra chez son maître comme disciple, il commença par le servir très humblement. Durant trois ans, *T'ai-teou* ne lui adressa pas la parole. *Tsao-fou* redoubla de soumission. Enfin *T'ai-teou* lui dit :

— D'après un adage antique, l'apprenti archer doit être flexible comme un osier, et l'apprenti fondeur souple comme une fourrure. Tu as maintenant à peu près ce qu'il faut. Regarde ce que je vais te montrer. Quand tu sauras en faire autant, tu seras capable de tenir les rênes d'un char à six chevaux.

— Bien, dit *Tsao-fou*.

Alors *T'ai-teou* ayant posé horizontalement une perche à peine assez épaisse pour qu'on y posât le pied, se mit à marcher pas à pas, posément, d'un bout de la perche à l'autre, allant et revenant sans faire un seul faux pas.

Trois jours plus tard, *Tsao-fou* en fit autant. Surpris, *T'ai-teou* lui dit :

— Comme vous êtes habile ! que vous avez vite réussi ! Vous possédez maintenant le secret de conduire un char. La concentration de vos facultés intérieures sur le mouvement de vos pieds, vous a permis de marcher sur la perche, aussi sûrement que vous faites. Concentrez de même avec intensité vos facultés sur les rênes de votre attelage. Que, par votre main, votre esprit agisse sur les mors de vos chevaux, et votre volonté sur la leur. Alors vous pourrez décrire des circonférences et tracer des angles droits parfaits, faire marcher votre attelage sans l'épuiser. Encore une fois, que votre esprit ne fasse qu'un avec les rênes et les mors ; c'est là tout le secret. Cela obtenu, vous n'aurez besoin d'user, ni de vos yeux, ni du fouet. L'attelage étant entièrement en votre puissance, les vingt-quatre sabots de vos six chevaux se poseront en cadence, et leurs évolutions seront mathématiquement précises ; vous passerez en sûreté, là où le chemin n'aura que tout juste la largeur de l'écartement de vos roues, là où le sentier suffira tout juste aux pieds de vos chevaux. Je n'ai plus rien à vous apprendre ; vous en savez maintenant aussi long que moi.[21]

▲**Lie5.P.** *Hei-loan* de *Wei* ayant perfidement assassiné *K'iou-pingtchang*, le fils de celui-ci, *Lai-tan*, chercha à venger la mort de son père. *Lai-tan* était brave mais débile. *Hei-loan* était un colosse, qui n'avait pas plus peur de *Lai-tan* que d'un poussin.

Chenn-t'ouo, un ami de *Lai-tan*, lui dit :

— Vous en voulez à *Hei-loan* ; mais il vous est si supérieur ; qu'y faire ?

— Conseillez-moi, dit *Lai-tan*, éclatant en sanglots.

---

[21]) Glose : Toute hésitation, une absence, le vertige, provient de ce que l'esprit n'est pas maître du membre ou de l'instrument qui exécute. Il y a défaut dans le continu. Le fluide intentionnel ne passe pas.

— J'ai ouï dire, fit *Chenn-t'ouo*, que dans la principauté de *Wei*, dans la famille *K'oung-tcheou*, se conservent trois épées merveilleuses ayant appartenu au dernier empereur des *Yinn*, avec lesquelles un enfant pourrait arrêter une armée. Empruntez-les.

Lai-tan étant allé à *Wei*, se rendit chez *K'oung-tcheou*, s'offrit à lui comme esclave avec sa femme et ses enfants, puis lui dit ce qu'il attendait en échange.

— Je vous prêterai une épée, dit *K'oung-tcheou* ; laquelle des trois désirez-vous ? La première lance des éclairs. La seconde est invisible. La troisième pourfend tout. Voilà treize générations que ces trois épées dorment dans ma famille. Laquelle désirez-vous ?

— La troisième, dit *Lai-tan*.

Alors *K'oung-tcheou* accepta *Lai-tan* comme client de son clan. Au bout de sept jours, ayant donné un festin en son honneur, il lui remit l'épée désirée, que *Lai-tan* reçut prosterné. Muni de cette arme, *Lai-tan* chercha *Hei-loan*. L'ayant trouvé qui dormait ivre-mort, il le pourfendit trois fois, depuis l'épaule jusqu'à la ceinture, sans qu'il se réveillât. Etant sorti, il rencontra le fils de *Hei-loan*, et le pourfendit également trois fois. Tous ses coups traversaient les corps, sans éprouver plus de résistance que dans l'air ; mais la section se ressoudait après le passage de la lame.

Voyant que son épée merveilleuse ne tuait pas, *Lai-tan* s'enfuit navré. Cependant Hei-loan s'étant réveillé, gronda sa femme de ce qu'elle ne l'avait pas mieux couvert durant son sommeil.

— J'ai pris froid, dit-il ; j'ai le cou et les reins comme engourdis.

Sur ces entrefaites, son fils étant entré, dit :

— Lai-tan aura aussi passé par ici. Il m'a donné dehors trois coups, qui ont produit sur moi précisément le même effet.[22]

▲ **Lie5.Q.** Lors de sa randonnée dans l'Ouest, les *Joung*, tribu de ces régions, offrirent à l'empereur *Mou* des *Tcheou*, une épée extraordinaire et du tissu d'asbeste. L'épée longue de dix-huit pouces, traversait le jade comme de la boue. Le tissu sali mis au feu, en. sortait blanc comme neige. On a essayé de révoquer ces faits en doute, mais ils sont certains.

---

[22] La propriété merveilleuse de cette épée, consistait en ce qu'elle traversait, sans diviser ni la cohésion ni la continuité.

Chapitre 6

Fatalité

▲ **Lie6.A.** L'Énergie dit à la Fatalité :

— Tu ne me vaux pas.

— Pourquoi pas ? demanda la Fatalité.

— Parce que, dit l'Energie, la longévité, le succès, la noblesse, la richesse, c'est moi qui les procure aux hommes.

— Ah ! fit la Fatalité, si cela était, y aurait-il vraiment lieu que tu t'en fasses gloire ? P'eng-tsou vécut huit siècles, bien plus longtemps que *Yao* et *Chounn* sans avoir plus de mérite qu'eux. *Yen-yuan*, si sage, mourut à trente-deux ans, tandis que bien des sots atteignent un âge avancé. *Tchoung-ni* qui valut les princes de son temps, éprouva de grandes infortunes à *Tch'enn* et à *Ts'ai*. L'empereur *Tcheou* des *Yinn* ne valut pas les trois parangons *Wei-tzeu*, *Ki-tzeu*, *Pi-kan*, et occupa pourtant un trône, tandis qu'eux furent malheureux. *Ki-tcha* de *Ou*, qui aurait mérité les plus grands honneurs, n'en obtint aucun ; tandis que *T'ien-heng*, absolument indigne, obtint le royaume de *Ts'i*. *Pai-i* et *Chou-Ts'i*, si nobles, moururent de faim à *Cheou-yang*, tandis que *Ki-cheu* devint riche à *Tchan-K'inn*. Si c'est toi qui as fait ces répartitions-là, pourquoi les as-tu faites aussi à l'aveugle.

— Si ce n'est pas moi, dit Energie, c'est toi Fatalité qui les as faites, et ton blâme retombe sur toi.

— Pardon, dit Fatalité ; moi je ne fais rien. Je pousse (je fais tourner la roue), puis laisse aller. Fatalement l'un vit longtemps et l'autre pas, fatalement l'un réussit et l'autre non, fatalement l'un devient illustre et l'autre pas, fatalement l'un est riche et l'autre pauvre. Moi je ne fais rien de tout cela ; je n'en sais même rien ; cela vient de soi.

▲ **Lie6.B.** *Pei-koung-tzeu* dit à *Si-menn-tzeu* :

— Je suis né dans le même temps et issu du même lignage que vous ; comme visage, langage, démarche, il n'y a guère de différence entre nous deux ; et cependant, vous réussissez, vous êtes honoré, vous êtes aimé, vous êtes goûté, vous êtes loué, tandis qu'il m'arrive tout le contraire. Nous avons employé les mêmes moyens pour tenter la fortune ; vous avez réussi en tout, et moi à rien. Je suis mal vêtu, mal nourri, mal logé, et marche à pied ; tandis que vous vivez dans le luxe et l'abondance, et ne sortez qu'en quadrige. Et dans la vie privée et dans la vie publique, vous primez tellement, que je n'ose plus me comparer avec vous.

— Je conjecture, dit *Si-menn-tzeu*, que la différence de nos conditions, tient à la différence de nos conduites. Tu te seras moins bien conduit que moi.

Très humilié, *Pei-koung-tzeu* ne sut que répondre, et s'en alla tout déconfit. Dans la rue il rencontra le Maître du faubourg de l'est, qui lui demanda :

— Où allez-vous, de ce pas, et avec cette mine ?

Pei-koung-tzeu lui ayant conté sa déconfiture :

— Retournons ensemble, dit le Maître ; je laverai votre affront.

Quand ils furent arrivés chez *Si-menn-tzeu*, le Maître lui demanda :

— Quelle avanie avez-vous faite à *Pei-koung-tzeu* ?

— Je lui ai dit, dit *Si-menn-tzeu*, que j'estimais que la différence de nos conditions, devait provenir de la différence de nos conduites.

— Il n'en est rien, dit le Maître. Voici comme il faut expliquer la chose. Bien doué, *Pei-koung-tzeu* a un mauvais destin. Mal doué, toi *Si-menn-tzeu*, tu as un bon destin. Ta réussite n'est pas due à tes qualités ; ses insuccès ne sont pas dus à son incapacité. Ce n'est pas vous qui vous êtes faits ce que vous êtes ; c'est la fatalité qui vous a faits ce que vous êtes. Si donc toi, le fortuné, tu l'as humilié ; si lui, le bien doué, en a eu honte ; c'est que, tous deux, vous ignoriez ce qui en est de vous.

— N'en dites pas davantage, Maître, dit *Si-menn-tzeu* ; je ne le ferai plus.

Quand *Pei-koung-tzeu* fut revenu chez lui, il trouva sa robe de grosse toile plus chaude que fourrure de renard ou de blaireau ; ses grossiers aliments lui semblèrent délicieux ; sa masure lui parut un palais, et sa claie un char. Illuminé intérieurement, jusqu'à sa mort il ne fit plus aucune attention aux distinctions sociales.

Le Maître du faubourg de l'est l'ayant appris, dit :

— Après un bien long sommeil (ignorance), un mot a suffi pour éveiller cet homme, et le changer d'une manière durable.

▲ **Lie6.C.** *Koan-i-ou* et *Pao-chou-ya*, tous deux de *Ts'i*, étaient amis intimes. *Koan-i-ou* s'attacha au prince *Kiou*, *Pao-chou-ya* adhéra au prince *Siao-pai*. Par suite de la préférence accordée par le duc *Hi* de *Ts'i* à *Ou-tcheu* le fils d'une concubine favorite ; une révolution éclata, quand il fallut pourvoir à la succession du duc défunt. *Koan-i-ou* et *Tchao-hou* se réfugièrent à *Lou* avec le prince Kiou, tandis que *Pao-chou-ya* fuyait à *Ki*u avec le prince

Siao-pai. Ensuite ces deux princes, devenus compétiteurs au trône, s'étant déclaré la guerre, *Koan-i-ou* combattit du côté de *Ki*ou quand celui-ci marcha sur *Ki*u, et décocha à *Siao-pai* une flèche qui l'aurait tué, si elle n'avait été épointée par la boucle de sa ceinture. *Siao-pai* ayant vaincu, exigea que ceux de *Lou* missent à mort son rival *Kiou*, ce qu'ils firent complaisamment. *Tchao-hou* périt, *Koan-i-ou* fut emprisonné.

Alors *Pao-chou-ya* dit à son protégé *Siao-pai* devenu le duc *Hoan* :

— *Koan-i-ou* est un politicien extrêmement habile.

— Je le veux bien, dit le duc ; mais je hais cet homme, qui a failli me tuer.

Pao-*chou*-ya reprit :

— Un prince sage doit savoir étouffer ses ressentiments personnels. Les inférieurs doivent faire cela continuellement à l'égard de leurs supérieurs ; un supérieur doit le faire parfois pour quelqu'un de ses inférieurs. Si vous avez l'intention de devenir hégémon, *Koan-i-ou* est le seul homme capable de faire réussir votre dessein. Il vous faut l'amnistier.

Le duc réclama donc *Koan-tchoung*, soi-disant pour le mettre à mort. Ceux de *Lou* le lui envoyèrent lié. *Pao-chou-ya* sortit au-devant de lui dans le faubourg, et lui enleva ses liens. Le duc *Hoan* le revêtit de la dignité de premier ministre. *Pao-chou-ya* devint son inférieur. Le duc le traita en fils, et l'appela son père. *Koan-tchoung* le fit hégémon. Il disait souvent en soupirant :

— Quand, dans ma jeunesse, je faisais le commerce avec *Pao-chou-ya*, et que je m'adjugeais la bonne part, *Pao-chou-ya* m'excusait, sur ma pauvreté. Quand, plus tard, dans la politique, lui réussit et moi j'eus le dessous, *Pao-chou-ya* se dit que mon heure n'était pas encore venue, et ne douta pas de moi. Quand je pris la fuite à la déroute du prince *Kiou*, *Pao-chou-ya* ne me jugea pas lâche, mais m'excusa sur ce que j'avais encore ma vieille mère, pour laquelle je devais me conserver. Quand je fus emprisonné, *Pao-chou-ya* me conserva son estime, sachant que pour moi il n'y a qu'un déshonneur, à savoir de rester oisif sans travailler au bien de l'État. Ah ! si je dois la vie à mes parents, je dois plus à *Pao-chou-ya* qui a compris mon âme.

Depuis lors, c'est l'usage d'admirer l'amitié désintéressée de *Pao-chou-ya* pour *Koan-i-ou*, de louer le duc *Hoan* pour sa magnanimité et son discernement des hommes. En réalité, il ne faudrait, en cette affaire, parler, ni d'amitié, ni de discernement. La vérité est qu'il n'y a eu, ni intervention de la part des acteurs, ni revirement de la fortune. Tout fut jeu de la fatalité aveugle. Si *Tchao-hou* périt, c'est qu'il devait périr. Si *Pao-chou-ya* patronna *Koan-i-ou*, c'est qu'il devait le faire. Si le duc *Hoan* pardonna à *Koan-i-ou*, c'est qu'il devait lui pardonner. Nécessités fatales, et rien de plus.

Il en fut de même, à la fin de la carrière de *Koan-i-ou*. Quand celui-ci eut dû s'aliter, le duc alla le visiter et lui dit :

— Père *Tchoung*, vous êtes bien malade ; il me faut faire allusion à ce qu'on ne nomme pas (la mort) ; si votre maladie s'aggravait (au point de vous emporter), qui prendrai-je comme ministre à votre place ?

— Qui vous voudrez, dit le mourant.

— *Pao-chou-ya* conviendrait-il ? demanda le duc.

— Non, fit *Koan-i-ou* ; son idéal est trop élevé ; il méprise ceux qui n'y atteignent pas, et n'oublie jamais une faute commise. Si vous le preniez pour ministre, et vous, et le peuple, s'en trouveraient mal. Vous ne le supporteriez pas longtemps.

— Alors qui prendrai-je ? fit le duc.

— S'il me faut parler, dit *Koan-i-ou*, prenez *Hien-p'eng*, il fera l'affaire. Il est également souple avec les supérieurs et les inférieurs. L'envie chimérique d'égaler la vertu de *Hoang-ti* l'absorbe. Le coup d'œil transcendant est le propre des Sages du premier ordre, la vue pratique est le propre des Sages du second rang. Faire sentir sa sagesse indispose les hommes, la faire oublier fait aimer. *Hien-p'eng* n'est pas un Sage du premier ordre ; il a, du Sage de second rang, l'art de s'effacer. De plus, et sa personne, et sa famille, sont inconnues. C'est pourquoi je juge qu'il convient pour la charge de premier ministre. — Que dire de cela ? *Koan-i-ou* ne recommanda pas *Pao-chou-ya*, parce que celui-ci ne devait pas être recommandé ; il patronna *Hien-p'eng*, parce qu'il devait le patronner. Fortune d'abord et infortune ensuite, infortune d'abord et fortune ensuite, dans toutes les vicissitudes de la destinée, rien n'est de l'homme (voulu, fait par lui) ; tout est fatalité aveugle.

▲**Lie6.D.** *Teng-si* savait discuter le pour et le contre d'une question, en un flux de paroles intarissable. *Tzeu-tch'an* ayant fait un code nouveau pour la principauté de *Tcheng*, beaucoup le critiquèrent, et *Teng-si* le tourna en dérision. *Tzeu-tch'an* sévit contre ses détracteurs, et fit mettre à mort *Teng-si*. En cela il n'agit pas, mais servit la fatalité. Teng-si devait mourir ainsi. Teng-si devait tourner *Tzeu-tch'an* en dérision, et provoquer ainsi sa mise à mort. Naître et mourir à son heure, ces deux choses sont des bonheurs. Ne pas naître, ne pas mourir à son heure, ces deux choses sont des malheurs. Ces sorts divers échoient aux uns et aux autres, non pas de leur fait, mais du fait de la fatalité. Ils sont imprévisibles. Voilà pourquoi, en en parlant, on emploie les expressions, mystère sans règle, voie du ciel qui seule se connaît, obscurité inscrutable, loi du ciel se mouvant d'elle-même, et autres analogues. Cela veut dire, que le ciel et la terre, que la science des Sages, que les mânes et les lutins, ne peuvent rien contre la fatalité. Selon son caprice, celle-ci anéantit ou édifie, écrase ou caresse, tarde ou prévient.

▲**Lie6.E.** *Ki-leang*, un ami de *Yang-tchou*, étant tombé malade, se trouva à l'extrémité, au bout de sept jours. Tout en larmes, son fils courut chez tous les médecins des alentours. Le malade dit à *Yang-tchou* :

— Tâche de faire entendre raison à mon imbécile de fils.

Yang-tchou récita donc au fils la strophe :

— Ce que le ciel ne sait pas (l'avenir), comment les hommes pourraient-ils le conjecturer ? Il n'est pas vrai que le ciel bénit, ni que personne soit maudit. Nous savons, toi et moi, *que* la fatalité est aveugle et *inéluctable*. Qu'est-ce que les médecins et les magiciens y pourront ?

Mais le fils ne démordit pas, et amena trois médecins, un *Kiao*, un *U*, et un *Lou*. Tous trois examinèrent le malade, l'un après l'autre. Le *Kiao* dit :

— Dans votre cas, le froid et le chaud sont déséquilibrés, le vide et le plein sont disproportionnés ; vous avez trop mangé, trop joui, trop pensé, trop fatigué ; votre maladie est naturelle et non l'effet de quelque influx malfaisant ; quoiqu'elle soit grave, elle est guérissable.

— Celui là, dit *Ki-leang*, récite le boniment des livres ; qu'on le renvoie sans plus !

Le *U* dit au malade :

— Voici votre cas. Sorti du sein maternel avec une vitalité défectueuse, vous avez ensuite tété plus de lait que vous n'en pouviez digérer. L'origine de votre mal, remonte à cette époque-là. Comme il est invétéré, il ne pourra guère être guéri complètement.

— Celui-là parle bien, dit *Ki-leang* ; qu'on lui donne à dîner !

Le *Lou* dit au malade :

— Ni le ciel, ni un homme, ni un spectre, ne sont cause de votre maladie. Né avec un corps composé, vous êtes soumis à la loi de la dissolution, et devez comprendre que le temps approche ; aucun médicament n'y fera rien.

— Celui-là a de l'esprit, dit *Ki-leang* ; qu'on le paye libéralement.

Ki-leang ne prit aucune médecine, et guérit parfaitement (fatalité).

Le souci de la vie ne l'allonge pas, le défaut de soin ne l'abrège pas. L'estime du corps ne l'améliore pas, le mépris ne le détériore pas. Les suites, en cette matière, ne répondent pas aux actes posés. Elles paraissent même souvent diamétralement contraires, sans l'être en réalité. Car la fatalité n'a pas de contraire. On vit ou on meurt, parce qu'on devait vivre ou mourir. Le soin ou la négligence de la vie, du corps, n'y font rien, ni dans un sens ni dans l'autre. Voilà pourquoi *U-hioung* dit à *Wenn-wang* : « L'homme ne peut ni ajouter ni retrancher à sa stature ; tous ses calculs ne peuvent rien à 159 cela. »

Dans le même ordre d'idées, *Lao-tan* dit à *Koan-Yinn-tzeu* :

— Quand le ciel ne veut pas, qui dira pourquoi ? c'est-à-dire, mieux vaut se tenir tranquille, que de chercher à connaître les intentions du ciel, à deviner le faste et le néfaste. (Vains calculs, tout étant régi par une fatalité aveugle, imprévisible, inéluctable).

▲ **Lie6.F.** *Yang-pou* le frère cadet de *Yang-tchou* dit à son aîné :

— Il est des hommes tout semblables pour l'âge, l'extérieur, tous les dons naturels, qui différent absolument, pour la durée de la vie, la fortune, le succès. Je ne m'explique pas ce mystère.

Yang-tchou lui répondit :

— Tu as encore oublié l'adage des anciens que je t'ai répété si souvent : le mystère qu'on ne peut pas expliquer, c'est la fatalité. Il est fait d'obscurités impénétrables, de complications inextricables, d'actions et d'omissions qui s'ajoutent au jour le jour. Ceux qui sont persuadés de l'existence de cette fatalité, ne croient plus à la possibilité d'arriver, par efforts, à prolonger leur vie, à réussir dans leurs entreprises, à éviter le malheur. Ils ne comptent plus sur rien, se sachant les jouets d'un destin aveugle. Droits et intègres, ils ne tendent plus dans aucun sens ; ils ne s'affligent ni ne se réjouissent plus de rien ; ils n'agissent plus, mais laissent aller toutes choses.

Les sentences suivantes de *Hoang-ti*, résument bien la conduite à tenir par l'illuminé : « Que le sur-homme reste inerte comme un cadavre, et ne se meuve que passivement, parce qu'on le meut. Qu'il ne raisonne pas, sur son inertie, sur ses mouvements. Qu'il ne se préoccupe jamais de l'avis des hommes, et ne modifie jamais ses sentiments d'après les leurs. Qu'il aille son chemin à lui, suive sa voie propre personnelle. Car personne ne peut lui nuire, » (la fatalité seule disposant de lui.)

▲**Lie6.G.** Quatre hommes vécurent ensemble durant toute leur vie, sans s'occuper des sentiments les uns des autres. Quatre autres passèrent de même leur vie, sans se communiquer aucun dessein. Quatre autres, sans se rien manifester. Quatre autres, sans jamais discuter. Quatre autres, sans même se regarder.... Tous ceux-là marchèrent comme il convient à des hommes régis par la fatalité. — Ce qui paraissait devoir être favorable, se trouve ensuite avoir été funeste. Ce qui paraissait devoir être funeste, se trouve ensuite avoir été favorable. Que d'hommes passent leur vie en efforts insensés, pour discerner des apparences confuses, pour pénétrer des obscurités mystérieuses. Ne vaudrait-il pas mieux, ne pas craindre le malheur, ne pas désirer le bonheur, se mouvoir ou rester tranquille selon la nécessité, avec la conviction profonde que la raison n'y entend rien et que la volonté n'y peut rien. Quiconque a bien compris cela, doit l'appliquer à autrui comme à soi-même. S'il gouverne les hommes d'après d'autres principes, c'est un aveugle et un sourd volontaire, qui se jettera avec eux dans un fossé.

Récapitulons : La vie et la mort, la fortune et l'infortune, dépendent de la fatalité, de l'horoscope. Quiconque se plaint de devoir mourir jeune, d'être pauvre ou affligé, montre qu'il ignore la loi. Quiconque regarde la mort en face sans crainte, et supporte la misère sans plainte, montre qu'il connaît la loi. Les conjectures des prétendus sages, sur le plus et le moins, sur le vide et le plein, sur la chance et la malechance, ne donnent jamais aucune certitude ; après tous leurs calculs, le résultat sera positif ou négatif, sans qu'on sache pourquoi. Qu'on calcule ou qu'on ne calcule pas, il en adviendra de même. Le salut et la ruine ne dépendent en rien de la connaissance préalable. On est sauvé parce qu'on devait l'être, on périt parce qu'on devait périr.

▲ **Lie6.H.** Le duc *King* de *Ts'i* étant allé se promener au nord du mont *Niou-chan*, revenait vers sa capitale. Quand il la vit de loin, touché jusqu'aux larmes, il s'écria :

— Oh ! ma belle ville, si bien peuplée ! Pourquoi faut-il que, insensiblement, approche le moment où je devrai la quitter ? Ah ! si les hommes pouvaient ne pas mourir !

Cheu-k'oung et *Leang K'iou-kiu*, de l'escorte du duc, pleurèrent aussi, pour lui complaire, et dirent :

— Si à nous qui ne sommes que des écuyers, hommes de condition bien modeste, la pensée de la mort est pénible, combien plus doit-elle l'être pour vous, Seigneur !

Le lettré *Yen-tzeu* qui accompagnait aussi le duc, éclata de rire. Le duc le vit. Essuyant ses larmes, il fixa *Yen-tzeu* et lui demanda :

— Alors que je pleure, et que ces deux hommes pleurent avec moi, qu'est-ce qui peut bien vous faire rire, vous ?

— Je pense, dit *Yen-tzeu*, que si, conformément à votre désir, les hommes ne mouraient pas, les sages ducs *Tai-koung* et *Hoan-koung*, les braves ducs *Tchoang-koung* et *Ling-koung*, vos ancêtres, vivraient encore. S'ils vivaient encore, le plus ancien occuperait le trône, et vous, son descendant lointain, seriez sans doute occupé à garder quelque métairie. Ne devez-vous pas le trône au fait que, étant morts, vos ancêtres ne sont plus ici ? Par leur disparition successive, le trône a fini par vous échoir.

N'y a-t-il pas dans vos regrets de ce que les hommes meurent, quelque ingratitude envers ceux qui vous ont rendu le service de mourir ? et les deux écuyers qui ont pleuré avec vous pour vous complaire, ne sont-ils pas de sots flatteurs ? Ce sont ces pensées-là, qui m'ont fait rire.

Honteux de son accès de sentimentalité déraisonnable, le duc but un plein rhyton pour pénitence, puis infligea aux deux écuyers de vider deux rhytons chacun.

▲Lie6.I. A *Wei*, un certain *Tong-menn Ou*, ayant perdu son fils, ne le pleura pas. Quelqu'un qui demeurait avec lui, lui dit :

— Vous aimiez pourtant votre fils ; comment se fait-il que, maintenant qu'il est mort, vous ne le pleuriez pas ?

Tong-menn Ou dit :

— Jadis, durant bien des années, avant sa naissance, je vécus sans ce fils, sans me chagriner. Maintenant qu'il est mort, je me reporte à ce temps-là, me figure que je ne l'ai jamais eu, et ne me chagrine pas davantage. D'ailleurs, à quoi bon ?! Les agriculteurs se soucient de leurs récoltes, les marchands de leur commerce, les artisans de leur métier, les officiers de leur emploi. Or tout cela dépend de circonstances indépendantes de leur volonté. A l'agriculteur il faut de la pluie, au marchand de la chance, à l'artisan de l'ouvrage, à l'officier une occasion de se distinguer. Or c'est de la fatalité uniquement, que dépendent les circonstances et les occasions.

CHAPITRE 7

YANG-TCHOU[23]

▲ **Lie7.A.** *Yang-tchou* voyageant dans le pays de *Lou*, séjourna dans la famille *Mong*. Maître *Mong* lui demanda :

— Ne suffit-il pas d'être un homme (la plus noble des créatures) ? faut-il encore s'agiter pour devenir célèbre (comme vous faites) ?

— Le renom, dit *Yang-tchou*, appelle la fortune.

— Et puis ?

— Puis vient la noblesse.

— Et puis ?

— Puis vient la mort.

— Alors c'est pour mourir, que l'on s'agite ? dit maître *Mong*.

— Non pas, dit *Yang-tchou* ; c'est pour transmettre sa réputation, après sa mort, à ses descendants.

— Est-il bien sûr qu'ils en hériteront ? fit maître Hong.

---

[23] C'est à *Lie-tzeu* et à *Tchoang-tzeu*, que nous devons ce que nous savons de ce philosophe épicurien égoïste, contre lequel Mencius s'agita beaucoup ; à supposer qu'il y ait du vrai, dans ce qu'ils racontent de lui. Voir mes *Textes philosophiques* chap. X.

N'arrive-t-il pas que ceux qui ont peiné et souffert pour devenir célèbres, ne transmettent rien à leurs descendants ; tandis que ceux dont la vie a été médiocre ou mauvaise, élèvent leur famille ? Ainsi *Koan-tchoung*, ministre du duc de *Ts'i*, qui servit son maître avec la plus extrême servilité, jusqu'à faire siens ses vices, ne laissa rien à sa famille. Tandis que *T'ien-cheu*, autre ministre de *Ta'i*, qui prit toujours et en tout le contre-pied du duc son maître, arriva à léguer à ses descendants le duché usurpé par lui. Dans ces deux cas parallèles, la réputation méritée de *Koan-tchoung* ne rapporta à ses descendants que la pauvreté, tandis que la réputation imméritée de *T'ien-cheu* fit la fortune de sa famille.

Trop souvent le renom s'attache à une fausse supposition, à un faux semblant. On fait gloire à *Yao* et à *Chouan* d'avoir abdiqué en faveur de *Hu-you* et de *Chan-kuan*. En réalité leur abdication ne fut qu'un vain simulacre. Ils jouirent des avantages de la dignité impériale jusqu'à leur mort. Leur gloire est une fausse gloire. — Tandis que *Pai-i* et *Chou-ts'i* qui renoncèrent vraiment au fief paternel et moururent de faim au mont *Cheou-yang* pour cause de loyalisme, sont plaints par les uns, moqués par les autres, glorifiés par personne. Qui distinguera, en cette matière, le vrai du faux ?

▲ **Lie7.B.** *Yang-tchou* dit :

— Sur mille hommes, pas un ne vit jusqu'à cent ans. Mais mettons que, sur mille, il y ait un centenaire. Une grande partie de sa vie aura été passée dans l'impuissance de la première enfance et la décrépitude de l'extrême vieillesse. Une grande partie aura été consumée, par le sommeil de la nuit, par les distractions du jour. Une grande partie aura été stérilisée par la tristesse ou la crainte. Reste une fraction relativement bien faible, pour l'action et pour la jouissance. — Mais qu'est-ce qui le décidera à agir ? de quoi jouira-t-il ?... Sera-ce la beauté des formes et des sons ? Ces choses-là, ou lassent, ou ne durent pas.... Sera-ce la loi, avec ses récompenses et ses châtiments, ses distinctions et ses flétrissures ? Ces motifs-là sont trop faibles. Un blâme est-il si redoutable ? Un titre posthume est-il si enviable ? Y a-t-il lieu, pour si peu, de renoncer au plaisir des yeux et des oreilles, d'appliquer le frein moral à son extérieur et à son intérieur ? Passer sa vie ainsi, dans la privation et la contrainte, est-ce moins dur que de la passer en prison et dans les entraves ? Non sans doute. Aussi les anciens qui savaient que la vie et la mort sont deux phases alternatives et passagères, laissaient-ils leurs instincts se manifester librement, sans contraindre leurs appétits naturels, sans priver leur corps de ses plaisirs. Peu leur importait l'éloge ou le blâme durant la vie ou après la mort. Ils donnaient à leur nature ses satisfactions, et laissaient les autres prendre les leurs.

▲ **Lie7.C.** *Yang-tchou* dit :

— Les êtres diffèrent dans la vie, mais non dans la mort. Durant la vie, les uns sont sages et les autres sots, les uns sont nobles et les autres vils ; à la mort, tous sont également une masse de charogne fondante. Ces différences dans la vie, cette égalité dans la mort, sont l'œuvre de la fatalité. Il ne faut pas considérer comme des entités réelles, la sagesse et la sottise, la noblesse et la vulgarité, qui ne sont que des modalités réparties au hasard sur la masse des hommes. Quelle qu'ait été la durée et la forme de la vie, elle est terminée par la mort. Le bon et le sage, le méchant et le sot, meurent tous également. A la mort des empereurs *Yao* et *Chounn*, des tyrans *Kie* et *Tcheou*, il ne resta que des cadavres putrides, impossibles à distinguer. Donc, vivre la vie présente, sans se préoccuper de ce qui suivra la mort.

▲ **Lie7.D.** *Yang-tchou* dit :

— C'est par excès de loyalisme, que *Pai-i* se laissa mourir de faim ; c'est par excès de continence, que *Tchan-ki* éteignit sa lignée. Voilà où l'ignorance des vrais principes, conduit les meilleures gens.

Yang-tchou dit :

— *Yuan-hien* fut pauvre à Lou, *Tzeu-koung* fut riche à *Wei*. La pauvreté de *Yuan-hien* abrégea sa vie, la richesse de *Tzeu-koung* l'usa de soucis. Mais alors, si la pauvreté et la richesse sont également nuisibles, que faire ? Voilà : vivre joyeux, bien traiter son corps, voilà ce qu'il faut faire. Au joyeux, même la pauvreté ne peut nuire (parce qu'il ne s'en afflige pas). A celui qui traite bien son corps, la richesse ne nuira pas non plus (parce qu'il ne s'usera pas de soucis).

Yang-tchou dit :

— S'aider durant la vie, cesser à la mort ; j'aime cette parole des anciens. J'entends par aider, procurer les aises de la vie, les aliments et le chauffage, tous les secours de la vie. J'entends par cesser à la mort, non la suppression des lamentations d'usage, mais celle des gaspillages tels que la perle ou le jade mis dans la bouche du cadavre, les riches habits, les victimes immolées, les objets offerts au mort.

▲ **Lie7.E.** *Yen-p'ingtchoung* disciple de *Mei-ti* ayant demandé à *Koan-i-ou* politicien penchant au taoïsme, comment il fallait traiter les vivants, celui-ci lui répondit :

— Il faut favoriser leurs penchants naturels, il ne faut pas les gêner.

— Veuillez détailler davantage, dit *Yen-p'ingtchoung*.

— Voici, dit *Koan-i-ou* : il faut leur laisser toute liberté d'écouter, de regarder, de flairer, de goûter ; toute licence pour les aises du corps et le repos de l'esprit. Toute restriction mise à quelqu'une de ces facultés, afflige la nature, est une tyrannie. Etre libre de toute contrainte, pouvoir satisfaire tous ses instincts, au jour le jour, jusqu'à la mort, voilà ce que j'appelle vivre. Se contraindre, se morigéner, être toujours souffrant, à mon avis, cela n'est pas vivre. Et maintenant que je vous ai dit comment traiter les vivants, veuillez me dire comment traiter les morts.

— Les morts, dit *Yen-p'ingtchoung*, peu importe comment on les traite, (le corps n'étant qu'une défroque usée). Qu'on les brûle, qu'on les immerge, qu'on les enterre, qu'on les expose, qu'on les lie dans de la paille et les jette à la rivière, qu'on les habille richement et les dépose dans un sarcophage ou dans une bière, tout cela revient au même.

Regardant ses amis qui avaient assisté à cet entretien, *Koan-i-ou* dit :

— Celui-là et moi entendons ce qui en est de la vie et de la mort.

▲ **Lie7.F.** *Tzeu-tch'an* étant ministre de la principauté *Tcheng*, fit durant trois années des innovations, qui furent bénies du bon peuple, mais qui firent nombre de mécontents dans l'aristocratie. Or *Tzeu-tch'an* avait deux frères, un aîné *Tchao*, un cadet *Mou*. *Tchao* était un ivrogne, *Mou* était un débauché. On sentait le vin et la lie, à cent pas de la porte de *Tchao*, à qui l'ivrognerie habituelle avait fait perdre tout sens de pudeur et de prudence. Le harem de *Mou* formait tout un quartier, que son propriétaire peuplait par tous les moyens, et dont il ne sortait guère. Très morfondu de l'inconduite de ses deux frères, thème à railleries pour ses ennemis, *Tzeu-tch'an* consulta secrètement *Teng-si*.

— Je crains, lui dit-il, qu'on ne dise de moi, que, ne venant pas à bout de réduire mes frères, je n'ai pas ce qu'il faut pour gouverner l'État. Conseillez-moi, je vous prie.

— Vous auriez dû intervenir plus tôt, dit *Teng-si*. Faites-leur comprendre le prix de la vie, l'importance du décorum et de la morale.

Tzeu-tch'an fit donc à ses deux frères un discours sur les trois points suivants : que, ce par quoi l'homme diffère des animaux, ce sont, la raison, les rits et la morale ; que l'assouvissement des passions bestiales, use la vie et ruine la réputation ; que, s'ils se réhabilitaient, ils pourraient recevoir des charges.

Bien loin d'être attendris par ces arguments, *Tchao* et *Mou* répondirent :

— Il y a beau temps que nous savons tout cela ; il y a beau temps aussi, que notre parti est pris de n'en tenir aucun compte. La mort terminant tout fatalement, l'important, à notre avis, c'est de jouir de la vie. Nous ne sommes nullement disposés, à faire de la vie comme une mort anticipée, par les contraintes rituelles, morales, et autres. Assouvir ses instincts, (puiser tous les plaisirs, voilà qui est vraiment vivre. Nous regrettons seulement que la capacité de nos ventres soit inférieure à notre appétit, et que les forces de nos corps ne soient pas à la hauteur de nos convoitises. Que nous importe, que les hommes parlent mal de nous, et que nos vies s'usent. Ne croyez pas que nous soyons hommes à nous laisser intimider ou gagner. Nous avons de tout autres goûts que vous. Vous réglementez l'extérieur, faisant souffrir les hommes, dont les penchants intérieurs se trouvent ainsi comprimés. Nous laissons à tous les instincts leur libre cours, ce qui rend les hommes heureux. Vous arriverez peut-être à imposer par la force votre système à une principauté. Notre système à nous est spontanément admis par les princes et les sujets de tout l'empire. Merci de vos avis. Nous sommes heureux qu'ils nous aient donné l'occasion de vous exprimer les nôtres.

Tout à fait ahuri, *Tzeu-tch'an* ne trouva rien à répondre. Il consulta encore *Teng-si*, qui lui dit :

— Vous avez tort de ne pas comprendre que vos frères voient plus clair que vous. Comment se trouve-t-il des hommes pour vous admirer ? Quel bien êtes-vous capable de faire à la principauté de *Tcheng* ?

▲ **Lie7.G.** *Toan-mouchou* de *Wei*, riche contemporain de *Tzeu-koung*, employa la grande fortune amassée par ses ancêtres, — à faire plaisir à soi et aux autres. Bâtiments, jardins, mets, costumes, musique, harem, pour tout cela il éclipsa les princes de *Ts'i* et de *Tch'ou*. Il satisfit, pour lui et pour ses hôtes, tous les désirs du cœur, des oreilles, des yeux, de la bouche, faisant venir à cette fin les objets les plus rares des pays les plus lointains. Il voyageait avec le même luxe et les mêmes commodités. Les hôtes affluaient chez lui par centaines, le feu ne s'éteignait jamais dans ses cuisines, la musique ne cessait jamais de retentir dans ses salles. Il répandit le surplus de ses richesses, sur ses parents, sur ses concitoyens, sur son pays. Il soutint ce train durant soixante années. Alors sentant ses forces l'abandonner et la mort approcher, en un an il distribua en cadeaux toutes ses possessions, n'en donnant rien à ses enfants. Il se dépouilla si bien, fine, dans sa dernière maladie, il manqua des médicaments nécessaires, et plus, après sa mort, l'argent pour ses funérailles fit défaut. Ceux lui avaient bénéficié de ses largesses, se cotisèrent alors, l'ensevelirent, et constituèrent un pécule à ses descendants.... Que faut-il penser de la conduite de cet homme ? *K'inn-kou-li* jugea qu'il se conduisit en fou, et déshonora ses ancêtres. *Toan-kan-cheng* jugea qu'il se conduisit en homme supérieur, et fut beaucoup plus sage que ses économes ancêtres. Il agit contrairement au sens vulgaire, mais conformément au sens supérieur. Ce prodigue fut plus sage que tous les princes de *Wei* morigénés. (Ainsi juge l'épicurien *Yang-tchou*).

▲ **Lie7.H.** *Mong-sounn-yang* demanda à *Yang-tchou* :

— Un homme qui veille sur sa vie et qui soigne son corps, peut-il arriver à ne jamais mourir ?

— Il arrivera certainement à vivre plus longtemps, dit *Yang-tchou*. Mais, vivre plus longtemps, est-ce un résultat qui vaille qu'on se donne tant de mal, que l'on fasse tant d'efforts ? Le monde a toujours été, et sera toujours, plein de passions, de dangers, de maux, de vicissitudes. On y entend, on y voit toujours les mêmes choses ; les changements même n'y aboutissent à rien de nouveau. Au bout de cent ans d'existence, ceux qui ne sont pas morts de douleur, meurent d'ennui.

— Alors, dit *Mong-sounn-yang*, d'après vous, l'idéal serait le suicide ?

— Du tout, dit *Yang-tchou*. Il faut supporter la vie tant qu'elle dure, en s'ingéniant à se procurer toutes les satisfactions possibles. Il faut accepter la mort quand elle vient, en se consolant par la pensée que tout va être fini. On peut ne pas prolonger sa vie, mais on ne doit pas hâter sa mort.

▲ **Lie7.I.** *Yang-tchou* dit :

— *Pai-Tch'eng Tzeu-kao* n'aurait pas sacrifié un poil, pour l'amour de qui que ce fût. Il quitta la capitale, et se fit laboureur dans un recoin ignoré. Le grand *U* au contraire se dépensa et s'usa tout entier pour les autres. — Les anciens ne donnaient pas un poil à l'État, et n'auraient pas accepté qu'on se dévouât pour eux au nom de l'État. C'est dans ces temps-là, alors que les particuliers ne faisaient rien pour l'État, et que l'État ne faisait rien pour les particuliers ; c'est dans ces temps-là, que l'État se portait bien.

— Et vous, demanda *K'inn-kou-li* à *Yang-tchou*, sacrifieriez-vous un poil de votre corps, pour le bien de l'État ?

— Un poil, dit *Yang-tchou*, ne lui profiterait guère.

— Mais enfin, s'il lui profitait, le sacrifieriez-vous ? insista *K'inn-kou-li*.

Yang-tchou ne répondit pas.[24] — *K'inn-kou-li* sortit et rapporta à *Mong-sounn-yang* la conversation qu'il venait d'avoir avec *Yang-tchou*. Vous n'avez peut-être pas compris la portée de sa pensée, dit *Mong-sounn-yang*. Si on vous offrait une forte somme pour un morceau de votre peau, le donneriez-vous ? Oui, dit *K'inn-kou-li*.

— Et si on vous offrait une principauté pour un de vos membres, le donneriez-vous ?....

K'inn-kou-li hésitant à répondre, *Mong-sounn-yang* dit :

— Un poil, c'est moins qu'un morceau de peau ; un morceau de peau, c'est moins qu'un membre. Mais, additionnés, beaucoup de poils vaudraient un morceau de peau, beaucoup de morceaux de peau vaudraient un membre. Un poil, c'est une partie du corps, donc quelque chose de précieux.

K'inn-kou-li dit :

— Maître je ne suis pas assez fort en dialectique, pour pouvoir répondre à votre argument ; mais je sens que, si je leur déférais nos propositions, *Lao-tan* et *Koan-yinn-tzeu* approuveraient la vôtre (et celle de *Yang-tchou*), le grand *U* et *Mei-ti* approuveraient la mienne.

Mong-sounn-yang parla d'autre chose.

▲ **Lie7.J.** *Yang-tchou* dit :

— On ne dit que du bien de *Chounn*, de *U*, de *Tcheou-koung*, et de Confucius ; ou ne dit que du mal de *Kie* (dernier empereur des *Hia*) et de *Tcheou* (dernier empereur des *Yinn*). Or *Chounn* fut laboureur à *Ho-yang*, potier à *Lei-tchai*, usant ses forces

---

[24] De là la réputation d'égoïsme de *Yang-tchou*. Son égoïsme n'est qu'un point particulier de son épicurisme général.

(péché taoïste), privant son ventre, inquiétant ses parents, déplaisant à ses frères et sœurs. A trente ans seulement il se maria, et sans permission. Quand *Yao* lui céda l'empire, il était vieux et ramolli. Puis, son fils *Chang-kiunn* étant incapable, il dut céder l'empire à *U*, et acheva sa vie dans une vieillesse morose ; toutes choses que les hommes qui vivent selon la nature évitant. — *Kounn* n'ayant pas réussi à faire écouler les eaux, fut mis à mort à *U-chan*. Son fils *U* servit celui qui avait ainsi traité son père, au point de ne pas rentrer chez lui pour voir et nommer son fils nouveau-né. Il travailla et peina, au point d'user son corps, au point que ses mains et ses pieds furent tout couverts de callosités. Enfin quand *Chounn* lui eut cédé l'empire, il brilla médiocrement, et finit dans une vieillesse morose, ce que les hommes qui vivent selon la nature évitent. — Après la mort de l'empereur *Ou-wang*, durant la jeunesse de l'empereur *Tch'eng-wang*, *Tcheou-koung* (le duc de *Tcheou*, frère du défunt, oncle du successeur) chargé de la régence, ne s'entendit pas avec le duc de *Chao*, fut fortement critiqué, dut s'éclipser durant trois ans, mit à mort deux de ses frères, eut du mal à conserver sa propre vie, et finit dans une vieillesse morose, ce que les hommes qui vivent selon la nature évitent. — Confucius se dévoua à la tâche d'illustrer les enseignements des anciens empereurs, et de les faire agréer aux princes de son temps. Pour prix de ses efforts, on abattit à *Song* l'arbre sous lequel il s'abritait, on l'obligea de déguerpir de *Wei*, on le traqua à *Chang* de *Tcheou*, on le bloqua entre *Tch'enn* et *Ts'ai*. Il fut vexé par *Ki-cheu*, outragé par *Yang-hou*, et finit par s'éteindre dans une vieillesse morose, ce à quoi ceux qui vivent selon la nature échappent. — Ces quatre Sages n'eurent pas, durant leur vie, un seul jour de vrai contentement. Après leur mort, leur réputation grandit d'âge en âge. Ce vain renom posthume est-il une compensation pour les vrais plaisirs dont ils se privèrent durant leur vie ? Maintenant on les loue, on leur fait des offrandes, sans qu'ils en sachent rien, pas plus qu'un soliveau ou une motte de terre. — Tandis que *Kie*, riche, puissant, savant, redouté, jouit de tous les plaisirs, satisfit tous ses appétits, fut glorieux jusqu'à sa mort, eut tout ce que les hommes qui vivent selon la nature désirent. — *Tcheou* lui aussi se moqua des rits, et s'amusa jusqu'à sa mort, sort que les hommes qui vivent selon la nature préfèrent. — Ces deux hommes eurent, durant leur vie, tout ce qu'ils voulurent. Maintenant, sans doute, on les appelle sots, méchants, tyrans ; mais qu'est-ce que cela peut leur faire ? ils n'en savent rien, pas plus qu'un soliveau ou une motte de terre. — Les quatre Sages ont souffert tous les maux, sont morts tristement, et n'ont pour toute compensation que leur vaine renommée. Les deux Tyrans ont joui de tous les biens jusqu'à la mort, et ne souffrent pas maintenant de leur mauvaise réputation. (Epicurisme de *Yang-tchou*.)

▲**Lie7.K.** *Yang-tchou* ayant été reçu par le roi de *Leang*, lui dit que, avec sa recette, gouverner l'empire serait aussi facile que de retourner la main. Le roi de *Leang* lui dit :

— Maître, vous avez une épouse et une concubine, deux personnes, que vous n'arrivez pas à faire tenir tranquilles ; vous possédez trois arpents de jardin, que vous ne savez pas cultiver ; et vous osez me dire que, avec votre recette, gouverner l'empire serait aussi facile que de retourner la main. Est-ce que vous voulez vous moquer de moi ?

Yang-tchou dit :

— Avez-vous jamais vu un pastoureau conduire un troupeau de cent moutons, marchant derrière tranquillement avec son fouet, et laissant aller les moutons où il leur plaît ? (Voilà mon système, abandonner chacun à son instinct.) Tandis que (avec leur système de la coercition artificielle) *Yao* tirant et *Chounn* poussant, n'arriveraient pas à deux à faire marcher un seul mouton. Et pour ce qui est de mes affaires domestiques (femmes et jardin) auxquelles vous venez de faire allusion, je dirai seulement ceci. Les poissons grands à avaler un bateau, ne se trouvent pas dans les rigoles ; les cygnes au vol puissant, ne fréquentent pas les mares. La cloche fondamentale et le tuyau majeur, ne servent pas à faire de la musiquette. Ceux qui sont aptes à gouverner les grandes choses, n'aiment pas à s'occuper de vétilles. Je pense que vous m'aurez compris.

▲ **Lie7.L.** *Yang-tchou* dit :

— Les choses de la plus haute antiquité ont si bien disparu, que personne ne pourra plus les conter. Les affaires des trois Augustes, sont à peu près oubliées. Celles des cinq Souverains, sont confuses comme un rêve. Celles des trois Empereurs, on en sait la cent-millième partie. Des affaires contemporaines, on sait la dix-millième partie. De ce qu'on a vu soi-même, on relient la millième partie. La haute antiquité est si loin de nous ! *Fou-hi* régna il y a plus de trois cent mille ans, et depuis lors, dans le monde, il y a des sages et des sots, des choses belles et d'autres laides, des succès et des insuccès, du bien et du mal. Tout cela se suit sans cesse, en chaîne continue, tantôt plus lentement, tantôt plus vite. Est-ce bien la peine de fatiguer son esprit et son corps, pour obtenir une réputation posthume de bon prince, laquelle durera quelques siècles, et dont on n'aura même pas connaissance ? Cela coûte le plaisir de toute la vie, et ne rafraîchit pas les os après la mort.

▲ **Lie7.M.** *Yang-tchou* dit :

— L'homme tient du ciel et de la terre. Il y a en lui quelque chose des cinq éléments. C'est le plus transcendant de tous les êtres doués de vie. Il n'a ni griffes ni dents pour se défendre, ni peau impénétrable aux traits, ni pieds agiles pour fuir, ni poil ni plumes qui le protègent contre les intempéries. Il tire sa subsistance des autres êtres, qu'il domine tous non par sa force, mais par son intelligence. C'est son intelligence, qui fait la noblesse de l'homme, et sa supériorité sur des êtres qui lui sont inférieurs, quoique beaucoup plus forts que lui. A proprement parler, son corps n'est pas à lui (pas domaine absolu) ; le fait qu'il ne peut pas préserver son intégrité, le prouve. Les êtres ne sont pas non plus à lui (même sens) ; le fait qu'il ne peut pas se préserver de ceux qui lui sont nuisibles, le prouve. L'homme dépend de son corps pour la vie, et des êtres pour l'entretien de la vie. Impossible, pour l'homme, de se donner la vie ; et pour les êtres, de se donner l'être. Celui qui asservit les hommes et les êtres à sa domination ou à sa jouissance personnelles, celui-là n'est pas un Sage. Celui qui fraternise avec les hommes et les êtres, cherchant et laissant chacun chercher son bien naturel, celui-là est un sur-homme, le plus supérieur de tous les hommes.

▲ **Lie7.N.** *Yang-tchou* dit :

— Quatre désirs agitent les hommes, au point de ne leur laisser aucun repos ; à savoir, le désir de la longévité, celui de la réputation, celui d'une dignité, celui de la richesse. Ceux qui ont obtenu ces choses, craignant qu'on ne les leur enlève, ont peur des morts, des vivants, des princes, des supplices. Ils tremblent toujours, en se demandant s'ils mourront ou s'ils vivront, parce qu'ils n'ont rien compris à la fatalité, et croient que les choses extérieures ont pouvoir sur eux, Il est au contraire des hommes, qui, s'en remettant au destin, ne se préoccupent pas de la durée de la vie ; qui dédaignent la réputation, les dignités, les richesses. Toujours satisfaits, ceux-là jouissent d'une paix incomparable, parce qu'ils ont compris que, tout étant régi par la fatalité, rien n'a pouvoir sur eux.

L'idéal taoïste, c'est l'exercice de l'agriculture dans l'obscurité, produisant ce qu'il faut pour vivre, pas davantage. Les anciens l'ont fort bien dit : l'amour cause une moitié des troubles des hommes, et le désir du bien-être cause le reste. L'adage des *Tcheou*, que les agriculteurs sont, dans leur condition, les plus heureux des hommes, est aussi fort juste. Ils travaillent depuis l'aube jusqu'à la nuit, fiers de leur endurance. Ils trouvent que rien n'est savoureux, comme leurs grossiers légumes. Leurs corps endurcis ne sentent pas la fatigue. Si on les obligeait à passer un jour seulement dans le luxe et la bonne chère des citadins, ils en tomberaient malades ; tandis qu'un noble ou un prince périrait, s'il devait vivre un jour en paysan. Les barbares, eux, trouvent que rien dans l'empire ne vaut ce qu'eux possèdent et aiment. La nature est satisfaite, quand elle a le nécessaire ; tous les besoins qui dépassent, sont superfétation, civilisation artificielle.

Jadis, dans la principauté *Song*, un campagnard absolument ignare des choses de la ville, avait passé l'hiver dans des guenilles à peine capables de le garantir de la gelée. Quand le printemps fut venu, il les ôta, pour se chauffer tout nu au soleil. Il trouva la chaleur si bonne, qu'il dit à sa femme : « on a peut-être oublié d'en offrir à notre prince ; si nous le faisions, nous obtiendrions peut-être une bonne récompense.... » Un riche du pays lui dit alors : « jadis un paysan offrit du cresson à un prince. Celui-ci en ayant mangé, en fut fort incommodé. Le pauvre paysan fut moqué par les uns, grondé par les autres. Prends garde qu'il ne t'arrive mésaventure pareille, si tu apprends au prince à se chauffer nu au soleil. »

▲ **Lie7.O.** *Yang-tchou* dit :

— Un logement luxueux, de beaux habits, de bons aliments, de belles femmes, quand on a tout cela, que désirerait-on de plus ? qui désirerait davantage, serait un insatiable. Or les insatiables usent leur vie, comme bois ou papier rongé par les vers. Ils ne sont pas loyaux envers leurs princes, ni bons pour les êtres, étant égoïstes et malcontents. Ou s'ils le sont, ce n'est qu'en apparence, pour l'amour d'un vain renom de loyauté ou de bonté. — L'enseignement transmis par les anciens, c'est la paix entre les supérieurs et les inférieurs, et la concession mutuelle par tous des avantages congrus. — *U-tzeu* dit : supprimez l'amour de la réputation, et il n'y aura plus de chagrins. *Lao-tzeu* a dit : la réputation ne vaut pas la vérité, et cependant on court après elle plus qu'après la vérité. La réputation ne devrait, ni être cherchée, ni être évitée. Car les efforts faits pour l'acquérir usent, mais sa paisible possession réconforte. Le déshonneur userait aussi, par la tristesse qu'il engendre. Donc, ne pas chercher, ne pas éviter. Ce qu'il faut éviter, c'est de se faire un tort réel, par l'acquisition d'un faux renom, par la perte d'une vraie gloire. Sans doute, l'idéal serait d'être également insensible à l'honneur et au déshonneur ; mais cet idéal, peu y atteignent.

CHAPITRE 8.

ANECDOTES

▲ **Lie8.A.** Alors que *Lie-tzeu* était disciple de maître *Linn* de *Hou-K'iou*, celui-ci lui dit un jour :

— Quand tu auras saisi ce qui est derrière toi, je t'apprendrai à te saisir toi-même.

— Et qu'y a-t-il derrière moi ? demanda *Lie-tzeu*.

— Ton ombre, dit maître *Linn* de *Hou-K'iou* ; examine-la.

Lie-tzeu examina donc son ombre. Il constata que quand son corps se courbait, l'ombre devenait courbe ; que quand son corps se dressait, l'ombre devenait droite. Il se dit que, d'elle-même, l'ombre n'était donc ni courbe ni droite, mais qu'elle dépendait entièrement de la forme du corps. Et il tira, de cette considération, cette conséquence, que l'homme doit s'adapter en tout, rien ne dépendant de lui. C'est là le sens de la formule : après avoir saisi ce qui est derrière, se tenir immobile devant.

Koan-Yinn-tzeu dit à *Lie-tzeu* :

— Selon que le son fut beau ou laid, l'écho est beau ou laid ; quand l'objet croît, son ombre croît ; quand l'objet diminue, son ombre diminue. La réputation est l'écho de l'homme, la conduite est l'ombre de l'homme. L'adage dit : veillez sur vos paroles et sur votre conduite, car vos paroles seront redites et votre conduite sera imitée. Le Sage juge de l'intérieur d'après l'extérieur ; c'est là sa manière de pronostiquer. Il impute à l'homme, ce qu'il a remarqué dans ses manières. — Chacun aime qui l'aime, et hait qui le hait. Les empereurs *T'ang* et *Ou* régnèrent, parce que, ayant aimé le peuple de l'empire, celui-ci les paya de retour. Les tyrans *Kie* et *Tcheou* périrent, parce que, ayant haï le peuple de l'empire, celui-ci le leur rendit. C'est là la grande loi, le résumé de l'histoire. Depuis *Chenn-noung, Chounn*, les trois dynasties, toutes les fortunes, toutes les infortunes, ont eu ces deux raisons.

Yen-k'oei dit :

— A quoi bon tant de théories ? Moi je pense qu'il suffit de profiter des occasions.

Lie-tzeu dit :

— Je n'admets pas votre opinion. Eût-on plus que l'occasion, eût-on la chose, on la perd par une conduite déréglée, comme il arriva à *Kie* et à *Tcheou*. Ceux qui s'adonnent à la gourmandise, ne valent pas mieux que les poules et les chiens. Ceux qui ne savent que se battre, sont des animaux. Personne ne respecte ces hommes, qui ne sont pas des hommes. Leur déshonneur cause leur perte.

▲ **Lie8.B.** *Lie-tzeu* désirant apprendre à tirer de l'arc, s'adressa à *Koan-Yinntzeu*, et le pria de vouloir bien l'enseigner. Celui-ci lui demanda :

— Sais-tu le but du tir à l'arc ?

— Non dit *Lie-tzeu*.

— Alors va l'apprendre, dit *Koan-yinn-tzeu*, puis tu reviendras.

Trois ans plus tard, *Lie-tzeu* revint.

— Sais-tu le but ? demanda *Koan-yinn-tzeu*.

— Oui, dit *Lie-tzeu*.

— Bien, dit *Koan-yinn-tzeu* ; conserve-le bien présent à ta mémoire ; garde-toi de l'oubli. C'est la règle de tout progrès, qu'avant d'entreprendre, il faut savoir pourquoi. Le Sage ne calcule pas s'il réussira ou échouera, les chances pour et contre. Il fixe le but, puis y tend.

▲**Lie8.C.** C'est en vain qu'on parlerait du Principe, aux arrogants et aux violents ; ils n'ont pas ce qu'il faut pour comprendre ; leurs vices les empêchent de pouvoir être enseignés et aidés. Pour être enseignable, il faut croire qu'on ne sait pas tout. C'est là la condition sine qua non. L'âge n'est pas un obstacle, l'intelligence n'est pas toujours un moyen, la soumission d'esprit est l'essentiel.

Un artiste de *Song* mit trois années à découper, dans du jade, pour son prince, une feuille de mûrier, au naturel. *Lie-tzeu* l'ayant su, dit :

— Si la nature y mettait le même temps, il y aurait bien peu de feuilles aux arbres. De même, pour la propagande doctrinale, le Sage s'en remet au pouvoir inhérent à la vérité, non à l'art factice.

▲**Lie8.D.** *Lie-tzeu* était extrêmement pauvre. Les souffrances de la faim se lisaient sur sa figure amaigrie. Un étranger venu pour visiter le ministre *Tzeuyang*, dit à celui-ci :

— *Lie-tzeu* est un Sage ; si vous le laissez dans cette misère, on dira que vous n'estimez pas les Sages.

Tzeu-yang ordonna à un officier de porter du grain à *Lie-tzeu*. Celui-ci sortit de sa maison, vit l'officier, salua, remercia et refusa. L'officier s'en retourna, remportant son grain.

Quand *Lie-tzeu* fut rentré dans sa maison, sa femme le regarda tristement, se frappa la poitrine de chagrin, et dit :

— Je croyais que la femme et les enfants d'un Sage, avaient quelque droit à vivre heureux. Or nous sommes exténués de misère. Longtemps indifférent, le prince s'est enfin souvenu de vous, et voilà que vous avez refusé ses dons. Nous faudra-t-il mourir de faim ?

— Non, dit *Lie-tzeu* en riant, le prince ne s'est pas souvenu de moi. Il m'a fait ce don, à la prière d'autrui ; tout comme il m'aurait envoyé ses sbires, si on lui avait mal parlé de moi. Je n'accepte pas un don fait pour un pareil motif.

(Cela ne devait pas être. De plus *Lie-tzeu* ne voulait rien devoir à *Tzeu-yang*. Celui-ci fut massacré par le peuple de *Tcheng*, peu après.)

▲ **Lie8.E.** Un certain Cheu de *Lou* avait deux fils, l'un savant, l'autre valeureux. Le savant alla s'offrir au marquis de *Ts'i*, qui l'agréa et le nomma précepteur de ses enfants. Le valeureux alla s'offrir au roi de Tch'ou, lui plut, et fut par lui nommé général, enrichi et anobli.

Or un voisin du Cheu, nommé *Mong*, avait aussi deux fils, l'un savant, l'autre valeureux. Comme il était très pauvre, la fortune des Cheu le tenta d'envie, et il s'informa comment ils s'y étaient pris. Les Cheu le lui dirent bien simplement.

Aussitôt le *Mong* savant alla s'offrir au roi de *Ts'in*. Celui-ci dit :

— En ce temps de guerres, je n'ai besoin que de soldats ; ce lettré qui enseigne la bonté et l'équité, fera tort à mon royaume.... et il ordonna de lui faire subir le supplice de la castration, puis le renvoya.

Le *Mong* valeureux s'offrit au marquis de *Wei*. Celui-ci dit :

— Mon État petit et faible, a de grands et redoutables voisins, auxquels il me faut me garder de déplaire. Il me faut me tenir en paix. Toute apparence de velléité guerrière, pourrait me coûter mon marquisat. Je ne puis pas employer cet habile homme, sans risquer des aventures. D'un autre côté, si je le renvoie sans en avoir fait un invalide, il ira s'offrir à un autre prince et me ruinera

Il ordonna donc de lui couper un pied, puis le renvoya.

Quand le vieux *Mong* eut vu revenir ses deux fils mutilés, se frappant la poitrine de douleur, il alla faire des reproches au père *Cheu*. Celui-ci lui dit :

— A l'heure de la fortune, on réussit ; à l'heure de l'infortune, il n'arrive que des malheurs. Vos fils et les miens ont fait les mêmes démarches exactement. Le résultat a été absolument différent. Cela tient uniquement au destin (à l'heure néfaste), et nullement aux procédés employés. La fortune et l'infortune ne sont pas régies par des règles mathématiques. Ce qui réussit hier, ratera aujourd'hui. Ce qui rata aujourd'hui, réussira peut-être demain. Le succès tient à ce que l'on s'y est pris au bon moment, mais il n'y a pas de règles qui permettent de déterminer ce moment. Les plus sages s'y trompent parfois. Même un *K'oung-K'iou*, un *Lu-chang*, connurent l'insuccès.

Quand ils eurent reçu ces explications, le *Mong* et ses fils se rassérénèrent et dirent :

— Merci ! n'en dites pas davantage, nous avons compris.

▲**Lie8.F.** Le duc *Wenn* de Tsinn ayant décidé une attaque contre *Wei*, son fils le prince *Tch'ou* se mit à rire.

— De quoi riez-vous ? demanda le duc. Je ris, dit le prince, de la mésaventure arrivée à un de mes voisins. Cet homme allait à la ville, pour y accuser sa femme d'infidélité. En chemin, il rencontra une personne qui lui plut, et lui fit des propositions. Un instant après, il reconnut en elle son épouse, et constata qu'il y avait des témoins apostés. On lui avait rendu la monnaie de sa pièce. Cette histoire n'est-elle pas risible ?

Le duc comprit que son fils l'avertissait qu'on l'attaquerait pendant que lui attaquerait *Wei*. Il renonça à son expédition, et ramena soudain son armée. Il n'était pas encore revenu à sa capitale, qu'il apprit qu'un ennemi avait de fait déjà envahi sa frontière septentrionale.

Les voleurs pullulaient dans la principauté de *Tsinn*. Or un certain *Hi-Young*, doué d'un don de seconde vue particulier, reconnaissait les voleurs à leur figure. Le marquis le chargea de découvrir les voleurs pour son compte, et de fait *Hi-Young* en fit capturer des centaines. Très satisfait, le marquis dit à *Tchao-wenn-tzeu* :

— Un seul homme a presque nettoyé ma principauté des voleurs qui l'infestaient....

— Croyez bien, répondit *Tchao-wenn-tzeu*, qu'avant d'avoir achevé son nettoyage, cet homme mourra de male mort....

Et de fait, exaspérés, les voleurs qui restaient se dirent :

— Nous périrons tous, si nous ne nous défaisons pas de ce *Hi-Young*....

S'étant donc tous réunis, ils massacrèrent *Hi-Young*. Quand le marquis l'eut appris, il fut très saisi, appela *Tchao-wenn-tzeu* et lui dit :

— Ce que vous avez prédit, est arrivé ; *Hi-Young* a été assassiné ; comment ferai-je maintenant, pour prendre le reste des voleurs ?...

Tchao-wenn-tzeu dit :

— Souvenez-vous de l'adage des *Tcheou*, vouloir voir les poissons au fond de l'eau est néfaste, vouloir savoir les choses cachées porte malheur. Il ne faut jamais y regarder de trop près. Pour vous défaire des voleurs, il suffira que vous mettiez en charge de bons officiers, qui administrent bien, et inculquent au peuple une bonne morale....

Le marquis rit ainsi, et bientôt, étant devenus l'objet de la réprobation publique, tous les voleurs qui restaient dans ses États, s'enfuirent dans le pays de *Ts'inn*.

▲ **Lie8.G.** Confucius revenant de *Wei* à *Lou*, s'arrêta pour contempler la cascade de *Ho-leang*, laquelle tombant de deux cent quarante pieds de haut, produit un torrent qui bouillonne sur quatre-vingt-dix stades de longueur, si fort qu'aucun poisson ni aucun reptile n'y peut séjourner. Or, sous les yeux de Confucius, un homme traversa ces eaux tumultueuses. Confucius le fit féliciter par ses disciples, puis il lui dit lui-même :

— Vous êtes très habile ; avez-vous une formule qui vous permette de vous confier ainsi à ces eaux ?

— Avant d'entrer dans l'eau, dit l'homme, j'examine si mon cœur est absolument droit et loyal, puis je me laisse aller. Ma rectitude unit mon corps aux flots. Comme je fais un avec eux, ils ne peuvent pas me nuire.

— Retenez ceci, dit Confucius à ses disciples. La rectitude gagne même l'eau, combien plus les hommes.

▲ **Lie8.H.** Le prince héritier *Kien*, fils du roi *P'ing-wang* de *Tch'ou*, ayant été calomnié par *Fei-ouki*, avait fui à *Tcheng*, où il avait été assassiné. Son fils *Pai-koung* méditait de le venger. Il demanda à Confucius :

— Y a-t-il des chances pour qu'un complot ne soit pas découvert ?

Confucius perça son intention et ne répondit pas. Pai-*koung* reprit :

— Une pierre jetée au fond de l'eau, peut-elle être découverte ?

— Oui, dit Confucius ; par un plongeur du pays de *Ou*.

— Et de l'eau mêlée à de l'eau, peut-elle être découverte ?

— Oui, dit Confucius. *I-ya* discerna qu'il y avait, dans un mélange, de l'eau de la rivière *Tzeu*, et de l'eau de la rivière Cheng.

— Alors, dit Pai-*koung*, à votre avis, une conjuration ne peut pas ne pas être découverte ?

— Elle ne le sera pas, dit Confucius, si l'on n'en a pas parlé. Pour réussir, et à la pêche, et à la chasse, il faut le silence. La parole la plus efficace, est celle qui ne s'entend pas ; l'action la plus intense, est celle qui ne paraît pas. L'imprudence et l'agitation ne produisent rien de bon. Vous trahissez vos projets, par vos discours et votre attitude.

Pai-koung ne tint pas compte de cet avertissement. Il provoqua une émeute, dans laquelle il périt.

▲**Lie8.I.** *Tchao-siang-tzeu* ayant chargé *Mou-tzeu* le chef de ses meutes, d'attaquer les *Ti* (peuplade nomade), celui-ci remporta une victoire, et leur prit deux douars en un jour. *Mou-tzeu* en envoya la nouvelle à *Tchao-siangtzeu*. Celui-ci l'ayant reçue pendant son repas, devint triste.

— Qu'avez-vous ? demandèrent les assistants. Deux douars

pris en un seul jour, c'est là une bonne nouvelle. Qu'est-ce qui vous afflige ?

— Je pense, dit *Tchao-siang-tzeu*, que les crues des fleuves ne durent que trois jours, que les tempêtes ne durent qu'une fraction d'un jour. Ma maison est à l'apogée de sa fortune. Sa ruine va peut-être venir.

Confucius ayant appris cette parole, dit :

— Le prince de *Tchao* prospérera.

En effet, c'est la tristesse (avec la prudence qui en résulte) qui fait prospérer, tandis que la joie (imprudente) ruine. Remporter une victoire est assez facile, mais en conserver les fruits est difficile, et seul un souverain sage y réussit. *Ts'i, Tch'ou, Ou* et *Ue*, ont remporté bien des victoires, sans rien conserver de l'avantage acquis. Seul un prince imbu de sages doctrines, conservera ce qu'il a conquis. C'est la sagesse qui agrandit, ce n'est pas la force.... Confucius était si fort, qu'il pouvait enlever à lui seul l'énorme barre qui fermait la porte de la capitale de *Lou*, mais il ne fit jamais montre de sa force. *Mei-ti* très entendu à construire des machines de guerre défensives et offensives, ne se fit jamais gloire de ce talent. C'est en s'effaçant, qu'on conserve le mieux ce que l'on a acquis.

▲**Lie8.J.** Un homme de *Song* pratiquait l'humanité et la justice. Il en était ainsi, dans sa famille, depuis trois générations.

Un jour, sans qu'on pût en découvrir la cause, sa vache noire mit bas un veau tout blanc. Notre homme envoya demander à Confucius ce que ce phénomène présageait.

— C'est faste, dit Confucius ; ce veau doit être sacrifié au Souverain d'en haut.

Au bout d'un an, sans cause connue, le père de famille devint aveugle. Peu après, sa vache noire mit bas un second veau tout blanc. Le père envoya de nouveau son fils demander a Confucius ce que cela lui présageait. Le fils dit :

— Après la consultation précédente, vous avez perdu la vue ; a quoi bon recommencer ?

— Vas-y ! dit le père. Les paroles des Sages paraissent parfois contraires, mais elles se vérifient en leur temps. Croyons que le temps n'est pas encore venu. Vas-y !

Le fils interrogea donc Confucius, qui dit encore :

— C'est faste, offrez-le encore au Souverain d'en haut....

Le fils rapporta la réponse au père, qui lui ordonna de l'exécuter.

Un an après, le fils aussi devint aveugle. Or soudain ceux de *Tch'ou* envahirent le pays de *Song* et assiégèrent sa capitale. La famine devint telle, que les familles échangeaient leurs enfants pour les manger, et broyaient les ossements des morts pour en faire une sorte d'aliment. Tous les hommes valides durent défendre le rempart. Il en périt plus de la moitié. Dans cette extrémité, les deux aveugles étant incapables de rendre aucun service, furent exemptés de toute charge. Quand le siège fut levé, soudain ils recouvrèrent la vue. Le destin les avait fait devenir aveugles, pour leur salut.

▲**Lie8.K.** A *Song*, un aventurier demanda à montrer son savoir-faire au prince Yuan. En ayant obtenu la permission, il se mit à marcher sur deux échasses plus hautes que son corps, en jonglant avec sept épées, dont cinq volaient dans l'air, pendant que ses mains recevaient ou lançaient les deux autres. Plein d'admiration pour son adresse, le prince *Yuan* ordonna qu'on le récompensât libéralement. — Un autre aventurier l'ayant appris, se présenta aussi pour égayer le prince. Celui-ci s'offensa de sa demande. Ce gaillard-là, ne vient que parce que j'ai bien traité le précédent.... et il le fit emprisonner et maltraiter durant un mois.

▲ **Lie8.L.** Le duc Mou de *Ts'inn* dit à *Pai-Yao* son pourvoyeur de chevaux :

— Vous vous faites vieux. Avez-vous un fils ou un autre parent qui puisse vous remplacer dans votre charge ?

Pai-Yao dit :

— Un bon cheval se reconnaît par l'examen des os et des tendons, et mes fils seraient capables de cela. Mais reconnaître un cheval digne du prince, c'est plus difficile, et mes fils n'en seraient pas capables. Mais, parmi mes palefreniers, il y a un certain *Kao* de *Kiou-fang*, qui en sait aussi long que moi. Essayez celui-là.

Le duc *Mou* fit appeler le palefrenier, et le chargea de lui trouver un cheval princier. *Kao* revint au bout de trois mois, annonçant que le cheval était trouvé, à *Cha-K'iou*.

— Quel cheval est-ce ? demanda le duc.

— C'est une jument alezane, dit le *Kao*.

Le duc ayant donné ordre qu'on lui amenât la bête, il se trouva que c'était un étalon bai. Le duc Mou ne fut pas content. Ayant fait appeler *Pai-Yao*, il lui dit :

— L'affaire est manquée. Celui que j'ai envoyé à votre recommandation, ne sait même pas distinguer le sexe et la robe des chevaux ; que peut-il entendre à leurs qualités ?

Pai-Yao dit :

— Distinguer le sexe et la robe, tout le monde est capable de cela. Ce *Kao* va toujours droit au fond des choses, sans s'occuper des détails accessoires. Il ne considère que l'intérieur, que ce qui importe, négligeant tout le reste. S'il a choisi un cheval, c'est certainement un animal de haute valeur.

Le cheval ayant été amené, il se trouva que c'était de fait une monture digne d'un prince.

▲ **Lie8.M.** Le roi *Tchoang* de *Tch'ou* demanda à *Tchan-ho* :

— Que dois-je faire pour bien gouverner ?

— Je ne m'entends qu'au gouvernement de moi-même, non à celui de l'État, dit *Tchan-ho*.

— Alors, demanda le roi, dites-moi comment je dois faire pour conserver le temple de mes ancêtres, les tertres du Patron de la terre et du Patron des moissons ?

Tchan-ho dit :

— Le domaine de l'homme bien ordonné, est toujours en bon ordre ; celui de l'homme désordonné, est toujours en désordre. La racine est intérieure. Veuillez faire vous-même l'application.

Le roi de *Tch'ou* dit :

— Vous avez bien parlé.

▲ **Lie8.N.** *Hou-K'iou tchang-jenn* dit à *Sounn-chou-nao* :

— Trois choses attirent l'envie, la haine et le malheur ; à savoir, une haute dignité, un grand pouvoir, un revenu considérable.

— Pas nécessairement, dit *Sounn-chou-nao*. Plus ma dignité s'est élevée, plus je me suis conduit humblement. Plus mon pouvoir a grandi, plus j'ai été discret. Plus mes richesses ont augmenté, plus j'ai fait de largesses. Ainsi je n'ai encouru, ni l'envie, ni la haine, ni le malheur.

Quand ce *Sounn-chou-nao* fut près de mourir, il dit à son fils :

— Le roi a essayé plusieurs fois de me faire accepter un fief. J'ai toujours refusé. Après ma mort, il t'offrira probablement une dotation. Je te défends d'accepter aucune bonne terre. S'il te faut accepter quelque chose, entre *Tch'ou* et *Ue* se trouve la colline de *Ts'inn-K'iou* au nom néfaste, où ceux de *Tch'ou* et de *Ue* vont évoquer les morts ; demande cette terre-là ; personne ne te l'enviera.

De fait, quand *Sounn-chou-nao* fut mort, le roi offrit un beau fief à son fils, qui le pria de vouloir bien lui donner plutôt la colline de *Ts'inn-K'iou*. Ses descendants la possèdent encore de nos jours.

▲ **Lie8.O.** *Niou-k'ue* était un lettré famé de *Chang-ti*. Etant descendu vers *Han-tan*, en pleine campagne, il fut assailli par des brigands qui le dépouillèrent de tout, même de ses vêtements, sans qu'il se défendit. Il s'en alla ensuite, sans manifester aucune tristesse. Etonné, un brigand courut après lui, et lui demanda pourquoi il n'était pas affligé.

— C'est, dit *Niou-k'ue*, que le Sage préfère la vie aux biens.

— Ah ! fit le brigand, vous êtes un Sage.

Quand il eut rapporté ce mot aux autres brigands, ceux-ci dirent :

— Si c'est un Sage, il doit aller voir le prince de *Tchao*. Il va nous accuser et nous perdre. Tuons-le à temps....

Ils coururent après *Niou-k'ue* et le tuèrent. — Or un homme de Yen ayant appris cette histoire, réunit ses parents et leur dit :

— Si vous rencontrez jamais des brigands, ne vous laissez pas faire, comme fit *Niou-k'ue* de *Chang-ti*...

A quelque temps de là, le frère cadet de cet homme allant à *Ts'inn*, rencontra des brigands près des passes. Se souvenant de l'instruction de son frère aîné, il fit toute la résistance possible. Quand les voleurs furent partis, il courut après eux, réclamant ce qu'ils lui avaient pris, avec force injures. C'en fut trop.

— Nous t'avions laissé la vie, contre l'usage, lui dirent-ils. Mais puisque, en nous poursuivant, tu nous exposes à être pris, il nous faut te tuer. Quatre ou cinq personnes qui l'accompagnaient, furent tuées avec lui. *Morale, ne pas se vanter ; s'effacer.*

▲**Lie8.P.** Un certain *U*, gros richard de *Leang*, ne savait que faire de ses richesses. Ayant fait bâtir une terrasse près de la grande route, il y établit un orchestre, et passa son temps à boire et à jouer aux échecs, avec des hôtes de tout acabit, aventuriers ou spadassins pour la plupart. Un jour qu'un de ces hôtes fit un beau coup au jeu, le *U* dit en riant et sans penser à mal :

— Oh ! voilà qu'une buse a ramassé un mulot crevé ! (c'est un coup de hasard).

Les joueurs le prirent mal. Cet *U*, dirent-ils entre eux, est riche depuis trop longtemps. Cela le rend arrogant. Mettons-y ordre ! Nous avons été insultés ; lavons notre honneur. — Ils prirent jour, se réunirent en armes, et détruisirent la famille *U*, par le fer et l'incendie. *Morale, le luxe et l'arrogance perdent.*

▲**Lie8.Q.** Dans l'Est, un certain *Yuan-tsing-mou* qui voyageait, défaillit d'inanition sur le chemin. Un brigand de *Hou-fou*, nommé *K'iou*, qui passa par là, lui versa des aliments dans la bouche. Après la troisième gorgée, *Yuan-tsing-mou* revint à lui.

— Qui êtes-vous ? demanda-t-il.

— Je suis le nommé *K'iou* de *Hou-fou*, dit l'autre.

— Oh ! fit *Yuan-tsing-mou*, n'es-tu pas un brigand ? Et tu m'as fait avaler de tes aliments ? Je suis un honnête homme, je ne les garderai pas !...

Et, s'appuyant sur ses deux mains, notre homme se mit à faire, pour vomir, des efforts si violents, qu'il expira sur place. — Il agit sottement. Si *K'iou* de *Hou-fou* était un brigand, ses aliments n'avaient rien du brigand. En appliquant aux aliments ce qui revenait au brigand, ce *Yuan-tsing-mou* montra qu'il manquait de logique.

▲**Lie8.R.** *Tchou-li-chou* servait le duc *Nao* de *Kiu*. Trouvant que celui-ci le traitait trop froidement, il le quitta, et alla vivre en ermite au bord de la mer, mangeant des macres en été, des glands et des châtaignes en hiver. Quand le duc *Nao* eut péri, *Tchou-li-chou* fit ses adieux à ses amis, et leur déclara qu'il allait se suicider. — Ses amis lui dirent :

— Vous avez quitté le duc parce qu'il vous traitait froidement, et maintenant vous voulez vous tuer parce qu'il est mort ; vous manquez de logique.

— Non pas, dit *Tchou-li-chou*. J'ai quitté le duc, parce qu'il me témoignait trop peu de faveur. Je me tue, parce qu'il ne pourra jamais plus me témoigner de faveur. Je veux enseigner aux maîtres de l'avenir à traiter convenablement leurs officiers, et laisser aux officiers l'exemple d'un dévouement plus qu'ordinaire.

Ce *Tchou-li-chou* sacrifia vraiment sa vie à un idéal élevé.

▲ **Lie8.S.** *Yang-tchou* dit :

— Quand le bien s'en va, le mal arrive. Les sentiments intérieurs, se répercutent au dehors. Aussi les Sages veillent-ils sur tout ce qui émane d'eux.

▲ **Lie8.T.** Le voisin de *Yang-tchou* ayant perdu un mouton, réunit tous ses gens, et appela même les domestiques de *Yang-tchou*, pour l'aider à le chercher. *Yang-tchou* dit :

— Pour un seul mouton, est-il besoin de tant de monde ?

— C'est que, dit l'autre, dans la montagne, les sentiers sont très nombreux.

Quand les chercheurs furent revenus, *Yang-tchou* demanda :

— Le mouton est-il retrouvé ?

— Non, dirent-ils.

— Pourquoi pas ?

— Parce que les sentiers se subdivisant à l'infini, impossible de les battre tous.

Yang-tchou devint triste. Il cessa de parler et de rire. Après plusieurs jours, étonnés de cette mélancolie, les disciples lui dirent :

— Perdre un mouton, ce n'est pas une perte ; et puis, ce n'était pas votre mouton ; pourquoi vous affecter à ce point ?

Yang-tchou ne répondit pas. Les disciples n'y comprirent rien. *Mong-sounn-yang* étant sorti, dit la chose à *Sinn-tou-tzeu*. A quelques jours de là, *Sinn-tou-tzeu* entra avec *Mong-sounn-yang* chez *Yang-tchou*, et lui parla en ces termes :

— Dans le pays de *Lou*, trois frères étudièrent la bonté et l'équité sous le même maître. Quand ils furent revenus à la maison, leur père leur demanda : « Qu'est-ce que la bonté et l'équité ?... » « C'est, dit l'aîné, sacrifier sa réputation pour le bien de sa personne. » « C'est, dit le puîné, sacrifier sa personne pour acquérir de la réputation. » « C'est, dit le cadet, avoir soin de sa personne et de sa réputation.... » Ainsi ces trois élèves d'un même lettré soutenaient trois thèses différentes. A qui la faute ? au maître ou à eux ?

Yang-tchou répondit :

— Parmi les riverains des fleuves et des rivières, beaucoup sont bateliers ou passeurs. Ces hommes ont des apprentis, auxquels ils apprennent à manier barques et bacs. Près de la moitié de ces apprentis se noie. A qui la faute ? au maître ou à eux ? Le maître leur a-t-il appris à se noyer ?

Sinn-tou-tzeu sortit sans rien dire. Dehors, *Mong-sounn-yang* mécontent lui dit :

— Pourquoi avez-vous ainsi jasé ? nous n'en savons pas plus que devant.

— Vous n'y entendez rien, dit *Sinn-tou-tzeu*. Ne voyez-vous pas que j'ai fait dire au maître son secret ? Le mouton égaré dans les sentiers si nombreux de la montagne, l'avait fait penser aux disciples égarés dans l'infinie diversité des écoles. C'est sur les esprits égarés qu'il s'attriste. Somme toute, la science est une et vraie, mais, parmi les multiples déductions qu'on en tire, il en est d'erronées. Le maître qui se trompe, égare ses élèves ; les disciples qui se trompent, s'égarent malgré leur maître.

▲ **Lie8.U.** *Yang-pou*, frère de *Yang-tchou*, étant sorti en habits de toile blanche, fut mouillé par la pluie, changea, et rentra en habit de toile noire. Le chien de la maison qui l'avait vu sortir en blanc, aboya contre lui quand il rentra en noir. Irrité, *Yang-pou* allait le battre.

— Ne le bats pas, lui dit *Yang-tchou*. Tu as passé du blanc au noir. Comment pouvait-il te reconnaître ?

(Morale profonde : Le changement de l'être moral, par exemple du bien au mal, rompt ses rapports habituels avec les autres êtres ; il n'est plus le même.)

▲ **Lie8.V.** *Yang-tchou* dit :

— Quoiqu'il n'en ait pas l'intention, celui qui fait du bien à autrui, s'attire de la réputation, cette réputation lui attire la fortune, et la fortune lui attire des ennemis. Aussi les Sages y regardent-ils à plusieurs fois, avant de faire du bien à autrui.

▲ **Lie8.W.** Jadis quelqu'un prétendit avoir la recette pour ne pas mourir. Le prince de *Yen* envoya un député pour la lui demander. Quand le député arriva, l'homme à la recette était mort. Le prince en voulut au député d'être arrivé trop tard, et allait le faire punir, quand un de ses favoris lui dit :

— Si cet homme avait vraiment eu la recette pour ne pas mourir, il ne se serait certainement pas privé d'en faire usage pour lui-même. Or il est mort. Donc il n'avait pas la formule. Il ne vous aurait donc pas procuré l'immortalité....

Le prince renonça à punir le député.

Un certain *Ts'i* qui avait aussi grande envie de ne pas mourir, se désola pareillement de la mort de cet homme. Un certain *Fou* se moqua de lui, disant que, l'homme étant mort, regretter son secret inefficace était agir déraisonnablement. Un certain *Hou* dit que le *Fou* avait mal parlé ; car, dit-il, il arrive que celui qui possède un secret, ne sait pas s'en servir ; comme il arrive que quelqu'un produise tel résultat (par hasard ou invention), sans en avoir eu la formule.

Un homme de *Wei* était incantateur habile. Quand il fut près de mourir, il enseigna ses formules à son fils. Celui-ci récita parfaitement les formules, qui n'eurent aucun effet. Il les enseigna à un autre, qui les récita avec le même effet que feu son père.... Un vivant ayant pu agir efficacement avec la formule d'un mort, je me demande (dit *Lie-tzeu*) si les morts ne pourraient pas agir efficacement avec les formules des vivants ? (Mort et vie, deux formes du même être.)

▲ **Lie8.X.** Pour le jour de l'an, le peuple de *Han-tan* offrait des pigeons à *Kien-tzeu*. Celui-ci les recevait avec plaisir et les payait bien. Un de ses hôtes lui ayant demandé pourquoi. C'est, dit-il, pour montrer, en les lâchant le jour de l'an, combien je suis bon. L'hôte dit :

— Le peuple les prend, pour que vous puissiez les lâcher. Or, en les prenant, il en tue beaucoup. Si vous vouliez leur vie, vous feriez mieux d'interdire qu'on les prenne. Vous montreriez ainsi bien mieux, combien vous êtes bon.

— Vous avez raison, dit *Kien-tzeu*.

▲ **Lie8.Y.** *T'ien-cheu* de *Ts'i* ayant fait des offrandes à ses ancêtres, donna un grand banquet à un millier de convives, lesquels apportèrent selon l'usage, chacun son présent. Un des invités offrit des poissons et des oies sauvages. A leur vue, *T'ien-cheu* soupira pieusement et dit :

— Voyez comme le ciel traite bien les hommes ; il ne fait pas seulement croître les diverses céréales ; il fait encore naître les poissons et les oiseaux, pour que les hommes en usent....

Tous les convives firent servilement chorus. Seul le fils de *Pao-cheu*, un garçon de douze ans, s'avança et dit à *T'ien-cheu* :

— Ce que vous venez de dire là, n'est pas exact. Même le ciel et la terre, sont des êtres comme tous les êtres. Il n'y a pas d'êtres supérieurs, il n'y en a pas d'inférieurs. C'est un fait que les plus ingénieux et les plus forts mangent les plus sots et les plus faibles, mais il ne faut pas dire pour cela que ceux-ci aient été faits ou soient nés pour l'usage de ceux-là. L'homme mange les êtres qu'il peut manger, mais le ciel n'a pas fait naître ces êtres pour que l'homme les mangeât. Autrement il faudrait dire aussi que le ciel a fait naître les hommes, pour que les moustiques et les cousins les sucent, pour que les tigres et les loups les dévorent.

▲ **Lie8.Z.** Dans la principauté de *Ts'i*, un pauvre mendiait toujours sur le marché de la ville. Ennuyés de ses instances, les gens finirent par ne lui plus rien donner. Alors le pauvre se mit au service du vétérinaire de la famille princière *T'ien*, et gagna ainsi de quoi ne pas mourir de faim. On lui dit que servir un vétérinaire était une honte. Il répondit :

— Etre réduit à mendier passe pour la pire des hontes. Or j'étais mendiant. Comment servir un vétérinaire peut-il être honteux pour moi ? *C'est un avancement dans l'échelle.*

Un homme de *Song* trouva sur la route la moitié d'un contrat découpé, que son propriétaire avait perdu. Il le serra précieusement, compta soigneusement les dents de la découpure, et confia à son voisin que la fortune allait venir pour lui. *Il se trompa en pensant que le sort, qui lui avait donné une moitié d'un contrat, devrait lui donner aussi l'autre moitié.*

Un homme avait dans son jardin un arbre mort. Son voisin lui dit :

— Un arbre mort, c'est un objet néfaste.

L'homme abattit l'arbre. Alors le voisin lui demanda de lui en céder le bois. L'homme soupçonna alors que le voisin lui avait fait abattre son arbre dans cette intention, et se tint pour offensé. *Il se trompa. La demande qui suivit ne prouve pas qu'il y eut intention précédente.*

Un homme ayant perdu sa hache, soupçonna le fils de son voisin de la lui avoir dérobée. Plus il y pensa, plus il le crut. A force d'y penser, la démarche, la mine, les paroles, tous les faits et gestes de ce garçon, lui parurent être d'un voleur. Or, ayant vidé sa fosse à fumier, il y retrouva sa hache. Le lendemain, quand il revit le fils de son voisin, il lui trouva l'air du plus honnête garçon qui fût. (Autosuggestion.)

Lorsque *Pai-koung* tramait sa vengeance (ci-dessus H), il fit une chute dans laquelle l'aiguillon fixé au manche de sa cravache lui perça le menton, sans qu'il sentit rien. Le peuple de *Tcheng* l'ayant su, dit :

— S'il n'a pas senti cela, que sentira-t-il ? Faut-il qu'il soit absorbé par ses projets de vengeance, pour ne s'être pas aperçu de sa chute et de sa blessure !

(Transport.)

Un homme de *Ts'i* fut pris soudain d'un tel désir d'avoir de l'or, qu'il se leva de grand matin, s'habilla, se rendit au marché, alla droit à l'étalage d'un changeur, saisit un morceau d'or et s'en alla. Les gardes le saisirent et lui demandèrent :

— Comment as-tu pu voler, dans un endroit si plein de monde ?

— Je n'ai vu que l'or, dit-il ; je n'ai pas vu le monde.

(Transport.)

南華眞經

Nan — Hoa — Tchenn King

L'œuvre de Tchoang-Tzeu

莊子

CHAPITRE 1

VERS L'IDÉAL

▲ **Tch1.A.** S'il faut en croire d'anciennes légendes, dans l'océan septentrional vit un poisson immense, qui peut prendre la forme d'un oiseau. Quand cet oiseau s'enlève, ses ailes s'étendent dans le ciel comme des nuages. Rasant les flots, dans la direction du Sud, il prend son élan sur une longueur de trois mille stades, puis s'élève sur le vent à la hauteur de quatre-vingt-dix mille stades, dans l'espace de six mois.[25]

Ce qu'on voit là-haut, dans l'azur, sont-ce des troupes de chevaux sauvages qui courent ? Est-ce de la matière pulvérulente qui voltige ? Sont-ce les souffles[26] qui donnent naissance aux êtres ?... Et l'azur, est-il le Ciel lui-même ? Ou n'est-ce que la couleur du lointain infini, *dans lequel le Ciel, l'être personnel des Annales et des Odes, se cache* ?... Et, de là-haut, voit-on cette terre. ! et sous quel aspect ?... *Mystères* !

Quoi qu'il en soit, s'élevant du vaste océan, et porté par la grande masse de l'air, seuls supports capables de soutenir son immensité, le grand oiseau plane à une altitude prodigieuse.

Une cigale à peine éclose, et un tout jeune pigeon, l'ayant vu, rirent du grand oiseau et dirent :

---

[25] Allégorie analogue à celle de l'ascension et de la descente annuelle du dragon. Nuages du Nord, condensés en pluie au Sud. Vapeurs rendues par le Sud au Nord. Cycle annuel de deux fois six mois.

[26] Souffles du grand soufflet de la nature. Lao-tzeu chap. 5 C.

— A quoi bon s'élever si haut ? Pourquoi s'exposer ainsi ? Nous qui nous contentons de voler de branche en branche, sans sortir de la banlieue ; quand nous tombons par terre, nous ne nous faisons pas de mal ; chaque jour, sans fatigue, nous trouvons notre nécessaire. *Pourquoi aller, si loin ? Pourquoi monter si haut ?* Les soucis n'augmentent-ils pas, en proportion de la distance *et de l'élévation ?*

Propos de deux petites bêtes, sur un sujet dépassant leur compétence. Un petit esprit ne comprend pas ce qu'un grand esprit embrasse. Une courte expérience ne s'étend pas aux faits éloignés. Le champignon qui ne dure qu'un matin, ne sait pas ce que c'est qu'une lunaison. L'insecte qui ne vit qu'un été, n'entend rien à la succession des saisons. Ne demandez pas, à des êtres éphémères, des renseignements sur la grande tortue dont la période est de cinq siècles, sur le grand arbre dont le cycle est de huit mille années.[27] Même le vieux *P'eng-tsou* ne vous dira rien, de ce qui dépasse les huit siècles que la tradition lui prête. *A chaque être, sa formule de développement propre.*

▲**Tch1.C.** *Il est des hommes presque aussi bornés que les deux petites bêtes susdites. Ne comprenant que la routine de la vie vulgaire,* ceux-là ne sont bons qu'à être mandarins d'un district, ou seigneur d'un fief, tout au plus.

Maître *Joung* de *Song* fut supérieur à cette espèce, *et plus semblable au grand oiseau.* Il vécut, également indifférent à la louange et au blâme. S'en tenant à son propre jugement, il ne se laissa pas influencer par l'opinion des autres. Il ne distingua jamais entre la gloire et la défaveur. *Il fut libre des liens des préjugés humains.*

Maître *Lie* de *Tcheng* fut supérieur à Maître *Joung, et encore plus semblable au grand oiseau.* Son âme s'envolait, sur l'aile de la contemplation, parfois pour quinze jours, laissant son corps

---

[27] Légendes. *P'eng-tsou* aurait eu 767 ans, en 1123 avant J.C.

inerte et insensible. *Il fut presque libre des liens terrestres. Pas tout à fait, pourtant* ; car il lui fallait attendre le rapt extatique ; un reste de dépendance.

Supposons maintenant un homme entièrement absorbé par l'immense giration cosmique, et se mouvant en elle dans l'infini. Celui-là ne dépendra plus de rien. *Il sera parfaitement libre, dans ce sens que, sa personne et son action seront unies à la personne et à l'action du grand Tout.* Aussi dit-on très justement : le sur-homme n'a plus de soi propre ; l'homme transcendant n'a plus d'action propre ; le Sage n'a plus même un nom propre. *Car il est un avec le Tout.*

▲**Tch1.D.** Jadis l'empereur *Yao* voulut céder l'empire à son ministre *Hu-You*. Il lui dit :

— Quand le soleil ou la lune rayonnent, on éteint le flambeau. Quand la pluie tombe, on met de côté l'arrosoir. C'est grâce à vous que l'empire prospère. Pourquoi resterais-je sur le trône ? Veuillez y monter !

— Merci, dit *Hu-You* ; veuillez y rester ! C'est, vous régnant, que l'empire a prospéré. Que m'importe, à moi, mon renom personnel ? Une branche, dans la forêt, suffit à l'oiseau pour se loger. Un petit peu d'eau, bu à la rivière, désaltère le rat. *Je n'ai pas plus de besoins que ces petits êtres.* Restons à nos places respectives, vous et moi.

Ces deux hommes atteignirent à peu près le niveau de Maître Joung de Song. L'idéal taoïste est plus élevé que cela.

Un jour *Kien-ou* dit à *Lien-chou* :

— J'ai ouï dire à *Tsie-u* des choses exagérées, extravagantes....

— Qu'a-t-il dit ? demanda *Lien-chou*.

— Il a dit que, dans la lointaine île *Kou-chee*, habitent des hommes transcendants, blancs comme la neige, frais comme des enfants, lesquels ne prennent aucune sorte d'aliments. mais aspirent le vent et boivent la rosée. Ils se promènent dans l'espace, les nuages leur servant de chars et les dragons de montures. Par l'influx de leur transcendance, ils préservent les hommes des maladies, et procurent la maturation des moissons. Ce sont là évidemment des folies. Aussi n'en ai-je rien cru.

Lien-chou répondit :

— L'aveugle ne voit pas, parce qu'il n'a pas d'yeux. Le sourd n'entend pas, parce qu'il n'a pas d'oreilles. Vous n'avez pas compris *Tsie-u*, parce que vous n'avez pas d'esprit. *Les surhommes dont il a parlé, existent. Ils possèdent même des vertus bien plus merveilleuses, que celles que vous venez d'énumérer. Mais, pour ce qui est des maladies et des moissons, ils s'en occupent si peu, que,* l'empire tombât-il en ruines et tout le monde leur demandât-il secours, ils ne s'en mettraient pas en peine, *tant ils sont indifférents à tout....* Le surhomme n'est atteint par rien. Un déluge universel ne le submergerait pas. Une conflagration universelle ne le consumerait pas.[28] *Tant il est élevé au-dessus de tout.* De ses rognures et de ses déchets, on ferait des *Yao* et des *Chounn*.[29] Et cet homme-là s'occuperait de choses menues, *comme sont les moissons, le gouvernement d'un État* ? Allons donc !

« *Chacun se figure l'idéal à sa manière.* Pour le peuple de *Song*, l'idéal, c'est d'être bien vêtu et bien coiffé ; pour le peuple de *Ue*, l'idéal, c'est d'être tondu ras et habillé d'un tatouage. L'empereur *Yao* se donna beaucoup de peine, et s'imagina avoir régné idéalement bien. Après qu'il eut visité les quatre Maîtres, dans la lointaine île de *Kou-chee*, il reconnut qu'il avait tout gâté.

---

[28] Phrases allégoriques, qui furent prises au sens propre, plus tard.

[29] Coup de patte aux parangons confucéistes, qui sont pour les taoïstes, des êtres inférieurs.

L'idéal, c'est l'indifférence du sur-homme, qui laisse tourner la roue cosmique.

▲ **Tch1.E.** *Les princes vulgaires ne savent pas employer les hommes de cette envergure, qui ne donnent rien dans les petites charges, leur génie y étant à l'étroit.*

Maître Hoeï[30] ayant obtenu, dans son jardin, des gourdes énormes, les coupa en deux moitiés qu'il employa comme bassins. Trouvant ces bassins trop grands, il les coupa, chacun en deux quarts. Ces quarts ne se tinrent plus debout. et ne purent plus rien contenir. Il les brisa.

— Vous n'êtes qu'un sot, lui dit *Tchoang-tzeu,*. Vous n'avez pas su tirer parti de ces gourdes rares. Il fallait en faire des bouées, sur lesquelles vous auriez pu franchir les fleuves et les lacs. En voulant les rapetisser, vous les avez mises hors d'usage.

Il en est des hommes comme des choses ; tout dépend de l'usage qu'on en fait.

Une famille de magnaniers de *Song* possédait la recette d'une pommade, grâce à laquelle les mains de ceux qui dévidaient les cocons *dans l'eau chaude*, ne se gerçaient jamais. Ils vendirent leur recette à un étranger, pour cent taëls, et jugèrent que c'était là en avoir tiré un beau profit. Or l'étranger, devenu amiral du roi de *Ou*, commanda une expédition navale contre ceux de *Ue*. C'était en hiver. Ayant, grâce à sa pommade, préservé les mains de ses matelots de toute engelure, il remporta une grande victoire, qui lui procura un vaste fief. Ainsi deux emplois d'une même pommade, produisirent une petite somme et une immense fortune.

---

[30] *Hoei-chou*, ministre de *Leang*, sophiste, contradicteur perpétuel de *Tchoang-tzeu*, et l'un de ses plastrons préférés.

Qui sait employer le sur-homme, en tire beaucoup. Qui ne sait pas, n'en tire rien.

▲ **Tch1.F.** — Vos théories, dit maître Hoei à maître Tchoang, ont de l'ampleur, mais n'ont aucune valeur pratique ; aussi personne n'en veut. Tel un grand ailante, dont le bois fibreux ne peut se débiter en planches, dont les branches noueuses ne sont propres à rien.

— *Tant mieux pour moi, dit maître Tchoang. Car tout ce qui a un usage pratique, périt pour ce motif.* La martre a beau user de mille stratagèmes ; elle finit par périr, *sa fourrure étant recherchée*. Le yak, pourtant si puissant, finit par être tué, *sa queue servant à faire des étendards*. Tandis que l'ailante *auquel vous me faites l'honneur de me comparer*, poussé dans un terrain stérile, grandira tant qu'il voudra, ombragera le voyageur et le dormeur, sans crainte aucune de la hache et de la doloire, précisément parce que, comme vous dites, il n'est propre à aucun usage. N'être bon à rien, n'est-ce pas un état dont il faudrait plutôt se réjouir ?

CHAPITRE 2

HARMONIE UNIVERSELLE

▲ **Tch2.A.** Maître K'i[31] était assis sur un escabeau, les yeux levés au ciel, respirant faiblement. Son âme devait être absente.[32]

Etonné, le disciple You[33] qui le servait, se dit :

— Qu'est ceci ? Se peut-il que, *sans être mort*, un être vivant devienne ainsi, *insensible* comme un arbre desséché, *inerte* comme la cendre éteinte ? Ce n'est plus mon maître.

— Si, dit Ki, revenant de son extase, c'est encore lui. J'avais seulement, pour un temps, perdu mon moi.[34] Mais que peux-tu comprendre à cela, toi qui ne connais que les accords humains, pas même les terrestres, encore moins les célestes ?

— Veuillez essayer de me faire comprendre par quelque comparaison, dit *You*

— Soit, dit maître *K'i*. Le grand souffle indéterminé de la nature, s'appelle vent. Par lui, même le vent n'a pas de son.

---

[31] *K'i*, le maître de la banlieue du Sud, où il logeait.

[32] Glose : son corps paraissait avoir perdu sa compagne l'âme. Comparez, chap. 24 H.

[33] Maître *Yen-You* ou *Yen-Tch'eng*, ou *Yen-neou*.

[34] Glose : L'état de celui qui est absorbé dans l'être universel, dans l'unité. Il perd la notion des êtres distincts.

Mais, quand il les émeut, tous les êtres deviennent pour lui comme un jeu d'anches. Les monts, les bois, les rochers, les arbres, toutes les aspérités, toutes les anfractuosités, résonnent comme autant de bouches, doucement quand le vent est doux, fortement quand le vent est fort. Ce sont des mugissements, des grondements, des sifflements, des commandements, des plaintes, des éclats, des cris, des pleurs. L'appel répond à l'appel. C'est un ensemble, une harmonie. Puis, quand le vent cesse, tous ces accents se taisent. N'as-tu pas observé cela, en un jour de tempête ?

— Je comprends, dit *You*. Les accords humains, sont ceux des instruments à musique faits par les hommes. Les accords terrestres, sont ceux des voix de la nature. Mais les accords célestes, maître, qu'est-ce ?

▲**Tch2.B.** — C'est, dit maître *K'i*, l'harmonie de tous les êtres, dans leur commune nature, dans leur commun devenir. Là, pas de contraste, parce que pas de distinction. Embrasser, voilà la grande science, la grande parole. Distinguer, c'est science et, parler d'ordre inférieur.

« *Tout est un*. Durant le sommeil, l'âme non distraite s'absorbe dans cette unité ; durant la veille, *distraite*, elle distingue des êtres divers.

« *Et quelle est l'occasion de ces distinctions ?* Ce qui les occasionne, ce sont l'activité, les relations, les conflits de la vie. De là les théories, les erreurs. Du tir à l'arbalète, fut dérivée la notion du bien et du mal. Des contrats fut tirée la notion du droit et du tort.[35] On ajouta foi à ces notions imaginaires ; on a été jusqu'à les attribuer au Ciel. Impossible désormais d'en faire revenir les humains. Et cependant, oui, complaisance et ressentiment, peine et joie, projets et regrets ; passion et raison, indolence et

---

[35] Touché ou raté la cible. Conformité ou non-conformité avec la souche.

fermeté, action et paresse, tous les contrastes, autant de sons sortis d'un même instrument, autant de champignons nés d'une même humidité, *modalités fugaces de l'être universel*. Dans le cours du temps, tout cela se présente. D'où est-ce venu ? C'est devenu ! C'est né, entre un matin et un soir, de soi-même, *non comme un être réel, mais comme une apparence. Il n'y a pas d'êtres réels distincts.* Il n'y a un moi, que par contraste avec un lui. Lui et moi n'étant que des êtres de raison, il n'y a pas non plus, en réalité, ce quelque chose de plus rapproché qu'on appelle le mien, *et ce quelque chose de plus éloigné qu'on appelle le tien.*

« Mais, qui est l'agent de cet état de choses, *le moteur du grand Tout* ? Tout se passe comme s'il y avait un *vrai gouverneur*, mais dont la personnalité ne peut être constatée. L'hypothèse expliquant les phénomènes, est acceptable, à condition qu'on ne fasse pas, de ce gouverneur universel, un être matériel distinct.[36] Il est une tendance sans forme palpable, *la norme inhérente à l'univers, sa formule évolutive immanente.* Les normes *de toute sorte*, comme celle qui fait un corps de plusieurs organes,[37] une famille de plusieurs personnes, un état de nombreux sujets, sont autant de participations du recteur universel *ainsi entendu*. Ces participations ne l'augmentent ni ne le diminuent, *car elles sont communiquées par lui, non détachées de lui. Prolongement de la norme universelle*, la norme de tel être, qui est son être, ne cesse pas d'être quand il finit. Elle fut avant lui, elle est après lui, inaltérable, indestructible. *Le reste de lui, ne fut qu'apparence.* C'est de l'ignorance de ce principe, que dérivent toutes les peines et tous les chagrins des hommes, lutte pour l'existence, crainte de la mort, appréhension du mystérieux au-delà. L'aveuglement est presque général, pas universel toutefois. Il est encore des hommes, peu nombreux, que le traditionalisme conventionnel n'a pas séduits, qui ne reconnaissent de maître que leur raison,

---

[36] Négation du Souverain d'en haut des Annales et des Odes. Comparez Lao-tseu,chap.4E.

[37] L'âme humaine rentre dans cette catégorie.

et qui, par l'effort de cette raison, ont déduit la doctrine exposée ci-dessus, de leurs méditations sur l'univers. *Ceux-là savent qu'il n'y a de réel que la norme universelle.* Le vulgaire irréfléchi croit à l'existence réelle de tout. L'erreur moderne a noyé la vérité antique. Elle est si ancrée, si invétérée, que les plus grands sages au sens du monde, U *le Grand* y compris,[38] en ont été les dupes. *Pour soutenir la vérité,* je me trouve *presque* seul.

▲**Tch2.C.** « Mais, me dira-t-on, *si tout est un, si tout se réduit à une norme unique,* cette norme comprendra simultanément la vérité et l'erreur, *tous les contraires :* et si les faits dont les hommes parlent sont irréels, la parole humaine n'est donc qu'un vain son, pas plus qu'un caquetage de poule.

« Je réponds, non, il n'y a d'erreur dans la norme, que pour les esprits bornés ; oui, les distinctions des disciples de *Confucius* et de *Mei-tzeu,* ne sont que de vains caquets.

« *Il n'y a, en réalité, ni vérité ni erreur, ni oui ni non, ni autre distinction quelconque, tout étant un, jusqu'aux contraires.* Il n'y a que des aspects divers, lesquels dépendent du point de vue. De mon point de vue, je vois ainsi ; d'un autre point de vue, je verrais autrement. *Moi* et *autrui* sont deux positions différentes, qui font juger et parler différemment de ce qui est un. Ainsi parle-t-on, de vie et de mort, de possible et d'impossible, de licite et d'illicite. On discute, les uns disant oui, et les autres non. Erreurs d'appréhension subjectives, dues au point de vue. Le Sage, au contraire, commence par éclairer l'objet avec la lumière de sa raison. Il constate d'abord, que ceci est cela, que cela est ceci, que tout est un. Il constate ensuite, qu'il y a pourtant oui et non, opposition, contraste. Il conclut à la réalité de l'unité, à la non-réalité de la diversité. Son point de vue à lui. c'est un point, d'où ceci et cela, oui et non, paraissent encore non distingués. Ce point est le pivot de la norme. C'est le,

---

[38] Coup de patte à un parangon confucéiste.

centre immobile d'une circonférence, sur le contour de laquelle roulent toutes les contingences, les distinctions et les individualités ; d'où l'on ne voit qu'un infini, qui n'est ni ceci ni cela, ni oui ni non. Tout voir, dans l'unité primordiale non encore différenciée, ou d'une distance telle que tout se fond en un, voilà la vraie intelligence. — Les sophistes se trompent, en cherchant à y arriver, par des arguments positifs et négatifs, par voie d'analyse ou de synthèse. Ils n'aboutissent qu'à des manières de voir subjectives, lesquelles, additionnées, forment l'opinion, passent pour des principes. Comme un sentier est formé par les pas multipliés des passants, ainsi les choses finissent par être qualifiées d'après ce que beaucoup en ont dit. C'est ainsi, dit-on, parce que c'est ainsi ; c'est un principe. — Ce n'est pas ainsi, dit-on, parce que ce n'est pas ainsi ; c'est un principe. En est-il vraiment ainsi, dans la réalité ? Pas du tout. Envisagées dans la norme, une paille et une poutre, un laideron et une beauté, tous les contraires sont un. La prospérité et la ruine, les états successifs, ne sont que des phases ; tout est un. Mais ceci, les grands esprits seuls sont aptes à le comprendre. Ne nous occupons pas de distinguer, mais voyons tout dans l'unité de la norme. Ne discutons pas pour l'emporter, mais employons, avec autrui, le procédé de l'éleveur de singes. Cet homme dit aux singes qu'il élevait : je vous donnerai trois taros le matin, et quatre le soir. Les singes furent tous mécontents.[39] Alors, dit-il, je vous donnerai quatre taros le matin, et trois le soir. Les singes furent tous contents. Avec l'avantage de les avoir contentés, cet homme ne leur donna en définitive par jour, que les sept taros qu'il leur avait primitivement destinés. Ainsi fait le Sage. Il dit oui ou non, pour le bien de la paix, et reste tranquille au centre de la roue universelle, indifférent au sens dans lequel elle tourne.

▲**Tch2.D.** Parmi les anciens, les uns pensaient que, à l'origine,

---

[39]) Mécontents de devoir attendre, jusqu'au soir, la forte moitié de leur pitance. Comparez Lie-tzeu chap. 2 Q.

il n'y eut rien de préexistant. C'est là une position extrême. — D'autres pensèrent qu'il y eut quelque chose de préexistant. C'est là la position extrême opposée. D'autres enfin pensèrent qu'il y eut quelque chose d'indistinct, de non-différencié. C'est là la position moyenne, la vraie. Cet être primordial non-différencié, c'est la norme. Quand on imagina les distinctions, on ruina sa notion. Après les distinctions, vinrent les arts et les goûts, impressions et préférences subjectives qui ne peuvent ni se définir ni s'enseigner. Ainsi les trois artistes, *Tchao-wenn, Cheuk'oang, Hoeï-tzeu*, aimaient leur musique, puisque c'était leur musique, qu'ils trouvaient différente de celle des autres, et supérieure, bien entendu. Eh bien, ils ne purent jamais définir en quoi consistaient cette différence et cette supériorité ; ils ne purent jamais enseigner à leurs propres fils à jouer comme eux. Car le subjectif ne se définit ni ne s'enseigne. Le Sage dédaigne ces vanités, se tient dans la demi-obscurité de la vision synthétique, se contente du bon sens pratique.

▲**Tch2.E.** Vous dites, m'objecte-t-on, qu'il n'y a pas de distinctions. Passe pour les termes assez semblables ; mettons que la distinction entre ceux-là n'est qu'apparente. Mais les termes absolument opposés, ceux-là comment pouvez-vous les réduire à la simple unité ? Ainsi, comment concilier ces termes : origine de l'être, être sans origine, origine de l'être sans origine ; et ceux-ci : être et néant, être avant le néant, néant avant l'être. Ces termes s'excluent ; c'est oui ou non. — Je réponds : ces termes ne s'excluent, que si on les envisage comme existants. Antérieurement au devenir, dans l'unité du principe primordial, il n'y a pas d'opposition. Envisagés dans cette position, un poil n'est pas petit, une montagne n'est pas grande ; un mort-né n'est pas jeune, un centenaire n'est pas âgé. Le ciel, la terre, et moi, sommes du même âge Tous les êtres, et moi, sommes un dans l'origine. Puisque tout est un objectivement et en réalité, pourquoi distinguer des entités par des mots, lesquels n'expriment que des appréhensions subjectives et imaginaires ? Si vous commencez à nommer et à compter, vous ne vous arrêterez plus, la série des vues subjectives étant infinie. —

Avant le temps, tout était un, dans le principe fermé comme un pli scellé. Il n'y avait alors, en fait de termes, qu'un verbe général. Tout ce qui fut ajouté depuis, est subjectif, imaginaire. Telles, la différence entre la droite et la gauche, les distinctions, les oppositions, les devoirs. Autant d'êtres de raison, qu'on désigne par des mots, auxquels rien ne répond dans la réalité. Aussi le Sage étudie-t-il tout, dans le monde matériel et dans le monde des idées, mais sans se prononcer sur rien, pour ne pas ajouter une vue subjective de plus, à celles qui ont déjà été formulées. Il se tait recueilli, tandis que le vulgaire pérore, non pour la vérité, mais pour la montre, dit l'adage. — Que peut-on dire de l'être universel, sinon qu'il est ? Est-ce affirmer quelque chose, que de dire, l'être est ? Est-ce affirmer quelque chose, que de dire, l'humanité est humaine, la modestie est modeste, la bravoure est brave ? Ne sont-ce pas là des phrases vides qui ne signifient rien ? Si l'on pouvait distinguer dans le principe, et lui appliquer des attributs, il ne serait pas le principe universel. Savoir s'arrêter là où l'intelligence et la parole font défaut, voilà la sagesse. A quoi bon chercher des termes impossibles pour exprimer un être ineffable ? Celui qui comprend qu'il a tout en un, a conquis le trésor céleste, inépuisable, mais aussi inscrutable. Il a l'illumination compréhensive, qui éclaire l'ensemble sans faire paraître de détails. C'est cette lumière, supérieure à celle de dix soleils, que jadis *Chounn* vantait au vieux *Yao*.[40]

▲**Tch2.F.** Tout, dans le monde, est personnel, est subjectif, dit *Wang-i* à *Nie-k'ue*. Un homme couché dans la boue, y gagnera un lumbago, tandis qu'une anguille ne se portera nulle part mieux que là. Un homme juché sur un arbre, s'y sentira mal à l'aise, tandis qu'un singe trouvera la position parfaite. Les uns mangent ceci, les autres cela. Les uns recherchent telle chose, les autres telle autre. Tous les hommes couraient après les deux fameuses beautés *Mao-ts'iang* et *Li-ki ;* tandis que à leur vue, les

---

[40] Anecdote imaginaire. Coup de patte à deux parangons confucéistes.

poissons plongeaient épouvantés, les oiseaux se réfugiaient au haut des airs, les antilopes fuyaient au galop. Vous ne savez pas quel effet me fait telle chose, et moi je ne sais pas quelle impression elle produit sur vous. Cette question des sentiments et des goûts, étant toute subjective, est principiellement insoluble. Il n'y a qu'à la laisser. Jamais les hommes ne s'entendront sur ce chapitre. — Les hommes vulgaires, soit, dit *Nie-k'ue* ; mais le sur-homme ? — Le sur-homme, dit *Wang-i*, est au-dessus de ces vétilles. Dans sa haute transcendance, il est au-dessus de toute impression et émotion. Dans un lac bouillant, il ne sent pas la chaleur ; dans un fleuve gelé, il ne sent pas le froid.[41] Que la foudre fende les montagnes, que l'ouragan bouleverse l'océan, il ne s'inquiète pas. Il monte les nuées, enfourche le soleil et la lune, court à travers l'univers. Quel intérêt peut porter, à des distinctions moindres, celui à qui la vie et la mort sont tout un ?[42]

▲**Tch2.G.** Maître *K'iu-ts'iao* dit à maître *K'iou* de *Tch'ang-ou* : On affirme du Sage, qu'il ne s'embarrasse pas des choses de ce monde ; qu'il ne cherche pas son avantage et ne recule pas devant le danger ; qu'il ne tient à rien ; qu'il ne cherche pas à se faire agréer ; qu'il se tient loin de la poussière et de la boue.... Je le définirai mieux, en moins de mots, dit maître *K'iou*. Le Sage abstrait du temps, et voit tout en un. Il se tait, gardant pour lui ses impressions personnelles, s'abstenant de disserter sur les questions obscures et insolubles. Ce recueillement, cette concentration, lui donnent, au milieu de l'affairage passionné des hommes vulgaires, un air apathique, presque bête. En réalité, intérieurement, il est appliqué à l'occupation la plus haute, la synthèse de tous les âges, la réduction de tous les êtres à l'unité.

▲**Tch2.H.** Et pour ce qui est de la distinction qui tourmente

---

[41] Métaphores qui furent prises au sens propre plus tard.

[42] Deux phases alternatives de l'existence.

le plus les hommes, celle de la vie et de la mort,.... l'amour de la vie n'est-il pas une illusion ? la crainte de la mort n'est-elle pas une erreur ? Ce départ est-il réellement un malheur ? Ne conduit-il pas, comme celui de la fiancée qui quitte la maison paternelle, à un autre bonheur ? Jadis, quand la belle Ki de Li fut enlevée, elle pleura à mouiller sa robe. Quand elle fut devenue la favorite du roi de *Tsinn*, elle constata qu'elle avait eu tort de pleurer. N'en est-il pas ainsi de bien des morts ? Partis à regret jadis, ne pensent-ils pas maintenant, que c'est bien à tort qu'ils aimaient la vie ? La vie ne serait-elle pas un rêve ? Certains, tirés par le réveil, d'un rêve gai, se désolent ; d'autres, délivrés par le réveil d'un rêve triste, se réjouissent. Les uns et les autres, tandis qu'ils rêvaient, ont cru à la réalité de leur rêve. Après le réveil, ils se sont dit, ce n'était qu'un vain rêve. Ainsi en est-il du grand réveil, la mort, après lequel on dit de la vie, ce ne fut qu'un long rêve. Mais, parmi les vivants, peu comprennent ceci. Presque tous croient être bien éveillés. Ils se croient vraiment, les uns rois, les autres valets. Nous rêvons tous, vous et moi. Moi qui vous dis que vous rêvez, je rêve aussi mon rêve. -L'identité de la vie et de la mort, paraît incroyable à bien des gens. La leur persuadera-t-on jamais ?-C'est peu probable. Car, en cette matière, pas de démonstration évidente, aucune autorité décisive, une foule de sentiments subjectifs. Seule la règle céleste résoudra cette question. Et qu'est-ce que cette règle céleste ? C'est se placer, pour juger, à l'infini.... Impossible de résoudre le conflit des contradictoires, de décider laquelle est vraie laquelle est fausse. Alors plaçons-nous en dehors du temps, au-delà des raisonnements. Envisageons la question à l'infini, distance à laquelle tout se fond en un tout indéterminé.

▲**Tch2.I.** Tous les êtres appartenant au Tout, leurs actions ne sont pas libres, mais nécessitées par ses lois.... Un jour la pénombre demanda à l'ombre : pourquoi vous mouvez-vous dans tel sens ? Je ne me meus pas, dit l'ombre. Je suis projetée par un corps quelconque, lequel me produit et m'oriente, d'après les lois de l'opacité et du mouvement.... Ainsi en est-il de tous les actes.

▲ **Tch2.J.** Il n'y a pas d'individus réellement tels, mais seulement des prolongements de la norme.... Jadis, raconte *Tchoang-tzeu*, une nuit, je fus un papillon, voltigeant content de son sort. Puis je m'éveillai, étant *Tchoang*-tcheou. Qui suis-je, en réalité ? Un papillon qui rêve qu'il est *Tchoang-tcheou*, ou *Tchoang-tcheou* qui s'imagine qu'il fut papillon ? Dans mon cas, y a-t-il deux individus réels ? Y a-t-il eu transformation réelle d'un individu en un autre ? — Ni l'un, ni l'autre, dit la Glose. Il y a eu deux modifications irréelles, de l'être unique, de la norme universelle, dans laquelle tous les êtres dans tous leurs états sont un.

Chapitre 3

Entretien du principe vital

▲ **Tch3.A.** L'énergie vitale est limitée. L'esprit est insatiable. Mettre un instrument limité à la discrétion d'un maître insatiable, c'est toujours périlleux, c'est souvent funeste. Le maître usera l'instrument. L'effort intellectuel prolongé, exagéré, épuisera la vie. — Se tuer à bien faire pour l'amour de la gloire, ou périr pour un crime de la main du bourreau, cela revient au même ; c'est la mort, pour cause d'excès, dans les deux cas. -Qui veut durer, doit se modérer, n'aller jusqu'au bout de rien, toujours rester à mi-chemin. Ainsi pourra-t-il conserver son corps intact, entretenir sa vie jusqu'au bout, nourrir ses parents jusqu'à leur mort, durer lui-même jusqu'au terme de son lot.

▲ **Tch3.B.** Le boucher du prince *Hoei* de *Leang* dépeçait un bœuf. Sans effort, méthodiquement, comme en mesure, son couteau détachait la peau, tranchait les chairs, disjoignait les articulations.

— Vous êtes vraiment habile, lui dit le prince, qui le regardait faire.

— Tout mon art, répondit le boucher, consiste à n'envisager que le principe du découpage. Quand je débutai, je pensais au bœuf. Après trois ans d'exercice, je commençai à oublier l'objet. Maintenant quand je découpe, je n'ai plus en esprit que le principe. Mes sens n'agissent plus ; seule ma volonté est active. Suivant les lignes naturelles du bœuf, mon couteau pénètre et divise, tranchant les chairs molles, contournant les os, faisant sa besogne comme naturellement et sans effort. Et cela, sans s'user, parce qu'il ne s'attaque pas aux parties dures. Un débutant use un couteau par mois. Un boucher médiocre, use un couteau par an. Le même couteau me sert depuis dix-neuf ans. Il a dépecé plusieurs milliers de bœufs, sans éprouver aucune usure. Parce que je ne le fais passer, que là où il peut passer.

— Merci, dit le prince *Hoei* au boucher ; vous venez de m'enseigner comment on fait durer la vie, en ne la faisant servir qu'à ce qui ne l'use pas.

▲**Tch3.C.** L'affliction est une autre cause d'usure du principe vital. Omettant les sujets d'affliction moindres, *Tchoang-tzeu* en indique trois graves, communs en son temps de luttes féodales, les mutilations légales, l'exil, la mort.

Se résigner à la mutilation, comme le secrétaire du prince de *Leang*, auquel on avait coupé un pied, et qui ne reprochait pas sa mutilation à son maître, mais se consolait en pensant qu'elle avait été voulue par le ciel.

Se résigner à l'exil, comme le faisan des marais, qui vit content dans son existence besogneuse et inquiète, sans désirer l'aisance d'une volière.

Se résigner à la mort, parce qu'elle n'est qu'un changement, souvent en mieux. Quand *Lao-tan* fut mort, *Ts'inn-cheu* étant allé le pleurer, ne poussa, devant son cercueil, que les trois lamentations exigées de tout le monde par le rituel. Quand il fut sorti : n'étiez-vous pas l'ami de *Lao-tan* ? lui demandèrent les disciples.... Je le fus, dit *Ts'inn-cheu*.... Alors, dirent les disciples, pourquoi n'avez-vous pas pleuré davantage ?... Parce que, dit *Ts'inn-cheu*, ce cadavre n'est plus mon ami. Tous ces pleureurs qui remplissent la maison, hurlant à qui mieux mieux, agissent par pure sentimentalité, d'une manière déraisonnable, presque damnable. La loi, oubliée du vulgaire, mais dont le Sage se souvient, c'est que chacun vient en ce monde A son heure, et le quitte en son temps. Le Sage ne se réjouit donc pas des naissances, et ne s'afflige pas des décès. # Les anciens ont comparé l'homme à un fagot que le Seigneur fait (naissance) et défait (mort).[43] Quand la flamme a consumé un fagot, elle passe à un autre, et ne s'éteint pas.[44]

---

[43] Quels anciens ? chinois ou indiens ? — Quel Seigneur ? le Souverain chinois des Annales et des odes, ou le Prajapati védique maître de la vie et de la mort ? Le fagot fait penser aux skandha.

[44] Concept taoïste de la survivance, de l'immortalité de l'âme. Glose : état de vie, état de mort ; fagot lié, fagot délié. la mort et la vie, succession d'aller et de venir. L'être reste le même ; celui qui est un avec l'être universel, où qu'il aille, il garde son moi. Le feu est au fagot ce que l'âme est au corps ; elle passe à un corps nouveau, comme le feu passe à un autre fagot, là le feu se propage sans s'éteindre, la vie se continue sans cesser.

CHAPITRE 4

LE MONDE DES HOMMES

▲**Tch4.A.** *Yen-Hoei*, le disciple préféré, demanda un congé à son maître *K'oung-ni* (Confucius).

— Pour aller où ? demanda celui-ci.

— A *Wei*, dit le disciple. Le prince de ce pays est jeune et volontaire. Il gouverne mal, n'accepte aucune observation, et fait mourir ses sujets pour peu de chose. Sa principauté est jonchée de cadavres. Son peuple est plongé dans le désespoir.... Or je vous ai entendu dire bien des fois, qu'il faut quitter le pays bien ordonné, pour aller donner ses soins à celui qui est mal gouverné. C'est aux malades que le médecin va. Je voudrais consacrer ce que j'ai appris de vous, au salut de la principauté de *Wei*.

— N'y va pas ! dit *K'oung-ni*. Tu irais à ta perte. Le grand principe est qu'on ne s'embarrasse pas de soucis multiples. Les surhommes de l'antiquité ne s'embarrassaient jamais d'autrui au point de se troubler eux-mêmes. Ils ne perdaient pas leur temps à vouloir amender un brutal tyran.... Rien de plus dangereux, que de parler avec insistance, de justice et de charité, à un homme violent, qui se complaît dans le mal. Ses conseillers feront cause commune avec lui, et s'uniront pour t'intimider. Si tu hésites ou faiblis, ils triompheront, et le mal sera pire. Si tu les attaques avec force, le tyran te fera mettre à mort. C'est ainsi que périrent jadis, le ministre *Koan-loung-p'eng* mis à mort par le tyran *Kie*, et le prince *Pi-kan* mis à mort par le tyran *Tcheou*. Tous deux, pour avoir pris le parti du peuple opprimé, contre des princes oppresseurs. Jadis les grands empereurs *Yao* et *U*, ne réussirent pas à persuader des vassaux avides de gloire et de richesses ; ils durent en venir à les réduire par les armes.... Or le prince actuel de *Wei*, est un homme de la même espèce. Sur quel ton lui parieras-tu, pour le toucher ?

— Je lui parlerai, dit *Yen-Hoei*, avec modestie et franchise.

— Tu perdras ta peine, dit *K'oung-ni*. Cet homme est plein de lui-même. C'est de plus un fourbe consommé. Le mal ne lui répugne pas, la vertu ne lui fait aucun effet. Ou il te contredira ouvertement ; ou il feindra de t'écouter, mais sans te croire.

— Alors, dit *Yen-Hoei*, conservant ma droiture intérieure, je m'accommoderai à lui extérieurement. Je lui exposerai la raison céleste, qui le touchera peut-être, puisqu'il est, comme moi, un fils du ciel. Sans chercher à lui plaire, je lui parlerai avec la simplicité d'un enfant, en disciple du ciel. Si respectueux que personne ne puisse m'accuser de lui avoir manqué le moins du monde, je lui exposerai doucement la doctrine des Anciens. Que cette doctrine condamne sa conduite, il ne pourra pas m'en vouloir, puisqu'elle n'est pas de moi. Ne pensez-vous pas, maître, que je puisse corriger ainsi le prince de *Wei* ?

— Tu ne le corrigeras pas, dit *K'oung-ni*. Cela, c'est le procédé didactique, connu de tous les maîtres, et qui ne convertit personne. En parlant ainsi, tu n'encourras peut-être pas de représailles, mais c'est là tout ce que tu obtiendras.

— Alors, demanda *Yen-Hoei*, comment arriver à convertir ?

— En s'y préparant, dit *K'oung-ni*, par l'abstinence.

— Oh ! dit *Yen-Hoei*, je connais cela. Ma famille est pauvre. Nous passons des mois, sans boire de vin, sans manger de viande.

— C'est là, dit *K'oung-ni*, l'abstinence préparatoire aux sacrifices. Ce n'est pas de celle-là qu'il s'agit, mais bien de l'abstinence du cœur.

— Qu'est-ce que cela ? demanda *Yen-Hoei*.

— Voici, dit *K'oung-ni* : Concentrer toute son énergie intellectuelle comme en une masse. Ne pas écouter par les oreilles, ni par le cœur, mais seulement par l'esprit. Intercepter la voie des sens, tenir pur le miroir du cœur ; ne laisser l'esprit s'occuper, dans le vide intérieur, que d'objets abstraits seulement. La vision du principe exige le vide. Se tenir vide, voilà l'abstinence du cœur.

— Ah ! dit *Yen-Hoei*, je ne savais pas cela, c'est pourquoi je ne suis qu'un *Yen-Hoei*. Si j'atteignais là, je ne serais plus *Yen-Hoei* ; je deviendrais un homme supérieur. Mais, pratiquement, peut-on se vider à ce point ?

— On le peut, dit *K'oung-ni*, et je vais t'apprendre comment. Il faut, pour cela, ne laisser entrer du dehors, dans le domaine du cœur, que des êtres qui n'aient plus de nom ; des idées abstraites, pas des cas concrets. Le cœur ne doit vibrer qu'à leur contact (notions objectives) ; jamais spontanément (émotions subjectives). Il faut se tenir fermé, simple, dans le pur naturel, sans mélange d'artificiel. On peut arriver ainsi à se conserver sans émotion, tandis qu'il est difficile de se calmer après s'être laissé émouvoir ; tout comme il est plus facile de ne pas marcher, que d'effacer les traces de ses pas après avoir marché. Tout ce qui est artificiel, est faux et inefficace. Seul le naturel est vrai et efficace. Attendre un effet des procédés humains, c'est vouloir voler sans ailes ou comprendre sans intelligence.... Vois comme la lumière qui entre du dehors par ce trou du mur, s'étend dans le vide de cet appartement, et s'y éteint paisiblement, sans produire d'images. Ainsi les connaissances abstraites, doivent s'étendre dans la paix, sans la troubler. Si les connaissances restées concrètes, créent des images ou sont réfléchies, l'homme aura beau s'asseoir immobile, son cœur divaguera follement. Le cœur vidé attire les mânes, qui viennent y faire leur demeure. Il exerce sur les vivants une action toute-puissante. Lui seul est l'instrument des transformations morales, étant une pure parcelle du Principe, le transformateur universel. C'est ainsi qu'il faut expliquer l'action qu'exercèrent sur les hommes *Yao* et *Chounn*, après *Fou-hi*, *Ki-kiu* et beaucoup d'autres.[45]

▲**Tch4.B.** *Autre discours de Confucius sur l'apathie taoïste....* Envoyé comme ambassadeur par son maître le roi de *Tch'ou* au prince de *Ts'i*, *Tzeu-kao*[46] demanda conseil à *K'oung-ni*.

— Mon roi, lui dit-il, m'a confié une mission très importante. Ce sera fatigant ; et puis, réussirai-je ? Je crains pour ma santé, et pour ma tête. En vérité, je suis très inquiet.... J'ai toujours vécu sobrement, le corps sain et le cœur tranquille. Or, dès le jour de ma nomination comme ambassadeur, j'ai eu tellement le feu aux entrailles, que le soir j'ai dû boire de l'eau glacée, pour calmer cet embrasement intérieur. Si j'en suis là avant de partir pour ma mission, que sera-ce après ? Pour réussir, il me faudra passer par des inquiétudes sans nombre. Et si je ne réussis pas, comment sauverai-je ma tête ? Maître, quel conseil pouvez-vous me donner ?

— Voici, dit *K'oung-ni*. La piété envers les parents, et la fidélité à son prince, sont les deux devoirs naturels fondamentaux, dont rien ne peut jamais dispenser. Obéir à ses parents, servir son prince, voilà les devoirs de l'enfant et du ministre. Et cela, en toute chose, et quoi qu'il arrive. Il faut donc, en cette matière, bannir toute considération de peine ou de plaisir, pour n'envisager que le devoir en lui-même, non comme une chose

---

[45] Dans ce morceau, *Yen-Hoei* professe le confucéisme. Confucius lui enseigne le taoïsme.

[46] *Chenn-tchou leang*, alias *Chenn-tzeu kao*.

facultative, mais comme une chose fatale, pour laquelle il faut se dévouer, au besoin jusqu'au sacrifice de la vie et à l'acceptation de la mort. Ceci posé, vous êtes tenu d'accepter votre mission, et de vous dévouer à son accomplissement.... Il est vrai que le rôle d'un ambassadeur, d'un entremetteur diplomatique, est un rôle difficile et périlleux. Mais cela, le plus souvent, parce que le personnage y met du sien. Si le message est agréable, y ajouter des paroles agréables indiscrètes ; si le message est désagréable, y ajouter des paroles désagréables blessantes ; poser, hâbler, exagérer, outrepasser son mandat ; voilà ce qui cause d'ordinaire le malheur des ambassadeurs. Tout excès est funeste. Aussi est-il dit, dans les *Règles du parler* : Transmettez le sens de ce que vous êtes chargé de dire, mais non les termes, si ces termes sont durs. *A fortiori, n'ajoutez pas gratuitement des termes blessants.* Si vous faites ainsi, votre vie sera probablement sauve.... *Généralement, c'est la passion, qui gâte les choses.* Les lutteurs commencent par lutter d'après les règles ; puis, quand ils sont emballés, ils se portent de mauvais coups. Les buveurs commencent par boire modérément ; puis, échauffés, ils se soûlent. Le vulgaire commence par être poli ; puis, avec la familiarité viennent les incivilités. Beaucoup d'affaires, d'abord mises au point, sont ensuite exagérées : *Tout cela, parce que la passion s'en est mêlée. Il peut en arriver de même aux porteurs de messages. Malheur ! s'ils s'échauffent pour leur sujet. Ils ajouteront du leur, et il leur en cuira.* Il en est de l'orateur qui s'émeut, comme de l'eau et du vent ; les vagues s'élèvent aisément, les discours s'enflent facilement. Rien n'est dangereux, comme les paroles produites par la passion. Elles peuvent en venir à ressembler aux fureurs de la bête aux abois. Elles provoquent la rupture des négociations, la haine et la vengeance. Aussi les Règles du parler disent-elles : N'outrepassez pas votre mandat. N'insistez pas trop fort, par désir de réussir. Ne tâchez pas d'obtenir plus que vous ne devez demander. Sans cela, vous ne ferez rien de bon, et vous vous mettrez en danger. Mais, toute passion étant évitée, faites votre devoir, le cœur dégagé. Advienne que pourra ! Aiguillonnez-vous sans cesse, en vous demandant : comment ferai-je pour répondre aux bontés de mon prince ? Enfin soyez prêt à faire le sacrifice le plus difficile, celui de la vie, s'il le faut. Voilà mon conseil.

▲ **Tch4.C.** Autre leçon de modération taoïste. — Le philosophe *Yen-ho* de *Lou* ayant été désigné pour être le précepteur du fils acné du duc Ling de *Wei*, demanda conseil à *Kiu-paiu*.

— Mon élève, lui dit-il, est aussi mauvais que possible. Si je le laisse faire, il ruinera son pays. Si j'essaye de le brider, il m'en coûtera peut-être la vie. Il voit les torts d'autrui, mais pas les siens. Que faire d'un pareil disciple ?

Kiu-paiu dit :

— D'abord soyez circonspect, soyez correct, ne prêtez en rien à la critique. Ensuite vous chercherez à le gagner. Accommodez-vous à lui, sans condescendre à mal agir avec lui sans doute, mais aussi sans le prendre avec lui de trop haut. S'il a un caractère jeune, faites-vous jeune avec lui. S'il n'aime pas la contrainte, ne l'ennuyez pas. S'il n'aime pas la domination, ne cherchez pas à lui en imposer. Surtout, ne le prenez pas à rebrousse-poil, ne l'indisposez pas contre vous.... Ne tentez pas de lutter avec lui de vive force. Ce serait là imiter la sotte mante, qui voulut arrêter un char et qui fut écrasée.... Ne traitez avec lui, que quand il est bien disposé. Vous savez comme font les éleveurs de tigres, avec leurs dangereux élèves. Ils ne leur donnent jamais de proie vivante, car la satisfaction de la tuer exalterait leur brutale cruauté. Ils ne leur donnent même pas un gros morceau de viande, car l'acte de le déchirer surexciterait leurs instincts sanguinaires. Ils leur donnent leur nourriture par petites portions, et n'approchent d'eux, que quand, repus et calmes, ils sont d'aussi bonne humeur qu'un tigre peut l'être. Ainsi ont-ils plus de chances de ne pas être dévorés.... Cependant, ne rendez pas votre disciple intraitable, en le gâtant. Tels éleveurs de chevaux maniaques, aiment leurs bêtes jusqu'à conserver leurs excréments. Qu'arrive-t-il alors ? Il arrive que, devenus capricieux jusqu'à la frénésie, ces chevaux s'emportent et cassent tout quand on les approche même gentiment et dans les meilleures intentions. Plus on les gâte, moins ils sont reconnaissants.

Les principes taoïstes du maniement des hommes et des affaires, exposés ci-dessus, reviennent à ceci : Tout traiter de loin et de haut, en général pas en détail, sans trop s'appliquer, sans se préoccuper. Prudence, condescendance, patience, un certain laisser-aller ; mais pas de lâcheté ; et, au besoin, ne pas craindre la mort, laquelle n'a rien de redoutable pour le Taoïste. — La suite (comparez chap. 1F), est consacrée à l'abstention, à la retraite, que les Taoïstes mirent toujours au-dessus de l'action ; parce que l'inaction conserve, tandis que l'action use.

▲**Tch4.D.** Le maître charpentier *Cheu*, se rendant dans le pays de *Ts'i*, passa près du chêne fameux, qui ombrageait le tertre du génie du sol à *K'iu-yuan*. Le tronc de cet arbre célèbre pouvait cacher un bœuf. Il s'élevait droit, à quatre-vingt pieds de hauteur, puis étalait une dizaine de maîtresses branches, dans chacune desquelles ou aurait pu creuser un canot. On venait en foule pour l'admirer. Le charpentier passa auprès, sans lui donner un regard.

— Mais voyez donc, lui dit son apprenti. Depuis que je manie la hache, je n'ai pas vu une aussi belle pièce de bois. Et vous ne la regardez même pas !

— J'ai vu, dit le maître. Impropre à faire une barque, un cercueil, un meuble, une porte, une colonne. Bois sans usage pratique. Il vivra longtemps.

Quand le maître charpentier *Cheu* revint de *Ts'i*, il passa la nuit à *K'iu-yuan*. L'arbre lui apparut en songe, et lui dit :

— Oui, les arbres dont le bois est beau, sont coupés jeunes. Aux arbres fruitiers, on casse les branches, dans l'ardeur de leur ravir leurs fruits. A tous leur utilité est fatale. Aussi suis-je heureux d'être inutile. Il en est d'ailleurs de vous hommes, comme de nous arbres. Si tu es un homme utile, tu ne vivras pas vieux.

Le lendemain matin, l'apprenti demanda au maître :

— Si ce grand arbre est heureux d'être inutile, pourquoi s'est-il laissé faire génie du lieu ?

— On l'a mis en place, dit le maître, sans lui demander son avis, et il s'en moque. Ce n'est pas la vénération populaire qui protège son existence, c'est son incapacité pour les usages communs. Son action tutélaire se réduit d'ailleurs à ne rien faire. Tel le sage taoïste, mis en place malgré lui, et se gardant d'agir.

▲**Tch4.E.** *Suit une autre variation sur le même thème, presque identique, fragment semblable ajouté au précédent, qui se termine ainsi* : Cet arbre étant impropre aux usages communs, a pu se développer jusqu'à ces dimensions. La même incapacité donne à certains hommes le loisir d'atteindre à la transcendance parfaite.

▲**Tch4.F.** Dans le pays de *Song*, à *King-cheu*, les arbres poussent en masse. Les tout petits sont coupés, pour en faire des cages aux singes. Les moyens sont coupés, pour faire des maisons aux hommes. Les gros sont coupés, pour faire des cercueils aux morts. Tous périssent, par la hache, avant le temps, parce qu'ils peuvent servir. S'ils étaient sans usage, ils vieilliraient à l'aise. Le traité sur les victimes, déclare que les bœufs à tête blanche, les porcs au groin retroussé, les hommes atteints de fistules, ne peuvent pas être sacrifiés au Génie du Fleuve ; car, disent les aruspices, ces êtres-là sont néfastes. Les hommes transcendants pensent que c'est faste pour eux, puisque cela leur sauve la vie.

▲**Tch4.G.** Le cul-de-jatte *Chou*, un véritable monstre, gagnait sa vie et entretenait une famille de dix personnes, en ravaudant, vannant, etc. Quand son pays mobilisait, il restait bien tranquille. Aux jours de grande corvée, on ne lui demandait rien. Quand il y avait distribution de secours aux pauvres, il recevait du grain et du bois. Son incapacité pour les offices ordinaires, lui valut de vivre jusqu'au bout de ses jours. De même son incapacité pour les charges vulgaires, fera vivre l'homme transcendant jusqu'au terme de son lot.

▲**Tch4.H.** Alors que Confucius visitait le pays de *Tch'ou*, le fou *Tsie-u*[47] lui cria :

— Phénix ! phénix ! Sans doute, le monde est décadent ; mais qu'y pourras-tu ? L'avenir n'est pas encore venu, le passé est déjà bien loin. En temps de bon ordre, le Sage travaille pour l'État ; en temps de désordre, il s'occupe de son propre salut. Actuellement les temps sont tels, qu'échapper à la mort est difficile. Il n'y a plus de bonheur pour personne ; le malheur écrase tout le monde. Ce n'est pas le moment de te montrer. Tu parleras en vain de vertu, et montreras en pure perte ta tenue compassée. Il me plaît de courir comme un fou ; ne te mets pas dans mon chemin. Il me plaît de marcher de travers ; ne gêne pas mes pieds. C'est le moment de laisser faire.

▲**Tch4.I.** En produisant des forêts, la montagne attire ceux qui la dépouilleront. En laissant dégoutter sa graisse, le rôti active le feu qui le grille. Le cannellier est abattu, parce que son écorce est un condiment recherché. On incise l'arbre à vernis, pour lui ravir sa sève précieuse. La presque totalité des hommes s'imagine que, être jugé apte à quelque chose, est un bien. En réalité, c'est être jugé inapte à tout, qui est un avantage.

---

[47] C'était un sage taoïste, qui passait pour fou. Comparez : *Entretiens de Confucius*, livre IX, chapitre XVIII, 5.

Chapitre 5

Action parfaite

▲ **Tch5.A.** Dans la principauté de *Lou*, un certain *Wang-t'ai*, qui avait subi l'amputation des deux pieds (supplice commun alors), groupait autour de lui plus de disciples que Confucius. *Tch'ang-ki* s'en étonna, et dit au Maître :

— Ce *Wang-t'ai* ne pérore pas, ne discute pas ; et cependant, ceux qui sont allés à lui vides, reviennent de chez lui pleins. Y aurait-il une manière d'enseigner sans paroles, un procédé impalpable de former les cœurs ? D'où provient l'influence de cet homme ?

— De sa transcendance, répondit Confucius. Je l'ai connu trop tard. Je devrais me mettre à son école. Tout le monde devrait le prendre pour maître.

— En quoi, au juste, vous est-il supérieur ? demanda *Tch'ang-ki*.

— En ce que, répondit Confucius, il a atteint l'impassibilité parfaite. La vie et la mort lui étant également indifférentes, l'effondrement de l'univers ne lui causerait aucune émotion. A force de scruter, il est arrivé à la vérité abstraite immobile, la connaissance du principe universel unique. Il laisse évoluer tous les êtres selon leurs destinées, et se tient, lui, au centre immobile de toutes les destinées.

— Je ne comprends pas, dit *Tch'ang-ki*.

Confucius reprit :

— Il y a deux manières d'envisager les êtres ; ou comme des entités distinctes, ou comme étant tous un dans le grand tout. Pour ceux qui se sont élevés à cette dernière sorte de considération, peu importe ce que leurs sens perçoivent. Leur esprit plane, toute son action étant concentrée. Dans cette vue abstraite globale, le détail des déficits disparaît. C'est en elle que consiste la transcendance de ce *Wang-t'ai*, que la mutilation de son corps ne saurait diminuer.

— Ah ! dit *Tch'ang-ki*, je comprends. Ses réflexions l'ont rendu maître de ses sens, et il est ainsi parvenu à l'impassibilité. Mais y a-t-il là de quoi faire ainsi courir après lui ?

— Oui, repartit Confucius ; la fixité mentale attire ceux qui cherchent la sagesse, comme l'eau immobile attire ceux qui désirent se mirer. Personne ne va se mirer dans l'eau courante. Personne ne demande à apprendre d'un esprit instable. C'est l'immuabilité qui caractérise le Sage au milieu de la foule... Tels, parmi les arbres à feuilles caduques, les pins et les cyprès toujours verts. Tels, parmi les hommes vulgaires, l'empereur *Chounn*, toujours droit et rectifiant les autres.... Le signe extérieur de cet état intérieur, c'est l'imperturbabilité. Non pas celle du brave, qui fonce seul, pour l'amour de la gloire, sur une armée rangée en bataille. Mais celle de l'esprit qui, supérieur au ciel, à la terre, à tous les êtres, habite dans un corps auquel il ne tient pas, ne fait aucun cas des images que ses sens lui fournissent, connaît tout par connaissance globale dans son unité immobile. Cet esprit-là, absolument indépendant, est maître des hommes. S'il lui plaisait de les convoquer en masse, au jour fixé tous accourraient. Mais il ne veut pas se faire servir.

▲ **Tch5.B.** *Chennt'ou-kia* avait aussi subi l'amputation des pieds, pour une faute vraie ou supposée. Dans la principauté de *Tcheng* il suivait, avec *Tzeu-tch'an*, les leçons de *Pai-hounn-ou-jenn*. *Tzeu-tch'an* méprisant ce mutilé, exigea qu'il lui cédât le pas....

— Il n'y a pas de rangs, dans l'école de notre maître, dit

Chennt'ou-kia. Si vous tenez à l'étiquette, allez ailleurs. A un miroir parfaitement net, la poussière n'adhère pas ; si elle adhère, c'est que le miroir est humide ou gras. Votre exigence en matière rituelle, prouve que vous n'êtes pas encore sans défauts.

— Vous, un mutilé, dit *Tzeu-tch'an*, vous me faites l'effet de vouloir poser en *Yao*. Si vous vous examiniez, vous trouveriez peut-être des raisons de vous taire.

— Vous faites allusion, dit *Chennt'ou-kia*, à la peine que j'ai subie, et pensez que je l'ai méritée pour quelque faute grave. La plupart de ceux qui sont dans mon cas, disent très haut que cela n'aurait pas dû leur arriver. Plus sage qu'eux, je ne dis rien, et me résigne en paix à mon destin. Quiconque passait dans le champ visuel du fameux archer, devait être percé d'une flèche ; s'il ne l'était pas, c'est que le destin ne le voulait pas. Le destin voulut que moi je perdisse mes pieds, et que d'autres gardassent les leurs. Les hommes qui ont leurs pieds, se moquent de moi qui ai perdu les miens. Jadis cela m'affectait. Maintenant je suis corrigé de cette faiblesse. Voilà dix-neuf années que j'étudie sous notre maître, lequel très attentif sur mon intérieur, n'a jamais fait aucune allusion à mon extérieur. Vous, son disciple, faites tout le contraire. N'auriez-vous pas tort ?

Tzeu-tch'an[48] sentit la réprimande, changea de visage et dit :

— Qu'il n'en soit plus question.

▲ **Tch5.C.** Dans la principauté de *Lou*, un certain *Chou-chan* qui avait subi l'amputation des orteils, alla demander à Confucius de l'instruire.

---

[48] Le *Tseu-tch'an* mis ici en mauvaise posture, est un parangon confucéiste. Prince de *Tcheng*, du sixième siècle, célèbre à divers titres ; surtout comme administrateur. Confucius pleura amèrement sa mort.

— A quoi bon ? lui dit celui-ci, puisque vous n'avez pas su conserver votre intégrité corporelle.

— Je voulais, pour compenser cette perte, apprendre de vous à préserver mon intégrité mentale, dit *Chou-chan*. Le ciel et la terre se prodiguent à tous les êtres, quels qu'ils soient, sans distinction. Je croyais que vous leur ressembliez. Je ne m'attendais pas à être rebuté par vous.

— Pardonnez mon incivilité, veuillez entrer, dit Confucius ; je vous dirai ce que je sais.

Après l'entrevue, Chou-*chan* s'en étant retourné, Confucius dit à ses disciples :

— Que cet exemple vous anime au bien, enfants ! Voyez, ce mutilé cherche à réparer ses fautes passées. Vous, ne commettez pas de fautes.

Cependant *Chou-chan*, malcontent de Confucius, s'était adressé à *Lao-tan*.

— Ce *K'oung-ni*, lui dit-il, n'est pas un sur-homme. Il s'attire des disciples, pose en maître, et cherche visiblement la réputation. Or le surhomme considère les préoccupations comme des menottes et des entraves.

— Pourquoi, dit Lao-tan, n'avez-vous pas profité de votre entrevue avec lui, pour lui dire sans ambages, que la vie et la mort sont une seule et même chose ; qu'il n'y a aucune distinction entre oui et non ? Vous l'auriez peut-être délivré de ses menottes et de ses entraves.

— Impossible, dit Chou-chan. Cet homme est trop plein de lui-même. Le Ciel l'a puni en l'aveuglant. Personne ne le fera plus voir clair.

▲ **Tch5.D.** Le duc *Nai* de *Lou* dit à Confucius :

— Dans le pays de *Wei* vivait un homme nommé *T'ouo* le laid. Il était de fait la laideur même, un véritable épouvantail. Et cependant ses femmes, ses concitoyens, tous ceux qui le connaissaient, raffolaient de lui. Pourquoi cela ? Pas pour son génie, car il était toujours de l'avis des autres. Pas pour sa noblesse, car il était du commun. Pas pour sa richesse, car il était pauvre. Pas pour son savoir, car il ne connaissait du monde que son village.... Je voulus le voir. Certes il était laid à faire peur. Malgré cela il me charma, car il charmait tout le monde. Après quelques mois, j'étais son ami. Avant un an, il eut toute ma confiance. Je lui offris d'être mon ministre. Il accepta avec répugnance et me quitta bientôt. Je ne puis me consoler de l'avoir perdu. A quoi attribuer la fascination que cet homme exerce ?

— Jadis, dit Confucius, dans le pays de *Tch'ou*, je vis la scène suivante. Une truie venait de mourir. Ses petits suçaient encore ses mamelles. Tout à coup ils se débandèrent effrayés. Ils s'étaient aperçu que leur mère ne les regardait plus, que ce n'était plus leur mère. Ce qu'ils avaient aimé en elle d'amour filial, ce n'était pas son corps, c'est ce qui animait son corps *et qui venait de disparaître*, la vertu maternelle résidant en elle.... Dans le corps de *T'ouo* le laid, habitait une vertu latente parfaite. C'est cette vertu qui attirait à lui, malgré la forme répugnante de son corps.

— Et qu'est-ce, demanda le duc Nai, que la vertu parfaite ?

— C'est, répondit Confucius, l'impassibilité affable. La mort et la vie, la prospérité et la décadence, le succès et l'insuccès, la pauvreté et la richesse, la supériorité et l'infériorité, le blâme et l'éloge, la faim et la soif, le froid et le chaud, voilà les vicissitudes alternantes dont est fait le destin. Elles se succèdent, imprévisibles, sans cause connue. Il faut négliger ces choses ; ne pas les laisser pénétrer dans le palais de l'esprit, dont elles troubleraient la calme paix. Conserver cette paix d'une manière stable, sans la laisser troubler même par la joie ; faire, à tout bon visage, s'accommoder de tout ; voilà, dit Confucius, la vertu parfaite.

— Pourquoi, demanda le duc *Nai*, l'appelez-vous latente ?

— Parce que, dit Confucius, elle est impalpable, comme le calme qui attire dans l'eau d'un étang. Ainsi la calme paix du caractère, non autrement définissable, attire tout à soi.

A quelques jours de là, le duc *Nai converti au taoïsme par Confucius*, confia à Maître *Minn* l'impression que lui avait faite cette conversation.

— Jusqu'ici, dit-il, j'avais cru, que gouverner, contrôlée, les statistiques et protéger la vie de mes sujets, était mon devoir d'état. Mais depuis que j'ai entendu parler un sur-homme (Confucius), je crois bien que je me suis trompé. Je me suis nui à moi-même en m'agitant trop, et à ma principauté en m'occupant trop d'elle. Désormais *Koung-K'iou* n'est plus mon sujet mais mon ami, pour le service qu'il m'a rendu de m'ouvrir les yeux.

▲ **Tch5.E.** Un cul-de-jatte gagna tellement la confiance du duc *Ling* de *Wei*, que celui-ci le préféra aux hommes les mieux faits. Un autre affligé d'un goitre énorme, fut le conseiller préféré du duc *Hoan* de *Ts'i*. Le nimbe d'une capacité supérieure, éclipse les formes corporelles auxquelles elle adhère. Faire cas du corps et ne pas faire cas de la vertu, c'est la pire des erreurs. Se tenant dans son champ de la science globale, le Sage méprise la connaissance des détails, toute convention, toute affection, tout art. Libre de ces choses artificielles et distrayantes, il nourrit son être de l'aliment céleste (pure raison, dit la glose), indifférent aux affaires humaines. Dans le corps d'un homme, il n'est plus un homme. Il vit avec les hommes, mais absolument indifférent à leur approbation et à leur désapprobation, parce qu'il n'a plus leurs sentiments. Infiniment petit est ce par quoi il est encore un homme (son corps) ; infiniment grand est ce par quoi il est un avec le ciel (sa raison).

▲ **Tch5.F.** *Hoei-tzeu* (musicien et sophiste) objecta :

— Un homme ne peut pas arriver à être, comme vous dites, sans affections.

— Il le peut, répliqua *Tchoang-tzeu*.

— Alors, dit *Hoei-tzeu*, ce n'est plus un homme.

— C'est encore un homme, dit *Tchoang-tzeu* ; car le Principe et le ciel lui ont donné ce qui fait l'homme.

— S'il a perdu le sentiment, repartit *Hoei-tzeu*, il a cessé d'être un homme.

— S'il en avait perdu jusqu'à la puissance, peut-être, dit *Tchoang-tzeu*, (car cette puissance se confond avec la nature) ; mais il n'en est pas ainsi. La puissance lui reste, mais il n'en use pas pour distinguer, pour prendre parti, pour aimer ou haïr. Et par suite il n'use pas en vain le corps, que le Principe et le ciel lui ont donné. Ce n'est pas votre cas, à vous qui vous tuez à faire de la musique et à inventer des sophismes.

CHAPITRE 6

LE PRINCIPE, PREMIER MAÎTRE

▲ **Tch6.A.** Savoir faire la part de l'action du ciel et de l'action de l'homme, voilà l'apogée de l'enseignement et de la science. — Savoir ce qu'on a reçu du ciel, et ce qu'on doit y ajouter de soi, voilà l'apogée. — Le don du ciel, c'est la nature reçue à la naissance. Le rôle de l'homme, c'est de chercher, en partant de ce qu'il sait, à apprendre ce qu'il ne sait pas ; c'est d'entretenir sa vie jusqu'au bout des années assignées par le ciel, sans l'abréger par sa faute. Savoir cela, voilà l'apogée. — Et quel sera le critère de ces assertions, dont la vérité n'est pas évidente ? Sur quoi repose la certitude de cette distinction du céleste et de l'humain dans l'homme ?... Sur l'enseignement des Hommes Vrais. D'eux provient le Vrai Savoir.

▲ **Tch6.B.** Qu'est-ce que ces Hommes Vrais ?... Les Hommes Vrais de l'antiquité, se laissaient conseiller même par des minorités. Ils ne recherchaient aucune gloire, ni militaire, ni politique. Leurs insuccès ne les chagrinaient pas, leurs succès ne les enflaient pas. Aucune hauteur ne leur donnait le vertige. L'eau ne les mouillait pas, le feu ne les brûlait pas ; parce qu'ils s'étaient élevés jusqu'aux régions sublimes du Principe.[49]

Les Hommes Vrais anciens, n'étaient troublés par aucun rêve durant leur sommeil, par aucune tristesse (tarant leur veille. Le raffinement dans les aliments leur était inconnu. Leur

---

[49] Parce qu'ils étaient uns, dans ce principe, avec les forces naturelles, lesquelles ne mouillent, ne brûlent, ne blessent, ne détruisent, que leurs contraires. Quiconque est un avec le Principe universel, est un avec le feu et l'eau, n'est ni brûlé ni mouillé, etc.

respiration calme et profonde, pénétrait leur organisme jusqu'aux talons ; tandis que le vulgaire respire du gosier seulement, comme le prouvent les spasmes de la glotte de ceux qui se disputent ; plus un homme est passionné, plus sa respiration est superficielle.[50]

Les Hommes vrais anciens ignoraient l'amour de la vie et l'horreur de la mort. Leur entrée en scène, dans la vie, ne leur causait aucune joie ; leur rentrée dans les coulisses, à la mort, ne leur causait aucune horreur. Calmes ils venaient, calmes ils partaient, doucement, sans secousse, comme en planant. Se souvenant seulement, de leur dernier commencement (naissance), ils ne se préoccupaient pas de leur prochaine fin (mort). Ils aimaient cette vie tant qu'elle durait, et l'oubliaient au départ pour une autre vie, à la mort. Ainsi leurs sentiments humains ne contrecarraient pas le Principe en eux ; l'humain en eux ne gérait pas le céleste. Tels étaient les Hommes Vrais.

Par suite, leur cœur était ferme, leur attitude était recueillie, leur mine était simple, leur conduite était tempérée, leurs sentiments étaient réglés. Ils faisaient, en toute occasion, ce qu'il fallait faire, sans confier à personne leurs motifs intérieurs. Ils faisaient la guerre sans haïr, et du bien sans aimer. Celui-là n'est pas un Sage, qui aime à se communiquer, qui se fait des amis, qui calcule les temps et les circonstances, qui n'est pas indifférent au succès et à l'insuccès, qui expose sa personne pour la gloire ou pour la faveur. *Hou-pou-hie Oukoang, Pai-i, Chou-ts'i, Ki-tzeu, Su-u, Ki-t'ouo, Chenn-t'ou-ti,* servirent tout le monde et firent du bien à tout le monde, sans qu'aucune émotion de leur cœur viciât leurs actes de bienfaisance.

Les Hommes Vrais anciens, étaient toujours équitables, jamais aimables ; toujours modestes, jamais flatteurs. Ils tenaient à leur

---

[50] Illusions, passions, goûts, tout cela est contraire à la vérité. L'air pur est, pour les taoïstes, l'aliment par excellence des forces vitales.

sens, mais sans dureté. Leur mépris pour tout était manifeste, mais non affecté. Leur extérieur était paisiblement joyeux. Tous leurs actes paraissaient naturels et spontanés. Ils inspiraient l'affection par leurs manières, et le respect par leurs vertus. Sous un air de condescendance apparente, ils se tenaient fièrement à distance du vulgaire. Ils affectionnaient la retraite, et ne préparaient jamais leurs discours. Pour eux, les supplices étaient l'essentiel dans le gouvernement, mais ils les appliquaient sans colère. Ils tenaient les rits pour un accessoire, dont ils s'acquittaient autant qu'il fallait pour ne pas choquer le vulgaire. Ils tenaient pour science de laisser agir le temps, et pour vertu de suivre le flot. Ceux qui jugèrent qu'ils se mouvaient activement, se sont trompés. En réalité ils se laissaient aller au fil du temps et des événements. Pour eux, aimer et haïr, c'était tout un ; ou plutôt, ils n'aimaient ni ne haïssaient. Ils considéraient tout comme essentiellement un, à la manière du ciel, et distinguaient artificiellement des cas particuliers, à la manière des hommes. Ainsi, en eux, pas de conflit entre le céleste et l'humain. Et voilà justement ce qui fait l'Homme Vrai.

▲Tch6.C. L'alternance de la vie et de la mort, est prédéterminée, comme celle du jour et de la nuit, par le Ciel. *Que l'homme se soumette stoïquement à la fatalité, et rien n'arrivera plus contre son gré.* S'il arrive quelque chose qui le blesse, c'est qu'il avait conçu de l'affection pour quelque être. *Qu'il n'aime rien, et il sera invulnérable. Il y a des sentiments plus élevés, que les amours réputés nobles.* Qu'au lieu d'aimer le Ciel comme un père, il le vénère comme le faîte universel. Qu'au lieu d'aimer son prince jusqu'à mourir pour lui, il se sacrifie pour le seul motif abstrait du dévouement absolu. Quand les ruisseaux se dessèchent, les poissons se rassemblent dans les trous, et cherchent à se tenir humides en se serrant les uns contre les autres. *Et l'on admire cette charité mutuelle !* N'eût-il pas mieux valu, que, de bonne heure, ils eussent cherché, chacun pour soi, le salut dans les eaux profondes ?... Au lieu de toujours citer comme exemple la bonté de *Yao*, et comme épouvantail la malice de *Kie*, les hommes ne feraient-ils pas mieux d'oublier ces deux personnages, et. d'orienter la morale uniquement sur la perfection abstraite du Principe ?

Mon corps fait partie de la grande masse (du cosmos, de la nature, du tout). En elle, le soutien de mon enfance, l'activité durant mon âge mûr, la paix dans ma vieillesse, le repos à ma mort. Bonne elle m'a été durant l'état de vie, bonne elle me sera durant l'état de mort. De tout lieu particulier, un objet déposé peut être dérobé ; mais un objet confié au tout lui-même, ne sera pas enlevé. Identifiez-vous avec la grande masse ; en elle est la permanence. *Permanence pas immobile. Chaîne de transformations. Moi persistant à travers des mutations sans fin.* Cette fois je suis content d'être dans une forme humaine.[51] J'ai déjà éprouvé antérieurement et j'éprouverai postérieurement le même contentement d'être, dans une succession illimitée de formes diverses, suite infinie de contentements. Alors pourquoi haïrais-je la mort, le commencement de mon prochain contentement ? Le Sage s'attache au tout dont il fait partie, qui le contient, dans lequel il évolue. S'abandonnant au fil de cette évolution, il sourit à la mort prématurée, il sourit à l'âge suranné, il sourit au commencement, il sourit à la fin ; il sourit et veut qu'on sourie à toutes les vicissitudes. Car il sait que tous les êtres font partie du tout qui évolue.

▲**Tch6.D.** Or ce tout est le Principe, volonté, réalité, non-agissant, non-apparent. Il peut titre transmis mais non saisi, appréhendé mais pas vu. Il a en lui-même son essence et sa racine. Avant que le ciel et la terre ne fussent, toujours il existait immuable. Il est la source de la transcendance des Mânes et du Souverain *des Annales et des Odes.* Il engendra le ciel et la terre des *Annales et des Odes*. Il fut avant la matière informe, avant l'espace, avant le monde, avant le temps ; sans qu'on

---

[51] Glose : Être actuellement un homme, c'est un épisode dans la chaîne de dix mille transformations successives.

puisse l'appeler pour cela haut, profond, durable, ancien.⁵² *Hi-wei* le connut, et dériva de cette connaissance les lois astronomiques. *Fou-hi* le connut, et tira de cette connaissance les lois physiques. C'est à lui que l'Ourse (le pôle) doit sa fixité imperturbable. C'est à lui que le soleil et la lune doivent leur cours régulier. Par lui *K'an-P'ei* s'établit sur les monts *K'ounn-lunn*, *Fong-i* suivit le cours du Fleuve Jaune, *Kien-ou* s'établit au mont *T'ai-chan*, *Hoang-ti* monta au ciel, *Tchoan-hu* habita le palais azuré, *U-K'iang* devint le génie du pôle nord, *Si-wang-mou* s'établit à *Chao-koang*.⁵³ Personne ne sait rien, ni de son commencement, ni de sa fin. Par lui *P'eng-tsou* vécut, depuis les temps de l'empereur *Chounn*, jusqu'à celui des cinq hégémons Par lui *Fou-ue* gouverna l'empire de son maître l'empereur *Ou-ting*, et devint après sa mort une étoile (dans la constellation du Sagittaire).

▲**Tch6.E.** Maître *K'oei* dit *Nan-pai*, demanda à *Niu-u* :

— Comment se fait-il que, malgré votre grand âge, vous ayez la fraîcheur d'un enfant ?

— C'est, dit *Niu-u*, qu'ayant vécu conformément à la doctrine du Principe, je ne me suis pas usé.

— Pourrais-je apprendre cette doctrine ? demanda Maître *K'oei*. Vous n'avez pas ce qu'il faut, répondit *Niu-u*. *Pouo-leang-i*, lui, avait les dispositions requises. Je l'enseignai. Après trois jours, il eut oublié le monde extérieur. Sept jours de plus, et il perdit la notion des objets qui l'entouraient. Neuf jours de plus, et il eut perdu la notion de sa propre existence. Il acquit alors la claire pénétration, et par elle la science de l'existence momentanée dans la chaîne ininterrompue. Ayant acquis cette connaissance,

---

⁵² L'absolu n'admettant pas d'épithètes relatives. Glose.

⁵³ Réminiscences ou fiction ? Rien à tirer des gloses. Je renvoie la question aux savants.

il cessa de distinguer le passé du présent *et du futur*, la vie de la mort.[54] Il comprit que, en réalité, tuer ne fait pas mourir, engendrer ne fait pas naître, le Principe soutenant l'être à travers ses finir et ses devenir. Aussi l'appelle-t-on justement le *fixateur permanent*. C'est de lui, du *fixe*, que dérivent toutes les mutations.

— Est-ce vous qui avez inventé cette doctrine ? demanda Maître *K'oei*.

— Non, dit *Niu-u* ; je l'ai apprise du fils de *Fou-mei*, disciple du petit-fils de *Lao-song*, disciple de *Tchan-ming*, disciple de *Nie-hu*, disciple de *Su-i*, disciple de *U-neou* ; disciple de *Huan-ming*, disciple de *San-leao*, disciple de *I-cheu*.[55]

▲**Tch6.F.** *Tzeu-seu, Tzeu-u, Tzeu-li, Tzeu-lai*, causaient ensemble. L'un d'entre eux dit :

— Celui qui penserait comme moi, que tout être est éternel, que la vie et la mort se succèdent, qu'être vivant ou mort sont deux phases du même être, celui-là j'en ferais mon ami.

Or, les trois autres pensant de même, les quatre hommes rirent tous ensemble et devinrent amis intimes.

Or il advint que *Tzeu-u* tomba gravement malade. Il était affreusement bossu et contrefait. *Tzeu-seu* alla le visiter. Respirant péniblement, mais le cœur calme, le mourant lui dit :

— Bon est l'auteur des titres (le Principe, la Nature), qui m'a fait *pour cette fois* comme je suis. Je ne me plains pas de lui. Si,

---

[54] Phases, périodes, de l'évolution une.

[55] Sont-ce là des surnoms d'hommes ? C'est possible, mais pas probable. Ces mots signifient, et peuvent s'interpréter ainsi : Je n'ai pas tiré cette doctrine de mon imagination. Je l'ai découverte, à force de méditer sur le mystère de l'origine.

quand j'aurai quitté cette forme, il fait de mon bras gauche un coq, je chanterai pour annoncer l'aube. S'il fait de mon bras droit une arbalète, j'abattrai des hiboux. S'il fait de mon tronc une voiture, et y attelle mon esprit transformé en cheval, j'en serai encore satisfait. Chaque être reçoit sa forme en son temps, et la quitte à son heure. Cela étant, pourquoi concevoir de la joie ou de la tristesse, dans ces vicissitudes ? *Il n'y a pas lieu.* Comme disaient les anciens, le fagot est successivement lié et délié. L'être ne se délie, ni ne se lie, lui-même. Il dépend du ciel, pour la mort et la vie. Moi qui suis un être parmi les êtres, pourquoi me plaindrais-je de mourir ?

Ensuite *Tzeu-lai* tomba lui aussi malade. La respiration haletante, il était près d'expirer. Sa femme et ses enfants l'entouraient en pleurant. *Tzeu-li* étant allé le visiter, dit à ces importuns :

— Taisez-vous ! sortez ! ne troublez pas son passage ![56] Puis, appuyé contre le montant de la porte, il dit au malade :

— Bonne est la transformation. Que va-t-elle faire de toi ? Où vas-tu passer ? Deviendras-tu organe d'un rat, ou patte d'un insecte ?

— Peu m'importe, dit le mourant. Dans quelque direction que ses parents l'envoient, l'enfant doit aller. Or le *yinn* et le *yang* sont à l'homme plus que ses parents.[57] Quand leur révolution aura amené ma mort, si je ne me soumettais pas volontiers, je serais un rebelle.... La grande masse (cosmos) m'a porté durant cette existence, m'a servi pour me faire vivre, m'a consolé dans ma vieillesse, me donne la paix dans le trépas. Bonne elle m'a

---

[56] Lequel exige plutôt le calme, comme l'entrée dans le sommeil.

[57] Les deux alternances de la révolution cosmique, agents supérieurs du Principe, donnant la vie ou la mort tandis que les parents, agents inférieurs, déterminent la vie seulement.

été dans la vie, bonne elle m'est dans la mort.... Supposons un fondeur occupé à brasser son métal en fusion. Si une partie de ce métal, sautant dans le creuset, lui disait : moi je veux devenir un glaive, pas autre chose ! le fondeur trouverait certainement ce métal inconvenant. De même, si, au moment de sa transformation, un mourant criait : je veux redevenir un homme, pas autre chose ! bien sûr que le transformateur le trouverait inconvenant. Le ciel et la terre (le cosmos) sont la grande fournaise, la transformation est le grand fondeur ; tout ce qu'il fera de nous, doit nous agréer. *Abandonnons-nous à lui avec paix*. La vie se termine par un sommeil, que suit un nouvel éveil.

▲**Tch6.G.** Maître *Sang-hou*, *Mong-tzeu-fan*, Maître *Kinn-tchang*, étaient amis. L'un d'entre eux demanda :

— Qui est parfaitement indifférent à toute influence, à toute action ? Qui peut s'élever dans les cieux par l'abstraction, flâner dans les nuages par la spéculation, se jouer dans l'éther, oublier sa vie présente et la mort à venir ?

Les trois hommes se regardèrent et rirent, car tous en étaient là, et ils furent plus amis que devant.

Or l'un des trois, Maître *Sang-hou*, étant mort, Confucius envoya son disciple *Tzeu-koung* à la maison mortuaire, pour s'informer s'il ne faudrait pas aider aux funérailles. Quand *Tzeu-koung* arriva, les deux amis survivants chantaient devant le cadavre, avec accompagnement de cithare, le refrain suivant :

— O *Sang-hou* ! O *Sang-hou* !... Te voilà uni à la transcendance, tandis que nous sommes encore des hommes, hélas !...

Tzeu-koung les ayant abordés, leur demanda :

— Est-il conforme aux rits, de chanter ainsi, en présence d'un cadavre ?...

Les deux hommes s'entre-regardèrent, éclatèrent de rire, et se dirent :

— Qu'est-ce que celui-ci peut comprendre à nos rits à nous ?

Tzeu-koung retourna vers Confucius, lui dit ce qu'il avait vu, puis demanda :

— Qu'est-ce que ces gens-là, sans manières, sans tenue, qui chantent devant un cadavre, sans trace de douleur ? Je n'y comprends rien.

— Ces gens-là, dit Confucius, se meuvent en dehors du monde, tandis que moi je me meus dans le monde. Il ne peut y avoir rien de commun entre eux et moi. J'ai eu tort de t'envoyer là. D'après eux, l'homme doit vivre en communion avec l'auteur des êtres (le Principe cosmique), en se reportant au temps où le ciel et la terre n'étaient pas encore séparés. Pour eux, la forme qu'ils portent durant cette existence, est un accessoire, un appendice, dont la mort les délivrera, en attendant qu'ils renaissent dans une autre. Par suite, pour eux, pas de mort et de vie, de passé et de futur, dans le sens usuel de ces mots. Selon eux, la matière de leur corps a servi, et servira successivement, à quantité d'êtres différents. Peu importent leurs viscères et leurs organes, à des gens qui croient à une succession continue de commencements et de fins. Ils se promènent en esprit hors de ce monde poussiéreux, et s'abstiennent de toute immixtion dans ses affaires. Pourquoi se donneraient-ils le mal d'accomplir les rits vulgaires, ou seulement l'air de les accomplir ?

— Mais vous, Maître, demanda *Tzeu-koung* gagné au taoïsme, pourquoi faites-vous de ces rits la base de votre morale ?

— Parce que le Ciel m'a condamné à cette besogne massacrante (sic), dit Confucius. Je dis ainsi, mais au fond, comme toi, je n'y crois plus. Les poissons naissent dans l'eau, les hommes dans le Principe. Les poissons vivent de l'eau, les hommes du non-agir. Chacun pour soi dans les eaux, chacun pour soi dans le Principe. Le vrai sur-homme est celui qui a rompu avec tout le reste, pour adhérer uniquement au ciel. Celui-là seul devrait être appelé Sage par les hommes. Trop souvent, qui est appelé Sage par les hommes, n'est qu'un être vulgaire quant au Ciel.

▲**Tch6.H.** *Yen-Hoei* demanda à *Tchoung-ni* (Confucius) : Quand la mère de *Mong-sounn-ts'ai* fut morte, lors de ses funérailles, son fils poussa les lamentations d'usage sans verser une larme, et lit toutes les cérémonies sans le moindre chagrin. Néanmoins, dans le pays de *Lou*, il passe pour avoir satisfait à la piété filiale. Je n'y comprends rien.

— Il a en effet satisfait, répondit Confucius, en illuminé qu'il est. Il ne pouvait pas s'abstenir des cérémonies extérieures, *cela aurait trop choqué le vulgaire* ; mais il s'abstient des sentiments intérieurs *du vulgaire, que lui ne partage pas*. Pour lui, l'état de vie et l'état de mort, sont une même chose ; et il ne distingue, entre ces états, ni antériorité ni postériorité, *car il les tient pour chaînons d'une chaîne infinie*. Il croit que les êtres subissent fatalement des transformations successives, qu'ils n'ont qu'à subir en paix, sans s'en préoccuper. Immergé dans le courant de ces transformations, l'être n'a qu'une connaissance confuse de ce qui lui arrive. *Toute vie est comme un rêve*. Toi et moi qui causons à cette heure, nous sommes deux rêveurs non-réveillés.... Donc, la mort n'étant pour *Mongsounn-ts'ai* qu'un changement de forme, elle ne vaut pas que l'on s'en afflige ; pas plus que de quitter une demeure, qu'on n'a habitée qu'un seul jour. Cela étant, il se borna strictement au rit extérieur. Ainsi il ne choqua, ni le public, ni ses convictions.

Personne ne sait au juste ce par quoi il est lui, la nature intime de son moi. Le même homme qui vient de rêver qu'il est oiseau planant dans les cieux, rêve ensuite qu'il est poisson plongeant dans les abîmes. Ce qu'il dit, il ne peut pas se rendre compte, s'il le dit éveillé ou endormi. Rien de ce qui arrive, ne vaut qu'on s'en émeuve. La paix consiste à attendre soumis les dispositions du Principe. A l'heure de son départ *de la vie présente*, l'être rentre dans le courant des transformations. C'est là le sens de la formule entrer dans l'union avec l'infini céleste.[58]

▲ **Tch6.I.** *I-eull-tzeu* ayant visité *Hu-You*, celui-ci lui demanda ce que *Yao* lui avait appris.

— Il m'a dit, dit *I-eull-tzeu*, de cultiver la bonté et l'équité, de bien distinguer le bien et le mal.

— Alors, demanda *Hu-You*, pourquoi venez-vous à moi maintenant ? Après que *Yao* vous a imbu de ses principes terre à terre, vous n'êtes plus capable d'être élevé à des idées plus hautes.

— C'est pourtant mon désir, dit *I-eull-tzeu*.

— Désir irréalisable, dit *Hu-You*. Un homme dont les yeux sont crevés, ne peut rien apprendre des couleurs.

— Vous en avez, dit *I-eull-tzeu*, réformé d'autres qui étaient déformés ; pourquoi ne réussiriez-vous pas à me réformer aussi ?

— Il y a peu d'espoir, dit *Hu-You*. Cependant, voici le sommaire de ma doctrine : O Principe ! Toi qui donnes à tous les êtres ce qui leur convient, tu n'as jamais prétendu être appelé équitable. Toi dont les bienfaits s'étendent à tous les temps, tu n'as jamais prétendu être appelé charitable. Toi qui fus avant l'origine, et qui ne prétends pas être appelé vénérable ; toi qui enveloppes et supportes l'univers, produisant toutes les formes, sans prétendre être appelé habile ; c'est en toi que je me meus.

---

[58] Avec le Ciel, la Nature, le Principe, ajoute la Glose.

▲**Tch6.J.** *Yen-Hoei* le disciple chéri, dit à son maître Confucius :

— J'avance....

— Comment le sais-tu ? demanda Confucius....

— Je perds, dit *Yen-Hoei*, la notion de la bonté et de l'équité....

— C'est bien, dit Confucius, mais ce n'est pas tout.

Une autre fois, *Yen-Hoei* dit à Confucius :

— Je profite....

— A quoi le reconnais-tu ? demanda Confucius....

— J'oublie les rits et la musique, dit *Yen-Hoei*....

— C'est bien, dit Confucius, mais ce n'est pas tout.

Une autre fois, *Yen-Hoei* dit à Confucius :

— Je progresse....

— Quel signe en as-tu ? demanda Confucius....

— Maintenant, dit *Yen-Hoei*, quand je m'assieds pour méditer, j'oublie absolument tout.[59]

Très ému, Confucius demanda :

---

[59] Dès qu'il s'est délivré de ce qui constitue essentiellement le Confucéisme, bonté, équité, rits, musique, *Yen-Hoei* atteint à la contemplation taoïste, et Confucius est obligé de l'approuver !

— Qu'est-ce à dire ?

Yen-Hoei répondit :

— Dépouillant mon corps, oblitérant mon intelligence, quittant toute forme, chassant toute science, je m'unis à celui qui pénètre tout. Voilà ce que j'entends par m'asseoir et oublier tout.

Confucius dit :

— C'est là l'union, dans laquelle le désir cesse ; c'est là la transformation, dans laquelle l'individualité se perd. Tu as atteint la vraie sagesse. Sois mon maître désormais !

▲ **Tch6.K.** *Tzeu-u* et *Tzeu-sang* étaient amis. Une fois la pluie tomba à verse durant dix jours de suite. Craignant que *Tzeu-sang*, qui était très pauvre, empêché de sortir, ne se trouvât sans provisions, *Tzeu-u* fit un paquet de vivres, et alla le lui porter. Comme il approchait de sa porte, il entendit sa voix, moitié chantante, moitié pleurante, qui disait, en s'accompagnant sur la cithare :

— O père, ô mère ! O ciel, ô humanité !...

La voix était défaillante, et le chant saccadé. *Tzeu-u* étant entré, trouva *Tzeu-sang* mourant de faim.

— Que chantiez-vous là ? lui demanda-t-il.

— Je songeais, dit *Tzeu-sang*, aux causes possibles de mon extrême détresse. Elle ne vient pas certes, de la volonté de mes père et mère. Ni, non plus, de celle du ciel et de la terre, qui couvrent et sustentent tous les êtres. Aucune cause logique de ma misère. Donc c'était mon destin ![60]

---

[60] Voilà le dernier cri ; l'acquiescement aveugle au tour de la roue universelle, qui l'emporte toujours et qui le broie parfois ; le fatalisme taoïste.

CHAPITRE 7

GOUVERNEMENT DES PRINCES

▲**Tch7.A.** *Nie-k'ue* posa à *Wang-i* quatre questions, auxquelles celui-ci ne sut pas répondre. Sautant de joie, *Nie-k'ue* informa *Pou-i-tzeu* de son triomphe.

— Lui êtes-vous vraiment supérieur ? dit *Pou-i-tzeu*. L'empereur *Chounn* ne valut pas l'antique souverain *T'ai-cheu*. Entiché des vertus qu'il croyait posséder, *Chounn* critiqua toujours les autres Le vieux *T'ai-cheu* ne fut pas si malin. Il dormait tranquille et veillait sans soucis. Il ne s'estimait pas plus qu'un cheval ou qu'un bœuf. Simple et paisible, il ne critiquait personne. *Vous ressemblez plutôt à Chounn.*

▲**Tch7.B.** *Kien-ou* alla voir le fou *Tsie-u*, qui lui demanda :

— Qu'avez-vous appris de *Jeu-tchoung-cheu* ?

— J'ai appris de lui, dit *Kien-ou*, que quand les princes font des règlements, et obligent les gens à les observer, tout va bien.

— Tout paraît aller bien, dit *Tsie-u*. Fausse apparence ! *l'extérieur seul étant réglé, non l'intérieur.* Vouloir gouverner avec ce procédé, autant vaudrait vouloir traverser la mer à gué, contenir le Fleuve Jaune dans un lit, faire emporter une montagne par un moustique, choses absolument impossibles. Le Sage ne réglemente pas l'extérieur. Il donne l'exemple de la rectitude, que les hommes suivront, s'il leur plaît. Il est trop prudent pour en faire davantage. Tel l'oiseau qui vole haut pour éviter la flèche, le rat qui creuse un trou si profond qu'il ne puisse être ni enfumé ni déterré. Légiférer est inutile et dangereux.

▲ **Tch7.C.** *Tien-kenn* errant au sud du mont *Yinn* vers la rivière *Leao*, rencontra *Ou-ming-jean* et lui demanda à brûle-pourpoint :

— Comment faire pour gouverner l'empire ?

Ou-ming-jean lui dit :

— Tu es un malappris, de poser pareille question d'une pareille manière. D'ailleurs pourquoi me soucierais-je du gouvernement de l'empire, moi qui, dégoûté du monde, vis dans la contemplation du Principe, me promène dans l'espace comme les oiseaux, et m'élève jusqu'au vide par delà l'espace.

T'ien-kenn insista. Alors *Ou-ming-jenn* lui dit :

— Reste dans la simplicité, tiens-toi dans le vague, laisse aller toutes choses, ne désire rien pour toi, et l'empire sera bien gouverné, *car tout suivra son cours naturel.*

▲ **Tch7.D.** *Yang-tzeu-kiu* étant allé voir *Lao-tan*, lui demanda :

— Un homme intelligent courageux zélé, ne serait-il pas l'égal des sages rois de l'antiquité ?

— Non, dit *Lao-tan.* Son sort serait celui des petits officiers, accablés de travail et rongés de soucis. Ses qualités causeraient sa perte. Le tigre et le léopard sont tués, parce que leur peau est belle. Le singe et le chien sont réduits en esclavage, à cause de leur habileté.

Interdit, *Yang-tzeu-kiu* demanda :

— Mais alors, que faisaient les sages rois ?

— Les sages rois, dit *Lao-tan*, couvraient l'empire de leurs bienfaits, sans faire sentir qu'ils en étaient les auteurs. Ils bonifiaient tous les êtres, non par des actions sensibles, mais par une influence imperceptible. Sans être connus de personne, ils rendaient tout le monde heureux, ils se tenaient sur l'abîme, et se promenaient dans le néant ; (c'est-à-dire ils ne faisaient rien de déterminé, mais laissaient faire l'évolution universelle).

▲ **Tch7.E.** Il y avait à *Tcheng* un sorcier transcendant nommé *Ki-hien*.[61] Cet homme savait tout ce qui concernait la mort et la vie, la prospérité et l'infortune des individus, jusqu'à prédire le jour précis de la mort d'un chacun, aussi exactement qu'aurait pu le faire un génie. Aussi les gens de *Tcheng, qui ne tenaient pas à en savoir si long,* s'enfuyaient-ils du plus loin qu'ils le voyaient venir.

Lie-tzeu étant allé le voir, fut fasciné par cet homme. A son retour, il dit à son maître *Hou-tzeu* :

— Jusqu'ici je tenais votre enseignement pour le plus parfait, mais voici que j'ai trouvé mieux.

— En êtes-vous bien sûr ? dit *Hou-tzeu* ; alors que vous avez reçu seulement mon enseignement exotérique, et non encore l'esotérique, *qui en est le germe fécond, le principe de vie*. Il en est de votre savoir, comme des œufs inféconds que pondent les poules privées de coq ; il y manque l'essentiel.... Et pour ce qui est du pouvoir divinatoire de ce sorcier, ne l'auriez-vous pas laissé lire dans votre intérieur ? Amenez-le-moi, et je vous montrerai *qu'il ne voit que ce qu'on lui laisse voir*.

Le lendemain *Lie-tzeu* amena le sorcier, qui vit *Hou-tzeu* comme un médecin voit un malade. Après la visite, le sorcier dit à *Lie-*

---

[61] Cette pièce importante n'est pas à sa place ici. Elle a été déplacée, probablement. Comparez Lie-tzeu chapitre 2 L.

tzeu :

— Votre maître est un homme mort ; avant dix jours c'en sera fait de lui ; j'ai eu, à son aspect, la vision de cendres humides.

Lie-tzeu rentra, tout en larmes, et rapporta à *Hou-tzeu* les paroles du sorcier.

— C'est, dit *Hou-tzeu*, que je me suis manifesté à lui, sous la figure d'une terre hivernale, toutes mes énergies étant immobilisées. *Ce phénomène ne se produisant, chez le vulgaire, qu'aux approches de la mort, il en a conclu à ma fin prochaine.* Amène-le une autre fois, *et tu verras la suite de l'expérience.*

Le lendemain *Lie-tzeu* ramena le sorcier. Après la visite, celui-ci dit :

— Il est heureux que votre maître se soit adressé à moi. Il va déjà mieux. Aujourd'hui je n'ai vu en lui que des signes de vie ; ce que j'ai vu hier, n'était donc qu'un épisode, pas la fin.

Quand *Lie-tzeu* eut rapporté ces paroles à *Hou-tzeu*, celui-ci dit :

C'est que je me suis manifesté à lui, sous la figure d'une terre ensoleillée, tous les ressorts de mes énergies agissant. Amène-le une autre fois.

Le lendemain, *Lie-tzeu* ramena le sorcier. Après la visite, celui-ci dit :

— État trop indéterminé. Je ne puis tirer aucun pronostic. Après détermination, je prononcerai.

Lie-tzeu ayant rapporté ces paroles à *Hou-tzeu*, celui-ci dit :

— C'est que je me suis manifesté à lui, sous la figure du grand chaos, toutes mes énergies étant tenues en balance. Il ne pouvait rien distinguer. Un remous, un tourbillon, peut être causé par un monstre marin, ou par un écueil, ou par un courant, ou par six autres causes encore ; c'est chose indéterminée, susceptible de neuf explications diverses. A fortiori le grand chaos. Amène-le une fois encore.

Le lendemain, *Lie-tzeu* ramena le devin. Au premier coup d'œil, celui-ci s'enfuit éperdu. *Lie-tzeu* courut après lui, mais ne put le rejoindre.

— Il ne reviendra plus, dit *Hou-tzeu*. Je me suis manifesté à lui, dans l'état de mon émanation du Principe. Il a vu, dans un vide immense, comme un serpent se défilant ; une projection, un jaillissement. Ce spectacle inintelligible pour lui, l'a terrifié et mis en fuite.

Convaincu alors qu'il n'était encore qu'un ignorant, *Lie-tzeu* se confina dans sa maison durant trois années consécutives. Il fit les travaux du ménage pour sa femme, et servit les porcs avec respect, *afin de détruire en lui-même la vanité qui avait failli lui faire déserter son maître*. Il se défit de tout intérêt, se délivra de toute culture artificielle, tendit de toutes ses forces à la simplicité originelle. Il devint enfin fruste comme une motte de terre, fermé et insensible à tout ce qui se passait autour de lui, et persévéra dans cet état jusqu'à sa fin.

▲**Tch7.F.** Faites du non-agir votre gloire, votre ambition, votre métier, votre science. Le non-agir n'use pas. Il est impersonnel. Il rend ce qu'il a reçu du ciel, sans rien garder pour lui. Il est essentiellement un vide.

Le sur-homme n'exerce son intelligence qu'à la manière d'un miroir. Il sait et connaît, sans qu'il s'ensuive ni attraction ni répulsion, sans qu'aucune empreinte persiste. Cela étant, il est supérieur à toutes choses, et neutre à leur égard.

▲ **Tch7.G.** *Emporté* le roi de la mer du Sud, et *Etourdi* le roi de la mer du Nord, étaient au mieux avec *Chaos* le roi du Centre. Ils se demandèrent quel service ils pourraient bien lui rendre.

— Les hommes, se dirent-ils, ont sept orifices, (organes des sens, deux yeux, deux oreilles, deux narines, une bouche). Ce pauvre *Chaos* n'en a aucun. Nous allons lui en faire.

S'étant donc mis à l'œuvre, ils lui firent un orifice par jour. Au septième jour, *Chaos* mourut (cessa d'être *Chaos*, puisqu'il distinguait).

Il faut laisser tous les êtres dans leur état fruste naturel, sans chercher à les perfectionner artificiellement, autrement ils cessent d'être ce qu'ils étaient et devaient rester.

CHAPITRE 8

PIEDS PALMÉS

▲ **Tch8.A.** Une membrane reliant les orteils, un doigt surnuméraire, ont été produits par le corps, il est vrai, mais en excès sur ce qui devait être normalement. Il en est de même, d'une excroissance, d'une tumeur ; quoique issues du corps, ces superfétations sont contre nature. Il faut en dire autant des théories diverses sur la bonté et l'équité (vertus) enfantées par l'esprit, et des goûts qui émanent des cinq viscères (du tempérament) d'un chacun. Ces choses ne sont pas naturelles, *mais artificielles, morbides.* Elles ne sont pas conformes à la norme. Oui, de même que la membrane qui relie les orteils d'un homme, et le doigt surnuméraire à sa main, gênent ses mouvements physiques naturels ; ainsi les goûts émis par ses viscères, et les vertus imaginées par son esprit, gênent son fonctionnement moral naturel.

La perversion du sens de la vue, amena les excès de coloris et d'ornementation, dont le peintre *Li-tchou* fut le promoteur. La perversion du sens de l'ouïe, produisit les abus dans l'usage des instruments et dans les accords, dont le musicien *Cheu-k'oang* fut l'instigateur. Les théories sur la bonté et l'équité, produisirent ces chasseurs de renommée, *Tseng-chenn Cheu-ts'iou*[62] et autres, qui firent célébrer par les flûtes et les tambours de tout l'empire, leurs irréalisables utopies. L'abus de l'argumentation, produisit les *Yang-tchou* et les *Mei-ti,* ces hommes qui fabriquèrent des raisons et dévidèrent des

---

[62] *Cheu-u* alias *Cheu-ts'iou. Entretiens de Confucius,* livre VIII, chapitre XV.

déductions, comme on moule des tuiles et tresse des cordes ; pour lesquels discuter sur les substances et les accidents, sur les similitudes et les différences, fut un jeu d'esprit ; sophistes et rhéteurs, qui s'épuisèrent en efforts et en paroles inutiles. Tout cela n'est que superfétation vaine, contraire à la vérité, laquelle consiste dans la rétention du naturel, à l'exclusion de l'artificiel. Il ne faut pas violenter la nature, même sous prétexte de la rectifier. Que le composé reste composé, et le simple simple. Que le long reste long, et le court court. Gardez-vous de vouloir allonger les pattes du canard, ou raccourcir celles de la grue. Essayer de le faire, leur causerait de la souffrance, ce qui est la note caractéristique de tout ce qui est contre nature, tandis que le plaisir est la marque du naturel.

▲ **Tch8.B.** Il ressort de ces principes, que la bonté et l'équité artificielles de Confucius, ne sont pas des sentiments naturels à l'homme, car leur acquisition et leur exercice sont accompagnés de gêne et de souffrance. Ceux qui ont les pieds palmés ou des doigts de trop, souffrent, quand ils se meuvent, de leur déficit ou de leur excès physique. Ceux qui posent, de nos jours, pour la bonté et la justice, souffrent de voir le cours des choses, soutirent de lutter contre les passions humaines. Non, la bonté et l'équité ne sont pas des sentiments naturels ; autrement il y en aurait davantage dans le monde, lequel, depuis tantôt dix-huit siècles, n'est que lutte et bruit. — L'emploi du quart de cercle et de la ligne, du compas et de l'équerre, ne produit les formes régulières, qu'au prix de la résection d'éléments naturels. Les liens qui les attachent, la colle qui les fixe, le vernis qui les recouvre, font violence à la matière des produits de l'art. Le rythme dans les rits et dans la musique, les déclamations officielles sur la bonté et l'équité destinées à influencer le cœur des hommes, tout cela est contre nature, artificiel, pure convention. La nature régit le monde. Par l'effet de cette nature, les êtres courbes sont devenus tels, sans intervention du quart de cercle ; les êtres droits, sans qu'on ait employé la ligne ; les ronds et les carrés, sans le compas et l'équerre. Tout se tient dans la nature, sans liens, sans colle, sans vernis. Tout devient, sans violence, par suite d'une sorte d'appel ou d'attraction irrésistible. Les êtres ne se rendent pas compte du pourquoi de leur devenir ; ils se développent sans savoir comment ; la norme de leur devenir et de leur développement étant intrinsèque. Il en fut ainsi de tout temps ; il en est encore ainsi ; c'est une loi invariable. Alors pourquoi prétendre ficeler les hommes et les attacher les uns aux autres, par des liens factices de bonté et d'équité, par les rits et la musique, cordes colle et vernis des philosophes politiciens ? Pourquoi ne pas les laisser suivre leur nature ? Pourquoi vouloir leur faire oublier cette nature ?.... Depuis que l'empereur *Chounn* (vers l'an 2255) désorienta l'empire par sa fausse formule « bonté et équité », la nature humaine est en souffrance, étouffée par l'artificiel, par le conventionnel.

▲**Tch8.C.** Oui, depuis *Chounn* jusqu'à nos jours, les hommes suivent des appas divers, non leur propre nature. Le vulgaire se tue pour l'argent, les lettrés se tuent pour la réputation, les nobles se tuent pour la gloire de leur maison, les Sages se tuent pour l'empire. Les hommes célèbres, de condition diverse, ont tous ceci de commun, qu'ils ont agi contre nature et se sont ruinés ainsi. Qu'importe la diversité du mode, si le résultat fatal est le même ? — Deux pâtres qui ont perdu leurs moutons, l'un pour avoir étudié, l'autre pour avoir joué, ont subi en définitive la même perte.

Pai-i périt pour l'amour de la gloire, et *Tchee* pour cause de brigandage ; motif différent, résultat identique.

Cependant l'histoire officielle dit de *Pai-i*, que ce fut un noble caractère, parce qu'il se sacrifia à la bonté et à l'équité ; au contraire, elle dit de *Tchee*, que ce fut un homme vulgaire, parce qu'il périt par amour du gain. Somme toute, le terme auquel ils aboutirent, ayant été le même, il n'y a pas lieu d'user, à leur égard, de la distinction noble et vulgaire. Tous deux ont fait le même outrage à leur nature, tous deux ont péri de même. Alors pourquoi louer *Pai-i* et blâmer *Tchee* ?

▲ **Tch8.D.** Non, égalât-il *Tseng-chenn* et *Cheu-ts'iou*, je ne dirai pas de bien de celui qui a violenté sa nature, en pratiquant la bonté et l'équité. Je ne dirai pas de bien de celui qui s'est appliqué à l'étude des saveurs, ou des sons, ou des couleurs, fût-il célèbre comme *U-eull*, comme *Cheu-k'oang*, comme *Li-tchou*. Non, l'homme n'est pas bon, parce qu'il pratique la bonté et l'équité artificielles ; il est bon, par l'exercice de ses facultés naturelles. Fait bon usage du goût, celui qui suit ses appétits naturels. Fait bon usage de l'ouïe, celui qui écoute son sens intime. Fait bon usage de la vue, celui qui ne regarde que soi-même. Ceux qui regardent et écoutent autrui, prennent fatalement quelque chose de la manière et des jugements d'autrui, au détriment de la rectitude de leur sens naturel. Du moment qu'ils ont aberré de leur rectitude naturelle, qu'ils soient réputés brigands comme *Tchee* ou sages comme *Pai-i*, peu m'importe ; ce ne sont, à mes yeux, que des dévoyés. Car, pour moi, la règle, c'est la conformité ou la non-conformité à la nature. La bonté et l'équité artificielles, me sont aussi odieuses que le vice et la dépravation.

Chapitre 9

Chevaux dressés

▲ **Tch9.A.** Les chevaux ont naturellement des sabots capables de fouler la neige, et un poil impénétrable à la bise. Ils broutent l'herbe, boivent de l'eau, courent et sautent. Voilà leur véritable nature. Ils n'ont que faire de palais et de dortoirs.... Quand *Pai-lao*, le premier écuyer, eut déclaré que lui seul s'entendait à traiter les chevaux ; quand il eut appris aux hommes à marquer au fer, à tondre, à ferrer, à brider, à entraver, à parquer ces pauvres bêtes, alors deux ou trois chevaux sur dix moururent prématurément, par suite de ces violences faites à leur nature. Quand, l'art du dressage progressant toujours, on leur fit souffrir la faim et la soif pour les endurcir ; quand on les contraignit à galoper par escadrons, en ordre et en mesure, pour les aguerrir ; quand le mors tourmenta leur bouche, quand la cravache cingla leur croupe ; alors, sur dix chevaux, cinq moururent prématurément, par suite de ces violences contre nature. — Quand le premier potier eut annoncé qu'il s'entendait à traiter l'argile, on fit de cette matière des vases ronds sur la roue et des briques rectangulaires au moule. — Quand le premier charpentier eut déclaré qu'il s'entendait à traiter le bois, on donna à cette matière des formes courbes ou droites, au moyen du pistolet et du cordeau. — Est-ce là vraiment traiter les chevaux, l'argile et le bois, d'après leur nature ? Certes non ! Et cependant, d'âge en âge, les hommes ont loué le premier écuyer, le premier potier et le premier charpentier, pour leur génie et leurs inventions. —

▲ **Tch9.B.** On loue de même, pour leur génie et leurs inventions, ceux qui imaginèrent la forme de gouvernement moderne. C'est là une erreur, à mon sens. La condition des hommes fut tout autre, sous les bons souverains de l'antiquité. Leur peuple suivait sa nature, et rien que sa nature. Tous les hommes, uniformément, se procuraient leurs vêtements par le tissage et leurs aliments par le labourage. Ils formaient un tout sans divisions, régi par la seule loi naturelle. En ces temps de naturalisme parfait, les hommes marchaient comme il leur plaisait et laissaient errer leurs yeux en toute liberté, aucun rituel ne réglementant la démarche et les regards. Dans les montagnes, il n'y avait ni sentiers ni tranchées ; sur les eaux, il n'y avait ni bateaux ni barrages. Tous les êtres naissaient et habitaient en commun. Volatiles et quadrupèdes vivaient de l'herbe qui croissait spontanément. L'homme ne leur faisant pas de mal, les animaux se laissaient conduire par lui sans défiance, les oiseaux ne s'inquiétaient pas qu'on regardât dans leur nid. Oui, en ces temps de naturalisme parfait, l'homme vivait en frère avec les animaux, sur le pied d'égalité avec tous les êtres. On ignorait alors heureusement la distinction rendue si fameuse par Confucius, entre le Sage et le vulgaire. Egalement dépourvus de science, les hommes agissaient tous selon leur nature. Egalement sans ambition, tous agissaient simplement. En tout la nature s'épanouissait librement.

▲ **Tch7.C.** C'en fut fait, quand parut le premier Sage. A le voir se guinder et se tortiller rituellement, à l'entendre pérorer sur la bonté et l'équité, étonnés, les hommes se demandèrent s'ils ne s'étaient pas trompés jusque là. Puis vinrent l'enivrement de la musique, l'entichement des cérémonies. Hélas ! l'artificiel l'emporta sur le naturel. Par suite, la paix et la charité disparurent du monde. L'homme fit la guerre aux animaux, sacrifiés à son luxe. Pour faire ses vases à offrandes, il mit le bois à la torture. Pour faire les sceptres rituels, il infligea la taille au jade. Sous prétexte de bonté et d'équité, il violenta la nature. Les rits et la musique ruinèrent le naturel des mouvements. Les règles de la peinture mirent le désordre dans les couleurs. La gamme officielle mit le désordre dans les tons. En résumé, les artistes sont coupables d'avoir tourmenté la matière pour exécuter leurs œuvres d'art, et les Sages sont exécrables pour avoir substitué au naturel la bonté et l'équité factices. — Jadis, dans l'état de nature, les chevaux broutaient de l'herbe et buvaient de l'eau. Quand ils étaient contents, ils frottaient leur cou l'un contre l'autre. Quand ils étaient fâchés, ils faisaient demi-tour et se donnaient des ruades. N'en sachant pas plus long, ils étaient parfaitement simples et naturels. Mais quand *Pai-lao* les eut attelés et harnachés, ils devinrent fourbes et malins, par haine du mors et de la bride. Cet homme est coupable du crime d'avoir perverti les chevaux.

Au temps du vieil empereur *Ho-su*, les hommes restaient dans leurs habitations à ne rien faire, ou se promenaient sans savoir où ils allaient. Quand leur bouche était bien pleine, ils se tapaient sur le ventre en signe de contentement. N'en sachant pas plus long, ils étaient parfaitement simples et naturels. Mais quand le premier Sage leur eut appris à faire les courbettes rituelles au son de la musique, et des contorsions sentimentales au nom de la bonté et de l'équité, alors commencèrent les compétitions pour le savoir et pour la richesse, les prétentions démesurées et les ambitions insatiables. C'est le crime du Sage, d'avoir ainsi désorienté l'humanité.

CHAPITRE 10

VOLEURS PETITS ET GRANDS

▲**Tch10.A.** Le vulgaire ferme, avec des liens solides et de fortes serrures, ses sacs et ses coffres, de peur que les petits voleurs n'y introduisent les mains. Cela fait, il se croit et on le trouve sage. Survient un grand voleur, qui emporte sacs et coffres avec leurs liens et leurs serrures, très content qu'on lui ait si bien fait ses paquets. Et il se trouve, que la sagesse de ces vulgaires, avait consisté à préparer au voleur son butin.

Il en va de même, en matière de gouvernement et d'administration. Ceux qu'on appelle communément les Sages, ne sont que les emballeurs des brigands à venir. Exemple : Dans la principauté de *Ts'i*, tout avait été réglé d'après les lois des Sages. La population était si dense, que chaque village pouvait entendre les coqs et les chiens des villages voisins. Ou exploitait les eaux par le filet et la nasse, les terres par la charrue et la houe. Partout, les temples des ancêtres, du génie du sol et du patron des moissons, les centres habités, les campagnes, les recoins même, étaient dans l'ordre le plus parfait. Un beau jour, *T'ien Tch'eng-tzeu* assassina le prince de *Ts'i* (en 482), et s'empara de sa principauté, avec tout ce que les Sages y avaient mis. Puis ce brigand jouit du fruit de son crime, aussi tranquille que furent *Yao* et *Chounn*. Aucun prince, petit ou grand, n'osa tenter de lui faire rendre gorge. A sa mort, il légua la principauté à ses successeurs (qui la conservèrent jusqu'en 221). Cela encore, grâce aux Sages, *qui conseillent de se soumettre au fait accompli*.

Les plus renommés, d'entre les Sages historiques, ont ainsi travaillé pour de grands voleurs, jusqu'au sacrifice de leur vie.

Loung-fang fut décapité, *Pi-kan* fut éventré, *Tch'ang-houng* fut écartelé, *Tzeu-su* périt dans les eaux.

Le comble, c'est que les brigands de profession, appliquèrent aussi, à leur manière, les principes des Sages. Voici ce que le fameux *Tchee* enseignait à ses élèves : deviner où se trouve un gros magot, voilà la sagesse ; entrer le premier, voilà le courage ; sortir le dernier, voilà la convenance ; juger si le coup est faisable ou non, voilà la prudence ; partager le butin également, voilà la bonté et l'équité ; ne sont dignes brigands, que ceux qui réunissent ces qualités.

Ainsi donc, si les principes des Sages ont pu profiter parfois aux honnêtes gens, ils ont profité aussi, et plus souvent, aux gredins, pour le malheur des honnêtes gens. Je ne citerai, en preuve de mon dire, que les deux faits historiques, rappelés par les sentences : « quand les lèvres sont coupées, les dents ont froid », et « le mauvais vin de *Lou* causa le siège de *Han-tan* ».

Oui, l'apparition des Sages cause l'apparition des brigands, et la disparition des Sages cause la disparition des brigands. Sages et brigands, ces deux termes sont corrélatifs, l'un appelle l'autre, comme torrent et inondation, remblai et fossé.

Je le répète, si la race des Sages venait à s'éteindre, les brigands disparaîtraient ; ce serait, en ce monde, la paix parfaite, sans querelles. C'est parce que la race des Sages ne s'éteint pas, qu'il y a toujours des brigands. Plus on emploiera de Sages à gouverner l'État, plus les brigands se multiplieront. *Car ce sont les inventions des Sages qui les produisent.* Par l'invention des mesures de capacité, des balances et des poids, des contrats découpés et des sceaux, ils ont appris à beaucoup la fraude. Par l'invention de la bonté et de l'équité, ils ont enseigné à beaucoup la malice et la fourberie.

Qu'un pauvre diable vole une boucle de ceinture, il sera décapité. Qu'un grand brigand vole une principauté, il deviendra seigneur, et les prôneurs de bonté et d'équité des Sages, politiciens à gages afflueront chez lui, et mettront à son service toute leur sagesse. La conclusion logique de ceci, c'est qu'il ne faudrait pas perdre son temps à commettre d'abord de petits vols, mais commencer d'emblée par voler une principauté. Alors on n'aura plus à se donner la peine d'y revenir ; on n'aura plus à craindre la hache de l'exécuteur. Alors on aura pour soi tous les Sages avec toutes leurs inventions. Oui, faire des brigands, et empêcher qu'on ne les défasse, voilà l'œuvre des Sages (des politiciens de profession).

▲ **Tch10.B.** Il est dit :

que le poisson ne sorte pas des profondeurs, *où il vit ignoré mais en sûreté* ; qu'un État ne fasse pas montre de ses ressources, *de peur de se faire dépouiller*.

Or les Sages (politiciens) sont considérés comme une ressource de l'État. On devrait donc les cacher, les tenir dans l'obscurité, ne pas les employer. Ainsi la race des Sages s'éteindrait, et, avec elle, s'éteindrait aussi la race des brigands. Pulvérisez le jade et les perles, et il n'y aura plus de voleurs. Brisez les contrats, brisez les sceaux, et les hommes redeviendront honnêtes. Supprimez les mesures et les poids, et il n'y aura plus de querelles. Détruisez radicalement toutes les institutions artificielles des Sages, et le peuple retrouvera son bon sens naturel. Abolissez la gamme des tons, brisez les instruments de musique, bouchez les oreilles des musiciens, et les hommes retrouveront l'ouïe naturelle. Abolissez l'échelle des couleurs et les lois de la peinture, crevez les yeux des peintres, et les hommes retrouveront la vue naturelle. Prohibez le pistolet et le cordeau, le compas et l'équerre ; cassez les doigts des menuisiers, et les hommes retrouveront les procédés naturels, ceux dont il est dit :⁶³

adresse sous un air de maladresse.

Flétrissez *Tseng-chenn* et *Cheu-ts'iou* (légistes), bâillonnez *Yang-tchou* et *Mei-ti* (sophistes), mettez au ban la formule bonté-équité (des Confucéistes), et les propensions naturelles pourront de nouveau exercer leur mystérieuse et unifiante vertu. Oui, revenons à la vue, à l'ouïe, au bon sens, aux instincts naturels, et c'en sera fait des éblouissements assourdissements errements et grimaces factices. Philosophes, musiciens, peintres, artistes divers, n'ont fait que tromper et pervertir les hommes, par des apparences spécieuses. Ils n'ont été d'aucune utilité vraie pour l'humanité.

▲**Tch10.C.** Il en fut tout autrement, au temps de la nature parfaite, au temps des anciens souverains, avant *Fou-hi Chenn-noung* et *Hoang-ti*. Alors les hommes ne connaissaient, en fait d'annales, que les cordelettes à nœuds (quippus). Ils trouvaient bonne leur grossière nourriture, bons aussi leurs simples vêtements. Ils étaient heureux avec leurs mœurs primitives, et paisibles dans leurs pauvres habitations. *Le besoin d'avoir des relations avec autrui, ne les tourmentait pas.* Ils mouraient de vieillesse, avant d'avoir fait visite à la principauté voisine, qu'ils avaient vue de loin toute leur vie, dont ils avaient entendu chaque jour les coqs et les chiens.⁶⁴ En ces temps-là, *à cause de ces mœurs-là*, la paix et l'ordre étaient absolus.

Pourquoi en est-il tout autrement de nos jours ? Parce que les gouvernants se sont entichés des Sages et de leurs inventions.

---

⁶³ Lao-tzeu chapitre 45. Chaque espèce d'être, dit la Glose, a son type naturel. Ainsi chaque espèce d'araignée a sa forme de toile, chaque espèce de bousier a sa forme de boule, spéciale mais invariable. Ainsi l'homme doit s'en tenir à peu de types simples et naturels, sans les multiplier ni les enjoliver. Tout art est perversion.

⁶⁴ Lao-tzeu chapitre 80.

Le peuple tend le cou, et se dresse sur la pointe des pieds, pour regarder dans la direction d'où vient, à ce qu'on dit, quelque Sage. On abandonne ses parents, ou quitte son maître, pour courir à cet homme. Les piétons se suivent à la queue-leu-leu, une file de chars creuse de profondes ornières, dans le chemin qui mène à sa porte. Tout cela, parce que, imitant les princes, le vulgaire lui aussi s'est entiché de science. Or rien n'est plus funeste, pour les États, que ce malheureux entichement.

▲ **Tch10.D.** C'est la science *artificielle, contre nature*, qui a causé tous les maux de ce monde, et le malheur de tous ceux qui l'habitent. L'invention des arcs, des arbalètes, des flèches captives, des pièges à ressort, a fait le malheur des oiseaux de l'air. L'invention des hameçons, des appâts, des filets, des nasses, a fait le malheur des poissons dans les eaux. L'invention des rets, des lacs, des trappes, a fait le malheur des quadrupèdes dans leurs halliers. L'invention de la sophistique, traîtresse et venimeuse, avec ses théories sur la substance et les accidents, avec ses arguties sur l'identité et la différence, a troublé la simplicité du vulgaire. Oui, l'amour de la science, *des inventions et des innovations*, est responsable de tous les maux de ce monde. Préoccupés d'apprendre ce qu'ils ne savent pas (la vaine science des sophistes), les hommes désapprennent ce qu'ils savent (les vérités naturelles de bon sens). Préoccupés de critiquer les opinions des autres, ils ferment les yeux sur leurs propres erreurs. De là un désordre moral, qui se répercute au ciel sur le soleil et la lune, en terre sur les monts et les fleuves, dans l'espace médian sur les quatre saisons, et jusque sur les insectes qui grouillent et pullulent à contretemps (sauterelles, etc.). Tous les êtres sont en train de perdre la propriété de leur nature. C'est l'amour de la science, qui a causé ce désordre. Il dure depuis les trois dynasties. Depuis dix-huit siècles, on s'est habitué à faire fi de la simplicité naturelle, à faire cas de la fourberie rituelle ; ou s'est habitué à préférer une politique verbeuse et fallacieuse, au non-agir franc et loyal. Ce sont les bavards (sages, politiciens, rhéteurs), qui ont mis le désordre dans le monde.

CHAPITRE 11

POLITIQUE VRAIE ET FAUSSE

▲ **Tch11.A.** Il faut laisser le monde aller son train, et ne pas prétendre le gouverner. Autrement les natures viciées n'agiront plus naturellement (mais artificiellement, légalement, rituellement, etc.). Quand toutes les natures, étant saines, se tiennent et agissent dans leur sphère propre, alors le monde est gouverné, naturellement et de lui-même ; *pas n'est besoin d'intervenir.*

Jadis, par son gouvernement, le bon *Yao* réjouit ses sujets. Or la joie, *qui est une passion*, rompt l'apathie naturelle. *Le gouvernement de Yao fut donc défectueux, puisqu'il passionna ses sujets.*

Le méchant *Kie* affligea ses sujets. Or l'affliction, *qui est une passion*, rompt la placidité naturelle. *Le gouvernement de Kie fut donc défectueux, puisqu'il passionna ses sujets.*

Toute émotion, étant contre nature, est instable et ne peut durer. Le plaisir, la complaisance, sont des émotions du principe *yang*. Le déplaisir, le ressentiment, sont des émotions du principe *yinn*. Dans le macrocosme, la perturbation du *yinn* et du *yang*, fait que les quatre saisons ne viennent pas à leur heure, que la succession du froid et du chaud n'arrive pas à point nommé. Dans le microcosme humain, le déséquilibrement du *yinn* et du *yang* par les passions, cause pareillement de grands désordres. Les corps souffrent, les esprits pâtissent. Les hommes ne tiennent plus en place, perdent le contrôle de leurs pensées et de leurs désirs, entreprennent et n'achèvent pas, (leurs passions mobiles se portant sans cesse vers d'autres objets). Alors, dans l'empire, naissent les ambitieuses prétentions, les luttes pour la domination. Alors les uns deviennent des *Tchee* brigands), les autres des *Tseng-chenn* et des *Cheu-ts'iou* (politiciens). Alors on légifère, dans le but de récompenser les bons et de punir les méchants. Tâche surhumaine, tentative impossible, vu le nombre des uns et des autres. Hélas ! c'est pourtant à cela, que les gouvernants des trois dynasties ont perdu leur temps et leur peine, au lieu de suivre tranquillement le cours de leur nature et de leur destinée.

Toute théorie, toute convention, est fausse et fausse. Les théories optiques ont faussé la notion naturelle des couleurs. Les théories acoustiques ont altéré la vraie notion des sons. Les théories sur la bonté, ont perverti la spontanéité des relations. Les théories sur l'équité, ont oblitéré le sens inné de la justice. Les théories sur les rits ont produit la subtilité, celles sur la musique ont développé la lascivité. Les théories sur la sagesse ont multiplié les politiciens, celles sur la science ont multiplié les ergoteurs. Passe encore que, s'en tenant pratiquement aux lois naturelles, on spéculât théoriquement sur les thèmes susdits ; ce serait assez indifférent. Mais si, ayant mis en oubli les lois naturelles, on laisse ces spéculations influencer la pratique, ce sera le désordre et l'anarchie ; et si on en vient à les honorer, *à leur donner force de loi*, hélas ! pauvre monde ! ce sera la frénésie en plein.

Voyez où en est venu le gouvernement de nos jours. A n'être plus qu'une succession ininterrompue de rits. A peine cette cérémonie est-elle terminée, que déjà il faut garder l'abstinence pour préparer la suivante, puis repasser par toute la série des courbettes, des chants et des danses, et ainsi de suite, sans trêve et sans fin. Tout autrement ferait un vrai Sage, si, bien malgré lui, il avait dû se charger du soin de l'empire. Se tenant dans le non-agir, il emploierait les loisirs de sa non-intervention, à donner libre cours à ses propensions naturelles. L'empire se trouverait bien d'avoir été remis aux mains de cet homme.[65] Sans mettre en jeu ses organes, sans user de ses sens corporels, assis immobile, il verrait tout de son œil transcendant ; absorbé dans la contemplation, il ébranlerait tout comme fait le tonnerre ; le ciel physique s'adapterait docilement aux mouvements de son esprit ; tous les êtres suivraient l'impulsion (négative) de sa non-intervention, comme la poussière suit le vent. Pourquoi cet homme s'appliquerait-il à manipuler l'empire, alors que le laisser-aller suffit ?

▲ **Tch11.B.** *Ts'oei-kiu* demanda à *Lao-tan* :

— Comment gouverne-t-on les hommes, sans action positive ?

Lao-tan dit :

— En ne faisant aucune violence à leur cœur. Le cœur de l'homme est ainsi fait, que toute oppression l'abat, que toute excitation le soulève. Déprimé, il devient inerte ; excité, il s'emballe. Tantôt souple, il se plie à tout ; tantôt il est dur à tout casser. Parfois il est brûlant comme le feu, parfois il devient froid comme la glace. Son expansion est si rapide, que, dans le temps d'incliner et de relever la tête, il est allé jusqu'au bout des quatre mers et en est revenu. Sa concentration est profonde comme un abîme. Ses mouvements sont libres et incoercibles, comme ceux des corps célestes. Fier de sa liberté, et ne se laissant lier par personne, tel est le cœur humain, de sa nature.

Or, dans les temps anciens (vers l'an 3000), c'est *Hoang-ti* qui le premier fit violence au cœur humain, par ses théories sur la bonté et l'équité. Puis *Yao* et *Chounn* usèrent le gras de leurs cuisses et les poils de leurs jambes à trottiner et à s'empresser pour le bien matériel de leurs sujets. Ils affligèrent tous leurs viscères dans l'exercice de la bonté et de l'équité, et épuisèrent

---

[65] Lao-tseu chapitre 13.

leur sang et leur souffle à deviser des règles de ces vertus factices. Tout cela sans succès ! ils durent en venir à reléguer *Hoan-teou* au *Tch'oung-chan*, les *San-miao* à *San-wei*, et *Koung-koung* à *You-tou* ; expédient violent, qui prouve bien que, malgré leur bonté et leur équité, l'empire ne leur était pas dévotement soumis. Ce fut bien pis, sous les trois dynasties. Sous elles parurent les *Kie* (tyrans) et les *Tchee* (brigands), les *Tseng-chenn* et les *Cheu-ts'iou* (politiciens), enfin les deux races des *Jou* (disciples de Confucius) et des *Mei* (disciples de *Mei-ti*). Quels temps ! Les théoriciens pour et contre, se regardèrent avec animosité ; les sages et les sots, se donnèrent mutuellement tort ; les bons et les méchants, se persécutèrent réciproquement ; les menteurs et les véridiques, se moquèrent les uns des autres. L'empire en tomba en décadence. On ne put plus s'entendre sur les premiers principes, et ce qui restait de vérités naturelles disparut, comme consumé par l'incendie, comme emporté par les grandes eaux. Tout le monde voulut devenir savant pour parvenir, et le peuple s'épuisa en vains efforts.

C'est alors que fut inventé le système de gouvernement mathématique. L'empire fut équarri avec la hache et la scie. Peine de mort pour tout ce qui déviait de la ligne droite. Le marteau et le ciseau furent appliqués aux mœurs. Le résultat fut un bouleversement, un écroulement général. C'est que le législateur avait eu le tort de violenter le cœur humain. Le peuple s'en prit aux Sages et aux princes. Les Sages durent se cacher dans les cavernes des montagnes, et les princes ne furent plus en sûreté dans leurs temples de famille. Des réactions violentes suivirent, quand Sages et princes revinrent au pouvoir. Actuellement les cadavres des suppliciés s'entassent par monceaux, ceux qui portent la cangue défilent en longues chaînes, on ne voit partout qu'hommes punis de supplices divers. Et, au milieu de ce décor atroce, parmi les menottes, les entraves, les instruments de torture, les disciples de *K'oung-tzeu* et de *Mei-tzeu* se dressent sur leurs orteils pour se grandir, et retroussent leurs manches avec complaisance, dans l'admiration de leur œuvre. Ah ! extrême est l'endurcissement de ces hommes ! extrême est leur impudeur ! La cangue résumerait-elle la sagesse des Sages ? Les menottes, les entraves, les tortures, seraient-elles l'expression de leur bonté et de leur équité ? *Tseng-chenn* et *Cheu-ts'iou*, ces Sages typiques, n'auraient-ils pas été des malfaiteurs plus malfaisants que le tyran *Kie* et le brigand *Tchee* ? Il a raison, l'adage qui dit : exterminez la sagesse, détruisez la science, et l'empire reviendra à l'ordre spontanément.

▲**Tch11.C.** *Hoang-ti* régnait depuis dix-neuf ans, et ses ordres étaient obéis dans tout l'empire, quand il entendit parler de Maître *Koang-Tch'eng*, qui résidait sur le mont *K'oung-t'oung*. Etant allé le trouver, il lui tint ce langage :

— J'ai ouï dire, Maître, que vous avez poussé jusqu'au Principe suprême. J'ose vous demander de m'en communiquer la quintessence. Je l'emploierai à faire rapporter aux champs les céréales qui nourrissent le peuple, je réglerai le chaud et le froid pour le bien de tous les vivants. Veuillez me donner la recette !

Maître *Koang-Tch'eng* répondit :

— Vous poussez l'ambition, jusqu'à vouloir régenter la nature. Vous confier ses forces, serait perdre tous les êtres. Homme passionné, si vous gouverniez le monde, vous voudriez qu'il pleuve avant que les nuées ne soient formées, vous feriez tomber les feuilles encore vertes, le soleil et la lune seraient bientôt éteints. Cœur égoïste et intéressé, qu'avez-vous de commun avec le Principe suprême ?

Hoang-ti se retira confus, se démit du gouvernement, se logea dans une hutte en pisé, avec une natte en jonc pour tout ameublement. Après trois mois passés dans cette retraite *à réfléchir et à méditer*, il retourna vers Maître *Koang-Tch'eng*, qu'il trouva étendu la tête au nord (regardant le sud, position du professeur). Prenant la place de l'élève, bien humblement, *Hoang-ti* approcha sur ses genoux, se prosterna, appliqua son front contre terre, puis dit :

— Je sais, Maître que vous avez pénétré jusqu'au Principe suprême. Veuillez m'apprendre à me conduire et à me conserver.

— Bien demandé, cette fois, dit Maître *Koang-Tch'eng*. Approchez ! Je vais vous révéler le fond du Principe.

« Son essence, c'est le mystère, c'est l'obscurité, c'est l'indistinction, c'est le silence. Quand on ne regarde rien, qu'on n'écoute rien, qu'on enveloppe son esprit de recueillement, la matière (le corps) devient spontanément droite. Soyez recueilli, soyez détaché, ne fatiguez pas votre corps, n'émouvez pas vos instincts, et vous pourrez durer toujours. Quand vos yeux ne regarderont plus rien, quand vos oreilles n'écouteront plus rien, quand votre cœur (intelligence et volonté) ne connaîtra et ne désirera plus rien, quand votre esprit aura enveloppé et comme absorbé votre matière, alors cette matière (votre corps) durera toujours. Veillez sur votre intérieur, défendez votre extérieur. Vouloir apprendre beaucoup de choses, voilà ce qui use.... Suivez-moi en esprit, par delà la lumière, jusqu'au principe *yang* de toute splendeur ; et, par delà l'obscurité, jusqu'au principe *yinn* des ténèbres. Suivez-moi maintenant, par delà ces deux principes, jusqu'à l'unité (le principe suprême) qui régit le ciel et la terre, qui contient *en germe et de qui émanent* le *yinn* et le *yang*, tous les êtres. *Connaître ce Principe, c'est la science globale, qui n'use pas. Se tenir en repos, dans sa contemplation, voilà ce qui fait durer toujours.* Tout être qui se conserve, garde sa vigueur. Moi j'ai embrassé l'Unité, je me suis établi dans l'Harmonie. Voilà douze cents ans que je vis, et mon corps n'est pas affaibli.

— Vous êtes un être céleste, dit *Hoang-ti*, en appliquant derechef son front contre terre.

— Ecoutez, dit Maître *Koang-Tch'eng*, sans m'interrompre. Le premier Principe est essentiellement infini et insondable ; c'est par erreur que les hommes emploient, en parlant de lui, les termes *fin* et *apogée*. Ceux qui l'ont connu, sont devenus les empereurs et les rois de l'âge héroïque, et ont fini par l'apothéose. Ceux qui ne l'ont pas connu, sont restés des hommes terrestres, ignorants et charnels. Maintenant le premier Principe est si oublié, que tous les êtres, sortis de la terre, retournent à la terre. Aussi ne resterai-je pas davantage en ce monde. Je vous quitte pour aller, par delà la porte de l'infini, flâner dans les espaces incommensurables. Je vais unir ma lumière, à celle du soleil et de la lune ; je vais fondre ma durée, avec celle du ciel et de la terre. Je ne veux même pas savoir, si les hommes pensent comme mot ou différemment. Quand ils seront tous morts, moi je survivrai seul, *ayant seul, en ces temps de décadence, atteint à l'union avec l'Unité.*

▲**Tch11.D.** Le politicien *Yunn-tsiang*, qui errait dans l'Est, au delà de la rivière *Fou-Yao*, rencontra inopinément l'immortel *Houng-mong*, qui sautait à cloche-pied, en battant la mesure sur ses flancs.[66] Surpris, *Yunn-tsiang* s'arrêta, se mit en posture rituelle, et demanda :

— Vénérable, qui êtes-vous ? que faites-vous là ?

Sans cesser de sauter et de taper sur ses flancs, *Houng-mong* répondit :

— Je me promène.

Convaincu qu'il avait affaire à un être transcendant, *Yunn-tsiang* dit :

— Je désire vous poser une question.

---

[66] Les Immortels taoïstes sont presque toujours représentés dans des poses et avec des gestes excentriques, marque de leur mépris pour la voie commune.

— Bah ! fit *Houng-mong*.

— Oui, dit *Yunn-tsiang*. L'influx du ciel est dérangé, celui de la terre est gêné ; les six émanations sont obstruées, les quatre saisons sont détraquées. Je voudrais remettre l'ordre dans l'univers, pour le bien des êtres qui l'habitent. Veuillez me dire comment je dois m'y prendre.

— Je ne sais pas ! je ne sais pas ! dit *Houng-mong*, en hochant la tête, tapant sur ses flancs, et sautant à cloche-pied.

Yunn-tsiang n'en put pas tirer davantage.

Trois ans plus tard, comme il errait encore dans l'Est, au delà de la plaine de *You-song*, inopinément *Yunn-tsiang* rencontra de nouveau *Houng-mong*. Au comble de la joie, il courut à lui, et l'aborda en lui disant :

— Être céleste, vous souvenez-vous encore de moi ?

Puis, s'étant prosterné deux fois, inclinant la tête, il ajouta :

— Je désire vous poser une question.

— Que puis-je vous apprendre ? fit *Houng-mong* ; moi qui marche sans savoir pourquoi, qui erre sans savoir où je vais ; moi qui ne fais que flâner, sans m'occuper de rien, pour ne pas nuire par quelque ingérence intempestive.

— Moi aussi, dit *Yunn-tsiang*, je voudrais comme vous errer libre et sans soucis ; mais le peuple me poursuit partout où je vais ; c'est une vraie servitude ; à peine vient-il de me lâcher ; je profite de ce répit, pour vous interroger.

— Pauvre homme ! fit *Houng-mong* ; que vous dirai-je, à vous qui vous mêlez de gouverner les hommes ? Qui trouble l'empire, qui violente la nature, qui empêche l'action du ciel et de la terre ? qui inquiète les animaux, trouble le sommeil des oiseaux, nuit jusqu'aux plantes et aux insectes ? qui, si ce n'est les politiciens, avec leurs systèmes pour gouverner les hommes ? !

— C'est ainsi que vous me jugez ? dit *Yunn-tsiang*.

— Oui, dit Houng-mong ; vous êtes un empoisonneur ; laissez-moi aller mon chemin.

— Etre céleste, fit *Yunn-tsiang*, j'ai eu beaucoup de peine à vous trouver ; de grâce, veuillez m'instruire.

— De fait, dit *Houng-mong*, vous avez grand besoin d'apprendre. Ecoutez donc !... Commencez par n'intervenir en rien, et tout suivra naturellement son cours. Dépouillez votre personnalité (litt. laissez tomber votre corps comme un habit), renoncez à l'usage de vos sens, oubliez les relations et les contingences, noyez-vous dans le grand ensemble, défaites-vous de votre volonté et de votre intelligence, annihilez-vous par l'abstraction jusqu'à n'avoir plus d'âme. A quoi bon spéculer, l'inconscience étant la loi universelle ? La foule des êtres retourne inconsciente à son origine. Celui qui aura passé sa vie dans l'inconscience, aura suivi sa nature. S'il acquiert des connaissances, il aura vicié sa nature. Car il est né spontanément, sans qu'on lui ait demandé qui et quoi il voulait être. *Et la nature veut qu'il s'en retourne de même, sans avoir su ni qui ni quoi.*

— Ah ! s'écria *Yunn-tsiang*, être céleste, vous m'avez illuminé, transformé. Durant toute ma vie, j'avais cherché vainement la solution du problème, et voici que je la tiens....

Cela dit, *Yunn-tsiang* se prosterna le front en terre, puis se releva et reprit son chemin.

▲**Tch11.E.** Le grand souci des politiciens vulgaires, c'est de s'attacher les hommes ; ils se froissent, quand quelqu'un ne veut pas faire cause commune avec eux. Qu'ils aiment ceux qui sont de leur avis, et détestent ceux qui leur sont contraires, cela vient de ce qu'ils ne cherchent, en définitive, que leur propre élévation. Quand ils ont atteint l'objet de leur ambition, sont-ils vraiment supérieurs au vulgaire ? sont-ils utiles au pays ? Imposer au peuple ce qu'il leur plaît d'appeler leur expérience, n'est-ce pas pire que de l'abandonner à lui-même ? Férus de l'idée de faire profiter la principauté qu'ils administrent, du système des trois anciennes dynasties, ils ne font pas attention aux vices de ce système. Leur entreprise expose la principauté aux plus graves hasards. Heureuse est-elle, si elle en réchappe. Elle a une chance de salut, contre dix mille. Pour une principauté dans laquelle ils auront réussi imparfaitement, ils en ruineront absolument dix mille autres. Est-ce assez triste, que les maîtres de la terre ne s'aperçoivent pas de ce danger ?! La plus importante de toutes les choses est entre leurs mains. Ils ne devraient pas la confier à des hommes bornés et intéressés. Qu'ils donnent leur confiance aux hommes transcendants ; à ceux qui, libres de tout intérêt terrestre, vont et viennent dans l'espace, se promènent dans les neuf régions, sont citoyens non d'un pays mais de l'univers. Ces hommes-là sont les plus nobles de tous les hommes.[67] L'estime des hommes vulgaires s'attache à eux, aussi infailliblement que l'ombre suit le corps opaque, que l'écho suit le son. Quand il est consulté, par sa réponse l'homme transcendant épuise la question et comble les vœux du consultant. Il est le recours de tout l'empire. Son séjour est calme et silencieux, ses sorties n'ont pas de but déterminé. Il mène et ramène ses interlocuteurs, sans secousse, par une influence impalpable. Ses mouvements n'ont pas de règles fixes. Comme le soleil, il luit toujours. L'éloge substantiel de cet homme, se résume en ces mots, qu'il est un avec le grand tout. Il est le grand tout, et n'est plus lui-même. N'ayant plus

---

[67] Glose : La noblesse suprême consiste dans le mépris absolu des hommes et des choses terrestres.

d'existence particulière, il n'a plus aucune propriété. Les anciens empereurs avaient encore quelque propriété. Il faut n'en plus avoir du tout, pour devenir l'ami du ciel et de la terre (union).

▲**Tch11.F.** Petits mais respectables sont les êtres qui remplissent le monde. Humble mais nécessaire est le peuple. Incertaines mais importantes sont les affaires. Dures mais indispensables sont les lois. Antipathique mais obligatoire est la justice. Sympathique est l'affection non égoïste. Menus sont les rits, mais il faut les faire. Ces aphorismes résument la sagesse vulgaire.

Et moi j'ajoute : Au centre de toutes choses et supérieure à toutes, est l'action productrice du Principe suprême. Unique et se transformant en action productrice, est le Principe suprême. Transcendant et agissant sans cesse, est le Ciel (l'instrument physique de l'action productrice du Principe). Aussi les vrais Sages ont-ils pour règle de laisser faire le Ciel sans l'aider, de laisser agir l'action productrice sans interférer. de laisser le premier Principe libre sans prétendre deviser pour lui. Voilà l'important, à leurs yeux. Pour tout le reste, la pratique commune, ils sont affectueux sans affectation, justes sans prétention, rituels sans scrupulosité, actifs sans façons, légaux sans passion, dévoués au peuple et respectueux des droits de tous. Ils ne considèrent aucun être comme un moyen particulièrement apte, et s'en servent pourtant faute de mieux. L'ignorance de ceux qui ne comprennent rien à l'action du Ciel, vient de ce qu'ils n'entendent pas bien celle du Principe suprême, *dont le Ciel est l'instrument*. Ceux qui n'ont pas la notion de ce Principe lui-même, ne sont propres à rien ; il faut les plaindre.

Il y a deux voies, la voie céleste et la voie humaine. Se concentrer noblement dans le non-agir, voilà la voie du Ciel. S'éparpiller et peiner sur les détails, voilà la voie humaine. La voie céleste est supérieure, la voie humaine est inférieure. Les deux voies sont très différentes. Nous allons les scruter attentivement, dans les chapitres suivants.

Chapitre 12

Ciel et terre

▲**Tch12.A.** Une force transformatrice uniforme, émane de l'immense complexe ciel et terre ; une règle unique régit la foule des êtres ; un seul souverain gouverne la nombreuse humanité. Le pouvoir du souverain dérive de celui du Principe ; sa personne est choisie par le Ciel ; de là vient qu'on l'appelle Mystérieux, *comme le Principe*. Les souverains de l'antiquité s'abstenant de toute intervention personnelle, laissaient le Ciel gouverner par eux. Le Principe agissant par le souverain, ses ministres et ses officiers, à ce gouvernement droit juste et éclairé, tous les êtres répondaient par une soumission absolue. Tout en haut de l'univers, le premier Principe influence le ciel et la terre, lesquels transmettent à tous les êtres cette influence, laquelle devenue dans le monde des hommes bon gouvernement, y fait éclore les talents et les capacités. En sens inverse, toute prospérité vient du gouvernement, dont l'efficace dérive du Principe, par l'intermédiaire du ciel et de la terre. C'est pourquoi, les anciens souverains ne désirant rien, le monde était dans l'abondance ; ils n'agissaient pas, et tout évoluait ; ils restaient abîmés dans leur méditation, et le peuple se tenait dans l'ordre le plus parfait. Ce que l'adage antique résume ainsi : pour celui qui s'unit à l'Unité, tout prospère ; à celui qui n'a pas d'intérêt personnel, même les mânes sont soumis.

▲**Tch12.B.** Qu'elles sont vraies, ces paroles du Maître ! Combien grand, combien immense, est le Principe qui couvre et porte tous les êtres ! Que le souverain se garde bien de suivre son sens particulier ! L'action naturelle, voilà l'action céleste ; le verbe spontané, voilà l'influence céleste ; aimer tous les hommes et faire du bien à tous les êtres, voilà la *vraie* bonté ; fondre en un toutes les différences, voilà la *vraie* grandeur ; ne vouloir dominer les autres en rien, voilà la *vraie* largeur d'esprit ; posséder des choses diverses sans diviser son cœur, voilà la *vraie* richesse ; suivre l'influx *céleste*, voilà la suite *dans les opérations* : opérer sous cet influx, voilà l'opération efficace ; servir d'intermédiaire docile au Principe, voilà la perfection ; ne laisser abattre sa détermination par rien, voilà la constance. Que le souverain concentre en lui ces dix principes, puis les applique au gouvernement, et tout suivra son cours normal. Qu'il laisse l'or dans les rochers et les perles dans l'abîme, qu'il méprise la richesse et l'honneur, qu'il lui soit indifférent de vivre vieux ou de mourir jeune, qu'il ne tire pas vanité de la prospérité et ne se sente pas humilié par l'adversité, qu'il dédaigne tous les biens du monde, qu'il ne se glorifie pas de son exaltation. Que sa gloire soit d'avoir compris, que tous les êtres sont un seul complexe universel, que la mort et la vie sont deux modalités d'un même être.

▲**Tch12.C.** Le Maître a dit :

— L'action du Principe par le Ciel, est infinie dans son expansion, insaisissable dans sa subtilité. *Elle réside, imperceptible, dans tous les êtres, comme cause de leur être et de toutes leurs qualités.* C'est elle qui résonne dans les métaux et les silex sonores. Elle est aussi dans le choc qui les fait résonner. Sans elle, rien ne serait.... L'homme qui tient d'elle des qualités de roi, marche dans la simplicité et s'abstient de s'occuper de choses multiples. Se tenant à l'origine, à la source, *uni à l'unité*, il connaît comme les génies, *par intuition dans le Principe*. Par suite, sa capacité s'étend à tout. Quand son esprit est sorti *par la porte d'un sens, par la vue par exemple*, dès qu'il rencontre un être, il le saisit, *le pénètre, le connaît à fond*. Car les êtres étant devenus par participation du Principe, sont connus par participation de la vertu du Principe. Conserver les êtres avec pleine connaissance de leur nature, agir sur eux avec pleine intelligence du Principe, voilà les attributions de l'être né pour être roi. Il paraît inattendu *sur la scène du monde*, joue son rôle, et tous les êtres se donnent à lui. C'est qu'il a reçu du Principe les qualités qui font le roi. Il voit dans les ténèbres *du Principe*, il entend le verbe muet *du Principe*. Pour lui, l'obscurité est lumière, le silence est harmonie. Il saisit l'être, au plus profond de l'être ; et sa raison d'être, au plus haut de l'abstraction, *dans le Principe*. Se tenant à cette hauteur, entièrement vide et dénué, il donne à tous ce qui leur convient. Son action s'étend dans l'espace et dans le temps.

▲**Tch12.D.** L'empereur *Hoang-ti* ayant poussé jusqu'au nord de la rivière rouge, et gravi le mont *K'ounn-lunn* pour examiner les régions du Sud, perdit sa perle noire (son trésor, la notion du Principe, pour s'être livré à ses rêves ambitieux). Il la fit chercher par *Science*, qui ne la retrouva pas. *Investigation* et *Discussion* ne la retrouvèrent pas davantage. Enfin *Abstraction* la retrouva. *Hoang-ti* se dit :

— N'est-ce pas étrange que ce soit *Abstraction* qui l'ait retrouvée ! *elle que le vulgaire considère comme la moins pratique des facultés.*

▲**Tch12.E.** *Yao* fut instruit par *Hu-You*, disciple de *Nie-k'ue*, disciple de *Wang-i*, disciple de *Pei-i*. *Yao qui songeait à abdiquer pour se livrer à la contemplation*, demanda à *Hu-You* :

— *Nie-k'ue* a-t-il ce qu'il faut pour collaborer avec le Ciel (pour être empereur à ma place) ? Si oui, je lui ferai imposer la charge par son maître *Wang-i*.[68]

— Ce serait là, dit *Hu-You*, faire une chose au moins hasardeuse, peut-être funeste. *Nie-k'ue* est trop intelligent et trop habile. Il appliquera au gouvernement son intelligence et son habileté humaines, *empêchant ainsi le Ciel, le Principe, de*

---

[68] L'autorité du maître est, en Chine, égale ou supérieure à celle des parents.

gouverner. Il multipliera les charges, fera cas des savants, prendra des décisions, se préoccupera des traditions, s'embarrassera dans des complications, tiendra compte de l'opinion, appliquera des théories a priori sur l'évolution des choses, etc. Cet homme est trop intelligent pour être empereur. Quoique, de par sa noblesse, il soit qualifié pour cette position, de par son excessive habileté, il n'est bon qu'à faire un petit officier. Il a ce qu'il faut, pour prendre des brigands. S'il devenait ministre, ce serait le malheur ; s'il parvenait au trône, ce serait la ruine du pays.

▲**Tch12.F.** Comme *Yao* inspectait le territoire de *Hoa*, l'officier préposé à ce territoire lui dit :

— O Sage ! je vous souhaite prospérité et longévité !

— Taisez-vous ! dit *Yao*.

Mais l'officier continua :

— Je vous souhaite la richesse !

— Taisez-vous ! dit *Yao*.

— Et nombre d'enfants mâles ! conclut l'officier.

— Taisez-vous ! lit *Yao*, pour la troisième fois.

L'officier reprit :

— Longévité, richesse, postérité mâle, tous les hommes désirent cela ; pourquoi vous seul n'en voulez-vous pas ?

— Parce que, dit *Yao*, qui a beaucoup de fils, a beaucoup d'inquiétudes ; qui a beaucoup de richesses, a beaucoup de soucis ; qui vit longtemps, essuie bleu des contradictions. Ces trois inconvénients entravent la culture de la vertu morale, voilà pourquoi je n'ai pas voulu de vos souhaits.

— Alors, dit l'officier, je ne vous considère plus comme un Sage, mais comme un homme ordinaire. A tous les individus qu'il procrée, le Ciel donne le sens nécessaire pour se conduire ; donc vos fils se tireraient d'affaire eux-mêmes. Pour vous défaire de richesses encombrantes, vous n'auriez qu'à les distribuer. Vous vous préoccupez plus qu'il ne sied à un Sage. Le vrai Sage vit en ce monde, comme la caille vit dans un champ, sans attache à un logis, sans souci de sa nourriture. En temps de paix, il prend sa part de la prospérité commune. En temps de trouble, il s'occupe de lui-même et se désintéresse des affaires. Après mille ans, las de ce monde, il le quitte et monte vers les Immortels. Monté sur un blanc nuage, il arrive dans la région du Souverain.[69] Là aucun des trois malheurs ne l'atteint ; son corps dure longtemps sans souffrance ; il ne subit plus de contradictions.

Cela dit, l'officier s'éloigna. *Reconnaissant en lui un Sage caché*, Yao courut après lui et lui dit :

— J'aurais des questions à vous poser.

— Laissez-moi tranquille, fit l'officier.

▲**Tch12.G.** Alors que *Yao* gouvernait l'empire, Maître *Kao* dit *Pai-Tch'eng*, fut investi par lui d'un fief. *Yao* transmit l'empire à *Chounn*, qui le transmit à *U*.[70] Alors Maître *Kao* s'étant démis de son fief, se mit à cultiver la terre. *U* étant allé le voir, le trouva occupé à labourer dans la plaine. L'ayant abordé respectueusement, il lui dit :

---

[69] Le Souverain des Annales et des Odes. Comparez Lao-tseu chapitre 4 E.

[70] Bête noire des Taoïstes qui lui imputent l'invention de la politique systématique.

— Maître, l'empereur *Yao* vous a investi d'un fief, que vous avez conservé jusqu'ici. Pourquoi voulez-vous vous en défaire maintenant ?

— Parce que le monde n'est plus ce qu'il fut sous Yao, dit maître Kao. Le peuple de Yao se conduisait bien, sans qu'on lui payât sa bonne conduite par des récompenses ; il était obéissant, sans qu'il fallût le contraindre par des châtiments. Maintenant vous récompensez et punissez systématiquement, ce qui a fait perdre au peuple ses qualités naturelles. La nature a disparu, des lois l'ont remplacée, de là tous les désordres. Pourquoi me faites-vous perdre mon temps ? Pourquoi entravez-vous mon travail ?

Et se penchant sur sa charrue, Maître *Kao* continua le sillon commencé, et ne se retourna plus vers *U*.

▲ **Tch12.H.** Au grand commencement *de toutes choses*, il y avait le néant de forme, l'être imperceptible ; il n'y avait aucun être sensible, et par suite aucun nom. Le premier être qui fut, fut l'Un, non sensible, le Principe. On appelle *tei* norme, la vertu émanée de l'Un, qui donna naissance à tous les êtres. Se multipliant sans fin dans ses produits, cette vertu participée s'appelle en chacun d'eux *ming* son partage, son lot, son destin. C'est par concentration et expansion alternantes, que la norme donne ainsi naissance aux êtres. Dans l'être qui naît, certaines lignes déterminées spécifient sa forme corporelle. Dans cette forme corporelle, est renfermé le principe vital. Chaque être a sa manière de faire, qui constitue sa nature propre. C'est ainsi que les êtres descendent du Principe. Ils y remontent, par la culture *taoïste* mentale et morale, qui ramène la nature individuelle à la conformité avec la vertu agissante universelle, et l'être particulier à l'union avec le Principe primordial, le grand Vide, le grand Tout. Ce retour, cette union, se font, non par action, mais par cessation. Tel un oiseau, qui, fermant son bec, cesse son chant, se tait. Fusion silencieuse avec le ciel et la terre, dans une apathie qui paraît stupide *à ceux qui n'y entendent* *rien*, mais qui est en réalité vertu mystique, communion à l'évolution cosmique.

▲**Tch12.I.** Confucius demanda à *Lao-tan* :

— Certains s'appliquent à tout identifier, et prétendent que, licite et illicite, oui et non, sont une même chose. D'autres s'appliquent à tout distinguer, et déclarent que la non-identité de la substance et des accidents est évidente. Sont-ce là des Sages ?

— Ce sont, répondit *Lao-tan*, des hommes qui se fatiguent sans profit pour eux-mêmes, comme les satellites des fonctionnaires, les chiens des chasseurs, les singes des bateleurs. *K'iou*,[71] je vais te dire une vérité, que tu ne pourras ni comprendre, ni même répéter proprement. Des Sages, il n'y en a plus ! Maintenant, nombreux sont les hommes, qui, ayant une tête et des pieds, n'ont ni esprit ni oreilles. Mais tu chercheras en vain ceux qui, dans leur corps matériel, ont conservé intacte leur part du principe originel. Ceux-là (les Sages, quand il y en a,) n'agissent ni ne se reposent, ne vivent ni ne meurent, ne s'élèvent ni ne s'abaissent, par aucun effort positif, mais se laissent aller au fil de l'évolution universelle. Faire cela (et par conséquent devenir un vrai Sage taoïste,) est au pouvoir de tout homme. Il ne faut, pour devenir un Sage, qu'oublier les êtres (individuels), oublier le Ciel (les causes), s'oublier soi-même (ses intérêts). Par cet oubli universel, l'homme devient un avec le Ciel, se fond dans le Cosmos.

▲**Tch12.J.** *Tsianglu-mien* ayant visité son maître *Ki-tch'ee*, lui dit :

— Le prince de *Lou* m'a demandé de le conseiller, *pour le bon gouvernement de sa principauté*. J'ai répondu que vous ne m'aviez pas donné commission pour cela. Il a insisté pour savoir mon

---

[71] Le prénom de Confucius. Familiarité quelque peu méprisante.

avis personnel. Voici ce que je lui ai dit ; jugez si j'ai parlé bien ou mal.... J'ai dit au prince : Soyez digne et sobre ; employez des officiers dévoués et renvoyez les égoïstes intéressés ; si vous faites cela, tout le monde sera pour vous.

Ki-tch'ee éclata de rire.

— Votre politique, dit-il, vaut les gestes de cette mante, qui voulut arrêter un char. Absolument inefficace ; pouvant devenir nuisible.

— Mais alors, dit *Tsianglu-mien*, en quoi consiste donc l'art de gouverner ?

— Voici, dit *Ki-tch'ee*, comment s'y prenaient les grands Sages. Ils provoquaient le peuple à s'amender, à s'avancer, en lui inspirant le goût de l'amendement, de l'avancement ; le laissant ensuite évoluer spontanément ; lui laissant croire qu'il voulait et agissait par lui-même. Voilà les grands politiques. Ceux-là ne se règlent pas sur les vieux *Yao* et *Chounn* (comme Confucius le prône), car ils sont plus anciens que ces Vénérables, étant de l'origine primordiale, leur politique consistant à raviver dans tous les cœurs l'étincelle de vertu cosmique qui réside dans chacun.

▲ **Tch12.K.** *Tzeu-koung* disciple de Confucius, étant allé dans la principauté de *Tch'ou*, revenait vers celle de *Tsinn*. Près de la rivière *Han*, il vit un homme occupé à arroser son potager. Il emplissait au puits une cruche, qu'il vidait ensuite dans les rigoles de ses plates-bandes ; labeur pénible et mince résultat.

— Ne savez-vous pas, lui dit *Tzeu-koung*, qu'il existe une machine, avec laquelle cent plates-bandes sont arrosées en un jour facilement et sans fatigue ?

— Comment est-ce fait ? demanda l'homme.

— C'est, dit *Tzeu-koung*, une cuiller à rigole qui bascule. Elle puise l'eau d'un côté, puis la déverse de l'autre.

— Trop beau pour être bon, dit le jardinier mécontent. J'ai appris de mon maître, que toute machine recèle une formule, un artifice. Or les formules et les artifices détruisent l'ingénuité native, troublent les esprits vitaux, empêchent le Principe de résider en paix dans le cœur. Je ne veux pas de votre cuiller à bascule.

Interdit, *Tzeu-koung* baissa la tête et ne répliqua pas. A son tour, le jardinier lui demanda :

— Qui êtes-vous ?

— Un disciple de Confucius, dit *Tzeu-koung*.

— Ah ! dit le jardinier, un de ces pédants qui se croient supérieurs au vulgaire, et qui cherchent à se rendre intéressants en chantant des complaintes sur le mauvais état de l'empire. Allons ! oubliez votre esprit, oubliez votre corps, et vous aurez fait le premier pas dans la voie de la sagesse. Que si vous êtes incapable de vous amender vous-même, de quel droit prétendez-vous amender l'empire ? Maintenant allez-vous-en ! vous m'avez fait perdre assez de temps !

Tzeu-koung s'en alla, pâle d'émotion. Il ne se remit, qu'après avoir fait trente stades. Alors les disciples qui l'accompagnaient lui demandèrent :

— Qu'est-ce que cet homme, qui vous a ainsi troublé ?

— Ah ! dit *Tzeu-koung*, jusqu'ici je croyais qu'il n'y avait dans l'empire qu'un seul homme *digne de ce nom, mon maître Confucius*. C'est que je ne connaissais pas celui-là. Je lui ai expliqué la théorie *confucéiste*, de la tendance au but, par le moyen le plus commode, avec le moindre effort. Je prenais cela pour la formule de la sagesse. Or il m'a réfuté et m'a donné à entendre, que la sagesse consiste dans l'intégration des esprits vitaux, la conservation de la nature, l'union au Principe. Ces vrais Sages ne différent pas du commun extérieurement ; intérieurement leur trait distinctif est l'absence de but, laisser s'écouler la vie sans vouloir savoir vers où elle coule. Tout effort, toute tendance, tout art, est pour eux l'effet d'un oubli de ce que l'homme doit être. Selon eux, *l'homme vrai* ne se meut, que sous l'impulsion de son instinct naturel. Il méprise également l'éloge et le blâme, qui ne lui profitent ni ne lui nuisent. Voilà la sagesse stable, tandis que moi je suis ballotté par les vents et les flots.

Quand il fut revenu dans la principauté de *Lou*, *Tzeu-koung* converti au *Taoïsme* raconta son aventure à Confucius. Celui-ci dit :

— Cet homme prétend pratiquer ce qui fut la sagesse de l'âge primordial. Il s'en tient au principe, à la formule, affectant d'ignorer les applications et les modifications. Certes, si dans le monde actuel il y avait encore moyen de vivre sans penser et sans agir, uniquement attentif au bien-être de sa personne, il y aurait lieu de l'admirer. Mais nous sommes nés, toi et moi, dans un siècle *d'intrigues et de luttes*, où la sagesse de l'âge primordial ne vaut plus qu'on l'étudie, *car elle n'a plus d'applications*.

▲ **Tch12.L.** *Tch'ounn-mang* allant vers l'océan oriental, rencontra *Yuan-fong*, qui lui demanda :

— Maître, où allez-vous ?

— A la mer, dit *Tch'ounn-mang*.

— Pourquoi ? demanda *Yuan-fong*.

— Parce qu'elle est l'image du Principe, dit *Tch'ounn-mang*. Toutes les eaux y confluent, sans la remplir. Toutes les eaux en sortent, sans la vider. Comme les êtres sortent du Principe et y retournent. Voilà pourquoi je vais à la mer.

— Et l'humanité, demanda *Yuan-fong*, qu'en pensez-vous ? Qu'est-ce que la politique des Sages *inférieurs, confucéistes* ?

— C'est, dit *Tch'ounn-mang*, faire du bien à tous, favoriser tous les talents, réglementer l'empire et se faire obéir, voilà la politique des Sages de cette espèce.

— Et la politique des Sages *taoïstes*, qui collaborent avec l'influx cosmique ? demanda *Yuan-fong*.

— C'est, dit *Tch'ounn-mang*, ne pas faire de plans ; agir sous l'inspiration du moment ; compter pour rien les distinctions *artificielles*, de raison et de tort, de bien et de mal ; donner à tous, comme à des orphelins, comme à des égarés, pour les satisfaire, sans prétendre à aucun retour, sans se faire remercier, sans même se faire connaître.

— Et la politique des hommes transcendants tout à fait supérieurs ? demanda *Yuan-fong*.

— Ceux-là, dit *Tch'ounn-mang*, fondent leur esprit avec la lumière, et leur corps avec l'univers. Le vide lumineux, c'est l'abnégation totale du moi. Soumis à leur destinée, libres de toute attache, ces hommes jouissent de la joie *désintéressée* du ciel et de la terre *qui laissent faire sans aimer ni haïr*, toutes choses allant spontanément à leur solution naturelle. Ainsi gouvernés, tous les êtres reviendraient à leur instinct inné, et le monde retournerait à son état primordial.

▲**Tch12.M.** *Menn-ou-koei* et *Tch'eu-tchang-man-ki* ayant vu défiler l'armée de l'empereur Ou, ce dernier dit au premier :

— Si cet empereur valait *Chounn*, il n'en serait pas venu à devoir faire la guerre.

— *Chounn* régna-t-il à une époque paisible ou troublée, demanda *Ou-koei* ?

— Vous avec raison, dit *Man-ki* ; il n'y a pas parité. *Chounn* régna à une époque si paisible, qu'on aurait pu se passer d'empereur. Il perdit son temps à s'occuper de vétilles, comme de guérir les plaies des ulcéreux, de faire repousser les cheveux des chauves, de soigner les malades. Il drogua l'empire, avec toute l'anxiété d'un fils qui drogue son père. Les Confucéistes le louent d'avoir agi ainsi. Un vrai Sage aurait eu honte d'agir ainsi .... Au temps de l'action parfaite, on ne faisait cas, ni de la sagesse, ni de l'habileté. Les gouvernants étaient comme les branches des grands arbres, *qui ombragent et protègent sans le savoir ni le vouloir* ; le peuple était comme les animaux sauvages, *qui se réfugient sous ces branches et profitent de leur ombre sans les remercier*. Les gouvernants agissaient équitablement sans connaître le terme équité, charitablement sans connaître le terme bonté, loyalement et fidèlement, simplement et sans demander qu'on les payât de retour. Vu leur extrême simplicité, il n'est resté de ces temps aucun fait saillant, et on n'en a pas écrit l'histoire.

▲Tch12.N. Un fils, un ministre, qui n'approuve pas ce que son père ou son prince fait de mal, est proclamé bon fils bon ministre, par la voix publique, d'autorité, sans arguments ; et la masse adopte ce verdict docilement, chacun se figurant l'avoir prononcé lui-même.[72] Dites à ces gens-là, que leur jugement n'est pas d'eux, qu'on le leur a suggéré ; et ils bondiront, se tenant pour offensés. Ainsi en est-il, dans la plupart des cas, pour la plupart des hommes. Presque tous reçoivent leurs idées toutes faites, et suivent toute leur vie l'opinion. Ils parlent dans le style du temps, ils s'habillent selon la mode du temps, non par aucun principe, mais pour faire comme les autres. Imitateurs serviles, qui disent oui ou non selon qu'on les a

---

[72] Alors que la chose n'est pourtant pas évidente, car on pourrait prétendre que le comble de la piété et du dévouement, c'est de tout approuver, même le mal. Glose.

suggestionnés, et croient après cela s'être déterminés eux-mêmes. N'est-ce pas là de la folie ? Folie incurable, car les hommes ne se doutent pas qu'ils sont atteints de cette manie de l'imitation. Folie générale, car l'empire tout entier est atteint de cette manie. Aussi est-ce bien en vain que j'essaierais de remettre les hommes sur le chemin *de l'action personnelle spontanée, émanant du moi, de l'instinct propre.* Hélas !

La musique noble laisse les villageois indifférents, tandis qu'une chanson triviale les fait pâmer d'aise. De même, les pensées élevées n'entrent pas dans les esprits farcis d'idées vulgaires. Le bruit de deux tambours en terre cuite, couvre le son d'une cloche de bronze. Comment me ferais-je écouter des fous qui peuplent l'empire ? Si j'espérais pouvoir y arriver, moi aussi je serais fou. Aussi les laisserai-je faire, sans rien entreprendre pour les éclairer. Aucun d'eux, d'ailleurs, ne m'en voudra ; car ils tiennent à leur commune folie. Comme ce lépreux, auquel un fils naquit à minuit ; qui alla quérir de la lumière, pour s'assurer que l'enfant était bien lépreux comme lui, et *ne le caressa qu'après avoir constaté que oui.*

▲**Tch12.O.** Soit un arbre séculaire. On en coupe une branche. D'un morceau de cette branche, ou fait un vase rituel ciselé et peint ; le reste est jeté dans le fossé et y pourrit. Puis on dira, le vase est beau, le reste est laid. Et moi je dis, et le vase, et le reste, sont laids, car ils ne sont plus du bois naturel, mais des objets artificiels déformés. Je juge de même, du brigand *Tchee*, des Sages *Tseng-chenn* et *Cheu-ts'iou*. On appelle l'un vicieux, les autres vertueux. A mes yeux ils ont également le tort de n'être plus des hommes, car ils ont agi contre nature, peu importe que ce soit bien ou mal.

Et quelles sont les causes de cette ruine de l'humaine nature ? Ce sont les théories artificielles sur les couleurs (la peinture), qui ont perverti la vue ; les théories sur les sons (la musique ; qui ont perverti l'ouïe ; les théories sur les odeurs (la parfumerie), qui ont perverti l'odorat ; les théories sur les saveurs (l'art culinaire), qui ont perverti le goût ; les artifices littéraires (rhétorique et poétique), qui ont affolé le cœur et faussé la nature (par le lyrisme et l'enthousiasme). Voilà les ennemis de la nature humaine, chers à *Yang-tchou* et à *Mei-ti*. Ce n'est pas moi qui considérerai jamais les arts comme des biens. Les règles artificielles étreignent, emprisonnent ; comment pourraient-elles rendre heureux ? L'idéal du bonheur, serait-ce l'état du ramier enfermé dans une cage ? *n'est-ce pas plutôt l'état du ramier libre dans les airs* ? Pauvres gens ! leurs théories sont un feu qui tourmente leur intérieur, leurs rits sont un corset qui enserre leur extérieur. Ainsi torturés et ligotés, à qui les comparerai-je ? A des criminels tenaillés ? à des fauves encagés ? Est-ce là le bonheur ? !

Chapitre 13

Influx du ciel

▲ **Tch13.A.** 309 L'influx du ciel s'exerçant libéralement, produit tous les êtres. L'influx impérial s'étendant impartialement, attire à lui tous les citoyens. L'influx du Sage se propageant uniformément, tout le monde se soumet à lui. Ceux qui ont l'intelligence du mode de cet influx du ciel, du Sage, du chef d'État idéal, se concentrent dans la paix méditative, qui est la source de l'action naturelle. Cette paix n'est pas un objectif, que le Sage atteint par des efforts directs. Elle consiste dans le fait négatif qu'aucun être n'émeut plus son cœur, et s'acquiert par l'abstraction. Elle est le principe de la claire vue du Sage. Telle une eau parfaitement tranquille, est limpide au point de refléter jusqu'aux poils de la barbe et des sourcils de celui qui s'y mire. Rien qui tende plus à l'équilibre, au repos, que l'eau ; tellement, que c'est d'elle, qu'on a dérivé le niveau parfait (niveau d'eau). Or de même que le repos clarifie l'eau, de même il éclaircit les esprits vitaux, parmi lesquels l'intelligence. Le cœur du Sage, parfaitement calme, est comme un miroir, qui reflète le ciel et la terre, tous les êtres. Vide, paix, contentement, apathie, silence, vue globale, non-intervention ; cet ensemble est la formule de l'influx du ciel et de la terre, du Principe. Les empereurs et les Sages de l'antiquité connurent cette formule. Vides, de toute passion), ils ont saisi dans leur vérité les lois générales. Paisibles (sans aucune émotion), ils ont agi efficacement. N'intervenant pas par eux-mêmes, laissant le soin des détails à leurs officiers, ils ont été exempts de plaisir et de peine, et ont par suite vécu longtemps. N'est-il pas évident que le vide, la paix, le contentement, l'apathie, le silence, la vue globale, la non-intervention, sont la racine de tout bien ? Qui a compris cela, vaudra comme empereur un *Yao*, et comme ministre un *Chounn*. Il pourra régner, comme roi, sur la destinée des hommes ; ou, comme Sage, sur leurs esprits. Qu'il vive retiré, en anachorète, au bord des eaux, sur les monts, dans les bois ; ou qu'il se produise, comme éducateur du monde ; dans les deux cas il sera reconnu et attirera à lui. Oui, de la paix émanent les spéculations des grands Sages. et les actions des grands rois ; la non-intervention rend célèbre ; l'abstraction élève au-dessus de tout. Bien comprendre la nature de l'influx du ciel et de la terre, qui est une non-intervention bienveillante et tolérante, voilà la grande racine, l'entente avec le ciel. Pratiquer une non-intervention analogue dans le gouvernement de l'empire, voilà le principe de l'entente avec les hommes. Or l'accord avec les hommes, c'est la joie humaine, le bonheur sur terre ; l'accord avec le ciel, c'est la joie céleste, le bonheur suprême.

Dans un paroxysme d'admiration pour son idéal, le Vide, le Repos, le Principe, Tchoang-tzeu lui adresse cette prosopopée :

— O mon Maître ! mon Maître ! Toi qui détruis sans être méchant ! Toi qui édifies sans être bon ! Toi qui fus avant les temps, et qui n'es pas vieux ! Toi qui couvres tout comme ciel, qui portes tout comme terre, qui es l'auteur de tout sans être habile (action inconsciente) ! Te comprendre ainsi, voilà la joie céleste. Savoir que je suis né par ton influence, qu'à ma mort je rentrerai dans ta voie ; que reposant je communie au *yinn* ta modalité passive, qu'agissant je communie au *yang* ta modalité active ; voilà le bonheur suprême. Pour l'illuminé qui possède ce bonheur, plus de plaintes contre le ciel (intermédiaire inintelligent, fatal), plus de ressentiment contre les hommes (qui suivent leurs voies, comme moi), plus de soucis pour les affaires (qui n'en valent pas la peine), plus de crainte des revenants (qui ne peuvent rien). L'action de l'illuminé se confond avec l'action du ciel, son repos avec le repos de la terre ; son esprit ferme domine le monde ; à la mort, son âme inférieure ne sera pas malfaisante (se dissipera paisiblement), son âme supérieure n'errera pas famélique (passera sous une autre forme). Oui, suivre l'évolution du Principe, dans le ciel et la terre, dans tous les êtres, voilà la joie céleste. Cette joie, c'est le tréfonds du cœur du Sage. C'est d'elle qu'il tire ses principes de gouvernement.

▲ **Tch13.B.** Fidèles imitateurs du ciel et de la terre, du Principe et de son influence, les anciens souverains n'intervenaient pas directement, ne s'occupaient pas des détails. De là vient qu'ils pouvaient gouverner l'empire tout entier. Inactifs, ils laissaient agir leurs sujets. Immobiles, ils laissaient les hommes se mouvoir. Leur pensée s'étendait à tout, sans qu'ils pensassent à rien ; ils voyaient tout en principe, sans rien distinguer en détail ; leur pouvoir, capable de tout, ne s'appliquait à rien. Tel le ciel ne faisant pas naître, les êtres naissent ; la terre ne faisant pas croître, les êtres croissent. Ainsi, le souverain n'agissant pas, les sujets prospèrent. Qu'il est transcendant, l'influx du ciel, de la terre, du souverain, ainsi entendu ! Et qu'on a raison de dire, dans ce sens, que l'influx du souverain s'unit à celui du ciel et de la terre ! Indéfini comme celui du ciel et de la terre, il entraîne tous les êtres et meut la foule des humains.

Unique, dans sa sphère supérieure, cet influx se répand, en descendant. Le souverain formule la loi abstraite ; ses ministres l'appliquent aux cas concrets. Art militaire, lois et sanctions, rits et usages, musique et danses, noces et funérailles, et autres choses qui tourmentent les Confucéistes, tout cela ce sont menus détails, que le Sage laisse à ses officiers.

Il ne faudrait pas penser, toutefois, qu'il n'y a, dans les choses humaines, ni degrés, ni subordination, ni succession. Il y a un ordre naturel, fondé sur la relation réciproque du ciel et de la terre, et sur l'évolution cosmique. Le souverain est supérieur au ministre, le père à ses fils, les aînés aux cadets, les vieillards aux jeunes gens, l'homme à la femme, le mari à l'épouse ; parce que le ciel est supérieur à la terre. Dans le cycle des saisons, les deux saisons productives précèdent les deux saisons improductives ;

chaque être passe par les deux phases successives de vigueur et de déclin ; cela, du fait de l'évolution cosmique ; et par suite, les parents ont le pas dans la famille, à la cour c'est le rang qui prime, dans les villages les vieillards sont honorés, dans les affaires on s'en remet au plus sage. Manquer en ces choses, ce serait manquer au Principe, dont ces règles sont des conclusions.

▲**Tch13.C.** C'est dans le binôme ciel et terre, que les anciens considéraient le Principe. C'est du mode d'agir de ce binôme qu'ils tirèrent les notions naturelles de la bonté (aveugle) et de l'équité (inconsciente), (opposées aux notions artificielles de la bonté et de l'équité scientifiques des Confucéistes) ; puis les notions de fonctions et d'offices ; puis celles de capacité, de responsabilité, de sanction, etc. Les notions abstraites augmentant, les intellectuels se distinguèrent des imbéciles ; il y eut des hommes supérieurs et des hommes inférieurs. Tous furent traités selon leur degré. Les Sages servirent le souverain, nourrirent les sots, les amendèrent par leur exemple, sans les contraindre, à l'instar de l'action du ciel et de la terre. Ce fut là l'ère de la paix absolue, du gouvernement parlait. On ne dissertait, on n'ergotait pas alors, sur les entités et les dénominations, *comme font les sophistes de nos jours*. On ne prétendait pas récompenser ou punir adéquatement tout bien ou tout mal, *comme le voudraient nos légistes*. Ils s'adressaient, pour toute solution, à la racine, à l'origine, au Principe qui les contient toutes ; et c'est cette vue de haut, qui faisait la supériorité de leur gouvernement. Tandis que, par le fait qu'ils se perdent dans les détails, nos sophistes et nos légistes ne sont propres à rien.

▲**Tch13.D.** Jadis *Chounn* encore ministre, demanda à l'empereur *Yao* :

— Empereur de par le ciel, comment exercez-vous vos fonctions ?

Yao répondit :

— Je n'opprime pas les petits, je ne fais pas de tort aux pauvres, je prends soin des veuves et des orphelins.

— C'est bien, dit *Chounn* mais c'est peu élevé.

— Alors, demanda *Yao*, que devrais-je faire ?

— L'influx du ciel, dit *Chounn* pacifie par sa seule émanation. Pour produire la succession des saisons, les jours et les nuits, les nuées et la pluie, le soleil et la lune se contentent de luire.

— Je comprends, dit *Yao* Je me suis trop agité, et ai trop voulu plaire.

▲**Tch13.E.** Confucius se rendait, de la principauté de *Lou* à l'Est, à la capitale des *Tcheou*, alors *Lao-yang*, à l'Ouest. Il voulait offrir ses livres à la bibliothèque impériale. Son disciple *Tzeu-lou* lui dit :

— J'ai ouï dire qu'un certain *Lao-tan* fut longtemps gardien de cette bibliothèque. Maintenant il vit dans la retraite... Faites-lui visite. Il pourra vous aider à obtenir que vos livres soient reçus.

— Soit ! dit Confucius ;

et il alla chez *Lao-tan*. Celui-ci refusa net de patronner ses livres. Pour l'amadouer, Confucius commença à lui en exposer le contenu.

— Pas tant de verbiage, lit *Lao-tan* ; dites-moi, en deux mots, ce qu'il y a dedans.

— Bonté et équité, dit Confucius.

— Ah ! fit *Lao-tan*. S'agit-il de la bonté et de l'équité naturelles ?

— Mais oui, dit Confucius ; de celles qui font l'homme.

— Alors définissez, dit *Lao-tan*.

— Aimer tous les êtres, et les bien traiter, sans égoïsme, voilà la bonté et l'équité, dit Confucius.

— Et vous prêchez cela, étant ambitieux et égoïste, dit *Lao-tan*. Maître, si vous voulez vraiment du bien à l'empire, commencez par étudier l'influx invariable du ciel et de la terre, l'éclairage constant du soleil et de la lune, l'ordre parfait des étoiles, la stabilité dans les espèces animales et végétales ; constatez que tout, dans la nature, est suite et uniformité, le Principe pénétrant tout de son influence paisible. Vous aussi unissez votre influence à celle du Principe, et vous pourrez arriver à quelque chose. Cessez de vouloir introduire par force vos vertus artificielles et contraires à la nature.... Un homme dont le fils s'était enfui, fit battre le tambour pour qu'on lui donnât la chasse, au lieu de chercher à le ramener en douceur. Le résultat fut que le fugitif alla au loin, et ne put jamais être retrouvé. Vos efforts pour rappeler, à son de caisse, la bonté et l'équité dans le monde, auront, je le crains, le même résultat négatif. Maître, vous faites fuir ce qui reste de nature.

▲ **Tch13.F.** *Cheu-Tch'eng-K'i* étant allé trouver *Lao-tzeu*, lui dit :

— Ayant ouï dire que vous êtes un Sage, j'ai fait un long voyage pour venir vous voir. J'ai marché durant cent jours, au point d'en avoir la plante des pieds calleuse, et voici que je constate que vous n'êtes pas un Sage. Car vous faites conserver indéfiniment les restes de vos repas ; vous avez maltraité votre sœur, parce que les rats avaient volé des restes de légumes,

Lao-tzeu, l'air distrait, le laissa dire, et ne répondit rien.

Le lendemain *Cheu-Tch'eng-K'i* retourna chez *Lao-tzeu* et lui dit :

— Hier je vous ai blâmé. Votre silence m'a fait réfléchir. Je vous présente mes excuses.

— Je fais aussi peu de cas de vos excuses que de vos blâmes, dit *Lao-tzeu*. Je me suis défait de tout désir d'être appelé savant, transcendant, sage. Vous me traiteriez de bœuf ou de cheval, que je ne répliquerais pas. Que ce qu'ils disent soit vrai ou faux, laisser dire les hommes, c'est s'épargner l'ennui de leur répondre. C'est mon principe de toujours laisser dire. Mon silence de hier en a été une application.

Alors *Cheu-Tch'eng-K'i* tourna autour de *Lao-tzeu*, en évitant de marcher sur son ombre ; puis, se présentant de front, il lui demanda ce qu'il devait faire pour s'amender. *Lao-tzeu* le rebuffa en ces termes :

— Etre contrefait, dont tous les airs et gestes dénotent des passions indomptées et des intentions déréglées, prétends-tu m'en imposer et me faire croire que tu es désireux et capable de culture ? Va ! je n'ai pas plus de confiance en toi, qu'en n'importe quel brigand des frontières.

▲ **Tch13.G.** *Lao-tzeu* dit :

— Infini *en lui-même*, le Principe pénètre par sa vertu les plus petits des êtres. Tous sont pleins de lui. Immensité quant à son extension, abîme quant à sa profondeur, il embrasse tout et n'a pas de fond. Tous les êtres sensibles et leurs qualités, toutes les abstractions comme la bonté et l'équité, sont des ramifications du Principe, mais dérivées, lointaines.

C'est ce que le sur-homme seul comprend ; *Confucius, Sage vulgaire, s'est trompé sur ce point*. Aussi, quand il gouverne, le sur-homme ne s'embarrasse pas dans ces détails, et par suite le gouvernement du monde n'est pour lui qu'un poids léger. Il ne s'occupe que du manche (la barre du gouvernail), et se garde d'entrer en contact avec les affaires. De haut son coup d'œil domine tout. Aucun intérêt particulier ne le touche. Il ne s'enquiert que de l'essence des choses. Il laisse faire le ciel et la terre, il laisse aller tous les êtres, sans la moindre fatigue d'esprit, puisqu'il est sans passion. Ayant pénétré jusqu'au Principe et identifié son action avec la sienne, il rejette la bonté et l'équité artificielles, les rits et la musique conventionnels. Car l'esprit du sur-homme est dominé par une idée unique et fixe, *ne pas intervenir, laisser agir la nature et le temps.*

▲**Tch13.H.** Dans le monde actuel, la vogue est aux livres (anthologies de Confucius). Les livres ne sont que des assemblages de mots. Les mots rendent des idées. Or les idées vraies, dérivent d'un principe non sensible, et ne peuvent guère mieux être exprimées en paroles que lui. Les formules qui remplissent les livres, n'expriment que des idées conventionnelles, lesquelles répondent peu ou pas à la nature des choses, à la vérité. Ceux qui savent la nature, n'essaient pas de l'exprimer en paroles ; et ceux qui l'essaient, montrent par là qu'ils ne savent pas. Le vulgaire se trompe en cherchant dans les livres des vérités ; ils ne contiennent que des idées truquées.

▲**Tch13.I.** Un jour, tandis que le duc *Hoan* de *Ts'i* lisait, assis dans la salle haute, le charron *Pien* travaillait à faire une roue dans la cour. Soudain, déposant son marteau et son ciseau, il monta les degrés, aborda le duc et lui demanda :

— Qu'est-ce que vous lisez là ?

— Les paroles des Sages, répondit le duc.

— De Sages vivants ? demanda *Pien*.

— De Sages morts, dit le duc.

— Ah ! fit Pien, le détritus des anciens.

Irrité, le duc lui dit :

— Charron, de quoi te mêles-tu ? Dépêche-toi de te disculper, ou je te fais mettre à mort.

— Je vais me disculper en homme de mon métier, repartit le charron. Quand je fabrique une roue, si j'y vais doucement, le résultat sera faible ; si j'y vais fortement, le résultat sera massif ; si j'y vais, je ne sais pas comment, le résultat sera conforme à mon idéal, une bonne et belle roue ; je ne puis pas définir cette méthode ; c'est un truc qui ne peut s'exprimer ; tellement que je n'ai pas pu l'apprendre à mon fils, et que, à soixante-dix ans, pour avoir une bonne roue, il faut encore que je la fasse moi-même. Les anciens Sages défunts dont vous lisez les livres, ont-ils pu faire mieux que moi ? Ont-ils pu déposer, dans leurs écrits, leur truc, leur génie, ce qui faisait leur supériorité sur le vulgaire. Si non, les livres que vous lisez ne sont, comme j'ai dit, que le détritus des anciens, *le déchet de leur esprit, lequel a cessé d'être*.

Chapitre 14

Évolution naturelle

▲**Tch14.A.** Le ciel *étoilé* tourne ; la terre est fixe. Le soleil et la lune se succèdent alternativement. Qui gouverne tout cela ? qui maintient cette harmonie ? Où est le moteur immobile qui meut tout ? Le mouvement cosmique est-il libre, est-il forcé ?... Les nuées se résolvent en pluie, et la pluie évaporée se reforme en nuages. Qui répand ainsi, sans bouger, l'abondance et le bien-être ?... Du Nord, le vent souffle vers l'Ouest, vers l'Est, dans tous les sens. Qui meut ce souffle puissant ? Qui, immobile, lui imprime ces variétés ?... Je vais vous le dire, dit *Ouhien-t'iao*. C'est le ciel, par la révolution des cinq éléments, dans les six régions de l'espace. C'est cette révolution, qui maintient l'ordre dans la nature ; et dans les choses humaines, il y aura bon ordre si le gouvernement s'y conforme, et désordre s'il ne s'y conforme pas. Quand les anciens souverains appliquaient les neuf lois,[73] leur gouvernement était prospère et efficace. Ils illuminaient l'empire, qui leur était parfaitement soumis. Ce furent là ceux qu'on appelle les augustes souverains.

▲**Tch14.B.** *Tang* premier ministre de *Chang* ayant demandé à *Tchoang-tzeu* ce que c'était que la bonté....

— C'est, lui dit celui-ci, la vertu des tigres et des loups.

— Comment cela ? dit *Tang*.

---

[73] De la Grande Règle. Voyez Annales, *Tcheou* chap. 4 ; et Textes philosophiques, page 25.

— Sans doute, dit *Tchoang-tzeu* ; les tigres et les loups n'aiment-ils pas leurs petits ?

— Et la bonté suprême ? fit *Tang*.

— La bonté suprême, répondit *Tchoang-tzeu*, consiste à ne pas aimer.

— Alors, fit *Tang*, l'homme qui possède la bonté suprême, sera dépourvu de piété filiale ?

— Vous vous trompez, dit *Tchoang-tzeu*. *La bonté suprême est la bienveillance abstraite globale indifférenciée, qui n'est pas contraire aux bienveillances concrètes, déterminées, mais qui en abstrait. C'est aimer, de si haut, de si loin, que l'objet est perdu de vue.* Ainsi de *Ying* on ne voit pas, au Nord, les monts *Minn-chan*. Ils y sont cependant. Effet de la distance.

Pour que la piété filiale approchât de la bonté suprême, il faudrait que le fils aimât sans envisager ses parents, et que les parents l'aimassent sans envisager sa personne. Aimer tout l'empire sans penser à lui, et en être aimé sans être connu de lui, approche davantage de la bonté suprême. Etre plus bienfaisant que Yao et Chounn sans s'en rendre compte, faire du bien à tous sans que personne s'en doute, voilà la bonté suprême, *semblable à l'influx inconscient du ciel et de la terre, qui fait tout évoluer spontanément*. Vous voyez qu'il ne suffit pas d'être affectionné à la piété filiale, pour comprendre cela.... Sans doute, la piété filiale et fraternelle, la bonté et l'équité ordinaires, la fidélité et la loyauté, la droiture et la constance, toutes ces vertus rentrent en quelque sorte dans la bonté suprême, mais sont bien petites en comparaison de sa grandeur. On dit, à qui a toute beauté, les ornements n'ajoutent rien ; à qui a toute richesse, les gratifications n'ajoutent rien ; à qui a tous les honneurs, aucune distinction n'ajoute rien. Ainsi en est-il de celui qui possède la bonté absolue, laquelle n'est autre chose que le Principe ; il pratiquera à l'occasion toutes tes bontés d'ordre inférieur, mais sans qu'elles lui ajoutent rien. Et ce n'est pas en partant de ces détails, qu'on définira bien, a posteriori, la bonté suprême ; mieux vaut la définir a priori, en partant du Principe.

▲ **Tch14.C.** *P'ei-menn-Tch'eng* dit à l'empereur *Hoang-ti* :

— Quand j'ouïs exécuter votre symphonie *Hien-tch'eu*, près du lac *Tong-t'ing*, la première partie me fit peur, la seconde m'étourdit, la troisième me causa une sensation de vague, dont je ne suis pas encore remis.

— Cela devait être, dit l'empereur. Cette symphonie renferme tout. C'est une expression humaine de l'action céleste, de l'évolution universelle.

« La première partie exprime le contraste des faits terrestres qui arrivent sous l'influence céleste ; la lutte des cinq éléments ; la succession des quatre saisons ; la naissance et la décadence des végétaux ; l'action et la réaction du léger et du lourd, de la lumière et de l'obscurité, du son et du silence ; le renouveau de la vie animale, chaque printemps, aux éclats du tonnerre, après la torpeur de l'hiver ; l'institution des lois humaines, des offices civils et militaires, etc. Tout cela, ex abrupto, sans introductions, sans transitions ; en sons heurtés, suite de dissonances, comme est la chaîne des morts et des naissances, des apparitions et des disparitions, de toutes les éphémères réalités terrestres. Cela devait vous faire peur.

« La seconde partie de la symphonie rend, en sons doux ou forts, prolongés et filés, la continuité de l'action du *yinn* et du *yang*, du cours des deux grands luminaires, de l'arrivée des vivants et du départ des morts. C'est cette suite continue à perte de vue, qui vous a étourdi par son infinitude, au point que, ne sachant plus où vous en étiez, vous vous êtes appuyé contre le tronc d'un arbre en soupirant, pris du vertige et de l'anxiété que cause le vide.

« La troisième partie de la symphonie, exprime les productions de la nature, le devenir des destinées. De là des effervescences suivies d'accalmies ; le murmure des grands bois, puis un silence mystérieux. Car c'est ainsi que les êtres sortent on ne sait d'où, et rentrent on ne sait où, par flots, par ondes. Le Sage seul peut comprendre cette harmonie, car lui seul comprend la nature et la destinée. Saisir les fils du devenir, avant l'être, alors qu'ils sont encore tendus sur le métier à tisser cosmique, voilà la joie céleste, qui se ressent mais ne peut s'exprimer. Elle consiste, comme l'a chanté Maître Yen, à entendre ce qui n'a pas encore de son, à voir ce qui n'a pas encore de forme, ce qui remplit le ciel et la terre, ce qui embrasse l'espace, le Principe, *moteur de l'évolution cosmique*. Ne le connaissant pas, vous êtes resté dans le vague.

« Mes explications viennent de vous faire passer de ce vague à la connaissance du Principe. Conservez-la précieusement.

▲**Tch14.D.** Alors que Confucius voyageait à l'ouest de la principauté de *Wei*, son disciple *Yen-yuan* demanda au maître musicien *Kinn* :

— Que pensez-vous de l'avenir de mon maître ?

— Je pense, dit maître *Kinn*, avec un soupir ; je pense qu'il n'aboutira à rien.

— Pourquoi cela ? fit Yen-yuan.

— Voyez, dit Kinn, les chiens de paille, qui figurent dans les offrandes.[74] Avant l'offrande, on les conserve dans des coffres, enveloppés de belles toiles, tandis que le représentant du défunt et le prieur se purifient par l'abstinence. Après l'offrande, on les jette, on les piétine, on les brûle. Si on les remettait dans les

---

[74] Et les funérailles. Voyez Lao-tzeu chapitre 5.

coffres, pour s'en servir une autre fois, tout le monde, dans la maison, serait tourmenté par des cauchemars, *ces filtres en maléfices dégorgeant les influx néfastes dont ils se sont remplis*. Or voilà que Confucius ramasse dans son école les chiens de paille des souverains de l'antiquité (ses livres, pleins de vieux souvenirs périmés et devenus néfastes). De là les persécutions dont il a été l'objet en divers lieux ; cauchemars que lui ont procurés ses vieux chiens de paille.

Pour aller sur l'eau, ou prend une barque ; pour aller par terre, on prend un char ; impossible de voyager par eau en char, par terre en barque. Or les temps passés sont aux temps présents, comme l'eau et la terre ; l'empire des *Tcheou* et le duché de *Lou* se ressemblent, comme une barque et un char. Vouloir appliquer maintenant les principes surannés des anciens, vouloir employer dans le duché de *Lou* les procédés de l'empire des *Tcheou*, c'est vouloir voyager en barque sur la terre. ferme, c'est tenter l'impossible. Confucius travaille en vain et s'attirera des malheurs, comme tous ceux qui ont tenté d'appliquer un système donné, dans des circonstances différentes.

De nos jours, pour élever l'eau, on a abandonné le seau des anciens, pour la cuiller à bascule, et personne n'éprouve le besoin de revenir au seau. Ainsi les procédés de gouvernement des anciens empereurs, qui furent aptes en leur temps et sont périmés maintenant, ne doivent pas être imposés de force au temps actuel. A chaque saison on mange certains fruits, dont le goût plaît à ce moment-là, tandis qu'il ne plairait pas en un autre temps. Ainsi en est-il des règlements et des usages ; ils doivent varier selon les temps.

Mettez à un singe la robe du duc de *Tcheou*. Qu'arrivera-t-il ? Il la déchirera de colère, avec ses dents et ses griffes, et ne restera tranquille, que quand il en aura arraché le dernier lambeau. Or l'antiquité et le temps actuel, différent autant, que le duc de *Tcheou* et un singe. *N'affublez pas les modernes de la défroque des anciens.*

Jadis quand la belle *Si-cheu* avait ses nerfs, elle n'en était que plus séduisante. Une femme très mal faite l'ayant vue dans cet état, fit un jour comme elle lui avait vu faire. Le résultat fut, que les riches habitants du village se barricadèrent dans leurs maisons, et que les pauvres s'enfuirent épouvantés avec leurs femmes et leurs enfants. C'est que le laideron n'avait reproduit que les fureurs, non la beauté de la belle. *Ainsi en est-il de la parodie que Confucius nous donne de l'antiquité. Elle fait enfuir les gens.* Cet homme n'aboutira pas.

▲**Tch14.E.** A l'âge de cinquante-et-un ans, Confucius n'avait encore aucune notion du Principe. Il alla alors à Pei, et visita *Lao-tan*.

— Ah ! vous voilà ! dit celui-ci. C'est vous le Sage du Nord ? Que savez-vous du Principe ?

— Rien, dit Confucius.

— Alors, fit *Lao-tan*, pourquoi ne le cherchez-vous pas ?

— Je l'ai cherché, dit Confucius, durant cinq années entières, dans les formules et les nombres, sans le trouver.

— Et puis ? fit *Lao-tan*.

— Puis, dit Confucius, je l'ai cherché, durant douze années entières, dans le *yinn* et le *yang*, également sans résultat.

— Cela ne m'étonne pas, fit *Lao-tan*. Si le Principe pouvait se trouver ainsi, il figurerait depuis longtemps parmi les cadeaux qu'on se fait entre amis. La connaissance du Principe, ne se trouve, ni ne se communique, si aisément. Elle suppose, en effet, que l'homme est parfaitement réglé.

Il ne faut pas vouloir accaparer la réputation, à laquelle tant d'hommes prétendent. Il ne faut pas tirer à soi, exclusivement, les notions de bonté et d'équité, qui ont servi déjà à tant d'anciens. Il ne faut prendre de ces choses que sa part, et à son tour. Autrement l'on a tout le monde contre soi, car les autres aussi tirent à eux. Les anciens n'accaparaient rien. Ils ne tenaient qu'à une chose, à la liberté d'errer dans le vide, *à la spéculation sans entraves*, à être sans attaches et sans affaires. *C'est ainsi qu'ils arrivaient à la connaissance du Principe, laquelle suppose ce détachement.* Quiconque eut lié par l'amour de la richesse, de la gloire, de la puissance, est trop distrait pour pouvoir même y tendre. Et, pour ce qui est du gouvernement, lequel doit consister à suivre exactement le mouvement de l'évolution naturelle, c'est à ceux qui sont droits qu'il appartient de rectifier les autres. De celui qui prétendrait rectifier autrui, n'étant pas encore droit lui-même, il faudrait dire que la raison n'a pas encore commencé à luire en lui.[75]

▲ **Tch14.F.** Une autre fois, Confucius ayant visité *Lao-tan*, lui exposa ses idées sur la bonté et l'équité.

— Ecoutez, lui dit celui-ci, les vanneurs n'y voient pas, à force de poussière ; quand les moustiques sont légion, impossible de reposer. Vos discours sur la bonté et l'équité, me produisent un effet analogue ; j'en suis aveuglé, affolé. Allons ! laissez les gens tranquilles ! Croyez ce que vous voudrez, en théorie ; mais pratiquement, pliez au vent, *acceptez les changements survenus dans le monde*, ne battez pas la caisse pour rappeler le fils évadé (ce qui reste de l'antiquité ; comparez chapitre Tch13E). Les oies sauvages sont naturellement blanches, les corbeaux sont naturellement noirs ; aucune dissertation ne changera rien à ce fait. *Il en est de même des temps successifs, et des hommes de ces temps.* Vos discours ne feront pas, des corbeaux d'aujourd'hui, des oies d'antan. *Vous ne sauverez pas ce qui reste du 327 monde antique ;*

---

[75] Autant de soufflets ! Confucius ambitieux et intrigant, qui prétendait avoir seul le secret de la bouté et de l'équité ; qui cherchait à monopoliser, pour lui et ses disciples, le gouvernement des clefs et de l'empire ; etc.

son heure est venue. Quand les eaux se dessèchent, les poissons s'amassent dans les trous, et cherchent à sauver leur vie, en s'enduisant mutuellement des viscosités qui les couvrent. Pauvre expédient ! Ils auraient dû se disperser à temps, et gagner les eaux profondes.

Après cette visite, Confucius resta trois jours sans parler. Ses disciples lui demandèrent enfin :

— Maître, comment avez-vous réfuté *Lao-tan* ?

— En la personne de cet homme, j'ai vu le dragon, dit Confucius. Le dragon se replie visible, puis s'étend invisible, produisant le temps couvert ou le temps serein, sans que personne comprenne rien à sa puissante mais mystérieuse action. Je suis resté bouche bée devant cet homme insaisissable. Il est de trop forte envergure pour moi. Que pouvais-je dire pour le réfuter ?

▲**Tch14.G.** — Alors, dit le disciple *Tzeu-koung*, cet homme ne serait-il pas le Sage, duquel on dit que retiré et silencieux il étend son influence partout, qu'il est puissant comme le tonnerre et profond comme l'abîme, qu'il agit comme le ciel et la terre ? Veuillez me permettre d'aller la voir.

Avec la permission de Confucius, *Tzeu-koung* alla donc trouver *Lao-tan*. Celui-ci l'ayant toisé, lui dit :

— Je suis bien vieux et *vous êtes bien jeune* ! Qu'est-ce que vous avez à m'apprendre ?

Tzeu-koung dit :

— Les trois grands empereurs et les cinq grands rois, n'ont pas gouverné de la même manière il est vrai, mais tout le monde les appelle Sages. Pourquoi vous seul leur refusez-vous ce titre ?

— Approche mon garçon, *que je te voie de plus près*, fit le vieux *Lao-tan*. Ainsi tu dis que ces anciens n'ont pas gouverné de la même manière.

— Sans doute, dit *Tzeu-koung*. *Yao* abdiqua. *Chounn* nomma *U* son successeur. *U* et *T'ang* firent la guerre. *Wenn-wang* céda au tyran *Tcheou*. Au contraire *Tch'eng-wang* le renversa. Ne sont-ce pas là des différences ?

— Approche mon garçon, *que je te voie mieux*, fit derechef le vieux *Lao-tan*. C'est là tout ce que tu sais en fait d'histoire ? Alors écoute !

Hoang-ti organisa son peuple en empire, ce en quoi il blessa la nature ; mais il se moqua du reste, même de ce que Confucius tient pour le plus essentiel, comme de pleurer ses parents défunts ; de son temps, qu'on fit des rits ou qu'on n'en fit pas, personne n'avait rien à y voir.

Yao contraignit son peuple aux rits du deuil pour les parents, mais se moqua du reste.

Chounn poussa à la reproduction. Par ordre, les femmes durent avoir un enfant tous les dix mois ; les enfants durent parler à l'âge de cinq mois, et connaître leurs concitoyens avant trois ans. Surmenage qui introduisit dans le monde les morts prématurées.

U pervertit complètement le cœur des hommes. Il légitima le meurtre, en déclarant que, à la guerre, on tuait des brigands, non des hommes, et qu'il n'y avait pas de mal par conséquent. Puis il s'empara de l'empire au profit de sa famille (le rendit héréditaire). Depuis lors le désordre alla en empirant. Il fut au comble, quand parurent les sectateurs de Confucius et de *Mei-ti*, qui inventèrent ce qu'ils appellent les relations sociales, les lois du mariage, etc.

Et tu dis que les anciens gouvernèrent l'empire. Non, ils le bouleversèrent. Ils ruinèrent, par leurs innovations, la base de toute stabilité, l'influence forte du soleil et de la lune, des monts et des fleuves, des quatre saisons. Leur savoir-faire artificiel a été plus funeste, que le dard du scorpion, que la dent d'un fauve. Et ces hommes qui n'ont pas su reconnaître les lois de la nature et de la destinée humaine, prétendraient au titre de Sages ? ! Ce serait vraiment par trop d'impudeur !

Devant cette sortie de *Lao-tan*, *Tzeu-koung* resta bouche bée et mal à l'aise.

▲ **Tch14.H.** Confucius dit à *Lao-tan* :

— J'ai donné mes soins aux Odes, aux Annales, aux Rits et à la Musique, aux Mutations, à la Chronique. Je me suis appliqué longtemps à l'étude de ces six traités, et me les suis rendus familiers. J'ai parlé devant soixante-douze princes déréglés, leur exposant les principes des anciens souverains, des ducs de *Tcheou* et de *Chao*, pour leur amendement. Aucun d'eux n'a profité de mes discours. C'est difficile de persuader pareilles gens !

— Quel bonheur ! dit *Lao-tzeu*, qu'aucun d'eux ne vous ait écouté ! S'ils l'avaient fait, ils seraient devenus pires. Vos six traités, ce sont des vieilleries, récits de faits qui sont arrivés dans des circonstances qui ne sont plus, de gestes qui seraient déplacés dans les circonstances actuelles. Que déduire de l'empreinte d'un pied, sinon qu'elle a été faite par un pied ? Qui ? pourquoi ? comment ? et autres circonstances, l'empreinte est muette sur tout cela. Il en est de même des empreintes laissées par les faits dans l'histoire ; elles ne nous apprennent pas la réalité telle qu'elle fut, vivante et vraie.

Chaque temps a sa nature, comme chaque être a la sienne ; nature à laquelle rien ne peut être changé. Les hérons se fécondent en se regardant, certains insectes en bourdonnant, d'autres sont hermaphrodites, d'autres font autrement. Il n'y a qu'à les laisser faire, chaque espèce d'après sa nature. La nature ne se modifie pas, le destin ne se change pas, le temps ne peut être arrêté, l'évolution ne peut être obstruée. Laissez tout aller son cours naturel, et vous n'aurez que des succès : Allez à l'encontre, et vous n'aurez que des insuccès.

Confucius se confina chez lui durant trois mois, pour méditer cette leçon. Au bout de ce temps, Il alla trouver *Lao-tzeu*.

— J'y suis maintenant, lui dit-il. Les corbeaux et les pies couvent, les poissons imprègnent leur frai, le sphex naît par transformation d'une araignée ; les hommes ont des enfants successifs, la naissance de chaque cadet faisant pleurer l'aîné. Voilà longtemps que moi *K'iou* je me tenais à l'écart de l'évolution naturelle, ou tentais même de la faire revenir en arrière. C'est pour cela que je n'ai pas réussi à faire évoluer l'humanité.

— Bien ! dit *Lao-tzeu*. Maintenant, *K'iou*, tu as trouvé la clef.

CHAPITRE 15

SAGESSE ET ENCROÛTEMENT

▲ **Tch15.A.** Avoir des idées incrustées dans son cerveau, et une haute opinion de ses mœurs singulières ; rompre avec le monde et faire bande à part ; parler haut et critiquer les autres ; en un mot, se conduire en pédants ; voilà comme font ceux qui vivent en anachorètes sur les monts et dans les vallées, contempteurs des voies communes, lesquels finissent par mourir de faim, ou noyés dans quelque torrent.

Discourir sur la bonté et l'équité, la loyauté et la fidélité ; pratiquer le respect d'autrui, la simplicité, la modestie ; en un mot, se contraindre en tout ; voilà comme font ceux qui prétendent pacifier le monde et morigéner les hommes, maîtres d'école ambulants ou sédentaires. Exalter leurs mérites, travailler à se faire un nom, ergoter sur les rits et l'étiquette, vouloir tout réglementer, voilà comme font ceux qui fréquentent les cours, politiciens en quête d'un maître à servir, d'une principauté à organiser, d'alliances à moyenner.

Se retirer au bord des eaux ou dans des lieux solitaires, pêcher à la ligne ou ne rien faire, voilà le fait des amants de la nature et de l'oisiveté.

Respirer en mesure, évacuer l'air contenu dans les poumons et le remplacer par de l'air frais, aider sa respiration par des gestes semblables à ceux de l'ours qui grimpe ou de l'oiseau qui vole, voilà comme font ceux qui désirent vivre longtemps, les imitateurs de *P'eng-tsou*. Tous ceux-là sont des toqués. Parlons maintenant des hommes sérieux.

▲ **Tch15.B.** Avoir des aspirations élevées, sans préjugés préconçus ; tendre à la perfection, mais non d'après le schéma bonté-équité ; gouverner sans viser à se faire un nom ; ne pas se retirer du monde ; vivre sans gymnastique respiratoire ; tout avoir, et ne faire cas de rien ; attirer tout le monde, sans rien faire pour cela, voilà la voie du ciel et de la terre, celle que suit le Sage taoïste.

Vide, paix, contentement, apathie, silence, vue globale, non-intervention, voilà la formule du ciel et de la terre, le secret du Principe et de sa vertu. Le Sage taoïste agit à l'instar. Paisible, simple, désintéressé, aucune tristesse ne se glisse dans son cœur, aucune convoitise ne peut l'émouvoir ; sa conduite est parfaite ; ses esprits vitaux restent intacts. Durant toute sa vie il agit à l'instar du ciel, à sa mort il rentre dans la grande transformation. En repos, il communie au mode *yinn* ; en mouvement, au mode *yang*, de l'univers. Il ne cause, à autrui, ni bonheur, ni malheur. Il ne se détermine à agir, que quand il y est contraint, quand il ne peut pas faire autrement. Il rejette toute science, toute tradition, tout précédent. Il imite en tout l'indifférent opportunisme du ciel. Aussi n'a-t-il rien à souffrir, ni du ciel, ni des êtres, ni des hommes, ni des fantômes. Durant la vie il vogue *au gré des événements* ; à la mort il s'arrête. Il ne pense pas à l'avenir, et ne fait pas de plans. Il luit sans éblouir ; il est fidèle sans s'être engagé. Durant le sommeil il n'éprouve pas de rêves, durant la veille il n'est pas mélancolique. Ses esprits vitaux étant toujours dispos, son âme est toujours prête à agir. Vide, paisible, content, simple, il communie à la vertu céleste.

La douleur et la joie sont également des vices, l'affection et le ressentiment sont pareillement des excès ; qui aime ou hait, a perdu son équilibre. Ne connaître ni déplaisir ni plaisir, voilà l'apogée de la vertu ; être toujours le même, sans altération, voilà l'apogée de la paix ; ne tenir à rien, voilà l'apogée du vide ; n'avoir de rapports avec personne, voilà l'apogée de l'apathie ; laisser aller, laisser faire, voilà l'apogée du désintéressement.

La fatigue musculaire incessante, use le corps ; la dépense incessante d'énergie, l'épuise. Voyez l'eau. De sa nature, elle est pure et calme. Elle n'est impure ou agitée, que quand on l'a troublée en la violentant. Voilà la parfaite image de la vertu céleste, calme spontanéité. Pureté sans mélange, repos sans altération, apathie sans action ; mouvement conforme à celui du ciel, *inconscient, sans dépense de pensée ni d'effort* ; voilà ce qui conserve les esprits vitaux. Le possesseur d'un excellent sabre de *Kan-ue*, le conserve soigneusement dans un fourreau, et ne s'en sert qu'aux grandes occasions, de peur de l'user en vain. Chose étrange, la plupart des hommes se donnent moins de peine pour la conservation de leur esprit vital, plus précieux pourtant que la meilleure lame de *Kan-ue*. Car ce principe de vie s'étend à tout, depuis le ciel en haut jusqu'à la terre en bas, aux transformations de tous les êtres, étant si peu sensible qu'on ne saurait le figurer, confondant son action avec celle du Souverain (ici le Souverain cosmique, l'âme du monde). Intégrité et pureté, voilà ce qui conserve l'âme et l'empêche de s'user. Dans son état d'intégrité et de pureté, elle communie à la règle céleste (synonyme du Souverain, ci-dessus). De là les aphorismes suivants : Le vulgaire estime la fortune, le lettré la réputation, le savant les places, le Sage l'intégrité de son esprit vital. Le principe de vie, c'est la pureté et l'intégrité qui le conservent. Pureté veut dire absence de tout mélange, intégrité signifie absence de tout déficit. Celui dont l'esprit vital est parfaitement intègre et pur, celui-là est un Homme vrai.

Chapitre 16

Nature et convention

▲**Tch16.A.** Prétendre amender la nature en la ramenant à son état original, par le moyen des études qui se font dans les écoles actuelles ; vouloir régler les penchants, en les éclairant par les raisonnements classiques ; c'est faire montre d'un bien grand aveuglement. Les anciens Sages ne connaissaient de science, que celle qui émanait spontanément du calme de leur nature, la *simple appréhension des choses*, qui ne les troublait pas. Leur raison naturelle *dérivée du Principe*, fonctionnait normalement dans leur paix intérieure. Ainsi, naquirent ces notions toutes simples ; bonté, tout supporter ; équité, être raisonnable. A l'équité répondit la loyauté ; la franche vérité produisit la joie et son expression la musique ; la confiance mutuelle produisit la politesse et son expression les rits. Plus tard, ayant été faussés, les rits et la musique devinrent un élément de perversion, comme il arrive de tout ce qui n'est plus conforme à la nature.

Tout au commencement, les hommes étaient simples, comme la nature à ses débuts. Alors aucun trouble dans les mouvements naturels, aucun désordre venant des forces physiques. Le cours des saisons était régulier, aucun être ne souffrait, pas de morts prématurées, ni théories ni sciences. Ce fut l'âge de la parfaite unité et union, *de l'homme avec la nature et des hommes entre eux*. Personne n'intervenait *dans l'ordre naturel*. Tout suivait son cours spontanément.

Cependant la décadence vint. Elle commença par les institutions de *Soei-jenn* et de *Fou-hi* (production artificielle du feu, lois du mariage et de la famille), qui parurent un progrès, mais inaugurèrent la ruine de la simplicité et de la promiscuité premières. La décadence s'accentua au temps de *Chenn-noung* et de *Hoang-ti* (abandon de la vie nomade, agriculture, formation de l'État), le bien-être augmentant, mais aux dépens de la spontanéité ancienne. Elle s'accentua bien davantage, quand *Yao* et *Chounn* régnant, introduisirent l'amendement systématique (par les lois et les écoles), la pratique obligatoire d'un *soi-disant* bien *conventionnel*. C'en fut fait des mœurs primitives. Depuis lors les hommes substituèrent leurs théories à l'instinct inné, et la paix disparut de l'empire. Enfin le progrès des lettres et des sciences, acheva d'éteindre ce qui restait de la simplicité naturelle, et remplit les esprits de distractions. Aussi tout n'est plus que désordre et perversion.

▲**Tch16.B.** De cette revue historique, il résulte que l'adoption de mœurs conventionnelles a été la ruine des mœurs primitives, et que cette ruine de la nature première a été la ruine du monde. Nature et convention sont deux contradictoires inconciliables. Les sectateurs de ces deux voies, ne peuvent faire ménage ensemble. Ils ne peuvent même pas se comprendre, ne pensant et ne parlant pas de même. Un Sage du parti de la nature (taoïste), n'aura pas besoin d'aller se cacher dans les monts et les bois ; vivant au milieu de ses concitoyens, il sera inconnu, parce que incompris. Cet état de choses n'est pas récent ; il date d'assez loin. Les Sages anciens qu'on appelle communément les Cachés, ne se rendaient pas invisibles, ne tenaient pas leur bouche close, ne dissimulaient pas leur sagesse délibérément. Ils ne se cachaient pas. C'est leur opposition complète à leur temps, qui les cacha, qui les fit passer inaperçus, inconnus et incompris. En des temps favorables, ils auraient peut-être réformé le monde, en le ramenant à la simplicité perdue. Mais les temps défavorables les empêchant de ce faire, ils passèrent leur vie à garder pour eux la notion de la perfection primitive, et à attendre dans la paix.

Ces hommes-là ne recherchaient pas des connaissances variées par des disquisitions subtiles, *comme font les sophistes actuels* ; ils ne voulaient pas tout savoir ni tout pouvoir. Plutôt réservés, presque timides, ils restaient à leur place, méditant sur leur nature. Le sujet est d'ailleurs assez vaste pour occuper un homme, et assez difficile pour commander la réserve. Se donner pour maître de la doctrine du Principe, avec une science et une conduite imparfaites, serait nuire à la doctrine, non la servir. Ils travaillaient donc leur propre personne, faisant tout leur bonheur de leur tendance au but. Ils ne rêvaient pas, comme les ambitieux de nos jours (Confucéistes), de grades et de distinctions. Que peuvent ces choses artificielles, pour la perfection de la nature ? Rien du tout ! Elles sont même une pauvre satisfaction, car bien précaire, qui les a obtenues ne pouvant être sûr qu'il les conservera. Les Sages sont également indifférents dans la fortune et la détresse, ne se réjouissant ni ne s'affligeant de rien. Quand un gain réjouit, quand une perte afflige, c'est signe qu'on aimait l'objet ; affection et affliction, deux désordres. Ceux qui donnent leur affection à des êtres quelconques, qui font violence à leur instinct naturel pour n'importe quelle convention, ceux-là font le contraire de ce qu'ils devraient faire. *Ils devraient ne suivre que leur instinct, et vivre absolument détachés.*

Chapitre 17

La crue d'automne

▲ **Tch17.A.** C'était le temps de la crue d'automne. Cent rivières gonflées déversaient leurs eaux dans le Fleuve Jaune, dont le lit s'était tellement élargi, que, d'un bord à l'autre, on ne pouvait pas distinguer un bœuf d'un cheval. Cette vue mit en joie le Génie du Fleuve, qui se dit qu'il n'y avait au monde rien de mieux que son domaine. Suivant le flot, il descendit jusqu'à la mer du Nord. A la vue de ses eaux, qui s'étendaient vers l'Est sans limites, *il constata qu'il y avait mieux que son domaine*, et dit en soupirant au Génie de la mer :

— L'adage « qui sait peu, se croit grand », s'applique à ma personne. J'ai bien ouï dire qu'il y avait mieux que Confucius et ses héros, mais je ne l'ai pas cru. Maintenant que j'ai vu l'étendue de votre empire, *je commence à croire aussi que votre doctrine est supérieure à celle de Confucius.*[76] J'ai bien fait de venir me faire instruire, autrement les vrais savants auraient fini par rire de moi.

— Soyez le bienvenu, dit le Génie de la mer. Oui, la grenouille qui vit au fond d'un puits, n'a pas l'idée de ce que peut être la mer ; elle ne connaît que son trou. L'éphémère éclos et mort en été, ne sait pas ce que c'est que la glace ; il n'a connu qu'une saison. Un lettré borné *comme Confucius*, ne sait rien de *la science supérieure* du Principe, abruti qu'il est par les préjugés de sa caste. Sorti de votre lit *étroit*, vous avez vu l'océan sans limites.

---

[76] École riveraine du Fleuve Jaune. Le Génie de la mer est taoïste. Le Génie du fleuve est confucéiste, et va se convertir au taoïsme.

Convaincu maintenant de votre imperfection, vous êtes devenu capable de la science supérieure. Ecoutez donc ! De toutes les eaux, la plus grande c'est l'océan. Des fleuves innombrables y déversent leurs eaux sans cesse, sans l'augmenter. Il s'écoule continuellement par le goulet oriental, sans diminuer. Il n'a ni crues ni baisses, comme en ont les plus grands fleuves ; son niveau est toujours le même, invariable. Tel est mon empire. Eh bien ! son immensité ne m'a jamais inspiré aucun orgueil. Pourquoi ? Parce que, en comparaison du ciel et de la terre, du cosmos physique, je le trouve petit. Je me sens n'être pas plus qu'un caillou, qu'un arbuste, sur une montagne. Etant si peu, pourquoi m'estimerais-je beaucoup ? Comparés à l'univers, les abîmes des quatre océans se réduisent à de petits trous dans une surface immense. Comparée à la terre, notre Chine se réduit aux dimensions proportionnelles d'un grain dans un vaste grenier. La totalité des êtres existants étant exprimée par le nombre dix mille, l'humanité ne vaut qu'une unité. Nulle part en effet, par toute la terre habitée, la proportion des hommes, par rapport aux autres êtres, ne dépasse cette quantité. Donc l'humanité est à la masse de l'univers, ce qu'un poil est au corps d'un cheval. Voilà à quoi se réduit, ce qui a tant préoccupé les anciens souverains, tourmenté les Sages, fatigué les politiciens ; à un fétu. *Pai-i le héros confucéiste* est réputé grand pour le rôle qu'il joua sur cette petite scène ; et Confucius est réputé savant, pour y avoir déclamé. Ces hommes se crurent quelque chose, *parce qu'ils n'en savaient pas plus long* ; tout comme vous vous croyiez le premier des génies aquatiques, avant que vous n'eussiez vu la mer.

Se rappelant les discussions des sophistes du temps, sur la notion du grand et du petit, le Génie du fleuve demanda à celui de la mer :

— Alors désormais je considérerai l'univers comme l'expression de la grandeur absolue, et un poil comme le symbole de la petitesse absolue, n'est-ce pas ?

— Non ! dit le Génie de la mer, pas ainsi ! L'univers *existant actuel* n'est pas l'expression de la grandeur absolue. Car cette quantité n'est pas constante. Elle varie, dans la durée des temps, au cours de l'évolution, selon les genèses et les cessations. Envisagées ainsi, par la haute science, les choses changent d'aspect, l'absolu devenant relatif. Ainsi la différence du grand et du petit s'efface, dans la vision à distance infinie. La différence du passé et du présent s'efface de même, l'antériorité et la postériorité disparaissant, dans la chaîne illimitée ; et par suite, le passé n'inspire plus de mélancolie, et le présent plus d'intérêt. La différence entre la prospérité et la misère s'efface de même, ces phases éphémères disparaissant dans l'éternelle évolution ; et par suite, avoir ne cause plus de plaisir, perdre ne cause plus de chagrin. Pour ceux qui voient de cette distance et de cette hauteur, la vie n'est plus un bonheur, la mort n'est plus un malheur ; car ils savent que les périodes se succèdent, que rien ne saurait durer. L'homme ignore beaucoup plus de choses qu'il n'en sait. Comparé à l'univers, il est infiniment peu de chose. Vouloir conclure du peu qu'on sait, du peu qu'on est, à ce qu'on ne sait pas, à l'universalité des êtres, est un procédé qui ne mène à rien. Ne vous servez donc pas, dans vos spéculations, du poil que vous êtes, comme étalon de la petitesse ; et du cosmos changeant, comme étalon de la grandeur.

Satisfait d'avoir trouvé un si bon maître, le Génie du fleuve continua ses interrogations.

— Les philosophes prétendent, dit-il, qu'un être extrêmement atténué, devient zéro ; et que le même extrêmement amplifié, devient infini ; est-ce vrai ?

— Oui et non, dit le Génie de la mer. Les notions d'extrême atténuation et d'extrême amplification, ne s'établissent pas clairement en prenant pour exemple un même être. L'extrêmement ténu *concevable*, c'est l'essence *abstraite*. La base de l'amplification *mesurable*, c'est la matière *concrète*. Essence et matière sont deux choses différentes, qui coexistent dans tout être sensible, *supérieur à zéro*. Zéro, c'est ce que le calcul ne peut plus diviser ; l'infini, c'est ce que les nombres ne peuvent plus embrasser. La parole peut décrire la matière *concrète* : la pensée atteint l'essence *abstraite*. Par delà, les intuitions métaphysiques, les dictamens intérieurs, qui ne sont ni matière ni essence, ne sont connus que par appréciation subjective. C'est en suivant ces intuitions inexprimables, que l'homme supérieur fait bien des choses tout autrement que le vulgaire, mais sans mépriser celui-ci, parce qu'il n'a pas les mêmes lumières. Ce sont elles qui le mettent au-dessus de l'honneur et de l'ignominie, des récompenses et des châtiments. Ce sont elles qui lui font oublier les distinctions du grand et du petit, du bien et du mal. De là vient qu'on dit : l'homme du principe reste silencieux ; l'homme parfait ne cherche rien ; l'homme grand n'a plus de moi ; car il a relié toutes les parties en un ; *contemplation extatique de l'unité universelle*.

Le Génie du fleuve ayant encore insisté, pour apprendre sur quoi se fondent les distinctions entre le noble et le vil, le grand et le petit, etc., le Génie de la mer répondit :

— Si l'on considère les êtres à la lumière du Principe, ces distinctions n'existent pas, *tout étant un*. A leurs propres yeux, les êtres sont tous nobles, et considèrent les autres comme vils, par rapport à soi ; point de vue subjectif. Aux yeux du vulgaire, ils sont nobles ou vils, selon une certaine appréciation routinière, indépendante de la réalité ; point de vue conventionnel. Considérés objectivement et relativement, tous les titres sont grands *par rapport aux plus petits que soi*, tous sont petits *par rapport aux plus grands que soi* ; le ciel et la terre ne sont qu'un grain, un poil est une montagne. Considérés quant à leur utilité, tous les êtres sont utiles *pour ce qu'ils peuvent faire*, tous sont inutiles *pour ce qu'ils ne peuvent pas* ; l'Est et l'Ouest coexistent, *par opposition, nécessairement*, chacun ayant ses attributions propres que l'autre n'a pas. Enfin, par rapport au goût de l'observateur, les êtres ont tous quelque côté par où ils plaisent à certains, et quelque côté par lequel ils déplaisent à d'autres ; *Yao* et *Kie* eurent tous les deux des admirateurs et des détracteurs.

L'abdication ne ruina ni *Yao* ni *Chounn*, tandis qu'elle ruina le baron *K'oai*. La révolte profita aux empereurs *T'ang* et *Ou*, tandis qu'elle perdit le duc *Pai*. Selon les temps et les circonstances, le résultat des mêmes actions n'est pas le même ; *ce qui est expédient pour l'un ou dans telles circonstances, ne l'est pas pour l'autre ou dans d'antres circonstances*. Il en est de même, pour la qualification des actes ; *ce qui est noble dans l'un ou dans telles circonstances, sera vil dans l'autre ou dans d'autres circonstances*. Tout cela est relatif et variable.

Un bélier est ce qu'il y a de mieux, pour faire brèche à un rempart ; tandis que, pour boucher un trou, ce serait un instrument absolument inepte ; les moyens différent. Les coursiers de l'empereur Mou, qui faisaient mille stades par jour, n'auraient pas valu un chat, s'il se fût agi de prendre un rat ; les qualités différent. Le hibou compte ses plumes et prend ses puces la nuit, tandis qu'en plein jour il ne voit pas une montagne ; les natures différent. A fortiori, rien de fixe dans les choses morales, l'estime, l'opinion, etc. Tout a un double aspect.

Par suite, vouloir le bien sans le mal, la raison sans le tort, l'ordre sans le désordre, c'est montrer qu'on ne comprend rien aux lois de l'univers ; c'est rêver un ciel sans terre, Un *yinn* sans *yang* ; le double aspect coexiste pour tout. Vouloir distinguer, comme des entités réelles, ces deux corrélatifs inséparables, c'est montrer une faible raison ; le ciel et la terre sont un, le *yinn* et le *yang* sont un ; et de même les aspects opposés de tous les contraires. Des anciens souverains, les uns obtinrent le trône par succession, les autres par usurpation. Tous sont appelés bons souverains, parce qu'ils agirent conformément au goût des gens de leur temps, et plurent à leur époque. Se tromper d'époque, agir contrairement au goût de ses contemporains, voilà ce qui fait qualifier d'usurpateur. Médite ces choses, ô Génie du fleuve, et tu comprendras qu'il n'y a ni grandeur ni petitesse, ni noblesse ni bassesse, ni bien ni mal absolu ; mais que toutes ces choses sont relatives, dépendantes des temps et des circonstances, de l'appréciation des hommes, de l'opportunité.

— Mais alors, repartit le Génie du fleuve, pratiquement, que ferai-je ? que ne ferai-je pas ? qu'admettrai-je ? que rejetterai-je ? y a-t-il, oui ou non, une morale, une règle des mœurs ?

— Au point de vue du Principe, répondit le Génie de la mer, il n'y a qu'une unité absolue, et des aspects changeants. Mettre quoi que ce soit d'absolu, en dehors du Principe, ce serait errer sur le Principe. *Donc pas de morale absolue, mais une convenance opportuniste seulement.* Pratiquement, suivez les temps et les circonstances. Soyez uniformément juste comme prince régnant, uniformément bienfaisant comme dieu du sol, uniformément indifférent comme particulier ; embrassez tous les êtres, car tous sont un.

Le Principe est immuable, n'ayant pas eu de commencement, ne devant pas avoir de fin. Les êtres sont changeants, naissent et meurent, sans permanence stable. Du non-être ils passent à l'être, sans repos sous aucune forme, au cours des années et des temps. Commencements et fins, croissances et décadences, se suivent. C'est tout ce que nous pouvons constater, en fait de règle, de loi, régissant les êtres. Leur vie passe *sur la scène du monde*, comme passe devant les yeux un cheval emporté. Pas un moment, sans changements, sans vicissitudes. Et vous demandez, que faire ? que ne pas faire ?... Suivez le cours des transformations, agissez d'après les circonstances du moment, c'est tout ce qu'il y a à faire.

— Enfin, dit le Génie du fleuve, veuillez m'apprendre les avantages de l'intelligence du Principe.

— Ces avantages, dit le Génie de la mer, les voici : Celui qui connaît le Principe, connaît la loi qui dérive de lui, l'applique comme il faut, et est par suite respecté par tous les êtres. L'homme dont la conduite est ainsi toute sage, le feu ne le brûle pas, l'eau ne le noie pas, le froid et le chaud ne le lèsent pas, les bêtes féroces ne lui font pas de mal. Non qu'il n'ait rien à craindre de ces dangers. Mais parce que, dans sa sagesse il calcule si bien, qu'il évite tout malheur ; se conduisant avec une telle circonspection, qu'il ne lui arrive aucun mal.[77]

Cette sagesse qui résulte de la connaissance du Principe, est ce qu'on a appelé l'élément céleste (naturel, dans l'homme), par opposition à l'élément humain (artificiel). Il faut que cet élément céleste (la nature) prédomine, pour que l'action soit conforme à la perfection originelle.

— Veuillez me rendre plus sensible, la différence entre le céleste et l'humain, insista le Génie du fleuve.

— Voici, dit le Génie de la mer. Que les bœufs et les chevaux soient des quadrupèdes, voilà le céleste (leur nature). Qu'ils aient un mors dans la bouche ou un anneau dans le nez, voilà l'humain (artificiel, contre nature). L'humain ne doit pas étouffer le céleste, l'artificiel ne doit pas éteindre le naturel, le factice ne doit pas détruire la vérité entitative. Restaurer sa nature, c'est revenir à la vérité *première de l'être*.

▲**Tch17.B.** Un *k'oei* (animal fabuleux) à une patte, demanda à un mille-pattes :

— Comment avez-vous fait pour avoir tant de pieds ?

Le mille-pattes dit :

— C'est la nature qui m'a fait ainsi, avec un corps central, et

---

[77] Donc pas invulnérabilité, comme on l'a interprété plus tard ; mais, si grande prudence, que tout danger est évité.

des pattes filiformes tout autour ; tel un crachat, entouré de sa frange. Je meus mes ressorts célestes (ce que la nature m'a donné), sans savoir ni pourquoi ni comment.

Le mille-pattes dit au serpent :

— Sans pied, vous avancez plus vite, que moi qui en ai tant ; comment faites-vous ?

— Je ne sais pas, dit le serpent. Je glisse ainsi naturellement.

Le serpent dit au vent :

— Moi j'avance au moyen de mes vertèbres et de mes flancs ; vous n'en avez pas, et pourtant, vous allez de la mer du Nord à celle du Sud, plus vite que moi je ne glisse ; comment faites-vous ?

— Je souffle naturellement, dit le vent, jusqu'à briser les arbres et renverser les maisons. Mais vous, petits êtres, je n'ai pas prise sur vous, vous me dominez. Un seul être n'est dominé par rien ; c'est le Sage, possesseur du Principe.

▲ **Tch17.C.** Confucius passant à *K'oang*, une troupe d'hommes armés de *Song* l'entoura de telle manière, que toute évasion était impossible. Confucius prit son luth et se mit à chanter. Le disciple *Tzeu-lou* lui demanda :

— Maître, comment pouvez-vous être aussi gai, dans les circonstances présentes ?

— C'est que, dit Confucius, j'ai fait ce que j'ai pu, pour éviter pareille aventure ; elle m'arrive donc, non par ma faute, mais de par le destin. J'ai aussi fait ce que j'ai pu, pour arriver à percer ; si je n'y ai pas réussi, ce n'est pas à cause de ma négligence, mais par suite du malheur des temps. Sous *Yao* et *Chouen*, aucun des Sages d'alors ne fut réduit à l'extrémité où je suis, non pas à cause de leur prudence plus grande, mais parce que le destin était alors favorable à tous. Sous *Kie* et *Tcheou*, aucun des Sages d'alors ne perça, non pas à cause de leur capacité moindre, niais parce que le destin était alors défavorable pour tous.... Ne pas craindre les monstres marins, est la bravoure des pêcheurs. Ne pas craindre les bêtes féroces, est la bravoure des chasseurs. Ne pas craindre les sabres dégainés, regarder du même œil la mort et la vie, est la bravoure des guerriers.... Savoir qu'aucun bonheur n'arrive qu'en son temps, que tout malheur est écrit dans le destin, et par suite ne pas craindre même devant le danger imminent, mais s'en remettre alors stoïquement à la fatalité, voilà la bravoure du Sage. *You*, attends un moment, et tu verras s'accomplir, ce qui est écrit dans le destin de moi.

Quelques instants après que le Sage eut ainsi parlé, le chef des hommes d'armes s'approcha et dit :

— Nous vous avions pris pour un certain *Yang-hou*, que nous devions arrêter ; veuillez excuser notre erreur.... Et ils s'en allèrent.[78]

▲**Tch17.D.** *Koungsounn-loung* le sophiste, dit au prince Heou de *Wei* :

— Étant jeune, j'ai d'abord étudié la doctrine des anciens souverains des traditions classiques ; ensuite j'ai approfondi la question de la bonté et de l'équité (confucéisme) ; puis j'ai scruté les similitudes et les dissemblances, les substances et les accidents, le oui et le non, le licite et l'illicite (logique, morale) ; j'ai été jusqu'au fond des théories et des arguments de toutes les écoles, et je croyais vraiment être très fort, quand voici qu'un

---

[78] Cette pièce est la contre-partie taoïste du texte des entretiens de Confucius IX 5. Confucius crut en réalité qu'il échapperait, parce qu'il se considérait comme l'arche destinée à sauver les rits et autres antiquailles. Ici, il l'espère pour des motifs de fatalisme pur.

certain *Tchoang-tzeu* m'a étourdi et troublé. Je ne sais si c'est défaut de ma dialectique, ou déficit de ma science ; mais le fait est que, moi le sophiste rhéteur, je suis resté bouche close devant lui, ne pouvant pas répondre et n'osant plus interroger.

Le prince *Meou* prit un siège, poussa un soupir, leva les yeux au ciel, sourit et dit :

— Savez-vous l'histoire de la grenouille du vieux puits, et de la tortue de la mer orientale ?... Combien je suis heureuse dans mon puits, dit la grenouille à la tortue ; je puis sauter sur la margelle, me blottir dans les trous entre les briques, nager à la surface, plonger dans la vase ; de tous les habitants de ce puits, larves, têtards, aucun n'en sait faire autant que moi ; aussi je préfère mon puits à votre mer ; essayez un peu de ses charmes.... Pour complaire à la grenouille, la tortue essaya. Mais, une fois sa patte droite introduite dans le puits, il lui fut impossible d'y faire entrer la gauche, tant le puits était étroit, tant elle était large. Après avoir retiré sa patte, elle donna à la grenouille les renseignements suivants sur la mer. Elle a plus de mille stades de long. Elle est plus profonde, que mille hommes montés l'un sur l'autre ne sont hauts. Au temps de l'empereur *U*, en dix ans il y eut neuf inondations ; toute cette eau coula à la mer, sans que celle-ci augmentât. Au temps de l'empereur *T'ang*, en huit ans il y eut sept sécheresses ; aucune eau ne coula à la mer, et celle-ci n'éprouva pourtant pas la moindre diminution. Durée, quantité, ces termes ne s'appliquent pas à la mer. Cette immobilité constante, voilà le charme de mon séjour à moi.... A ces mots, la grenouille du puits fut prise de vertige, et perdit son petit esprit.

« Et vous qui, ne sachant pas bien distinguer entre oui et non, vous vous mêlez d'examiner les assertions de *Tchoang-tzeu*, ne ressemblez-vous pas à cette grenouille qui essaya de comprendre la mer ? Vous tentez ce dont vous n'êtes pas capable. Autant vaudrait faire emporter une montagne par un moustique, ou vouloir faire qu'un ver de terre luttât de vitesse avec un torrent. Qu'entendez-vous au langage sublime de cet homme ? vous grenouille du vieux puits ! Il descend jusqu'aux sources souterraines, et s'élève jusqu'au firmament. Il s'étend par delà l'espace, insondablement profond, incommensurablement mystérieux. Vos règles dialectiques et vos distinctions logiques, ne sont pas des instruments proportionnés à un pareil objet. Autant vaudrait vouloir embrasser le ciel avec un tube, ou dépecer la terre avec une alêne.

« Allez-vous-en maintenant, et n'en demandez pas davantage, de peur qu'il ne vous arrive autant qu'à ces enfants de *Cheou-ling*, envoyés pour faire leur éducation à *Han-tan*. Ils désapprirent la manière de marcher grossière de *Cheou-ling*, et n'apprirent pas la manière de marcher distinguée de *Han-tan* ; de sorte qu'ils revinrent dans leur patrie, marchant à quatre pattes. N'en demandez pas davantage, car vous oublieriez votre vulgaire petit savoir de sophiste, sans arriver à rien comprendre à la science supérieure de *Tchoang-tzeu*.

Koungsounn-loung ayant écouté cette tirade la bouche ouverte et tirant la langue, s'enfuit tout éperdu.

▲ **Tch17.E.** Comme *Tchoang-tzeu* pêchait à la ligne au bord de la rivière *P'ou*, le roi de *Tch'ou* lui envoya deux de ses grands officiers, pour lui offrir la charge de ministre. Sans relever sa ligne, sans détourner les yeux, de son flotteur, *Tchoang-tzeu* leur dit :

— J'ai ouï raconter que le roi de *Tch'ou* conserve précieusement dans le temple de ses ancêtres, la carapace d'une tortue transcendante, sacrifiée, pour servir à la divination, il y a trois mille ans. Dites-moi, si on lui avait laissé le choix, cette tortue aurait-elle préféré mourir pour qu'on honorât sa carapace, aurait-elle préféré vivre en traînant sa queue dans la boue des marais ?

— Elle aurait préféré vivre en traînant sa queue dans la boue des marais, dirent les deux grands officiers, à l'unisson.

— Alors, dit *Tchoang-tzeu*, retournez d'où vous êtes venus ; moi aussi je préfère traîner ma queue dans la boue des marais. Je continuerai à vivre obscur mais libre ; je ne veux pas d'une charge, qui coûte souvent la vie à celui qui la porte, et qui lui coûte la paix toujours.

▲**Tch17.F.** *Hoei-tzeu* étant ministre de la principauté *Leang*, *Tchoang-tzeu* alla lui faire visite. Quelqu'un fit croire à *Hoei-tzeu*, que *Tchoang-tzeu* venait dans l'intention de le supplanter. Aussitôt *Hoei-tzeu* ordonna une perquisition de trois jours et de trois nuits, dans toute la principauté, pour le faire saisir. *Tchouang-tzeu* qui n'était pas encore entré à *Leang*, ne fut pas pris, mais sut la chose. Plus tard, ayant rencontré *Hoei-tzeu*, il lui dit :

— Connaissez-vous cet oiseau du midi, qu'on appelle l'argus ? Quand il vole du sud vers le nord, il ne se pose que sur les *eleococca*, il ne se nourrit que des graines du *melia*, il ne boit qu'aux sources les plus pures. Cependant un jour qu'il passait dans les airs, une chouette qui dévorait dans un champ un mulot crevé, eut peur qu'il ne lui disputât sa charogne, et poussa un cri pour l'intimider. Le ministre de *Leang* en a fait autant à mon égard.

▲**Tch17.G.** *Tchoang-tzeu* et *Hoei-tzeu* prenaient leur récréation sur la passerelle d'un ruisseau. *Tchoang-tzeu* dit :

— Voyez comme les poissons sautent ! c'est là le plaisir des poissons.

— Vous n'êtes pas un poisson, dit *Hoei-tzeu* ; comment savez-vous ce qui est le plaisir des poissons ?

— Vous n'êtes pas moi, dit *Tchoang-tzeu* ; comment savez-vous que je ne sais pas ce qui est le plaisir des poissons ?

— Je ne suis pas vous, dit *Hoei-tzeu*, et par suite je ne sais pas tout ce que vous savez ou ne savez pas, je l'accorde ; mais, en tout cas, je sais que vous n'êtes pas un poisson, et il demeure établi, par conséquent, que vous ne savez pas ce qui est le plaisir des poissons.

— Vous êtes pris, dit *Tchoang-tzeu*. Revenons à votre première question. Vous m'avez demandé « comment savez-vous ce qui est le plaisir des poissons ? ». Par cette phrase, vous avez admis que je le savais ; car vous ne m'auriez pas demandé le comment de ce que vous saviez que je ne savais pas. Et maintenant, comment l'ai-je su ? Par voie d'observation directe, sur la passerelle du ruisseau. *Voie inconnue aux sophistes d'alors, ergoteurs qui n'observaient pas.*

Chapitre 18

Joie parfaite

▲ **Tch18.A.** Sous le ciel y a-t-il, oui ou non, un état de contentement parfait ? Y a-t-il, oui ou non, un moyen de faire durer la vie du corps ? Pour arriver à cela, que faire, que ne pas faire ? De quoi faut-il user, de quoi faut-il s'abstenir ?

Le vulgaire cherche son contentement, dans les richesses, les dignités, la longévité et l'estime d'autrui ; dans le repos, la bonne chère, les bons vêtements, la beauté, la musique, et le reste. Il redoute la pauvreté, l'obscurité, l'abréviation de la vie et la mésestime d'autrui ; la privation de repos, de bons aliments, de bons vêtements, de beaux spectacles et de beaux sons. S'il n'obtient pas ces choses, il s'attriste et s'afflige.... N'est-il pas insensé de rapporter ainsi tout au corps ? Certains de ces objets sont même extérieurs et étrangers au corps ; comme les richesses accumulées au-delà de l'usage possible, les dignités et l'estime d'autrui. Et pourtant, pour ces choses, le vulgaire épuise ses forces, et se torture jour et nuit. Vraiment les soucis naissent avec l'homme, et le suivent durant toute sa vie ; jusque dans l'hébétement de la vieillesse, la peur de la mort ne le quitte pas. Seuls les officiers militaires *ne craignent pas la mort*, et sont estimés du vulgaire pour cela ; à tort ou à raison, je ne sais ; car, si leur bravoure les prive de la vie, elle préserve la vie de leurs concitoyens ; il y a du pour et du contre. Les officiers civils qui s'attirent la mort par leurs censures impertinentes, sont au contraire blâmés par le vulgaire ; à tort ou à raison, je ne sais ; car, si leur franchise les prive de la vie, elle leur assure la gloire ; il y a du pour et du contre. Pour ce qui est du vulgaire lui-même, j'avoue que je ne comprends pas comment on peut tirer du contentement de ce qui le contente ; le fait est que ces objets le contentent lui, et ne me contentent pas moi. Pour moi, le bonheur consiste dans l'inaction, tandis que le vulgaire se démène. Je tiens pour vrai l'adage qui dit : le contentement suprême, c'est de n'avoir rien qui contente ; la gloire suprême, c'est de n'être pas glorifié. Tout acte posé, est discuté, et sera qualifié bon par les uns, mauvais par les autres. Seul, ce qui n'a pas été fait, ne peut pas être critiqué. L'inaction, voilà le contentement suprrme, voilà qui fait durer la vie du corps. Permettez-moi d'appuyer mon assertion par un illustre exemple. Le ciel doit au non-agir sa limpidité, la terre doit au non-agir sa stabilité ; conjointement, ces deux non-agir, le céleste et le terrestre, produisent tous les êtres. Le ciel et la terre, dit l'adage, font tout en ne faisant rien. Où est l'homme qui arrivera à ne rien faire ? Cet homme sera lui aussi capable de tout faire.

▲ **Tch18.B.** La femme de *Tchoang-tzeu* étant morte, *Hoei-tzeu* alla la pleurer, selon l'usage. Il trouva *Tchoang-tzeu* accroupi, chantant, et battant la mesure sur une écuelle, qu'il tenait entre ses jambes. Choqué, *Hoei-tzeu* lui dit :

— Que vous ne pleuriez pas la mort de celle qui fut la compagne de votre vie et qui vous donna des fils, c'est déjà bien singulier ; mais que, devant son cadavre, vous chantiez en tambourinant, ça c'est par trop fort.

— Du tout ! dit *Tchoang-tzeu*. Au moment de sa mort, je fus un instant affecté. Puis, réfléchissant sur l'événement, je compris qu'il n'y avait pas lieu. Il fut un temps, où cet être n'était pas né, n'avait pas de corps organisé, n'avait même pas un lieu de matière ténue, mais était contenu indistinct dans la grande masse. Un tour de cette masse lui donna sa matière ténue. qui devint un corps organisé, lequel s'anima et naquit. Un autre tour de la masse, et le voilà mort. Les phases de mort et de vie s'enchaînent, comme les périodes des quatre saisons. Celle qui fut ma femme, dort maintenant dans le grand dortoir (l'entre-deux du ciel et de la terre), en attendant sa transformation ultérieure. Si je la pleurais, j'aurais l'air de ne rien savoir du destin (de la loi universelle et inéluctable des transformations). Or comme j'en sais quelque chose, je ne la pleure pas.

▲**Tch18.C.** *Tcheu-li* et *Hoa-ki*e (personnages fictifs) contemplaient ensemble les tombes des anciens, éparses dans la plaine au pied des monts *K'ounn-lunn*, là où *Hoang-ti* se fixa et trouva son repos. Soudain tous deux constatèrent qu'ils avaient chacun un anthrax au bras gauche (mal souvent mortel en Chine). Après le premier moment de surprise. Tcheu-li demanda :

— Cela vous fait-il peur ?

— Pourquoi cela me ferait-il peur ? répondit *Hoa-ki*e. La vie est chose d'emprunt, un état passager, un stage dans la poussière et l'ordure de ce monde. La mort et la vie se succèdent, comme le jour et la nuit. Et puis, ne venons-nous pas de contempler, dans les tombes des anciens, l'effet de la loi de transformation ? Quand cette loi nous atteindra à notre tour, pourquoi nous plaindrions-nous ?

▲**Tch18.D.** Comme il se rendait dans le royaume de *Tch'ou*, *Tchoang-tzeu* vit, au bord du chemin, un crâne gisant, décharné mais intact. Le caressant avec sa houssine, il lui demanda :

— As-tu péri pour cause de brigandage, ou de dévouement pour ton pays ? Par inconduite, ou de misère ? Ou as-tu fini de mort naturelle, ton heure étant venue ?...

Puis, ayant ramassé le crâne, il s'en fit un oreiller la nuit suivante.

A minuit, le crâne lui apparut en songe et lui dit :

— Vous m'avez parlé, dans le style des sophistes et des rhéteurs, en homme qui tient les choses humaines pour vraies. Or, après la mort, c'en est fait de ces choses. Voulez-vous que je vous renseigne sur l'au-delà ?

— Volontiers, dit *Tchoang-tzeu*.

Le crâne dit :

— Après la mort, plus de supérieurs ni d'inférieurs, plus de saisons ni de travaux. C'est le repos, le temps constant du ciel et de la terre. Cette paix surpasse le bonheur des rois.

— Bah ! dit *Tchoang-tzeu*, si j'obtenais du gouverneur du destin (le Principe), que ton corps, os chair et peau ; que ton père, ta mère, ta femme, tes enfants, ton village et tes connaissances te fussent rendus, je crois que tu n'en serais pas fâché ?

Le crâne le regarda fixement avec ses orbites caves, fit une grimace méprisante, et dit :

— Non ! je ne renoncerais pas à ma paix royale, pour rentrer dans les misères humaines.

▲**Tch18.E.** *Yen-yuan*, le disciple chéri, étant parti pour la principauté de *Ts'i*, Confucius parut triste. Le disciple *Tzeu-koung* se levant de sa natte, dit :

— Oserais-je vous demander pourquoi ce voyage de *Hoei* vous attriste ?

— Je vais te le dire, dit Confucius. Jadis *Koan-tzeu* a prononcé cette parole, que j'ai toujours trouvée très vraie : un petit sac ne peut pas contenir un grand objet ; une corde courte ne peut atteindre le fond du puits. Oui, la capacité de chaque être, est comprise dans son destin, rien n'en pouvant être retranché, rien n'y pouvant être ajouté. Je crains donc que si, suivant ses convictions et son zèle, *Hoei* expose au marquis de *Ts'i* les théories de *Yao* et de *Chounn*, de *Hoang-ti*, de *Soei-jenn*, de *Chennnoung*, celui-ci, homme d'une capacité bornée, ne voie dans ses discours une critique de son gouvernement, ne se fâche et ne le mette à mort.

L'opportunisme seul fait réussir. Tout ne convient pas à tous. Il ne faut pas juger autrui d'après soi. Jadis un oiseau de mer s'abattit aux portes de la capitale de *Lou*. *Le phénomène étant extraordinaire, le marquis pensa que c'était peut-être un être transcendant, qui visitait sa principauté.* Il alla donc en personne quérir l'oiseau, et le porta au temple de ses ancêtres, où il lui donna une fête. On exécuta devant lui la symphonie *Kiou-chao* de l'empereur *Chounn*. On lui offrit le grand sacrifice, un bœuf, un bouc et un porc. Cependant l'oiseau, les yeux hagards et l'air navré, ne toucha pas au hachis, ne goûta pas au vin. Au bout de trois jours, il mourut de faim et de soif. C'est que le marquis, *jugeant des goûts de l'oiseau d'après les siens propres*, l'avait traité comme il se traitait lui-même, et non comme on traite un oiseau. A l'oiseau de mer, il faut de l'espace, des forêts et des plaines, des fleuves et des lacs, des poissons pour sa nourriture, la liberté de voler à sa manière et de percher où il lui plaît. Entendre parler les hommes, fut un supplice pour ce pauvre oiseau ; combien plus la musique qu'on lui fit, et tout le mouvement qu'on se donna autour de lui. Si on jouait la symphonie *Kiou-chao* de *Chounn*, ou même la symphonie *Hien-Tch'eu* de *Hoang-ti*, sur les rives du lac *Tong-t'ing*, les oiseaux s'envoleraient, les quadrupèdes s'enfuiraient, les poissons plongeraient jusqu'au plus profond des eaux, les hommes au contraire écouteraient émerveillés. C'est que, les poissons vivent dans l'eau, et les hommes y meurent. La nature des êtres étant diverse, leurs goûts ne sont pas les mêmes. *Même entre hommes, il y a des différences, ce qui plaît aux uns ne plaisant pas aux autres.* Aussi les anciens Sages ne supposaient-ils pas à tous les hommes la même capacité, et n'employaient-ils pas n'importe qui pour n'importe quoi. Ils classaient les hommes d'après leurs œuvres, et les traitaient selon leurs résultats. Cette juste appréciation des individus, est condition de tout succès. *Si Yen-Hoei apprécie bien le marquis de Ts'i et lui parle en conséquence, il réussira ; sinon, il périra.*

▲ **Tch18.F.** Comme *Lie-tzeu*, qui voyageait, prenait son repas au bord du chemin, il aperçut un vieux crâne, le ramassa et lui dit :

— Toi et moi savons ce qui en est de la mort et de la vie ; *que cette distinction n'est pas réelle*, mais *modale seulement* ; qu'il ne faut pas dire de toi que tu reposes, et de moi que je remue ; *la roue tournant et les transforinations se succédant sans cesse.* Les germes de vie sont nombreux et indéterminés. Tel germe deviendra nappe de lentilles d'eau s'il tombe sur un étang, tapis de mousse s'il est jeté sur une colline. S'élevant, la mousse devient le végétal *ou-tsu*, dont la racine se convertit en vers, les feuilles se changeant en papillons. Ces papillons produisent une larve, qui vit sous les âtres, et qu'on appelle *k'iu-touo*. Après mille jours, ce *k'iu-touo* devient l'oiseau *k'ien-u-kou*, dont la salive donne naissance à l'insecte *sen-mi*. Celui-ci devient *cheu-hi*, puis *meou joei*, puis *fou-k'uan*.... Les végétaux *yang-hi* et *pou-sunn* sont deux formes alternantes. Des vieux bambous sort l'insecte *ts'ing-ning*, qui devient léopard, puis cheval, puis homme. L'homme rentre dans le métier à tisser de la *révolution universelle incessante.* A leur tour, tous les êtres sortent du grand métier cosmique, pour y rentrer à leur heure ; et ainsi de suite.[79]

---

[79] Transformisme taoïste ; comparez *Lie-tzeu* chap. 1 E. Pas de mort et pas de vie. Des germes indestructibles, qui constituent les individus ; mais transformation continuelle des formes, du revêtement sensible de ces individus.

CHAPITRE 19

SENS DE LA VIE

▲ **Tch19.A.** Celui qui a pénétré le sens de la vie, ne se donne plus de peine pour ce qui ne contribue pas à la vie. Celui qui a pénétré la nature du destin, ne cherche plus à scruter cette entité inscrutable. Pour entretenir le corps, il faut employer les moyens convenables ; sans excès cependant, car tout excès est inutile. Il faut de plus s'efforcer d'entretenir l'esprit vital, sans lequel c'en est fait du corps. L'être vivant n'a pas pu s'opposer à son vivifiement (lors de sa naissance) ; il ne pourra pas s'opposer davantage à ce que un jour (lors de sa mort) la vie ne se retire de lui. Le vulgaire s'imagine que, 357 pour conserver la vie, il suffit d'entretenir le corps. Il se trompe. *Il faut de plus, et surtout, prévenir l'usure de l'esprit vital, ce qui est pratiquement impossible parmi les tracas du monde.* Il faut donc, pour conserver et faire durer la vie, quitter le monde et ses tracas. C'est dans la tranquillité d'une existence réglée, dans la paisible communion avec la nature, qu'on trouve une recrudescence de vitalité, un renouveau de vie. Voilà le fruit de l'intelligence du sens de la vie.

Reprenons : C'est l'abandon des soucis et des affaires, qui conserve la vie ; car cet abandon préserve le corps de fatigue et l'esprit vital d'usure. Celui dont le corps et l'esprit vital sont intacts et dispos, est uni à la nature. Or la nature est père-mère de tous les êtres. Par condensation, l'être est formé ; par dissipation, il est défait, pour redevenir un autre être. Et si, *au moment de cette dissipation, son corps et son esprit vital sont intacts*, il est capable de transmigrer. Quintessencié, il devient coopérateur du ciel.[80]

▲ **Tch19.B.** *Lie-tzeu* demanda à *Yinn (Yinn-hi)*, le gardien de la passe, confident de *Lao-tzeu* :

— Le sur-homme pénètre tous les corps (pierre, métal, dit la glose) sans éprouver de leur part aucune résistance ; il n'est pas brûlé par le feu ; aucune altitude ne lui donne le vertige ; pour quelle raison en est-il ainsi, dites-moi ?

— Uniquement, dit *Yinn*, parce qu'il a conservé pur et intact l'esprit vital originel *reçu à sa* naissance ; non par aucun procédé, aucune formule. Asseyez-vous, je vais vous expliquer cela. Tous les êtres matériels ont chacun sa forme, sa figure, un son, une couleur propre. De ces qualités diverses, viennent leurs mutuelles inimitiés (le feu détruit le bois, etc.). Dans l'état primordial *de l'unité et de l'immobilité universelles*, ces oppositions n'existaient pas. Toutes sont dérivées de la diversification des êtres, et de leurs contacts causés par la giration universelle. Elles cesseraient, si la diversité et le mouvement cessaient. Elles cessent d'emblée d'affecter l'être, qui a réduit son moi distinct et son mouvement particulier à presque rien. Cet être (le Sage taoïste parfait) n'entre plus en conflit avec aucun être, parce qu'il est établi dans l'infini, effacé dans l'indéfini. Il est parvenu et se tient au point de départ des transformations, point neutre où pas de conflits (lesquels ne se produisent que sur les voies particulières). Par concentration de sa nature, par alimentation de son esprit vital, par rassemblement de toutes ses puissances, il s'est uni au principe de toutes les genèses. Sa nature étant entière, son esprit vital étant intact, aucun être ne saurait l'entamer.

---

[80] C'est-à-dire, dit la Glose, qu'il passe de la catégorie des êtres influencés par le ciel et la terre, dans la masse influençante ciel et terre, dans le grand tout comme partie intégrante. Notion taoïste de la coopération avec le ciel, à comparer avec la notion indienne du retrait en Brahman.

Soit un homme absolument ivre. S'il tombe d'une voiture, il sera peut-être contusionné, mais non tué. Pourquoi cela ? Ses os et ses articulations différent-ils de ceux des autres hommes ? Non, mais, au moment de la chute, l'esprit vital de cet homme, *concentré par l'inconscience*, était absolument intact. An moment de la chute, vu son inconscience, l'idée de vie et de mort, la crainte et l'espoir, n'ont pas ému le cœur de cet homme. Lui-même ne s'est pas raidi, et le sol ne lui a pas été dur, voilà pourquoi il ne s'est cassé aucun membre. Cet ivrogne a dû l'intégrité de son corps à son état d'ivresse. Ainsi le Sage parfait sera conservé intact par son état d'union avec la nature. Le Sage est caché dans la nature ; de là vient que rien ne saurait le blesser.

Cela étant, quiconque est blessé, ne doit pas s'en prendre à ce qui l'a blessé ; il doit s'en prendre à soi-même, sa vulnérabilité étant preuve d'imperfection. Un homme raisonnable ne s'en prend pas au sabre qui l'a blessé, à la tuile qui est tombée sur lui. *Si tous les hommes cherchaient dans leur imperfection la cause de leurs malheurs*, ce serait la paix parfaite, la fin des guerres et des supplices. Ce serait la fin du règne de cette fausse nature humaine (nature artificielle inventée par les politiciens), qui a rempli le monde de brigands ; ce serait le commencement du règne de la vraie nature céleste (nature naturelle), source de toute bonne action. Ne pas étouffer sa nature, ne pas croire les hommes, voilà la voie du retour à la vérité (à l'intégrité originelle).

▲ **Tch19.C.** Comme Confucius se rendait dans le royaume de *Tch'ou*, au sortir d'un bois il vit un bossu qui prenait des cigales au vol, avec une gaule,[81] aussi sûrement qu'on prend un objet avec la main.

— Vous êtes vraiment habile, lui dit Confucius ; dites-moi

---

[81] Les commentateurs expliquent de deux manières. Il les piquait au vol, disent les uns ; peu croyable. Le bout de la gaule était enduit de glu, disent les autres ; très probable. Comparez Lie-tzeu chap. 2 J.

votre secret.

— Mon secret, dit le bossu, le voici : Durant six mois environ, je m'exerçai à faire tenir des balles en équilibre sur le bout de ma gaule. Quand je fus arrivé à en faire tenir deux, peu de cigales m'échappèrent. Quand je fus arrivé à en faire tenir trois, je n'en ratai plus que une sur dix. Quand je fus arrivé à en faire tenir cinq, je n'en manquai plus aucune. Mon secret consiste dans la concentration de toutes mes énergies sur le but à atteindre. J'ai maitrisé mon bras, tout mon corps, de telle sorte qu'ils n'éprouvent pas plus d'émotion ou de distraction qu'un morceau de bois. Dans le vaste uttivers plein de choses, je ne vois que la cigale que je veux prendre. Rien ne me distrayant, elle est prise, naturellement.

Se tournant vers ses disciples, Confucius leur dit :

— Unifier ses intentions ; n'en avoir qu'une, qui se confonde avec l'énergie vitale ; voilà le résumé du discours de ce bossu.

▲**Tch19.D.** Yen-yuan le disciple favori dit à Confucius : Comme je traversais le rapide de *Chang*, le passeur manœuvra son bac avec une habileté merveilleuse. Je lui demandai :

— Comment arrive-t-on à si bien manœuvrer !

— Un nageur, dit-il, l'apprend aisément ; un plongeur le sait, sans l'avoir appris.... Que signifie cette réponse, que je ne comprends pas ?

— En voici le sens, dit Confucius (parlant en maître taoïste) : Un nageur pense peu à l'eau, *étant familiarisé avec ses dangers qu'il ne craint plus guère* ; un plongeur n'y pense pas du tout, *étant dans l'eau comme dans son élément*. Le sentiment du danger affectant peu le nageur, il a l'usage presque complet de ses facultés naturelles. Le sentiment du danger n'affectant pas du tout le plongeur, il est tout à son bac et le gouverne par suite parfaitement.

Au tir à l'arc, si le prix proposé est un objet en terre *de mince valeur*, le tireur *non influencé* aura le libre usage de toute son adresse. Si le prix est une agrafe de ceinture *en bronze ou en jade*, le *tireur étant influencé*, son tir sera moins assuré. Si le prix proposé est un objet en or, son tir *fortement influencé* sera tout à fait incertain. Même homme, même talent, mais plus ou moins affecté par un objet extérieur. Toute distraction hébète et énerve.

▲ **Tch19.E.** Le duc *Wei* de *Tcheou* recevant en audience *Tien-k'aitcheu*, lui dit :

— J'ai ouï dire que *votre maître Tchou-hien* avait étudié *le problème de la conservation* de la vie. Veuillez me redire ce que vous lui avez entendu dire sur ce sujet.

— Que puis-je vous dire ? fit *T'ien-k'aitcheu*, moi qui étais balayeur dans la maison de *Tchou-hien* ![82]

— Ne vous dérobez pas, maître *T'ien*, dit le duc ; je tiens à être satisfait.

Alors *Tien-k'aitcheu* dit :

— *Tchou-hien* disait que, pour conserver sa vie, il faut faire comme font les bergers, lesquels, quand un mouton s'écarte, le fouettent pour lui faire rejoindre le troupeau, où il est en sûreté.

— Qu'est-ce à dire ? fit le duc.

— Voici, dit *Tien-k'aitcheu*. Dans la principauté de *Lou*, un certain *Chan-pao* passa sa vie dans les montagnes, ne buvant que de l'eau, n'ayant aucun rapport avec les hommes. Grâce à ce

---

[82] Humilité rituelle du disciple, qui doit craindre de faire tort à son maître, en rapportant mal son enseignement.

régime, à l'âge de soixante-dix ans, il était encore frais comme un enfant. Un tigre affamé l'ayant rencontré, le dévora.... Le médecin *Tchang-i* était des plus habiles. Riches et pauvres se disputaient ses consultations. A l'âge de quarante ans, il mourut d'une fièvre contagieuse, gagnée au chevet d'un malade.... *Chan-pao* soigna son esprit vital, mais laissa dévorer son corps par un tigre. *Tchang-i* soigna son corps, mais laissa détruire son esprit vital par la fièvre. Tous deux eurent le tort de ne pas fouetter leur mouton (de ne pas veiller à leur sécurité). Confucius a dit : « pas trop d'isolement ; pas trop de relations ; le juste milieu, voilà la sagesse. » Quand, dans un passage dangereux, les accidents sont arrivés assez souvent, les hommes s'avertissent mutuellement, ne passent plus qu'en nombre, et avec les précautions voulues. Tandis qu'ils ne s'avertissent pas des dangers inhérents à une conduite ou à une diététique excentrique. C'est déraisonnable !

▲**Tch19.F.** Le préposé aux sacrifices étant allé visiter, en grand costume officiel, l'enclos des porcs *destinés au sacrifice*, tint à ces animaux le discours suivant :

— Pourquoi mourez-vous de si mauvaise grâce, alors que votre mort vous procure tant d'avantages et d'honneurs ? Je vous engraisse durant trois mois. Avant le sacrifice, je garde, à cause de vous, la continence durant dix jours et l'abstinence durant trois jours. Après le sacrifice, je dispose vos membres en bel ordre, sur des nattes blanches, sur les dressoirs sculptés. N'avez-vous pas tort de faire ainsi les mauvaises têtes ?

Si cet homme avait vraiment songé au bien des porcs, il aurait choisi pour eux de vivre dans leur enclos jusqu'au terme de leurs jours, fût-ce avec de la balle et du son seulement pour nourriture. Mais il songeait à son bien propre, à sa charge, à ses émoluments, à ses funérailles comme fonctionnaire après sa mort. Lui étant content parce qu'il avait ce qui lui convenait, il jugeait que les porcs devaient être contents quoique traités contre nature. Illusion d'optique causée par l'égoïsme.

▲**Tch19.G.** Le duc *Hoan* de *Ts'i* chassait près d'un marais, le ministre *Hoan-tchoung* conduisant son char. Soudain le duc aperçut un spectre. Posant sa main sur celle de *Hoan-tchoung* :

— Le voyez-vous ? demanda-t-il à voix basse....

— Je ne vois rien, dit le ministre.

Quand il fut revenu à son palais, le duc divagua, se dit malade, et fut plusieurs jours sans sortir de sa chambre. Alors l'officier *Kao-nao* (de sang impérial) lui tint le discours suivant :

— Vous n'êtes malade que d'une folle terreur ; un spectre ne peut pas nuire à un personnage tel que vous. Quand trop d'esprit vital a été dépensé dans un accès de passion (colère ou terreur), il se produit un déficit. # Quand l'esprit vital accumulé dans le haut du corps (excès de *yang*) ne peut pas descendre, l'homme devient irascible. Quand l'esprit vital accumulé dans le bas du corps (excès de *yinn*) ne peut pas monter, l'homme devient oublieux. Quand l'esprit vital accumulé dans le centre, ne peut ni monter ni descendre, alors l'homme se sent malade (son cœur étant obstrué, dit la glose). *C'est là votre cas : trop de concentration ; distrayez-vous !*

— Peut-être bien, fit le duc ; mais, dites-moi, n'y a-t-il pas des spectres ?

— Si fait, dit l'officier. Il y a le *Li* des égouts, le *Kie* des chaufferies, le *Lei-t'ing* des fumiers. Il y a, au nord-est, le *P'ei-ah* et le *Wa-loung* ; au nord-ouest, l'*I-yang*. Dans les eaux, il y a le *Wang-siang* ; sur les collines, le *Tchenn* : dans les montagnes, le *K'oei* : dans les steppes, le *P'ang-hoang* ; dans les marais, le *Wei-t'ouo*.[83]

---

[83] Folklore du temps. Le *Wei-t'ouo*, alias *Wei-i*.

— Ah ! fit le duc, *qui avait vu son spectre près d'un marais*, comment est fait le *Wei-t'ouo* ?

— Il est épais, dit Kao-nao, comme un essieu, long comme un timon, vêtu de violet et coiffé de rouge. Il n'aime pas le roulement des chars. Quand il l'entend, il se dresse en se bouchant les oreilles. Son apparition est faste. Celui qui l'a vu, devient Hégémon (la grande ambition du duc de *Ts'i*).

— Ah ! dit le duc, en riant aux éclats ; c'est bien le *Wei-t'ouo* que j'ai vu.

Aussitôt il se mit à sa toilette, continuant à causer avec l'officier. Avant le soir, il se trouva complètement guéri, par suggestion, sans avoir pris aucune médecine.[84]

▲**Tch19.H.** *Ki-sing-tzeu* dressait un coq de combat, *pour l'empereur Suan de la dynastie Tcheou*. Au bout de dix jours, comme on lui en demandait des nouvelles, il répondit :

— Le dressage n'a pas encore abouti ; l'animal est encore vaniteux et volontaire.

Dix jours plus tard, interrogé de nouveau, il dit :

— Pas encore ; l'animal répond encore au chant des autres coqs, et s'émeut à leur vue.

Dix jours plus tard, interrogé de nouveau, il dit :

— Pas encore ; il est encore trop passionné, trop nerveux.

---

[84] La santé et la raison sont des résultantes de l'équilibre parfait de la nature. Les spectres sont subjectifs, non objectifs. Extériorisation de désordres intérieurs, comme les rêves, les hallucinations, etc.

Dix, jours plus tard, interrogé de nouveau, il dit :

— Ca y est ! Le chant et la vue de ses semblables, ne l'émeuvent pas plus que s'il était de bois. Il est prêt maintenant. Aucun coq ne tiendra devant lui.[85]

▲**Tch19.I.** Confucius admirait la cataracte de *Lu-leang*. Tombant de trente fois la hauteur d'un homme, elle produisait un torrent écumant dans un chenal long de quarante stades, si tourmenté que ni tortue ni caïman ni poisson même, ne pouvait s'y ébattre. Soudain Confucius vit un homme qui nageait parmi les remous. Le prenant pour un désespéré qui avait voulu se noyer, il dit à ses disciples de suivre la berge, pour le retirer de l'eau, si possible. Quelques centaines de pas plus bas, l'homme sortit de l'eau lui-même, dénoua sa chevelure *pour la faire sécher*, et se mit à marcher en chantant. Confucius l'ayant rejoint, lui dit :

— J'ai failli vous prendre pour un être transcendant, mais maintenant je vois que vous êtes un homme. Comment peut-on arriver à se mouvoir dans l'eau avec une aisance pareille ? Veuillez me dire votre secret.

— Je n'ai pas de secret, dit l'homme. Je commençai par nager méthodiquement ; puis la chose me devint naturelle ; maintenant je flotte comme un être aquatique : Je fais corps avec l'eau, descendant avec le tourbillon, remontant dans le remous. Je suis le mouvement de l'eau, non ma volonté propre. Voilà tout mon secret.... Je voulus apprendre à nager, étant né au bord de cette eau. A force de nager, la chose me devint naturelle. Depuis que j'ai perdu toute notion de ce que je fais pour nager, je suis dans l'eau comme dans mon élément, et l'eau me supporte parce que je suis un avec elle.

---

[85] Glose : Il est concentré en un, sur une chose. Son activité rentrée est fondue avec son principe vital.

▲**Tch19.J.** *K'ing* le sculpteur fit, pour une batterie de cloches et de timbres, un support dont l'harmonieuse beauté émerveilla tout le monde. Le marquis de *Lou* étant allé l'admirer, demanda à *K'ing* comment il s'y était pris.

— Voici, dit *K'ing*.... Quand j'eus reçu commission d'exécuter ce support, je m'appliquai à concentrer toutes mes forces vitales, à me recueillir tout entier dans mon cœur. Après trois jours de cet exercice, j'eus oublié les éloges et les émoluments qui me reviendraient de mon travail. Après cinq jours, je n'espérai plus le succès, et ne craignis plus l'insuccès. Après sept jours, ayant perdu jusqu'à la notion de mon corps et de mes membres, ayant entièrement oublié votre Altesse et ses courtisans, mes facultés étant toutes concentrées sur leur objet, je sentis que le moment d'agir était venu. J'allai dans la forêt, et me mis à contempler les formes naturelles des arbres, le port des plus parfaits d'entre eux. Quand je me fus bien pénétré de cet idéal, alors seulement je mis la main à l'œuvre. C'est lui qui dirigea mon travail. C'est par la fusion en un, de ma nature avec celle des arbres, que ce support a acquis les qualités qui le font admirer.

▲**Tch19.K.** *Tong ie-tsi* se présenta au duc *Tchoang*, pour lui exhiber son attelage, et son talent de conducteur. Ses chevaux avançaient et reculaient, sans la moindre déviation de la ligne droite. Ils décrivaient, par la droite ou par la gauche, des circonférences aussi parfaites, que si elles avaient été tracées au compas. Le duc admira cette précision, puis, voulant s'assurer de sa constance, il demanda à *Tsi* de faire cent tours de suite, sur une piste donnée. *Tsi* eut la sottise d'accepter. *Yen-ho* qui vit, en passant, ce manège forcé, dit au duc :

— Les chevaux de *Tsi* vont être éreintés.

Le duc ne répondit pas. Peu après, de fait, les chevaux de *Tsi* éreintés durent être ramenés. Alors le duc demanda à Yen-ho :

— Comment avez-vous pu prévoir ce qui arriverait ?...

— Parce que, dit Yen-ho, j'ai vu *Tsi* pousser des chevaux déjà fatigués.[86]

▲**Tch19.L.** L'artisan *Choei* traçait, à main levée, des circonférences aussi parfaites que si elles avaient été tracées avec un compas. C'est qu'il était arrivé à les tracer sans y penser ; par suite ses cercles étaient parfaits comme les produits de la nature. Son esprit était concentré en un, sans préoccupation ni distraction.

Un soulier est parfait, quand le pied ne le sent pas. Une ceinture est parfaite, quand la taille ne la sent pas. Un cœur est parfait, quand, ayant perdu la notion artificielle du bien et du mal, il fait naturellement le bien et s'abstient naturellement du mal. Un esprit est parfait, quand il est sans perception intérieure, sans tendance vers rien d'extérieur. La perfection, c'est être parfait, sans savoir qu'on l'est. (Nature, plus inconscience.)

▲**Tch19.M.** *Sounn-hiou* étant allé trouver maître *Pien-k'ing*, lui tint ce discours étrange :

— On m'a fait injustement la réputation, d'un propre à rien, d'un mauvais citoyen. Or si mes terres ne rapportent pas, c'est que les années ont été mauvaises ; si je n'ai rien fait pour mon prince, c'est que l'occasion m'a manqué. Et voilà qu'on ne veut plus de moi, ni au village, ni en ville. O ciel ! qu'ai-je fait pour qu'un pareil destin me soit échu ? !

— Le sur-homme, dit maître *Pien*, s'oublie, au point de ne pas savoir s'il a ou non des viscères et des sens. Il se tient en dehors de la poussière et de la boue de ce monde, loin des affaires des

---

[86] Tout effort est contre nature. Rien de ce qui est contre nature, ne peut durer, parce que c'est contre nature, et que la nature seuls dure.

hommes. Il agit sans viser au succès, et gouverne sans vouloir dominer. *Est-ce ainsi que vous vous êtes conduit* ? N'avez-vous pas plutôt fait montre de vos connaissances, au point d'offusquer les ignorants ? N'avez-vous pas fait étalage de votre supériorité, et cherché à briller, jusqu'à éclipser le soleil et la lune, *vous aliénant ainsi tout le monde* ? *Et après cela, vous vous en prenez au ciel* ! Le ciel ne vous a-t-il pas donné tout ce qui vous convient, un corps bien conformé, une durée de vie normale, et le reste ? N'est-ce pas au ciel que vous devez, de n'être ni sourd, ni aveugle, ni boiteux, comme tant d'autres ? De quel droit vous en prenez-vous au ciel ? Allez votre chemin !

Quand *Sounn-hiou* fut sorti, maître *Pien* s'assit, se recueillit, leva les yeux au ciel et soupira.

— Qu'avez-vous, maître ? demandèrent ses disciples.

Maître *Pien* dit :

— J'ai parlé à *Sounn-hiou* des qualités du sur-homme. C'est trop fort pour lui. Il en perdra peut-être la tête.

— Soyez tranquille, maître, dirent les disciples. *Sounn-hiou* a, ou raison, ou tort. S'il a raison, il s'en apercevra, et ce que vous lui avez dit ne lui fera aucune impression fâcheuse. S'il a tort, ce que vous lui avez dit le tourmentant, il reviendra pour en apprendre davantage, ce qui lui sera profitable.

— J'ai eu tort quand même, dit maître *Pien*. Il ne faut pas dire à un homme ce qu'on comprend soi-même, si lui n'est pas capable de le comprendre.... Jadis le prince de *Lou* fit des offrandes et donna un concert à un oiseau de mer qui s'était abattu aux portes de sa ville. L'oiseau mourut de faim, de soif et de terreur. Le prince aurait dû le traiter, non pas à sa manière, mais à la manière des oiseaux ; alors le résultat aurait été différent, favorable et pas fatal. J'ai agi comme le prince de *Lou*, en parlant du sur-homme à cet imbécile de *Sounn-hiou*...

Conduire une souris avec char et chevaux, donner à une caille un concert de cloches et de tambours, c'est épouvanter ces petites créatures. Je dois avoir affolé *Sounn-hiou*.

Chapitre 20

Obscurité voulue

▲ Tch20.A. Comme *Tchoang-tzeu* traversait les montagnes, il vit un grand arbre, aux branches longues et luxuriantes. Un bûcheron qui coupait du bois près de là, ne touchait pas à cet arbre.

— Pourquoi cela ? demanda *Tchoang-tzeu*.

— Parce que son bois n'est propre à rien, dit le bûcheron.

Le fait de n'être propre à rien, vaudra donc à cet arbre de vivre jusqu'à sa mort naturelle, conclut *Tchoang-tzeu*.

Après avoir franchi les montagnes, *Tchoang-tzeu* reçut l'hospitalité dans une famille amie. Content de le revoir, le maître de la maison dit à son domestique de tuer un canard et de le faire cuire.

— Lequel de nos deux canards tuerai-je ? demanda le domestique ; celui qui sait caqueter, ou celui qui est muet ?

— Le muet, dit le maître.

Le lendemain le disciple qui accompagnait *Tchoang-tzeu* lui dit :

— Hier, cet arbre a été épargné, parce qu'il n'était bon à rien ; ce canard a été égorgé, parce qu'il ne savait pas caqueter ; alors, d'être capable ou d'être incapable, qu'est-ce qui sauve ?

— Cela dépend des cas, dit *Tchoang-tzeu*, en riant. Une seule chose sauve dans tous les cas ; c'est de s'être élevé à la connaissance du Principe et de son action, et partant de se tenir dans l'indifférence et dans l'abstraction. L'homme qui en est là, fait aussi peu de cas de l'éloge que du blâme. Il sait s'élever comme le dragon, et s'aplatir comme le serpent, se pliant aux circonstances, ne s'obstinant dans aucun parti pris. Que sa position soit élevée ou humble, il s'adapte à son milieu. Il s'ébat dans le sein de l'ancêtre de toutes choses (le Principe). Il dispose de tous les êtres *comme il convient*, n'étant affectionné à aucun être. Advienne que pourra, il ne craint rien. Ainsi dirent *Chenn-noung* et *Hoang-ti*. Les politiciens actuels (Confucius et ses disciples), font tout le contraire, *aussi éprouvent-ils des revers*. Après la condensation, la dissipation ; après le succès, la ruine. La force appelle l'attaque, l'élévation attire la critique, l'action ne va pas sans déficits, les conseils de la sagesse sont méprisés, rien n'est ni stable ni durable. Retiens bien, ô disciple, que le seul fondement solide, c'est la connaissance du Principe et de son action (indifférence et abstraction).

▲ **Tch20.B.** L'incorruptible *Hioung-ileao* ayant visité le marquis de *Lou*, remarqua qu'il était triste et lui en demanda la raison.

— C'est que, dit le marquis, alors que j'ai étudié les règles des anciens et cherché à faire honneur à mes prédécesseurs ; alors que j'ai vénéré les Mânes et honoré les Sages, personnellement et constamment, je suis affligé, coup sur coup, par toute sorte de malheurs.

— Cela ne m'étonne pas, dit *I-leao*. Les moyens que vous avez employés, ne vous préserveront pas. Songez au renard, au léopard. Ces animaux ont beau se retirer dans les profondeurs des forêts et les cavernes des montagnes, ne sortant que la nuit et avec beaucoup de précautions, endurant la faim et la soif plutôt que de s'aventurer dans les lieux habités ; ils finissent toujours par périr dans un filet ou dans un piège. Pourquoi ? A cause de leur belle fourrure, *que les hommes convoitent*. Or vous,

Altesse, le Marquisat de *Lou*, c'est votre fourrure à vous, *que vos voisins convoitent*. Si vous voulez trouver la paix, dépouillez-vous-en bénévolement, éteignez tous les désirs de votre cœur, retirez-vous dans la solitude. Dans le pays de *Nan-ue*, il y a une ville, dite *Siège de la solide vertu*. Ses habitants sont ignorants et frustes, sans intérêts propres et sans désirs. Ils produisent, mais ne thésaurisent pas ; ils donnent, sans exiger qu'on leur rende. Chez eux, ni étiquette, ni cérémonies. Cependant, malgré leur air de sauvages, ils pratiquent les grandes lois naturelles, fêtent les naissances et pleurent les décès. Marquis, quittez votre marquisat, renoncez à la vie vulgaire ; allons vivre ensemble là-bas !

— C'est loin ! fit le marquis ; la route est difficile ; il y a des monts et des fleuves à passer ; je n'ai ni bateau ni char.

I-leao dit :

— Si vous étiez détaché de vos dignités, si vous ne teniez pas à votre pays, si vous désiriez aller là-bas, votre désir vous y transporterait.

— C'est loin ! fit le marquis. Et les provisions ? Et les compagnons ?

I-leao dit :

— Si vous ne teniez pas à votre luxe, si vous n'étiez pas attaché à votre bien-être, vous ne vous préoccuperiez pas des provisions ; vous vous confieriez aux fleuves, à la mer, ne craignant même pas de perdre la terre de vue ; et l'abandon de vos compagnons ne vous ferait pas reculer. Mais je vois bien, maître de vos sujets, que vos sujets sont vos maîtres, car vous tenez à eux. Vous n'êtes pas un *Yao*, qui ne considéra jamais personne comme son sujet, et ne fut jamais le sujet de personne. J'ai tenté de vous guérir de votre mélancolie ; mais vous n'êtes pas homme à employer l'unique remède efficace, lequel consiste, après avoir tout abandonné, à s'unir au Principe, dans l'abstraction *Cette abstraction doit aller jusqu'à l'oubli de sa personnalité. Car tant qu'on garde la notion de sa personnalité, ses conflits avec celles d'autrui, empêcheront la paix.* Soit un bac traversant un fleuve. Si une barque vide qui dérive, vient à le heurter, fussent-ils irascibles, les mariniers du bac ne se fâcheront pas, parce qu'aucune personne n'est entrée en conflit avec eux, la barque étant vide. Si, au contraire, il y a une personne dans la barque, des cris et des injures partiront aussitôt du bac. Pourquoi ? Parce qu'il y a eu confit de personnes.... Un homme qui aura su se dépouiller même de sa personnalité, pourra parcourir le monde entier sans éprouver de confit.

▲**Tch20.C.** Un certain *Tch'ee* fut chargé, par le duc *Ling* de *Wei*, de recueillir l'argent nécessaire pour fondre un carillon de cloches. Il s'établit sur un tertre, à l'entrée de la ville. Au bout de trois mois, le carillon était fondu et suspendu. *King-ki*, du sang impérial des *Tcheou*, demanda à *Tch'ee* :

— Comment avez-vous fait, pour réussir si bien et si vite ?

Tch'ee dit :

— Je me suis bien gardé de rien faire. L'adage ne dit-il pas : ciseler, polir, ne vaut pas laisser agir la nature. Avec l'air le plus indifférent, sans m'en occuper aucunement, j'ai laissé faire les gens, spontanément, comme la nature opère. Ils sont venus, *apportant leurs offrandes,* sans que je les aie appelés, et sont repartis sans que je les aie retenus. Je n'ai rien dit, ni à ceux qui m'ont déplu, ni à ceux qui m'ont plu. Ils ont tous donné ce qu'ils pouvaient ou voulaient, et moi j'ai encaissé sans observations. Ainsi tout s'est passé sans le moindre accroc. La même manière de faire, ferait réussir pareillement l'entreprise la plus considérable (le gouvernement d'une principauté ou d'un empire, dit la glose).

▲**Tch20.D.** Après que Confucius, bloqué durant sept jours, avec ses disciples, sur la frontière des principautés de *Tch'enn* et de *Ts'ai*, eut failli périr de famine, le grand-duc *Jenn* lui présenta ses condoléances en ces termes :

— Maître, cette fois vous avez vu la mort de près.

— Oui, dit Confucius.

— Vous a-t-elle fait peur ?

— Oui, dit Confucius.

— Alors, dit le grand-duc *Jenn*, je vais vous donner la recette qui préserve des dangers de mort.... Au bord de la mer orientale, se trouve l'oiseau *I-tai*, qui vit par bandes. Chaque individu se défiant de soi-même, ils volent toujours appuyés l'un contre l'autre, Dans un ordre parfait, aucun ne quittant le gros, ni pour avancer, ni pour reculer. Quand ils mangent, c'est également en troupe, aucun ne s'écartant *pour happer une meilleure bouchée*, chacun picorant à son rang. Cette belle ordonnance les protège contre les animaux et contre les hommes, contre tous les accidents. *Ainsi en va-t-il de l'homme, qui vit comme et avec les autres, qui ne fait pas bande à part, comme vous Confucius faites. Pour éviter le malheur, il faut encore se garder d'affecter des qualités ou des talents extraordinaires, comme vous faites.* L'arbre le plus droit, sera le premier abattu. Le puits dont l'eau est la plus douce, sera le premier asséché. Votre science effarouche les ignorants, vos lumières offusquent les sots. N'accaparez pas le soleil et la lune. Ce sont vos prétentions, qui vous attirent vos malheurs. Jadis j'ai ouï ceci d'un homme de haut mérite : Se vanter, c'est se fermer la voie de la fortune ; si on a déjà mérites et renom, c'est s'attirer la spoliation. S'effacer, se cacher dans la masse, voilà la sécurité.... Suivre le flot sans se distinguer, aller son chemin sans se faire remarquer, modestement, simplement, jusqu'à se faire passer pour vulgaire ; effacer le souvenir de ses mérites et faire oublier sa réputation ;voilà le secret pour vivre en paix avec les hommes. Le sur-homrne recherche l'obscurité. Pourquoi cherchez-vous, vous, la notoriété ?

— Merci, dit Confucius.

Et, interrompant ses relations ordinaires, après avoir congédié ses disciples, il se cacha dans les roseaux d'un marais, s'habilla de peaux, se nourrit de glands et de châtaignes. A la longue il retourna si parfaitement à l'état de nature, que sa présence ne fit plus peur aux quadrupèdes et aux oiseaux. Les hommes finirent même par le trouver supportable.

▲ **Tch20.E.** Un jour Confucius dit à maître *Sang-hou* :

— J'ai été par deux fois chassé de la principauté de *Lou*. A *Song* ils ont abattu l'arbre qui m'abritait. On m'a coupé le chemin à *Wei*. J'ai couru des dangers à *Chang* et à *Tcheou*. J'ai été bloqué entre *Tch'enn* et *Ts'ai*. Par suite de ces malheurs successifs, mes amis s'éloignent de moi, mes disciples m'abandonnent. Qu'ai-je fait pour que tout cela m'arrive ?

Sang-hou dit :

— Vous savez l'histoire de *Linn-Hoei*, qui dans la déroute de Kia, s'enfuit, jetant son sceptre de jade qui valait bien mille lingots d'or, et emportant sur son dos son petit enfant. Certes, le sceptre valait plus que l'enfant ; l'enfant était plus difficile à sauver que le sceptre ; cependant *Linn-Hoei* emporta l'enfant et abandonna le sceptre. Pourquoi ? Parce que l'intérêt seul l'attachait au sceptre, tandis que la nature le liait à l'enfant. Or l'intérêt est un lien faible, que le malheur dénoue. Tandis que la nature est un lien fort, qui résiste à toutes les épreuves. *Il en va de même, de l'amitié intéressée, et de l'amitié transcendante.* L'homme supérieur, plutôt froid, attire ; le vulgaire, quoique chaud, repousse. Les liaisons qui n'ont pas une raison d'être profonde, se défont comme elles se sont faites. *Or vous n'êtes qu'un homme vulgaire, et l'intérêt est le seul lien qui vous lie à vos disciples. Aussi leur attachement cesse-t-il avec l'adversité.*

— Je vous remercie, dit Confucius....

Il se retira pensif, ferma son école et renonça aux livres. Ses disciples congédiés, ne lui firent plus de révérences, mais commencèrent à l'estimer.

Une autre fois *Sang-hou* dit :

— Quand il fut sur le point de mourir, *Chounn* intima à *U* ce qui suit : Prends-y bien garde ! L'affection qui n'a pour fondement que les formes corporelles, n'est pas solide. Pour être solide, il faut que l'affection ait pour fondement de sérieuses raisons. Etre aimé ne vaut pas en imposer. L'ascendant conquis par de véritables qualités, est seul durable. On est fidèle à un pareil homme, non pour sa beauté, ni pour ses faveurs, *mais pour sa valeur intrinsèque*.

▲**Tch20.F.** Habillé d'une robe en grosse toile rapiécée, ses souliers attachés aux pieds avec des ficelles, *Tchoang-tzeu* rencontra le roitelet de *Wei*.

— Dans quelle détresse je vous vois, maître, dit le roi.

— Pardon, roi, dit *Tchoang-tzeu* pauvreté, pas détresse. Le lettré qui possède la science du Principe et de son action, n'est jamais dans la détresse. Il peut éprouver la pauvreté, s'il est né dans des temps malheureux.... Tel un singe, dans un bois de beaux arbres aux branches longues et lisses, s'ébat avec une agilité telle, que ni *I* ni *P'eng-mong* (archers célèbres) ne pourraient le viser. Mais quand il lui faut grimper à des arbres rabougris et épineux, combien son allure est moins alerte ! C'est pourtant le même animal ; mêmes os, mêmes tendons. Oui, mais les circonstances devenues défavorables, l'empêchent de faire un libre usage de ses moyens.... Ainsi le Sage né sous un prince stupide qu'entourent des ministres incapables, aura à souffrir. Ce fut le cas de *Pi-kan*, à qui le tyran *Tcheou-sinn* fit arracher le cœur.

▲ **Tch20.G.** Quand Confucius fut bloqué entre *Tch'enn* et *Ts'ai*, durant sept jour, sans possibilité de cuire aucun aliment, il prit dans sa main gauche un bois sec, et le battit de la main droite avec une branche morte, en chantonnant l'ode de maître *Piao*. Musique sans tons ni mesure, murmure naturel du cœur blessé, rappelant celui de la terre que le soc de la charrue déchire.

Yen-Hoei, le disciple favori, se tenait là, *dans la pose d'un désespéré*, les bras croisés, regardant son maître. Craignant qu'il ne s'exaltât outre mesure, Confucius lui dit :

— *Hoei*, se résigner aux épreuves naturelles est facile. Rester indifférent aux faveurs des hommes est difficile. Il n'y a pas de commencement, qui ne soit suivi d'une fin. L'homme est un avec le ciel. Moi qui chante maintenant, qui suis-je ?[87]

Yen-Hoei ne comprenant pas, demanda des explications :

— Se résigner aux épreuves naturelles est facile ; qu'est-ce à dire, maître ?...

Confucius dit :

— La faim, la soif, le froid, le chaud, la pauvreté, les obstacles et les contradictions, tout cela est inclus dans l'évolution cosmique, dans la loi des transformations ; tout homme rencontre donc ces choses sur sa route, et doit s'y résigner. Un inférieur ne doit pas se révolter contre les dispositions de son supérieur. Combien plus le devoir de la soumission incombe-t-il à tout homme par rapport au ciel !

Yen-Hoei reprit :

---

[87] Je n'ai pas, en réalité, de personnalité stable. J'ai été jadis, je ne sais pas qui ni quoi. Je vais devenir, je ne suis pas qui ni quoi. Succession de sorties et de rentrées du et dans le grand tout.

— Rester indifférent aux faveurs des hommes est difficile ; qu'est-ce à dire ?...

Confucius dit :

— Vers un homme en charge, honneurs et argent, tout conflue. Biens extérieurs, qui n'ajoutent rien à sa valeur morale, qui ne changent rien à sa destinée. Celui qui se laisse séduire par eux, déchoit du rang de Sage, tombe au niveau des voleurs (que l'argent tente). *Or, vivre au milieu des richesses et des honneurs, sans se laisser séduire par les richesses et les honneurs, c'est très difficile.* Il faut au Sage, dans cette situation, la circonspection de l'hirondelle. Cet oiseau ne se pose jamais sur un point, que son œil perçant a jugé peu sûr. Quand il a manqué sa proie, il ne s'arrête ni ne revient, mais continue son vol à tire d'aile. Il vit parmi les habitations des hommes, mais en se défiant toujours de leurs habitants.

Yen-Hoei reprit :

— Il n'y a pas de commencement, qui ne soit suivi d'une fin ; qu'est-ce à dire ?...

Confucius dit :

— Tous les êtres changeant sans cesse de forme, le donneur de ces formes étant inconnu et *les règles qu'il suit étant mystérieuses* que peut-on savoir de sa fin, que peut-on savoir du commencement *nouveau qui suivra cette fin* ? Il n'y a donc qu'à attendre ce qui adviendra, en se tenant dans une attitude correcte.

Yen-Hoei reprit :

— L'homme est un avec le ciel ; qu'est-ce à dire ?...

Confucius dit :

— Etre un homme, c'est être ciel (partie intégrante de la norme universelle). Etre le ciel, c'est aussi être ciel (la masse de la norme universelle). Ce qui empêche l'homme d'être le ciel (fondu dans la masse avec perte de sa personnalité), c'est son activité propre. Aussi le Sage s'abstient-il d'agir, et s'abandonne-t-il à l'évolution, qui l'absorbera à la fin dans le grand tout.

▲**Tch20.H.** Comme *Tchoang-tcheou* (*Tchoang-tzeu*) braconnait dans le parc réservé de *Tiao-ling* un grand oiseau vint en volant du sud. Ses ailes avaient sept pieds de long. Ses yeux avaient plus d'un pouce de circonférence. Il passa si près de *Tchoang-tcheou* que son aile effleura sa tête, et s'abattit dans un bosquet de châtaigniers. *Tchoang-tcheou* courut après lui, en armant son arbalète. Sur le tronc ombragé d'un arbre, une cigale prenait le frais, absorbée dans sa musique. Une mante carnassière l'attaqua. Le grand oiseau fondit sur les deux, *ce qui donna à Tchoang-tcheou l'occasion de l'abattre*. Tandis qu'il le ramassait, voilà se dit-il comme l'égoïsme et l'antagonisme portent les êtres, qui ont pourtant tous une même nature, à se détruire les uns les autres !... Comme il sortait du bois, peu s'en fallut que le garde ne le saisit, pour braconnage.

Rentré chez lui, *Tchoang-tcheou* s'enferma durant trois mois. Son disciple *Linn-tsu* lui ayant demandé la raison de ce long confinement, il dit :

— J'ai employé ce temps à me convaincre, que, pour vivre longtemps, il ne faut pas guerroyer avec les autres, mais faire et penser comme tout le monde. A toujours batailler, on finit par avoir son tour. J'ai appris cela du grand oiseau, et du garde-chasse de *Tiao-ling*.[88]

---

[88] La cigale, la mante, l'oiseau, l'arbalétrier, le garde, représentent les écoles philosophiques et politiques du temps, toujours guerroyant et bataillant. La cigale, c'est Confucius, hypnotisé par son ramage monotone. La mante contemplative et

▲ **Tch20.I.** Maître *Yang* (*Yang-tchou*) allant dans la principauté de *Song*, passa la nuit dans une auberge. L'aubergiste avait deux femmes, l'une belle, l'autre laide. La laide était aimée, la belle non.

— Pourquoi cela ? demanda maître *Yang*.

— Parce que, lui dit un petit domestique, la belle se sachant belle, pose, ce qui fait que nous ignorons délibérément sa beauté ; tandis que la laide se sachant laide, s'efface, ce qui fait que nous ignorons délibérément sa laideur.

— Retenez ceci, disciples ! dit maître *Yang*. Exceller, sans faire sentir son excellence, voilà la conduite qui fait aimer partout.

---

mordante, c'est *Lao-tseu*. Les trois mois de retraite de *Tchoang-tzeu*, ne le convertirent pas. Il resta frondeur et combatif.

Chapitre 21

Action transcendante

▲ **Tch21.A.** *T'ien-tzeufang*, qui assistait le marquis *Wenn* de *Wei*, citait souvent *Hi-koung*.

— Fut-il votre maître ? demanda le marquis.

— Non, dit *T'ien-tzeufang*. Nous sommes originaires du même village. J'ai souvent été frappé de la justesse de ses discours. C'est pour cela que je le cite.

— Alors, dit le marquis, vous n'avez pas eu de maître ?

— Pardon ! fit *Tien-tzeufang*.

— Qui cela ? demanda le marquis.

— Maître *Chounn* du faubourg de l'est.

— S'il fut votre maître, dit le marquis, pourquoi ne citez-vous jamais ses paroles ?

— *Parce que, dit Tien-tzeufang, cet homme ne parle pas.* C'est un homme transcendant. C'est le ciel sous une forme humaine. Vide de toutes les contingences, il couve en lui sa transcendance. Bien disposé pour tous, quand quelqu'un n'agit pas comme il faudrait, il le lui fait remarquer par son attitude correcte, et le corrige ainsi sans paroles. Vous voyez bien que je ne puis pas citer cet homme.

Quand *Tien-tzeufang* fut sorti, le marquis *Wenn* resta tout abasourdi, et ne dit pas un mot le reste du jour. Il fit ensuite appeler ses confidents ordinaires, et leur dit :

— Combien différent de nous, est l'homme de vertu parfaite. J'avais cru jusqu'ici que l'étude des paroles des sages et des savants, que la pratique de la bonté et de l'équité, étaient tout l'idéal (Confucéisme). (Mais depuis que j'ai entendu parler du maître de *Tien-tzeufang*, je suis tout défait et comme paralysé, je ne puis plus ouvrir la bouche. Tout ce que j'ai appris jusqu'ici, n'est pas solide Le marquisat *dont les soucis m'empêchent de m'adonner au taoïsme* m'est devenu odieux.

▲**Tch21.B.** Maître *Sue* comte de *Wenn* (taoïste) se rendant *du midi* à *Ts'i* passa par la capitale de *Lou, le pays de Confucius* où plusieurs personnes demandèrent à le voir....

— A quoi bon ? dit-il. Les lettrés de ce pays n'étudient que les rits conventionnels, et non la nature humaine. Je ne veux pas les voir.

Quand il revint de *Ts'i*, Maître *Sue* s'arrêta de nouveau à *Lou*, et les mêmes personnes demandèrent encore à le voir. Il les reçut donc dans la salle des hôtes, puis rentra dans son appartement en soupirant. Le lendemain, nouvelle visite, nouveau soupir après la visite. Intrigué, le disciple qui servait maître *Sue*, lui demanda :

— Pourquoi soupirez-vous ainsi, chaque fois que vous avez reçu des visiteurs ?

— Parce que, dit Maître *Sue*, je me convaincs de plus en plus, que les lettrés de ce pays, très entendus en matière de rits conventionnels, n'entendent rien à la nature humaine. Mes visiteurs ont fait les entrées et les sorties les plus étudiées, les plus compassées, avec des airs de dragons et de tigres. Puis, *au lieu de me rien demander* ils m'ont repris en maîtres et sermonné en pères (supérieurs). Voilà pourquoi j'ai soupiré.

Confucius (en train de se convertir au taoïsme, et représenté ici comme plus perspicace que les autres lettrés de *Lou,*) alla aussi voir maître *Sue*, et se retira sans lui avoir dit un mot....

— Pourquoi avoir gardé ainsi le silence ? lui demanda son disciple *Tzeu-lou*....

— Parce que, dit Confucius, il m'a suffi de regarder cet homme. La science supérieure 381 (transcendance) jaillit de ses yeux et pénètre avec son regard ; des paroles ne sauraient l'exprimer.

▲ **Tch21.C.** *Yen-yuan* (le disciple chéri) dit à Confucius (complètement converti au taoïsme) :

— Maître, quand vous marchez au pas, je vous suis au pas ; quand vous trottez, je vous suis au trot ; quand vous galopez, je vous suis au galop ; mais quand vous vous élancez et quittez le sol, alors je ne puis plus que vous suivre du regard.

— Explique-toi, *Hoei*, dit Confucius.

— Voici, dit *Yen-Hoei*. Le pas, c'est votre discours ; je puis le suivre. Le trot, c'est votre raisonnement ; je puis le suivre. Le galop, ce sont vos spéculations ; je puis les suivre. Mais ce que je n'arrive pas à saisir, c'est l'influx transcendant (taoïste) par lequel vous persuadez, vous gagnez. Qu'est-ce que cela ?

— *C'est, dit Confucius, la fascination exercée par mon moi supérieur, ma part de norme universelle, sur le moi, la part de norme de mon auditeur, s'il ne l'a pas éteinte.* Médite bien cela ! La plus lamentable des morts, c'est la mort du cœur (l'extinction de la norme) ; elle est bien pire que la mort du corps. *L'homme dont le cœur vit, agit sur les cœurs qui vivent, à la manière du soleil qui vivifie le monde. Le soleil se lève à l'orient et se couche à l'occident. Il illumine tous les êtres, qui tous s'orientent vers lui. Avec son apparition, leur action* commence ; avec sa disparition, ils deviennent inertes. *Tel est le rythme diurne, jour et nuit. Le rythme vie et mort, lui ressemble.* Tour à tour, l'être meurt, l'être vit (revit). Quand il a reçu une forme définie, il la conserve telle jusqu'à la fin de cette existence, période de jour durant laquelle il agit. Puis vient pour lui la mort, période de nuit durant laquelle il se repose. Et ainsi de suite, sans interruption, comme la chaîne des temps. Il redevient un être en fonction de son mérite, mais sait seulement (dans sa nouvelle existence) qu'il est tel de par son destin, sans pouvoir mesurer sa masse précédente (la masse des antécédents moraux, le karma qui pèse sur lui). A la fin de cette existence, les êtres qui y furent en contact intime (épaule contre épaule), se quittent avec douleur. Que si le survivant cherche à savoir l'état du défunt, c'est bien en vain, car il a cessé d'être lui. S'enquérir de lui, c'est donc chercher à la foire son cheval (volé, lequel a déjà trouvé un autre maître). Porter le deuil, l'un de l'autre, c'est faire preuve d'un grave oubli (doctrinal ; c'est oublier que l'autre n'existe plus dans sa précédente personnalité). Il ne faut pas s'affliger de cette cessation de la personnalité comme d'un malheur. *Car l'annihilation n'est pas totale.* Le moi physique a cessé d'être, c'est vrai, *et ce serait une erreur que de penser à lui comme existant.* Mais le moi transcendant (la part de norme qui fut à cette personne) subsiste, *et l'on peut penser à lui comme existant.... C'est par ce moi transcendant, quasi impersonnel, que j'agis sur mes auditeurs. Il n'est pas déplaisant, comme le moi personnel du nommé Confucius.*

▲ **Tch21.D.** Confucius étant allé visiter *Lao-tan*, le trouva assis immobile et ravi en extase. Le transport l'avait saisi, alors qu'il séchait sa chevelure, après ses ablutions. Confucius attendit discrètement qu'il fût revenu à lui, puis dit :

— Vous aviez quitté choses et hommes ; vous vous étiez retiré dans l'isolement du moi !

— Oui, dit *Lao-tan*. Je m'ébattais dans l'origine des choses.

— Qu'est-ce à dire ? demanda Confucius.

— Je suis encore mal remis, dit Lao-tan ; mon esprit fatigué n'est pas encore libre de penser, ma bouche serrée peut à peine articuler ; je vais pourtant essayer de vous satisfaire.... *Les deux modalités de l'être s'étant différenciées dans l'être primordial, leur giration commença, et l'évolution cosmique s'ensuivit.* L'apogée du *yinn* (condensé dans la terre), c'est la passivité tranquille. L'apogée du *yang* (condensé dans le ciel), c'est l'activité féconde. La passivité *de la terre* s'offrant au ciel, l'activité *du ciel* s'exerçant sur la terre, des deux naquirent tous les titres. Force invisible, l'action et la réaction du binôme ciel-terre, produit toute l'évolution. Commencement et cessation, plénitude et vide, révolutions astronomiques, phases du soleil et de la lune, tout cela est produit par cette cause unique, que personne ne voit, mais qui fonctionne toujours. La vie se développe vers un but, la mort est un retour vers un terme. Les genèses se succèdent sans cesse, sans qu'on en sache l'origine, sans qu'on en voie le terme. L'action et la réaction du ciel et de la terre, sont l'unique moteur de ce mouvement. Là est la beauté, la joie suprême. S'ébattre dans ce ravissement, c'est le lot du sur-homme.

— Mais comment y atteindre ? demanda Confucius.

— Par l'indifférence absolue, reprit *Lao-tan*. Les animaux qui peuplent la steppe, n'ont d'attrait pour aucun pâturage en particulier ; les poissons qui vivent dans les eaux, ne tiennent à aucun habitat déterminé ; par suite aucun déplacement n'altère leur paix. Tous les êtres sont un tout immense. Celui qui est uni à cette unité, *jusqu'à avoir perdu le sens de sa personnalité,* celui-là considère son corps du même œil que la poussière, la vie et la mort du même œil que le jour et la nuit. Qu'est-ce qui pourra émouvoir cet homme, pour lequel gain et perte, bonheur et malheur ne sont rien ? Il méprise les dignités comme la boue, parce qu'il se sait lus noble que ces choses. Et cette noblesse de son moi, aucune vicissitude ne peut lui porter atteinte. De tous les changements possibles, aucun n'altérera sa paix. Celui qui a atteint le Principe, comprend ceci.

— Ah ! fit Confucius ébahi, voilà un enseignement large comme le ciel et la terre ; peut-il être résumé en quelque formule, à la manière des anciens ?

Lao-tan répondit :

— Les sources jaillissent naturellement. Le sur-homme est tel spontanément. Le ciel est haut, la terre est épaisse, le soleil et la lune sont lumineux, tout cela sans formule.

Quand il fut sorti, Confucius raconta tout ce qui précède, à son disciple *Yen-Hoei*.

— Jusqu'ici, lui dit-il, j'ai su du Principe autant que les anguillules qui vivent dans le vinaigre. Si le Maître ne venait pas de soulever le voile qui couvrait mes yeux, je n'aurais jamais même entrevu le complexe parfait ciel-terre (la grande unité cosmique).

▲ **Tch21.E.** *Tchoang-tzeu* ayant visité le duc *Nai* de *Lou*, celui-ci lui dit :

— Il y a, dans le duché de *Lou*, beaucoup de lettrés ; mais aucun, Maître, n'est comparable à vous.

— Il n'y a que peu de lettrés dans le duché de *Lou*, repartit *Tchoang-tzeu*.

— Comment pouvez-vous parler ainsi, fit le duc, alors qu'on ne voit partout qu'hommes portant le costume des lettrés ?

— Le costume, oui, fit *Tchoang-tzeu*. Ils annoncent, par leur bonnet rond, qu'ils savent les choses du ciel ; par leurs souliers carrés, qu'ils savent les choses de la terre ; par leurs pendeloques sonores, qu'ils savent mettre l'harmonie partout. Certains savent tout cela, sans porter leur costume. Eux portent le costume, sans savoir la chose. Si vous ne me croyez pas, faites cette expérience : interdisez par un édit, sous peine de mort, le port de l'habit de lettré, à quiconque n'a pas la capacité compétente.

Le duc *Nai* fit ainsi. Cinq 385 jours plus tard, tous les lettrés de *Lou*, un seul excepté, avaient changé de costume. Le duc interrogea lui-même sur le gouvernement de l'État, cet être unique. Il répondit à tout pertinemment, sans qu'il fût possible de le démonter.

— Vous disiez, dit *Tchoang-tzeu* au duc, qu'il y avait, dans le duché de *Lou*, beaucoup de lettrés. Un, ce n'est pas beaucoup.

▲**Tch21.F.** *Pai-li-hi* n'ayant aucun goût pour les dignités et les richesses, se fit éleveur de bétail, et produisit des bœufs superbes, *son instinct naturel lui révélant comment les traiter selon leur nature*. Ce que voyant, le duc *Mou* de *Ts'inn* le fit son ministre, afin qu'il développât son peuple.

Chounn n'aimait pas la vie et ne craignait pas la mort. C'est ce qui le rendit digne et capable de gouverner les hommes.

▲**Tch21.G.** Le prince *Yuan* de *Song* ayant désiré faire tracer une carte, les scribes convoqués se présentèrent, reçurent ses instructions, firent des saluts ; puis, les uns découragés s'en allèrent ; les autres léchèrent leurs pinceaux, broyèrent leur encre, avec mille embarras. Un scribe venu après l'heure avec des airs nonchalants, reçut aussi ses instructions, salua, et se retira immédiatement dans son réduit. Le duc envoya voir ce qu'il faisait. On constata qu'il s'était mis à son aise, nu jusqu'à la ceinture, les jambes croisées, et commençait par se reposer. Quand le duc le sut :

— Celui-là, dit-il, réussira ; c'est un homme qui sait s'y

prendre.[89]

▲ **Tch21.H.** Le roi *Wenn*, l'ancêtre des *Tcheou*, étant à *Tsang*, vit un homme qui pêchait à la ligne, nonchalamment, machinalement, la nature seule agissant en lui, sans mélange de passion. Le roi *Wenn* résolut aussitôt d'en faire son ministre. Mais, ayant pensé ensuite au mécontentement probable de ses parents et de ses officiers, il voulut chasser cette idée de sa tête. Impossible ! La crainte que son peuple fût sans ciel (sans un ministre qui le gouvernât naturellement comme le ciel), fit qu'il ne put pas oublier son dessein. Il s'avisa alors du moyen suivant. Au matin, ayant convoqué ses officiers, il leur dit :

— Cette nuit j'ai vu en songe un homme à l'air bon, au teint basané, barbu, monté sur un cheval pommelé aux sabots teints en rouge, qui m'a crié : remets ton pouvoir à l'homme de *Tsang*, et ton peuple s'en trouvera bien.

Très émus, les officiers s'écrièrent :

— C'est feu le roi votre père qui vous a apparu.

— Alors, dit le roi *Wenn*, vous plaît-il que nous consultions l'écaille de tortue sur cet événement ?

— Non, non ! dirent les officiers, à l'unanimité. Un ordre verbal du feu roi ne doit pas être discuté.

Le roi *Wenn* fit donc appeler son pêcheur à la ligne, et lui remit la charge du gouvernement. Celui-ci ne changea rien, ne fit aucun règlement, ne donna aucun ordre. Au bout de trois ans, quand le roi *Wenn* inspecta son royaume, il constata que les brigands avaient disparu, que les officiers étaient intègres, que

---

[89] On ne réussit, qu'à condition de laisser agir sa nature. La contrainte empêche le succès.

les régales étaient respectées. Les gens du peuple vivaient unis, les fonctionnaires faisaient leur devoir, les feudataires n'empiétaient pas. Alors le roi *Wenn* traitant l'homme de *Tsang* comme son maître, l'assit face au sud, se tint debout devant lui face au nord, et lui demanda :

— Ne pourriez-vous pas faire à un empire, le bien que vous avez fait à un royaume ?

L'homme de *Tsang* ne répondit que par un regard effaré. Ce jour-là même, avant le soir, il disparut. On n'apprit jamais ce qu'il était devenu. Cependant un détail de cette histoire avait choqué *l'honnête Yen-yuan*.

— Comment se peut-il, demanda-t-il à Confucius, que le roi *Wenn* ait allégué un songe qu'il n'avait pas eu ?

— Tais-toi ! dit Confucius. Tout ce que le roi *Wenn* a fait, fut bien fait. Il ne faut pas juger cet homme. Naturellement droit, dans ce cas il dut se plier aux circonstances.[90]

▲**Tch21.I.** *Lie-uk'eou* (*Lie-tzeu*) tirait de l'arc en présence de *Pai-hounn ou-jenn*. il tenait son arc d'un bras si ferme, que, une coupe pleine d'eau étant fixée sur son coude gauche, au moment où il décochait sa flèche, l'eau n'était pas répandue. Sa main droite était si active, que, une flèche à peine lancée, la suivante était ajustée. Et, durant tout ce temps, son corps restait droit comme une statue (l'idéal du tir maniéré de l'école ancienne).... Ceci, dit *Pai-hounn ou-jenn* (le taoïste), c'est le tir d'un tireur, d'un homme qui veut tirer, d'un homme qui sait qu'il tire (art, non nature). Venez avec moi, sur quelque cime, au bord d'un gouffre, et nous verrons ce qui restera de vos poses.

---

[90] Opportunisme confucéiste primant la morale. On voit que Confucius n'est pas bien converti. Le bout de son oreille passe ici.

Ils allèrent ensemble sur une haute montagne, au bord d'un précipice profond de cent fois la hauteur d'un homme. Là *Pai-hounn ou-jenn* se campa au bord de l'abîme, ses talons débordant dans le vide. Appuyé seulement sur le bout des pieds, il fit la révérence à *Lie-uk'eou*, et l'invita à venir prendre place à côté de lui. Mais déjà le vertige avait fait tomber celui-ci à quatre pattes, la sueur lui coulant jusqu'aux talons. *Pai-hounn ou-jenn* lui dit :

— Le sur-homme porte son regard jusqu'au fond de l'azur céleste, dans les profondeurs des abîmes terrestres, aux extrémités de l'horizon, sans que ses esprits vitaux soient émus le moins du monde. *Quiconque n'en est pas là, n'est pas un sur-homme.*[91] A voir vos yeux hagards, vous me faites l'effet d'avoir le vertige.

▲ **Tch21.J.** *Kien-ou* dit à *Sounnchou-nao* :

— Vous avez été mis en charge trois fois sans vous exalter, et avez été congédié trois fois sans vous affecter. J'ai d'abord soupçonné que vous posiez pour l'indifférence. Mais, m'étant convaincu que, dans ces occurrences, votre respiration reste parfaitement calme, je crois maintenant que vous êtes vraiment indifférent. Comment avez-vous fait pour en arriver là ?

— Je n'ai rien fait du tout, dit *Sounnchou-nao*. Je n'ai été pour rien, ni dans mes nominations, ni dans mes dégradations. Il n'y a eu, dans ces aventures, ni gain ni perte pour mon moi, voilà pourquoi je ne me suis ni exalté ni affecté. Qu'y a-t-il en cela d'extraordinaire ? Rien de plus naturel, au contraire. Ma charge n'était pas mon moi, mon moi n'était pas ma charge. Faveur et défaveur tenaient à ma charge, non à mon moi. Alors pourquoi me serais-je donné l'inquiétude et la fatigue de m'en

---

[91] Toute perturbation physique, est symptôme d'imperfection de la nature. Comparez Lie-tzeu, chap. 2 E.

préoccuper ? N'eussé-je pas perdu mon temps à penser à l'estime ou à la mésestime des hommes ?

Confucius ayant su cette réponse, dit :

— Voilà bien l'homme vrai antique. Les anciens *de cette trempe*, ne se laissaient ni impressionner par les discours des savants, ni séduire par les charmes de la beauté, ni violenter par les puissants brutaux. *Fou-hi* et *Hoang-ti* briguèrent en vain leur amitié. Ni l'amour de la vie, ni la crainte de la mort, ces motifs si puissants *sur le vulgaire*, ne leur faisaient aucune impression. Alors quel effet pouvaient leur faire les dignités et les richesses ? Leur esprit était plus haut que les 389 montagnes, plus profond que les abîmes. Que leur importait que leur position sociale fût infime. L'univers entier étant à eux *par leur union au cosmos universel, concéder les dignités et les richesses* au vulgaire ne les appauvrissait pas, le grand tout leur restant.

▲**Tch21.K.** Le roi de *Tch'ou* s'entretenant avec l'ex-prince dépossédé de *Fan*, les courtisans dirent :

— *Fan* a déjà été ruiné trois fois.

Le prince de Fan les interrompit :

— La ruine de *Fan* ne m'a pas ravi ma vie. Il n'est pas certain que la prospérité de *Tch'ou* vous conservera les vôtres. Ne vous fiez pas à la prospérité actuelle, jusqu'à vous croire à l'abri de la ruine future. La prospérité et la ruine alternent. Si nous nous plaçons dans les hauteurs, au-dessus de la roue qui tourne, *Fan* n'est pas détruit, *Tch'ou* n'est pas prospère. Tout, alternativement, passe par les deux phases, de ruine et de prospérité.

Chapitre 22

Connaissance du Principe

▲ **Tch22.A.** Connaissance étant allée vers le Nord jusqu'à l'eau noire, gravit la montagne de l'obscurité, où elle rencontra Inaction. Connaissance dit à Inaction :

— J'ai quelque chose à vous demander. Par quelle sorte de pensées et de réflexions, arrive-t-on à connaître le Principe ? Quelle position prendre, et que faire, pour le comprendre ? D'où partir, et quelle voie suivre, pour l'atteindre ?

A ces trois questions, Inaction ne fit aucune réponse. Non qu'elle ne voulût pas répondre, mais parce que, de vrai, elle ne sut pas que répondre.

N'ayant pas obtenu de réponse, Connaissance alla jusqu'à l'eau blanche, monta sur la montagne de l'investigation, où elle vit Abstraction, et lui refit ses trois questions.

— Ah ! fit Abstraction, je vais vous dire cela....

Comme elle allait parler, il se trouva qu'elle ne savait plus de quoi il s'agissait.

Désappointée, Connaissance s'en fut au palais impérial, et posa ses trois questions à *Hoang-ti*. Celui-ci lui dit :

— Pour arriver à connaître le Principe, il faut avant tout, ne pas penser, ne pas réfléchir. Pour arriver à le comprendre, il faut ne prendre aucune position, ne rien faire. Pour arriver à l'atteindre, il faut ne partir d'aucun point précis, et ne suivre aucune voie déterminée.

— Alors, demanda Connaissance, d'elles et de nous, qui a le mieux agi ?

— C'est Inaction, dit *Hoang-ti*, parce qu'elle n'a rien dit du tout. Puis Abstraction, qui a seulement failli parler. Nous deux avons eu tort de parler. L'adage dit : qui sait, ne parle pas (parce qu'il sait qu'il ne pourra pas exprimer ce qu'il sait) ; qui parle, montre qu'il ne sait pas. Le Sage ne parle pas, même pour enseigner. Le Principe ne peut pas être atteint, son action ne peut pas être saisie. *Tout ce qui peut s'enseigner et s'apprendre*, comme la bonté, l'équité, les rits, tout cela est postérieur et inférieur au Principe, tout cela ne fut inventé que quand les vraies notions sur le Principe et son action furent perdues, au commencement de la décadence. L'adage dit : Celui qui imite, le Principe, diminue son action de jour en jour, jusqu'à arriver à ne plus agir du tout. Quand il en est arrivé là (au pur laisser faire), alors il est à la hauteur de toute tâche. Mais revenir ainsi en arrière, jusqu'à l'origine, c'est chose très difficile, à laquelle l'homme supérieur seul arrive.

La vie succède à la mort, la mort est l'origine de la vie. Le pourquoi de cette alternance est inscrutable.... La vie d'un homme tient à une condensation de matière, dont la dissipation sera sa mort ; et ainsi de suite. Cela étant, y a-t-il lieu de se chagriner de quoi que ce soit ? Tous les êtres sont un tout, *qui se transforme sans cesse*. On appelle les uns beaux, et les autres laids. Abus de mots, car rien ne dure. A sa prochaine métamorphose, ce qui fut beau deviendra peut-être laid, ce qui fut laid deviendra peut-être beau.... C'est ce que résume cet adage : Tout l'univers est une seule et même hypostase. Le Sage *n'estimant et ne méprisant aucun être en particulier*, donne toute son estime à l'unité *cosmique, au grand tout*.

(*Ce qui suit, paraît être un fragment intercalé.*) Résumant sa conversation *avec Hoang-ti,* Connaissance dit :

— Inaction n'a pas su que répondre ; Abstraction a oublié de répondre ; Vous avez répondu. puis avez rétracté votre réponse....

— Oui, dit *Hoang-ti.* On ne peut rien dire du Principe. Qui en parle, a tort....

Inaction et Abstraction entendirent parler de cette réponse de *Hoang-ti,* et la jugèrent bonne.

▲**Tch22.B.** Le ciel et la terre, si majestueux, sont muets. Le cours des astres et des saisons, si régulier, n'est pas réfléchi. L'évolution des êtres, suit une loi immanente, non formulée. Imitant ces modèles, le sur-homme, le Sage par excellence, n'intervient pas, n'agit pas, laisse tout suivre son cours. Le binôme transcendant ciel-terre, préside à toutes les transformations, à la succession des morts et des vies, aux mutations de tous les êtres, sans qu'aucun de ces êtres ait une connaissance explicite de la cause première de tous ces mouvements, du Principe qui fait tout durer depuis le commencement. L'espace immense est l'entre-deux du ciel et de la terre. Le moindre fétu doit son existence au ciel et à la terre. Le ciel et la terre président à l'évolution continuelle des êtres, qui tour à tour s'élèvent ou s'enfoncent ; à la rotation régulière du *yinn* et du *yang,* des quatre saisons, etc. Des êtres, certains semblent disparaître, et continuent pourtant d'exister ; d'autres, pour avoir perdu leur corps, n'en deviennent que plus transcendants. Le ciel et la terre nourrissent tous les êtres, sans que ceux-ci le sachent. De cette notion de l'univers, nous pouvons remonter à la connaissance confuse de sa cause, le Principe. C'est la seule voie. On peut dire du Principe seulement qu'il est l'origine de tout, qu'il influence tout en restant indifférent.

▲**Tch22.C.** *Nie-k'ue* demanda à *Pei-i* de lui expliquer le

Principe. *Pei-i* lui dit :

— Réglez vos mœurs, concentrez vos perceptions, et l'harmonie universelle se prolongera jusqu'en vous. Rentrez vos facultés, unifiez vos pensées, et l'esprit vital de l'univers habitera *par un prolongement* en vous. L'action du Principe *se communiquant à vous*, deviendra en vous le principe de vos qualités. Vous habiterez dans le Principe. Vous acquerrez la simplicité du veau qui vient de naître, et cesserez de vous préoccuper de ce que vous êtes et d'où vous êtes venu....

Avant que *Pei-i* eût achevé sa tirade, *Nie-k'ue* se trouva profondément endormi (ravi en extase). Emerveillé, *Pei-i* chanta :

— Voilà son corps devenu comme un bois mort, et son cœur comme de la cendre éteinte. Devenue transcendante, sa vraie science n'hésite plus. Devenue aveugle, sa raison ne discute plus. *Il est arrivé à l'intuition du Principe.* Quel homme !

▲**Tch22.D.** *Chounn* demanda à *son ministre Tch'eng* :

— Peut-on arriver à posséder le Principe ?

Tch'eng répondit :

— Ne possédant pas votre propre corps, comment prétendez-vous posséder le Principe ?

— Si mon corps n'est pas à moi, à qui est-il ? demanda *Chounn*.

— Votre corps, dit *Tch'eng*, est un prêt de matière grossière, que le ciel et la terre vous ont fait pour un temps. Votre vie est une combinaison transitoire de matière subtile, que vous tenez aussi du ciel et de la terre. Votre destinée, votre activité, font partie intégrante du flux des êtres, sous l'action du ciel et de la terre. Vos enfants et vos petits-enfants, sont un renouveau (litt.

changement de peau) que le ciel et la terre vous ont donné. Vous avancez dans la vie sans savoir ce qui vous pousse, vous stationnez sans savoir ce qui vous arrête, vous mangez sans savoir comment vous assimilez, l'action puissante mais inconnaissable du ciel et de la terre vous mouvant en tout ; et vous prétendriez vous approprier quelque chose ? !

▲ **Tch22.E.** Confucius dit à *Lao-tan* :

— Comme aujourd'hui j'ai quelque loisir, je voudrais bien vous entendre parler sur l'essence du Principe.

Lao-tan dit :

— Vous auriez dû d'abord éclairer votre cœur par l'abstinence, purifier votre esprit vital, et vous défaire de vos idées préconçues. Car le sujet est abstrus, difficile à énoncer et à entendre. Je vais toutefois essayer de vous en dire quelque chose.... Le lumineux naquit de l'obscur, les formes naquirent de l'amorphe. L'esprit vital (universel, dont les esprits vitaux particuliers sont des participations,) naquit du Principe ; la matière première naquit du sperme (universel, dont le sperme particulier est une participation). Puis les êtres s'engendrèrent mutuellement, par communication de leur matière, soit par voie de gestation utérine, soit par production d'œufs. Leur entrée *sur la scène de la vie* n'est pas remarquée, leur sortie ne fait aucun bruit. Pas de porte visible, pas de logis déterminés. Ils viennent de tous les côtés, et remplissent l'immensité du monde, *êtres contingents et éphémères*.... Ceux qui, sachant cela, *ne se préoccupent de rien*, ceux-là se portent bien, ont l'esprit libre, conservent leurs organes des sens en parfait état.[92] Sans fatiguer leur intelligence, ils sont capables de toute tâche. Car ils agissent (ou plutôt n'agissent pas, laissent faire,) spontanément, naturellement,

---

[92] La cécité, la surdité, sont, pour les taoïstes, des usures prématurées, par usage immodéré de la force vitale.

comme le ciel est élevé par nature, comme la terre est étendue par nature, comme le soleil et la lune sont lumineux par nature, comme les êtres pullulent naturellement.... L'étude, la discussion, n'en apprennent pas plus long sur le Principe, aussi les Sages s'abstiennent-ils d'étudier et de discuter. Sachant que le Principe est une infinité que rien ne peut augmenter ni diminuer, les Sages se contentent de l'embrasser dans son ensemble.... Oui, il est immense comme l'océan. Quelle majesté dans cette révolution incessante, dans laquelle le recommencement suit immédiatement la cessation.... Suivre le flux des êtres en faisant du bien à tous, voilà la voie des Sages ordinaires (confucéistes). Mais avoir pris position en dehors de ce flux, et faire du bien à ceux qu'il entraîne, voilà la voie du Sage supérieur (taoïste, qui agit à l'instar du Principe).

« Considérons un être humain, à l'état d'embryon à peine 395 conçu, dont le sexe n'est même pas encore déterminé. Il est devenu, entre le ciel et la terre. A peine devenu, il se peut qu'il retourne à son origine (mort-né). Considéré dans ce commencement, qu'est-il autre chose qu'un mélange de souffle et de sperme ? Et s'il survit, ce ne sera que pour peu d'années. La différence est si petite, entre ce qu'on appelle une vie longue et une vie courte ! Somme toute, c'est un moment, *dans le cours infini des temps*. Beaucoup n'ont même pas le loisir de montrer s'ils ont l'esprit d'un *Yao* (empereur vertueux) ou d'un *Kie* (tyran vicieux).

« L'évolution de chaque individu du règne végétal, suit une loi déterminée. De même la loi qui préside à l'évolution humaine, est comme un engrenage. Le Sage suit le mouvement, sans regimber, sans s'accrocher. Prévoir *et calculer*, c'est artifice ; se laisser faire, c'est suivre le Principe. C'est en laissant faire, que les empereurs et les rois *de la haute antiquité*, se sont élevés et rendus célèbres.

« Le passage de l'homme, entre le ciel et la terre, de la vie à la mort, est comme le saut du coursier blanc, qui franchit un ravin *d'un bord à l'autre* ; l'affaire d'un instant. Comme par l'effet d'un bouillonnement, les êtres entrent dans la vie ; comme par l'effet d'un écoulement, ils rentrent dans la mort. Une transformation les a faits vivants, une transformation les fait morts. La mort, tous les vivants la trouvent déplaisante, les hommes la pleurent. Et cependant, qu'est-elle autre chose, que le débandage de l'arc, et sa remise au fourreau ; que le vidage du sac corporel, et la remise en liberté des deux âmes qu'il emprisonnait ? Après les embarras et les vicissitudes de la vie, les deux âmes partent, le corps les suit dans le repos. C'est là le grand retour (âmes et corps retournant dans le tout).

« Que l'incorporel a produit le corporel, que le corps retourne à l'incorporéité, *cette notion de la giration perpétuelle* est connue de bien des hommes, mais l'élite seule en tire les conséquences pratiques. Le vulgaire disserte volontiers sur ce sujet, tandis que le sur-homme garde un profond silence. S'il essayait d'en parler, il aurait forfait à sa science, par laquelle il sait qu'en parler est impossible, et qu'on ne peut que le méditer. Avoir compris qu'on ne gagne rien à interroger sur le Principe, *mais qu'il faut le contempler en silence*, voilà ce qu'on appelle avoir obtenu le grand résultat (avoir atteint le but).[93]

▲ **Tch22.F.** *Tong-kouo-tzeu* demanda à *Tchoang-tzeu* :

— Où est ce qu'on appelle le Principe ?

— Partout, dit *Tchoang-tzeu*.

— Par exemple ? demanda *Tong-kouo-tzeu*.

— Par exemple dans cette fourmi, dit *Tchoang-tzeu*.

---

[93] Ainsi Confucius est débouté de ses interrogations, et renvoyé à la contemplation, dont sa vie affairée de politicien le rend incapable.

— Et plus bas ? demanda *Tong-kouo-tzeu*.

— Par exemple dans ce brin d'herbe.

— Et plus bas ?

— Dans ce fragment de tuile.

— Et plus bas ?

— Dans ce fumier, dans ce purin, dit *Tchoang-tzeu*.

Tong-kouo-tzeu ne demanda plus rien. Alors *Tchoang-tzeu* prenant la parole, lui dit :

— Maître, interroger comme vous venez de faire, ne vous mènera à rien. Ce procédé est trop imparfait. Il ressemble à celui de ces experts de marché, lesquels jugent sommairement de l'engraissage d'un cochon, en appuyant leur pied dessus (le pied faisant une empreinte plus ou moins profonde, selon que le porc est plus ou moins gras). Ne demandez pas si le Principe est dans ceci ou dans cela. Il est dans tous les êtres. C'est pour cela qu'on lui donne les épithètes de grand, de suprême, d'entier, d'universel, de total. Tous ces termes différents, s'appliquent à une seule et même réalité, à l'unité cosmique.

« Transportons-nous en esprit, en dehors de cet univers des dimensions et des localisations, et il n'y aura plus lieu de vouloir situer le Principe. Transportons-nous en dehors du monde de l'activité, dans le règne de l'inaction, de l'indifférence, du repos, du vague, de la simplicité, du loisir, de l'harmonie, et il n'y aura plus lieu de vouloir qualifier le Principe. Il est l'infini indéterminé. C'est peine perdue, que de vouloir l'atteindre, que de vouloir le situer, que de vouloir étudier ses mouvements. Aucune science n'atteint là. Celui (le Principe) qui a fait que les êtres fussent des êtres, n'est pas lui-même soumis aux mêmes lois que les êtres. Celui (le Principe) qui a fait que tous les êtres fussent limités, est lui-même illimité, infini. *Il est donc oiseux de demander où il se trouve.*

« Pour ce qui est de l'évolution et de ses phases, plénitude et vacuité, prospérité et décadence, le Principe produit cette succession, mais n'est pas cette succession. Il est l'auteur des causes et des effets (la cause première), mais n'est pas les causes et les effets. Il est l'auteur des condensations et des dissipations (naissances et morts), mais n'est pas lui-même condensation ou dissipation. *Tout procède de lui, et évolue par et sous son influence. Il est dans tous les êtres, par une terminaison de norme ; mais il n'est pas identique aux êtres, n'étant ni différencié ni limité.*

▲**Tch22.G.** *A-ho-kan* et le futur empereur *Chenn-noung* étudiaient sous *Lao-loung-ki*. Assis sur un tabouret, *Chenn-noung* faisait la sieste, porte close. *A-ho-kan* poussa la porte, et lui annonça à brûle-pourpoint que leur maître venait de mourir. *Chenn-noung* se leva tout d'une pièce, laissa tomber sa canne, éclata de rire et dit :

— Serait-il mort de désespoir de mon incapacité, pour n'avoir pas pu me soulever avec ses grandes phrases ?

Le taoïste *Yen-kang*, venu pour faire ses condoléances, ayant entendu ces paroles, dit à *Chenn-noung* :

— L'étude du Principe attire les meilleurs sujets de l'empire. *Vous avez ce qu'il faut pour vous y appliquer.* Car, sans en avoir rien appris, vous avez trouvé tout seul, comme votre boutade sur la mort de votre maître le prouve, que ce ne sont pas les grandes phrases qui donnent l'intelligence, ce qui est un axiome taoïste fondamental. Le Principe n'est atteint, ni par la vue, ni par l'ouïe. On ne peut en dire que ceci, qu'il est mystère. Qui en parle, montre qu'il ne le comprend pas.

▲**Tch22.H.** La Pureté demanda à l'Infini :

— Connaissez-vous le Principe ?

— Je ne le connais pas, dit l'Infini.

Alors la Pureté demanda à l'Inaction :

— Connaissez-vous le Principe ?

— Je le connais, dit l'Inaction.

— Par réflexion, ou par intuition ? demanda la Pureté.

— Par réflexion, dit l'Inaction.

— Expliquez-vous, fit la Pureté.

— Voici, dit l'Inaction : Je pense du Principe, qu'il est le confluent des contrastes, noblesse et vulgarité, collection et dispersion ; je le connais donc par réflexion.

Pureté s'en fut consulter l'Etat primordial.

— Lequel, demanda-t-elle, a bien répondu ? Qui a raison, et qui a tort ?

L'État primordial dit :

— L'Infini a dit, je ne connais pas le Principe ; cette réponse est profonde. L'Inaction a dit, je connais le Principe ; cette réponse est superficielle. (L'Infini a eu raison de dire qu'il ne savait rien de l'essence du Principe. L'Inaction a pu dire qu'elle le connaissait, quant à ses manifestations extérieures.

Frappée de cette réponse, Pureté dit :

— Ah ! alors, ne pas le connaître c'est le connaître (son

essence), le connaître (ses manifestations) c'est ne pas le connaître (tel qu'il est en réalité). Mais comment comprendre cela, que c'est en ne le connaissant pas qu'on le connaît ?

— Voici comment, dit l'État primordial. Le Principe ne peut pas être entendu ; ce qui s'entend, ce n'est pas lui. Le Principe ne peut pas être vu ; ce qui se voit, ce n'est pas lui. Le Principe ne peut pas être énoncé ; ce qui s'énonce, ce n'est pas lui. Peut-on concevoir autrement que par la raison (pas par l'imagination), l'être non-sensible qui a produit tous les êtres sensibles ? Non sans doute ! Par conséquent le Principe, *qui est cet être non-sensible*, ne pouvant être imaginé, ne peut pas non plus être décrit. Retenez bien ceci : celui qui pose des questions sur le Principe, et celui qui y répond, montrent tous deux qu'ils ignorent ce qu'est le Principe. On ne peut, du Principe, demander ni répondre ce qu'il est. Questions vaines, réponses ineptes, qui supposent, chez ceux qui les font, l'ignorance de ce qu'est l'univers et de ce que fut la grande origine. Ceux-là ne s'élèveront pas au-dessus des hauteurs terrestres (le mont K'ounn-lunn). Ils n'atteindront pas le vide absolu de l'abstraction parfaite.

▲**Tch22.I.** La lumière diffuse demanda au néant de forme (l'être infini indéterminé, le Principe) :

— Existez-vous, ou n'existez-vous pas ?

Elle n'entendit aucune réponse. L'ayant longuement fixé, elle ne vit qu'un vide obscur, dans lequel, malgré tous ses efforts, elle ne put rien distinguer, rien percevoir, rien saisir.

— Voilà l'apogée, dit-elle ; impossible d'enchérir sur cet état. Les notions de l'être et du néant sont courantes. Le néant d'être ne peut être conçu comme existant. Mais voici, existant, le néant de forme (l'être infini indéterminé). C'est là l'apogée, *c'est le Principe* !

▲ **Tch22.J.** A l'âge de quatre-vingts ans, l'homme qui forgeait les épées pour le compte du ministre de la guerre, n'avait encore rien perdu de sa dextérité. Le ministre lui dit :

— Vous êtes habile ; dites-moi votre secret.

— Il consiste uniquement en ce que j'ai fait toujours le même travail, répondit le forgeron. A vingt ans, le goût de forger des épées me vint. Je n'eus plus d'yeux, que pour cet objet-là. Je ne m'appliquai plus qu'à cela. A force de forger des épées, je finis par les forger sans y penser. Quoi qu'on fasse, quand on le fait sans cesse, cela finit par devenir irréfléchi, naturel, spontané, (et par conséquent conforme a l'influx irréfléchi et spontané du Principe) ; alors cela réussit toujours.

▲ **Tch22.K.** *Jan-K'iou* demanda à Confucius :

— Peut-on savoir ce qui fut, alors que le ciel et la terre n'étaient pas encore ?

— Oui, dit Confucius ; ce qui est maintenant (le Principe éternel immuable).

Jan-K'iou se retira sans en demander davantage. Le lendemain, ayant revu Confucius, il lui dit :

— Hier je vous ai demandé ce qui fut avant le ciel et la terre, et vous m'avez répondu, ce qui est maintenant. J'ai d'abord cru comprendre ; mais depuis, plus j'y pense, moins je comprends. Veuillez m'expliquer, s'il vous plaît, le sens de votre réponse.

— C'est que, dit Confucius, hier vous avez usé de votre faculté d'appréhension naturelle (intuition qui jaillit dans le vide du cœur, dit la glose), et par suite vous avez saisi la vérité de ma proposition. Mais, depuis, vous avez raisonné avec votre logique artificielle, ce qui a obscurci l'évidence de votre intuition première. Je vous ai dit, ce qui fut, c'est ce qui est. Car il n'y a pas de passé et de présent, de commencement et de fin, par rapport au Principe, lequel est toujours, au présent.... Mais, à mon tour, je vais vous poser une question. Dites-moi, peut-il y avoir des enfants et des petits-enfants, qui n'aient pas de parents, pas d'aïeux ?

Comme *Jan-K'iou* restait bouche bée, Confucius lui dit :

— Parmi les hommes, non. Le mode d'engendrer humain consiste en ce que des êtres déterminés communiquent leur principe de vie à des rejetons de même nature. Tout autre fut la genèse du ciel et de la terre (pseudo-enfants), de tous les êtres (pseudo petits-enfants du Principe). Ce qui fut avant le ciel et la terre (le Principe), fût-ce un être déterminé, ayant forme et figure ? Non !... Celui qui détermina tous les êtres (le Principe), ne fut pas lui-même un être déterminé. Ce fut l'être primordial indéterminé, duquel j'ai dit que ce qui fut est ce qui est. Il répugne logiquement que les êtres sensibles aient été produits par d'autres êtres sensibles en chaîne infinie. (Cette chaîne eut un commencement, le Principe, l'être non-sensible, dont l'influx s'étend depuis à son dévidage.)

▲ **Tch22.L.** *Yen-yuan* dit à Confucius :

— Maître je vous ai entendu dire bien souvent, qu'on ne devrait pas tant s'occuper des rapports, pas tant s'inquiéter des relations. Qu'est-ce à dire ?

Confucius répondit :

— Les anciens restaient impassibles parmi les vicissitudes des événements, parce qu'ils se tenaient en dehors de ce flux. Les modernes au contraire suivent le flux, et sont par conséquent tourmentés par des intérêts divers. Il est, au-dessus des transformations, une unité (le Principe), qui reste immobile, indifférente, non différenciée, non multipliée. C'est sur cette Unité, que les anciens, les vrais Sages, prenaient modèle. C'est d'elle qu'on s'entretenait, dans le parc de *Hi-wei*, dans le jardin de *Hoang-ti*, dans le palais de *Chounn*, dans les résidences des empereurs *T'ang* et *Ou*. [*Interpolation*.... Plus tard, ceux qu'on appelle les savants, les maîtres parmi les disciples de Confucius et de *Mei-tzeu*, se mirent à disputer sur le oui et le non. Maintenant les discussions sont générales. Les anciens ne faisaient pas ainsi.] A l'instar de l'Unité, les anciens étaient calmes et neutres. Comme ils ne blessaient personne, personne ne leur voulait de mal. Cette unique règle de ne pas se faire d'ennemis, suffit en matière de rapports et de relations.

▲**Tch22.M.** *Fragment additionnel, probablement déplacé*.... Quand je me réjouis, à la vue des montagnes boisées, des hauts plateaux, soudain la tristesse vient troubler ma joie. La tristesse et la joie vont et viennent dans mon cœur, sans que je puisse les gouverner. Je ne puis, ni retenir l'une, ni me préserver de l'autre. Hélas ! faut-il que le cœur de l'homme soit ainsi comme une auberge ouverte à tout venant. On peut prévoir certaines rencontres, mais d'autres sont imprévisibles. On peut empêcher certaines choses, mais d'autres ne peuvent être empêchées. L'imprévu, la fatalité, pas de remède contre ces deux maux. Quiconque voudrait lutter contre eux, se rendrait encore plus malheureux, *l'insuccès étant certain dans la lutte pour l'impossible. Il n'y a donc qu'à se soumettre au destin, qui dérive du Principe.* Se taire est le meilleur usage qu'on puisse faire de la faculté de parler. Ne rien faire est le meilleur usage qu'on puisse faire de la faculté d'agir. *Ne rien apprendre est le meilleur usage qu'on puisse faire de son intelligence.* Vouloir beaucoup apprendre, vouloir tout savoir (Confucius), c'est la pire des erreurs.

CHAPITRE 23

RETOUR À LA NATURE[94]

▲ **Tch23.A.** Parmi les disciples de *Lao-tan*, un certain *Keng-sang-tch'ou* ayant fini de recevoir son enseignement, alla vers le Nord, s'établit au pied du mont *Wei-lei*, et enseigna à son tour des disciples. Pour l'amour de la simplicité taoïste, il congédia ceux de ses serviteurs qui se donnaient des airs intelligents, et éloigna celles de ses concubines qui étaient gentilles, ne gardant autour de lui que des personnes rustiques et frustes. Au bout de trois années, par l'effet de son séjour et de ses exemples, *Wei-lei* se trouva extrêmement prospère. Les gens du lieu dirent entre eux :

— Quand ce Maître *Keng-sang* s'établit parmi nous, nous le trouvâmes singulier. C'est que nous ne le connaissions pas assez. Maintenant que nous avons eu le temps d'apprendre à le connaître, qui d'entre nous ne le considère pas comme un Sage ? Pourquoi n'en ferions-nous pas notre Sage local, l'honorant comme on honore le représentant d'un mort, le génie du sol et celui des moissons, par des révérences et des offrandes à certaines époques ?

Keng-sang-tch'ou apprit ces propos. Assis dans son école à sa place de maître, son attitude devint embarrassée. Ses disciples lui en demandèrent la raison.

— C'est que, dit-il, d'après mon maître *Lao-tan*, si le printemps

---

[94] Le texte de ce chapitre très obscur, paraît avoir beaucoup souffert ; mutilations et transpositions.

fait revivre les végétaux, si l'automne fait mûrir les fruits, ce sont là des effets naturels produits par le grand Principe qui opère en tout, et non des mérites des saisons. A l'instar de la nature, le sur-homme doit opérer restant caché (enfermé dans sa maison), et ne pas se laisser acclamer par la populace tumultueuse. Or voici que ce petit peuple de *Wei-lei* médite de me décerner le rang et les offrandes des Sages, à moi homme vulgaire. Cela m'embarrasse, car je ne veux pas contrevenir à l'enseignement de mon maître *Lao-tan*.

— Ne craignez pas, dirent les disciples ; vous avez tout ce qu'il faut, et la charge est aisée. Dans un canal, une baleine ne pourrait se retourner, mais un poisson de moindre taille évolue à l'aise. Sur un tertre, un buffle ne serait pas en sûreté, mais un renard vit très bien. Et puis, les sages ne doivent-ils pas être honorés, les habiles ne doivent-ils pas être élevés, les bienfaisants et les utiles ne doivent-ils pas être distingués ? Depuis *Yao* et *Chounn*, c'est la règle. Maître laissez faire ce petit peuple de *Wei-lei*. Accédez à leur désir !

Keng-sang-tch'ou dit :

— Approchez mes enfants, que je vous dise.... Se montrer est toujours funeste. Fût-il grand à pouvoir, engloutir un char, s'il quitte son repaire dans les montagnes, l'animal terrestre n'évitera pas les filets et les pièges. Fût-il grand à pouvoir avaler un bateau, le poisson échoué sera dévoré par les fourmis. C'est pour leur préservation, que les oiseaux et les fauves recherchent les hauteurs, les poissons et les tortues les profondeurs. De même, l'homme qui veut conserver son corps et sa vie, doit se cacher dans la retraite et le mystère.... Et pour ce qui est de l'autorité de *Yao* et de *Chounn* que vous m'avez citée, elle est nulle. Qu'ont fait, pour le bien de l'humanité, ces phraseurs, ces novateurs, ces esprits tout occupés de vulgarités et de vétilles. Ils honoraient les Sages ; c'est le bon moyen pour remplir le peuple de compétitions. Ils élevaient les habiles ; c'est le bon moyen pour faire de tous les citoyens des brigands. De toutes leurs inventions, aucune ne bonifia le peuple. Tout au contraire, ils surexcitèrent chez le peuple l'égoïsme, passion qui fait les parricides, les régicides, les voleurs et les pillards. Je vous le dis, c'est du règne de ces deux hommes, que datent tous les désordres. Si leur politique est continuée, un temps viendra, où les hommes se dévoreront les uns les autres.

▲ **Tch23.B.** *Nan-joung-tchou* (homme déjà avancé en âge, qui s'était mis à l'école de *Keng-sang-tchou,*) ayant pris la position la plus respectueuse, lui demanda :

— A mon âge, que ferai-je pour devenir un sur-homme ?

Keng-sang-tch'ou lui dit :

— Veillez à ce que votre corps bien sain emprisonne hermétiquement votre esprit vital ; ne laissez pas des pensées et des images bourdonner dans votre intérieur ; si vous faites cela durant trois années entières, vous obtiendrez ce que vous désirez.

Nan-joung-tchou répondit :

— Les yeux paraissent tous identiques, mais ceux des aveugles ne voient pas. Les oreilles paraissent toutes identiques, mais celles des sourds n'entendent pas. Les cœurs paraissent tous identiques, et pourtant les fous ne comprennent pas. De corps, je suis fait comme vous, mais mon esprit doit être fait autrement que le vôtre. Je ne saisis pas le sens des paroles que vous venez de me dire.

— Cela doit tenir à mon incapacité de m'exprimer, dit *Keng-sang-tch'ou*. Un moucheron ne peut rien pour un gros sphinx. Une petite poule de *Ue* ne peut pas couver un œuf d'oie. Je n'ai évidemment pas ce qu'il faut pour vous amener à terme. Pourquoi n'iriez-vous pas au midi, consulter *Lao-tzeu* ?

▲ **Tch23.C.** Suivant l'avis de *Keng-sang-tch'ou*, *Nan-joung-tchou* se munit des provisions nécessaires, marcha durant sept jours et sept nuits, et arriva au lieu où vivait *Lao-tzeu*....

— C'est *Keng-sang-tch'ou* qui vous envoie ? demanda celui-ci.

— Oui, dit *Nan-joung-tchou*.

— Pourquoi, demanda *Lao-tzeu*, avez-vous amené une suite si considérable ?[95]

Nan-joung-tchou regarda derrière lui, tout effaré.

— Vous n'avez pas compris ma question, dit *Lao-tzeu*.

Honteux, *Nan joung-tchou* baissa la tête, puis l'ayant relevée, il soupira et dit :

— Parce que je n'ai pas su comprendre votre question, m'interdirez-vous de vous dire ce qui m'a amené ici ?

— Non, fit *Lao-tzeu* ; dites !

Alors *Nan joung-tchou* dit :

— Si je reste ignare, les hommes me mépriseront ; si je deviens savant, ce sera en usant mon corps. Si je reste mauvais, je ferai du mal aux autres ; si je me fais bon, il me faudra fatiguer ma personne. Si je ne pratique pas l'équité, je blesserai autrui ; si je la pratique, je me léserai moi-même. Ces trois doutes me tourmentent. Que ferai-je ? que ne ferai-je pas ? *Keng-sang-tch'ou* m'a envoyé vous demander conseil.

---

[95] Comparez Lao-tzeu, chapitre 3. De préjugés, d'attaches, de passions, d'illusions, d'erreurs ?

Lao-tzeu dit :

— J'ai bien lu dans vos yeux, au premier coup d'œil, que vous avez perdu la tête. Vous ressemblez à un homme qui chercherait à retirer du fond de la mer ses parents engloutis. J'ai pitié de vous.

Ayant obtenu d'être admis chez *Lao-tzeu* comme pensionnaire, *Nan-joung-tchou* commença un traitement moral. Il s'appliqua d'abord à fixer ses qualités et à éliminer ses vices. Après dix jours de cet exercice qu'il trouva dur, il revit *Lao-tzeu*.

— L'œuvre de votre purification avance-t-elle ? lui demanda celui-ci. Il me paraît qu'elle n'est pas encore parfaite. Les troubles d'origine externe (entrés par les sens) ne peuvent être rembarrés que par l'opposition d'une barrière interne (le recueillement). Les troubles d'origine interne (issus de la raison) ne peuvent être rembarrés que par une barrière externe (la contrainte de soi). Ces deux sortes d'émotions, même ceux qui sont avancés dans la science du Principe, en éprouvent occasionnellement les attaques, et doivent encore se prémunir contre elles ; combien plus ceux qui comme vous ont vécu longtemps sans connaître le Principe, et sont peu avancés.

— Hélas ! dit *Nan-joung-tchou* découragé, quand un paysan est tombé malade, il conte son mal à un autre, et se trouve, sinon guéri, du moins soulagé. Tandis que moi, chaque fois que je consulte sur le grand Principe, le mal qui tourmente mon cœur augmente, comme si j'avais pris un médicament contraire à mon mal. C'est trop fort pour moi. Veuillez me donner la recette pour faire durer ma vie ; je me contenterai de cela.

— Et vous croyez, dit *Lao-tzeu*, que cela se passe ainsi, de la main à la main ? Faire durer la vie, suppose bien des choses. Etes-vous capable de conserver votre intégrité physique, de ne pas la compromettre ? Saurez-vous toujours distinguer le favorable du funeste ? Saurez-vous vous arrêter, et vous abstenir, à la limite ? Pourrez-vous vous désintéresser d'autrui, pour vous concentrer en vous-même ? Arriverez-vous à garder votre esprit libre et recueilli ? Pourrez-vous revenir à l'état de votre première enfance ? Le nouveau-né vagit jour et nuit sans s'enrouer, tant sa nature neuve est solide. Il ne lâche plus ce qu'il a saisi, tant sa volonté est concentrée. Il regarde longuement sans cligner des yeux, rien ne l'émouvant. Il marche sans but et s'arrête sans motif, allant spontanément, sans réflexion. Etre indifférent et suivre la nature, voilà la formule pour faire durer sa vie.

— Toute la formule ? demanda *Nan-joung-tchou*....

Lao-tzeu reprit :

— C'est là le commencement de la carrière du sur-homme, ce que j'appelle le dégel, la débâcle, après quoi la rivière commence à prendre son cours. Le sur-homme vit, comme les autres hommes, des fruits de la terre, des bienfaits du ciel. Mais il ne s'attache, ni à homme, ni à chose. Profit et perte le laissent également indifférent. Il ne se formalise de rien, ne se réjouit de rien. Il plane, concentré en lui-même. Voilà la formule pour faire durer sa vie.

— Toute la formule ? demanda *Nan-joung-tchou*....

Lao-tzeu reprit :

— J'ai dit qu'il fallait redevenir petit enfant. En se mouvant, en agissant, l'enfant n'a pas de but, pas d'intention. Son corps est indifférent comme un bois sec ; son cœur est inerte comme de la cendre éteinte. Pour lui, ni bonheur, ni malheur. Quel mal peuvent faire les hommes, à celui qui est au-dessus de ces deux grandes vicissitudes du destin ? L'homme logé si haut dans l'indifférence, voilà le sur-homme.

▲ **Tch23.D.** Dans ce qui suit, c'est probablement *Tchoang-tzeu* qui parle. Celui dont le cœur a atteint cet apogée de l'immuabilité, émet la lumière naturelle (raison pure, sans rien de conventionnel) qui lui révèle ce qui peut encore rester en lui d'artificiel. Plus il se défait de cet artificiel, plus il devient stable. Avec le temps, l'artificiel disparaîtra entièrement, le naturel seul restant en lui. Les hommes qui ont atteint cet état, s'appellent fils célestes, peuple céleste ; c'est-à-dire hommes revenus à leur état naturel, redevenus tels que le ciel les avait faits primitivement.

Cela ne s'apprend, ni par théorie, ni par pratique, mais par intuition ou exclusion. S'arrêter là où l'on ne peut pas en apprendre davantage (et se tenir, dit la glose, dans l'indifférence et l'inaction), c'est être parfaitement sage. Celui qui prétendrait passer outre (décider, agir, au hasard), le cours fatal des choses le brisera, (car il entrera inévitablement en conflit avec le destin).

Quand toutes les provisions ont été faites et toutes les précautions prises pour l'entretien du corps, quand on n'a provoqué autrui par aucune offense, alors, si quelque malheur arrive, il faudra l'attribuer au destin, non aux hommes, et par suite se garder de l'éviter en faisant quelque bassesse, se garder même de s'en chagriner dans son cœur. Il est au pouvoir de l'homme, de fermer hermétiquement la tour de son esprit (son cœur) ; il est en son pouvoir de la tenir close, à condition qu'il n'examine ni ne discute ce qui se présente, mais refuse simplement l'accès.

Chaque acte de celui qui n'est pas parfaitement indifférent, est un désordre. L'objet de l'acte ayant pénétré dans son cœur, s'y loge et n'en sort plus. A chaque acte nouveau, nouveau désordre.

Quiconque fait à la lumière du jour ce qui n'est pas bien, les hommes l'en puniront à l'occasion. S'il l'a fait dans les ténèbres, les mânes l'en puniront à l'occasion. Se rappeler que, quand on n'est pas observé par les hommes, on l'est par les mânes, fait qu'on se conduit bien, même dans le secret de sa retraite.

Ceux qui ont souci de leur vie, ne se remuent pas pour devenir célèbres. Ceux qui brûlent d'acquérir, se répandent au dehors. Les premiers sont hommes de raison, les seconds sont hommes de négoce. On voit ces derniers se hausser, se hisser, s'efforçant de parvenir. Ce sont des magasins à préoccupations, à soucis. Ils en sont si pleins, qu'il n'y a plus place, dans leur cœur, même pour l'amour de leurs semblables. Aussi sont-ils détestés comme n'étant plus des hommes.

De tous les instruments de mort, le désir est le plus meurtrier ; le fameux sabre *Mouo-ye* n'a pas tué tant d'hommes. Les pires assassins, sont, dit-on, le *yinn* et le *yang*, auxquels nul n'échappe, de tous les hommes qui peuplent l'entre-deux du ciel et de la terre. Et pourtant, de vrai, si le *yinn* et le *yang* tuent les hommes, c'est que les appétits des hommes les livrent à ces assassins.

▲**Tch23.E.** Le Principe *un et universel* subsiste dans la multiplicité des êtres, dans leurs genèses et leurs destructions. Tous les êtres distincts, sont tels par différenciation *accidentelle et temporaire* (individuation) d'avec le Tout, et leur destinée est de rentrer dans ce Tout, dont leur essence est une participation. *De ce retour, le vulgaire dit* que les vivants qui étant morts n'en trouvent pas le chemin, errent comme fantômes ; et que ceux qui étant morts ont trouvé le chemin, sont défunts (éteints). Survivance, extinction, ce sont là deux manières de parler d'un retour identique, qui proviennent de ce qu'on a appliqué à l'état d'être non-sensible, les notions propres à l'être sensible. La vérité est que, sortis par leur génération du néant *de forme* (l'être indéterminé), rentrés par leur trépas dans le néant *de forme*, les êtres conservent une réalité (celle du Tout universel) mais n'ont plus de lieu ; ils gardent une durée (celle du Tout éternel) mais n'ont plus de temps. La réalité sans lieu, la durée sans temps, c'est l'univers, c'est l'unité cosmique, *le Tout, le Principe*. C'est dans le sein de cette unité, que se produisent les naissances et les morts, les apparitions et les disparitions, silencieuses et imperceptibles. On l'a appelée la porte céleste ou naturelle, *porte d'entrée et de sortie de l'existence*. Cette porte est le non-titre *de forme*, *l'être indéfini*. Tout en est sorti. L'être *sensible* ne peut pas être *en dernière instance* issu de l'être *sensible*. Il est nécessairement issu du non-être de *forme*. Ce non-être *de forme*, est l'unité, *le Principe*. Voilà le secret des Sages, *le pépin de la science ésotérique*.

Dans leurs dissertations sur l'origine, ceux des anciens qui atteignirent un degré supérieur de science, émirent trois opinions. Les uns pensèrent que, de toute éternité, fut l'être défini, infini, *auteur de tous les êtres limités*. Les autres, *supprimant l'être infini*, pensèrent que, de toute éternité, des êtres limités existèrent, passant par des phases alternatives de vie et de mort. D'autres enfin pensèrent, que d'abord fut le néant *de forme* (l'être indéfini infini), duquel émanèrent tous les êtres définis, avec leurs genèses et leurs cessations. Etre indéfini, genèse, cessation, ces trois termes se tiennent, comme la tête, la croupe et la queue d'un animal. Moi (*Tchoang-tzeu*) je soutiens cette thèse. Pour moi l'être indéfini, tous les devenirs, toutes les cessations, forment un complexe, un tout. Je mets ma main dans la main de ceux qui pensent ainsi. Cependant, à la rigueur, les trois opinions susdites pourraient se concilier. Elles sont parentes, comme branches d'un même arbre.

L'être particulier est à l'être indéfini, ce que la suie (dépôt palpable) est à la fumée (type de l'impalpable). Quand la suie se dépose, il n'y a pas eu de production nouvelle, mais seulement un passage de l'impalpable au palpable, la suie étant de la fumée concrète. Et de même, si cette suie se redissipe en fumée, il n'y aura encore eu qu'une conversion, sans modification essentielle. Je sais que le terme conversion que j'emploie, pour exprimer la succession des vies et des morts dans le sein du Principe, n'est pas vulgaire ; mais il me faut dire ainsi, sous peine de ne pas pouvoir m'exprimer.... Les membres disjoints d'un bœuf sacrifié, sont une victime. Plusieurs appartements, sont un logis. La vie et la mort sont un même état. De la vie à la mort, il n'y a pas transformation, il y a conversion. Les philosophes s'échauffent, quand il s'agit de définir la différence entre ces deux états. Pour moi, il n'y a pas de différence ; les deux états n'en sont qu'un.

▲ **Tch23.F.** En cas de heurt, plus le heurté vous tient de près, moins on lui fait d'excuses. On demande pardon au paysan étranger à qui l'on a marché sur le pied ; mais le père ne demande pas pardon à son fils, dans la même occurrence. L'apogée des rits, c'est de n'en pas faire. L'apogée des convenances, c'est de se moquer de tout. L'apogée de l'intelligence, c'est de ne penser à rien. L'apogée de la bonté, c'est de ne rien aimer. L'apogée de la sincérité, c'est de ne pas donner d'arrhes. Il faut réprimer les écarts des appétits. Il faut corriger les aberrations de l'esprit. Il faut écarter tout ce qui gêne le libre influx du Principe. Vouloir être noble, riche, distingué, respecté, renommé, avantagé, voilà les six appétits. L'air, le maintien, la beauté, les arguments, la respiration, la pensée, voilà ce qui cause les aberrations de l'esprit. L'antipathie, la sympathie, la complaisance, la colère, la douleur, la joie, voilà ce qui gêne le libre influx du Principe. Répulsion et attraction, prendre et donner, savoir et pouvoir, autant d'obstacles. L'intérieur duquel ces vingt-quatre causes de désordre ont été éliminées, devient réglé, calme, lumineux, vide, non-agissant et pouvant tout.

Le Principe est la source de toutes les facultés actives, la vie est leur manifestation, la nature particulière est une modalité de cette vie, ses mouvements sont les actes, les actes manqués sont les fautes.

Les savants devisent et spéculent ; et, quand ils n'arrivent pas à voir plus clair, ils font comme les petits enfants et regardent un objet.

N'agir que quand on ne peut pas faire autrement, c'est l'action ordonnée. Agir sans y être obligé, c'est ingérence hasardeuse.

Savoir et agir, doivent marcher de concert.

▲ **Tch23.G.** *I* était très habile archer (art artificiel), et extrêmement bête de sa nature. Certains sont très sages naturellement, qui n'entendent rien d'aucun art. La nature est la base de tout.

La liberté fait partie de la perfection naturelle. Elle ne se perd pas seulement par l'emprisonnement dans une cage. *T'ang* encagea *I-yinn*, en le faisant son cuisinier. Le duc *Mou* de *Ts'inn* encagea *Pai-li-hi*, en lui donnant cinq peaux de bouc. On encage les hommes, en leur offrant ce qu'ils aiment. Toute faveur asservit.

La liberté d'esprit, exige l'absence d'intérêt. Celui qui a subi le supplice de l'amputation des pieds, ne s'attife plus ; *car il ne peut plus se faire beau, il n'a plus cet intérêt*. Celui qui va être exécuté, n'a plus le vertige à n'importe quelle élévation ; *car il n'a plus peur de tomber, n'ayant plus l'intérêt de conserver sa vie*.

Pour être un homme revenu à l'état de nature, il faut avoir renoncé à l'amitié des hommes, et à tous les petits moyens qui servent à la gagner et à l'entretenir. Il faut être devenu insensible à la vénération et à l'outrage ; se tenir toujours dans l'équilibre naturel.

Il faut être indifférent, avant de faire un effort, avant d'agir ; de sorte que, l'effort, l'action, sortant du non-effort, du non-agir, soient naturels.

Pour jouir de la paix, il faut tenir son corps bien en ordre. Pour que les esprits vitaux fonctionnent bien, il faut mettre son cœur bien à l'aise. Pour toujours bien agir, il ne faut sortir de son repos, que quand on ne peut pas faire autrement. Voilà la voie des Sages.

CHAPITRE 24

SIMPLICITÉ

▲ Tch24.A. L'anachorète *Su-oukoei* ayant été introduit par le lettré *Niu-chang* auprès du marquis *Ou* de *Wei*, celui-ci lui adressant les paroles d'intérêt exigées par les rits, dit :

— Vos privations, dans les monts et les bois, vous auront sans doute débilité ; vous n'êtes plus capable de continuer ce genre de vie et cherchez quelque position sociale ; c'est pour cela que vous êtes venu me trouver, n'est-ce pas ?

— Nenni ! dit *Su-oukoei* ; je suis venu pour vous offrir mes condoléances. Si vous continuez à laisser vos passions ravager votre intérieur, votre esprit vital s'usera. Si vous vous décidez à les réprimer, vu l'empire que vous leur avez laissé prendre, vous devrez vous priver beaucoup. Je vous présente mes condoléances, dans l'un et l'autre cas.

Ce discours déplut au marquis, qui regarda *Su-oukoei* d'un air hautain, et ne lui répondit pas.

Constatant que le marquis n'était pas capable de recevoir l'enseignement taoïste abstrait, Su-oukoei tenta de le lui donner sous forme concrète.

— Permettez-moi de vous parler d'autre chose, dit-il. Je m'entends à juger des chiens. Je tiens ceux qui ne s'occupent que de satisfaire leur voracité (les sensuels), pour la sorte inférieure. Je considère ceux qui bayent au soleil (les intellectuels), pour la sorte moyenne. Enfin j'estime que ceux qui ont l'air indifférents à tout, sont la sorte supérieure ; car, une fois mis sur une piste, aucune distraction ne les en fera dévier....

Je m'entends aussi à juger des chevaux. Ceux qui décrivent des figures géométriques savantes, je les tiens pour dignes d'appartenir à un prince. Ceux qui chargent à fond sans souci du danger, j'estime qu'ils sont faits pour un empereur....

Marquis, défaites-vous des préoccupations et des distractions d'ordre inférieur ; appliquez-vous à l'essentiel.

Tout heureux d'avoir compris ce discours simple, le marquis *Ou* rit bruyamment.

Quand *Su-oukoei* fut sorti, *Niu-chang* lui dit :

— Vous êtes le premier qui ait réussi à plaire à notre prince. Moi j'ai beau l'entretenir des Odes, des Annales, des Rits, de la Musique, de la Statistique, de l'Art militaire ; jamais je ne l'ai vu sourire jusqu'à découvrir ses dents. Qu'avez-vous bien pu lui raconter, pour le mettre en si belle humeur ?

— Je lui ai parlé, dit *Su-oukoei*, de ses sujets à lui ; de chiens et de chevaux.

— Bah ! fit *Niu-chang*.

— Mais oui ! dit *Su-oukoei*. Vous savez l'histoire de cet homme du pays de *Ue*, exilé dans une région lointaine. Après quelques jours, voir un homme de *Ue*, lui fit plaisir. Après quelques mois, voir un objet de *Ue*, lui fit plaisir. Après quelques années, la vue d'un homme ou d'un objet qui ressemblait seulement à ceux de son pays, lui fit plaisir. Effet de sa nostalgie croissante.... Pour l'homme perdu dans les steppes du nord, qui vit parmi les herbes et les bêtes sauvages, entendre le pas d'un homme est un bonheur ; et combien plus, quand cet homme est un ami, un frère, avec lequel il puisse converser cœur à cœur.... *C'est en frère, par la nature, que j'ai parlé à votre prince.* Il y a si longtemps que ce pauvre homme, saturé de discours pédantesques, n'avait entendu la parole simple et naturelle d'un autre homme. Aussi, quelle joie quand il l'a entendue. Effet de sa nostalgie soulagée.

▲**Tch24.B.** Autre variation sur le même thème. Le marquis *Ou* recevant en audience *Su-oukoei*, lui dit :

— Maître, vous avez vécu longtemps dans les monts et les bois, vous nourrissant de racines et de châtaignes, d'oignons et d'ail sauvages. Vous voilà vieux, et incapable de continuer ce genre de vie. Le goût du vin et de la viande vous est sans doute revenu. N'est-ce pas pour en avoir votre part, que vous êtes venu m'offrir vos conseils, pour le bon gouvernement de mon marquisat ?[96]

— Non, dit *Su-oukoei*, ce n'est pas pour cela. Habitué aux privations dès mon enfance, je n'ai aucune envie de votre vin ni de votre viande. Je suis venu, pour vous offrir mes condoléances.

— Pour quel malheur ? demanda le marquis étonné.

— Pour la ruine de votre corps et de votre esprit, dit *Su-oukuei*.... Le ciel et la terre étendent à tous les êtres, quels qu'ils soient, une influence uniforme, laquelle va à leur faire atteindre à tous leur perfection naturelle, aux plus élevés comme aux plus humbles. Alors pourquoi vous, seigneur d'un marquisat, faites-vous souffrir votre peuple par vos exactions, pour le plaisir de vos sens qui ruine votre corps ? Votre esprit naturellement conforme à la tendance du ciel et de la terre, ne peut pas approuver cela, et souffre donc une violence qui le ruine. C'est sur la double ruine, de votre corps et de votre esprit, que je vous offre mes condoléances.

---

[96] Coup de patte aux politiciens à gages du temps.

Frappé de ce discours, le marquis *Ou* dit :

— Il y a longtemps que je désirais votre visite. Je voudrais pratiquer la bonté envers mon peuple. Je voudrais pratiquer l'équité envers mes voisins. Que dois-je faire, pour cela ?

Su-oukoei dit :

— Cessez vos constructions de forts, vos manœuvres et vos exercices, qui appauvrissent votre peuple et inquiètent vos voisins. Cessez d'acheter des plans de conquête, des devis de stratagèmes. Toute guerre épuise le peuple, l'ennemi, et celui qui la fait, par les anxiétés qu'elle lui cause. A l'instar du ciel et de la terre, soyez bienveillant pour tous, et ne nuisez à personne. Tout le monde s'en trouvera bien, votre peuple, vos voisins, et vous-même.

▲**Tch24.C.** *Hoang-ti* allant visiter *Ta-wei* sur le mont *Kiu-ts'eu*, *Fang-ming* conduisait le char, *Tch'ang-u* faisait contrepoids, *Tchang-jao* et *Si-p'eng* marchaient devant, *K'ounn-hounn* et *Hoa-ki* suivaient derrière. Dans la plaine de *Siang-Tch'eng*, les sept Sages perdirent leur chemin. Ayant rencontré un garçon qui paissait des chevaux, ils lui demandèrent s'il savait où était le mont *Kiu-ts'eu* et où résidait *Ta-wei*.

— Je le sais, dit le garçon.

— Se peut-il, dit *Hoang-ti*, que, sans avoir appris, ce garçon sache où est le mont *Kiu-ts'eu* et connaisse *Ta-wei* ? Ne serait-ce pas un être transcendant ?...

Et *Hoang-ti* de lui demander comment faire pour bien gouverner l'empire.

— Comme je fais pour gouverner mes chevaux, repartit le garçon ; j'estime que ce n'est pas plus difficile.... Jadis je ne me promenais qu'au dedans des limites de l'espace, et la multitude des êtres particuliers qu'il me fallait regarder, faillit user mes yeux. Alors un ancien me donna le conseil, de monter dans le char du soleil, et de me promener dans la plaine de *Siang-Tch'eng* (de m'élever au-dessus du monde des individus, de tout voir d'aussi haut que le soleil). J'ai suivi son conseil, et mes yeux ont guéri. Je ne me promène plus qu'en dehors des limites de l'espace réel, *dans les universaux, dans l'abstraction*. C'est de ce point de vue, qu'il me semble, que l'empire peut être gouverné comme je gouverne mes chevaux.

Hoang-ti ayant insisté pour qu'il s'expliquât davantage, le garçon mystérieux lui dit :

— J'écarte de mes chevaux ce qui pourrait leur nuire ; pour tout le reste, je les laisse faire. Je pense que, dans le gouvernement des hommes, un empereur devrait se borner à cela.

Emerveillé, *Hoang-ti* se prosterna, toucha la terre de son front, appela le garçon Maître céleste, puis continua son chemin.

▲**Tch24.D.** *C'est dans l'abstraction qu'il faut chercher le Principe. C'est de l'infini, qu'il faut regarder les êtres particuliers. Or la plupart des hommes font tout le contraire.*

Les philosophes se perdent dans leurs spéculations, les sophistes dans leurs distinctions, les chercheurs dans leurs investigations. Tous ces hommes sont captifs dans les limites de l'espace, aveuglés par les êtres particuliers.

Item, ceux qui font leur cour aux princes pour obtenir des charges, ceux qui briguent la faveur du peuple, ceux qui s'efforcent d'obtenir des prix. Item, les ascètes qui se macèrent pour devenir célèbres ; les légistes, les cérémoniaires, les musiciens, qui se poussent dans leur partie ; enfin ceux qui font métier d'exercer la bonté et l'équité des Confucéens. Le paysan est absorbé par ses travaux, le négociant par son commerce, l'artisan par son métier, le vulgaire par ses petites affaires de chaque jour.

Plus les circonstances sont favorables, plus ils s'immergent dans leur spécialité. A chaque échec, à chaque déception, ils s'affligent. Ils suivent une idée fixe, sans jamais s'accommoder aux choses. Ils surmènent leur corps et accablent leur esprit. Et cela, toute leur vie. Hélas !

▲ **Tch24.E.** *Tchoang-tzeu* dit à *Hoei-tzeu* :

— Du fait qu'un archer a atteint *par hasard* un but qu'il n'a pas visé, peut-on conclure que c'est un bon archer ? Et, cette chance pouvant arriver à n'importe qui, peut-on dire que tous les hommes sont de bons archers ?

— Oui, dit le sophiste *Hoei-tzeu*.

Tchoang-tzeu reprit :

— Du fait qu'il n'y a pas, en ce monde, de notion du bien reçue de tous, chaque homme appelant bien ce qui lui plaît ; de ce fait, peut-on conclure que tous les hommes sont bons ?

— Oui, dit encore *Hoei-tzeu*.

— Alors, dit *Tchoang-tzeu*, il faudra dire aussi que les cinq écoles actuelles, de Confucius, de *Mei-ti*, de *Yang-tchou*, de *Koungsounn-loung*, et la vôtre, ont toutes raison en même temps. *Or il ne se peut pas que, en même temps, la vérité résonne en cinq accords différents.*

« Quelqu'un s'étant vanté devant *Lou-kiu*, de pouvoir produire de la chaleur en hiver et du froid en été, *Lou-kiu* lui dit : le beau succès, de causer une rupture dans l'équilibre cosmique ! Moi je fais justement le contraire ; je me mets à l'unisson de l'harmonie universelle. Voyez.

« Ayant accordé deux cithares sur le même ton, *Lou-kiu* plaça l'une dans la salle extérieure, et l'autre dans un appartement intérieur. Quand il toucha sur celle-ci la corde *koung*, sur celle-là la corde *koung* vibra. Il en fut de même pour la corde *kiao*, et les autres. Chaque cithare faisait, à distance, vibrer l'autre à l'unisson.... Si, conclut *Tchoang-tzeu*, si *Lou-kiu* avait mis une corde à un ton discordant, non conforme à la gamme, cette corde ayant été touchée, les vingt-cinq cordes de l'autre cithare auraient toutes, non pas résonné, mais frémi, cette dissonance offensant l'accord établi des cordes. Ainsi en est-il des cinq écoles (cinq cithares ayant chacune son accord différent). Chacune fait frémir les autres. Comment auraient-elles raison, toutes les cinq ?

— Qu'on fasse frémir, dit *Hoei-tzeu*, cela ne prouve pas qu'on a tort. Qui a le dernier mot, a raison. Voilà beau temps que les disciples de Confucius, de *Mei-ti*, de *Yang-tchou*, de *Koungsounn-loung*, épluchent mes arguments, cherchent à m'étourdir par leurs cris. Jamais ils n'ont pu me faire taire ; donc j'ai raison.

— Ecoutez cette histoire, dit *Tchoang-tzeu*. Dans un moment de détresse, un homme de *Ts'i* vendit son fils unique à ceux de *Song*, pour en faire un eunuque. Le même conservait avec vénération les vases pour les offrandes aux ancêtres. Il conserva les vases à offrandes, et supprima, *par la castration de son fils*, les descendants qui auraient fait les offrandes. Vous faites comme ce père, sophiste, vous pour qui un expédient est tout, la vérité ne comptant pour rien.

« Ecoutez encore l'histoire de ce valet de *Tch'ou*, que son maître chargea d'une mission importante. Ayant à traverser une rivière, en bac, à minuit, dans un lieu solitaire, il ne sut pas réprimer son humeur querelleuse, et se disputa avec le passeur qui le jeta à l'eau. *Vous finirez mal comme cet homme, vous qui cherchez querelle à tout le monde, pour le plaisir de disputer.*

Même après que *Hoei-tzeu* fut mort, *Tchoang-tzeu* ne cessa pas de le poursuivre de ses quolibets. On avait élevé à *Hoei-tzeu*, une statue en pierre sur sa tombe. Un jour que, suivant un convoi funèbre, *Tchoang-tzeu* passait par là, Il dit soudain, en désignant la statue :

— Voyez donc le grain de chaux que cet homme a sur le nez !

Et il ordonna au charpentier *Chêu* (qui accompagnait le cortège, pour faire les réparations éventuelles à la civière ou au catafalque) de l'enlever. Le charpentier ayant fait le moulinet avec sa hache devant le nez de la statue, le grain de chaux fut emporté par le courant d'air. Le prince *Yuan* de *Song* ayant appris le fait, admira l'adresse du charpentier, et lui dit :

— Refaites votre tour sur ma personne.

Le charpentier se récusa en disant :

— Je n'ose que sur la matière morte.

— Moi, dit *Tchoang-tzeu*, c'est tout le contraire. Depuis que *Hoei-tzeu* est mort, je n'ai plus sur qui opérer.

(La hache figure la doctrine puissante de *Tchoang-tzeu*, le grain de chaux figure le peu d'esprit de *Hoei-tzeu*. Quand *Tchoang-tzeu* argumentait, sans même qu'il touchât *Hoei-tzeu*, le peu d'esprit de celui-ci s'évanouissait. Glose).

▲**Tch24.F.** *Koan-tchoung* (*Koan-tzeu*, septième siècle) étant tombé gravement malade, le duc *Hoan* de *Ts'i dont il était le ministre*, alla le voir et lui dit :

— Père *Tchoung*, votre maladie est grave. Si elle s'aggravait davantage (euphémisme, si vous veniez à mourir), dites-moi, à qui devrai-je confier mon duché ?

— Vous êtes le maître, dit *Koan-tchoung*.

— *Pao-chou-ya* ferait-il l'affaire ? demanda le duc.

— Non, dit *Koan-tchoung*. Cet homme est trop puriste, trop exigeant. Il ne fraye pas avec qui lui est inférieur. Il ne pardonne ses défauts à personne. Si vous le faisiez ministre, il heurterait inévitablement et son maître et ses sujets. Vous seriez réduit à devoir vous défaire de lui avant longtemps.

— Alors qui prendrai-je ? demanda le duc.

— Puisqu'il me faut parler, dit *Koan-tchoung*, prenez *Cheu-p'eng*. Celui-là (bon taoïste, est si abstrait, que) son prince ne s'apercevra pas de sa présence, et que personne ne pourra être en désaccord avec lui. Se reprochant sans cesse de n'être pas aussi parfait que le fut *Hoang-ti*, il n'ose faire de reproches à personne. Les sages du premier ordre, sont ceux qui diffèrent du commun par leur transcendance ; les sages du second ordre, sont ceux qui en diffèrent par leur talent. Si ces derniers veulent en imposer par leur talent, ils s'aliènent les hommes. Si malgré leur talent, ils se mettent au-dessous des hommes, ils les gagnent tous. *Cheu-p'eng est un homme de cette sorte.* De plus, sa famille et sa personne étant peu connues, il n'a pas d'envieux. Puisqu'il me faut vous conseiller, je le répète, prenez *Cheu-p'eng*.

▲**Tch24.G** . Le roi de *Ou*, naviguant sur le Fleuve Bleu, descendit dans l'île des singes. Ces animaux le voyant venir, s'enfuirent et se cachèrent dans les taillis. Un seul resta, s'ébattant comme pour le narguer. Le roi lui décocha une flèche. Le singe la happa au vol. Piqué, le roi ordonna à toute sa suite de donner la chasse à ce singe impertinent, lequel succomba sous le nombre. Devant son cadavre, le roi fit la leçon suivante à son favori *Yen-pou-i* :

— Ce singe a péri, pour m'avoir provoqué par l'ostentation de son savoir-faire. Prends garde à toi ! Ne l'imite pas ! Ne m'agace pas par tes bravades !

Effrayé, *Yen-pou-i* demanda à *Tong-ou* de le former à la simplicité. Au bout de trois ans, tout le monde disait du bien de lui à qui mieux mieux.

▲**Tch24.H.** *Nan-pai-tzeu K'i* était assis, regardant le ciel et soupirant. *Yen-Tch'eng-tzeu* l'ayant trouvé dans cet état, lui dit :

— Vous étiez en extase.

Tzeu-K'i dit :

— Jadis je vivais en ermite dans les grottes des montagnes. Le prince de *Ts'i* m'en tira, pour me faire ministre, et le peuple de *Ts'i* l'en félicita. Il faut que je me sois trahi, pour qu'il m'ait trouvé ainsi. Il faut que je me sois vendu, pour qu'il m'ait acquis ainsi. Hélas ! c'en est fait de ma liberté. Je plains ceux qui se perdent *en acceptant des charges*. Je plains ceux qui se plaignent *de n'avoir pas de charge*. Je ne puis pas fuir. Il ne me reste plus qu'à me retirer dans l'extase.

▲**Tch24.I.** Confucius s'étant rendu dans le royaume de *Tch'ou*, le roi de *Tch'ou* lui fit offrir le vin de bienvenue. *Sounn-chou nao* présenta la coupe, *Cheunan I-leao* fit la libation préalable, puis dit :

— C'est à ce moment, que les anciens faisaient un discours.

Confucius dit :

— J'appliquerai aujourd'hui la méthode du discours sans paroles, dont *vous, mes maîtres*, avez su si bien tirer parti. Vous *I-leao* avez prévenu une bataille et procuré la paix entre *Tch'ou* et *Song*, en jonglant avec des grelots. Vous *Sounn-chou nao* avez amadoué les brigands de *Ts'inn-K'iou* et les avez amenés à déposer les armes, en dansant la pantomime devant eux. Si j'osais, devant vous, parler autrement que par mon silence, qu'il me pousse une bouche longue de trois pieds (que je sois muet pour la vie) !

Au lieu de tant chercher, s'en tenir à l'unité du Principe ; se taire, devant l'ineffable ; voilà la perfection. Ceux qui font autrement, ce sont des hommes néfastes.

Ce qui fait la grandeur de la mer, c'est qu'elle unit dans son sein tous les cours d'eau du versant oriental. Ainsi fait le Sage, qui embrassant le ciel et la terre, fait du bien à tous, sans vouloir être connu. Celui qui a passé ainsi, sans charge durant sa vie, sans titre après sa mort, sans faire fortune, sans devenir fameux, celui-là est un grand homme.

Un chien n'est pas un bon chien parce qu'il aboie beaucoup, un homme n'est pas un Sage parce qu'il parle beaucoup. Pour être un grand homme, il ne suffit pas de croire qu'on l'est, il ne suffit pas de vouloir faire croire qu'on l'est. Etre grand, veut dire être complet, comme le ciel et la terre. On ne devient grand, qu'en imitant le mode d'être et d'agir du ciel et de la terre. Tendre à cela sans s'empresser, mais aussi sans démordre ; ne se laisser influencer par rien ; rentrer en soi sans se fatiguer, étudier l'antiquité sans s'attrister ; voilà ce qui fait le grand homme.

▲ **Tch24.J.** *Tzeu-K'i* avait huit fils. Il les aligna tous devant le physiognomoniste *Kiou-fang-yen*, et lui dit :

— Veuillez examiner ces garçons, et me dire lequel présente des signes d'heureux présage.

Le devin dit :

— Celui-ci, *K'ounn*.

Etonné et joyeux, le père demanda :

— Que lui prédites-vous ?

— Il mangera des aliments d'un prince, jusqu'à la fin de ses jours, dit le devin.

A ces mots la joie de *Tzeu-K'i* fit place à la tristesse. Il dit en pleurant :

— Quel mal mon fils a-t-il fait, pour avoir pareil destin ?

— Comment ? dit le devin ; quand quelqu'un mange de la table d'un prince, cet honneur remonte jusqu'à la troisième génération de ses ascendants. Vous aurez donc votre part de la bonne fortune de votre fils. Et vous pleurez, comme si vous craigniez ce bonheur ? Se peut-il que ce qui est faste pour votre fils, serait néfaste pour vous ?

— Hélas ! dit *Tzeu-K'i*, est-il bien sûr que vous interprétez correctement le destin de mon fils ? Qu'il ait toute sa vie à discrétion du vin, et de la viande, c'est du bien-être sans doute, mais à quel prix mon fils l'obtiendra-t-il, c'est ce que vous n'avez peut-être pas vu clairement. Je me défie de ce présage, parce qu'il n'arrive chez moi que des choses extraordinaires. Alors que je n'élève pas de troupeaux, une brebis est venue mettre bas dans ma maison. Alors que je ne chasse pas, une caille y a installé son nid. Ne sont-ce pas là des faits étranges ? J'ai bien peur que mon fils n'ait aussi un étrange avenir. Je lui aurais souhaité de vivre comme moi libre entre le ciel et la terre, se réjouissant comme moi des bienfaits du ciel et se nourrissant des fruits de la terre. Je ne lui souhaite pas plus qu'à moi, d'avoir des affaires, des soucis, des aventures. Je lui souhaite, comme à moi, de monter si haut dans la simplicité naturelle, qu'aucune chose terrestre ne puisse plus lui faire impression. J'aurais voulu que, comme moi, il s'absorbât dans l'indifférence, non dans l'intérêt. Et voilà que vous lui prédites une rétribution des plus vulgaires. Cela suppose qu'il aura rendu des services très vulgaires. Le présage est donc néfaste. Fatalité inévitable, probablement, car, ni mon fils ni moi n'ayant péché, ce doit être un décret du destin. Voilà pourquoi je pleure.

Plus tard, et la prédiction du devin, et les appréhensions du père, se réalisèrent, en cette manière : *Tzeu-K'i* ayant envoyé son fils *Kounn* dans le pays de *Yen*, des brigands le prirent sur la route. Comme il leur eût été difficile de le vendre comme esclave étant entier, ils lui coupèrent un pied, puis le vendirent dans la principauté *Ts'i*, où il devint inspecteur de la voirie dans la capitale. Jusqu'à la fin de sa vie, il mangea sa part de la desserte du prince de *Ts'i*, comme le devin l'avait prédit ; en proie aux plus vils soucis, comme son père l'avait prévu.

▲ **Tch24.K.** *Nie-k'ue* ayant rencontré *Hu-pou*, lui demanda :

— Où allez-vous ainsi ?

— Je déserte, dit celui-ci, le service de l'empereur *Yao*.

— Pourquoi cela ? demanda *Nie-k'ue*.

— Parce que cet homme se rend ridicule, avec sa bonté affectée. Il croit faire merveille, en attirant les hommes. Quoi de plus banal que cela ? Montrez de l'affection aux hommes, et ils vous aimeront ; faites-leur du bien, et ils accourront ; flattez-les, et ils vous exalteront ; puis, au moindre déplaisir, ils vous planteront là. Certes la bonté attire ; mais les attirés viennent pour l'avantage qui leur en revient, non pour l'amour de celui qui les traite bien. La bonté est une machine à prendre les hommes, analogue aux pièges à oiseaux. On ne peut pas, avec un même procédé, faire du bien à tous les hommes, dont les natures sont si diverses. *Yao* croit, avec sa bonté, faire du bien à l'empire, alors qu'il le ruine. C'est qu'il voit, lui, de l'intérieur, et s'illusionne. Les Sages qui considèrent de l'extérieur, ont vu juste dans son cas.

Notons, parmi les natures diverses des hommes, les trois

classes suivantes, les veules, les collants, les liants.... Les veules apprennent les sentences d'un maître, se les assimilent, les répètent, croyant dire quelque chose, alors que, simples perroquets, ils ne font que réciter.... Les collants s'attachent à qui les fait vivre, comme ces poux qui vivent sur les porcs. Un jour vient où le boucher, ayant tué le porc, le flambe. Il en arrive parfois autant aux parasites d'un patron.... Le type des liants, fut *Chounn*. Il attirait par je ne sais quel attrait, comme le suint attire les fourmis par son odeur rance. Le peuple aimait l'odeur de *Chounn*. Chaque fois qu'il changea de résidence, le peuple le suivit. Il en résulta que *Chounn* ne connut jamais la paix.

Eh bien, l'homme transcendant n'est ni veule, ni collant, ni liant. Il déteste la popularité par-dessus tout. Il n'est pas familier. Il ne se livre pas. Tout à ses principes supérieurs abstraits, il est bien avec tous, il n'est l'ami de personne. Pour lui, les fourmis ne sont pas assez simples. Il est simple, comme les moutons, comme les poissons. Il tient pour vrai, ce qu'il voit, ce qu'il entend, ce qu'il pense. Quand il agit spontanément, son action est droite comme une ligne tirée au cordeau. Quand il est mené par les événements, il s'adapte à leur cours.

▲**Tch24.L**. Les hommes vrais des temps anciens, se conformaient à l'évolution, et n'intervenaient jamais, par un effort artificiel, dans le cours naturel des choses. Vivants, ils préféraient la vie à la mort ; morts, ils préféraient la mort à la vie. Tout en son temps, comme quand on prend médecine.

Lutter contre le cours des choses, c'est vouloir sa ruine. Ainsi le ministre *Wenntchoung*, en sauvant le royaume de *Ue* qui devait périr, causa sa propre perte.

Il ne faut pas vouloir donner au hibou meilleur œil, et à la grue des jambes plus courtes. Son lot naturel est ce qui convient le mieux à chacun.

Qui sait tirer parti de ses ressources naturelles, s'en tire toujours. Ainsi, quoique le vent et le soleil font évaporer l'eau des fleuves, ceux-ci coulent toujours, parce que les sources, leurs réserves naturelles, alimentent leur cours.

Rien de plus constant, de plus fidèle, que les lois naturelles, comme celle qui veut que l'eau découle des pentes, comme celle qui fait que les corps opaques projettent une ombre.

Que l'homme se garde d'user ce que la nature lui a donné, par un usage immodéré excessif. La vue use les yeux, l'ouïe use les oreilles, la pensée use l'esprit, toute activité use l'agent. Et dire que certains sont fiers des abus qu'ils ont commis en cette matière. N'est-ce pas là une illusion funeste ? !

▲Tch24.M. L'homme dont le corps n'occupe qu'une si petite place sur la terre, atteint par son esprit à travers l'espace jusqu'au ciel. Il connaît la grande unité, son état premier de concentration, la multiplication des êtres, l'évolution universelle, l'immensité du monde, la réalité de tout ce qu'il contient, la fermeté des lois qui le régissent. Au fond de tout est la nature. Dans les profondeurs de la nature, est le pivot de tout (le Principe), qui paraît double (*yinn* et *yang*) sans l'être réellement, qui est connaissable mais non adéquatement. L'homme arriva à le connaître, à force de le chercher. S'étendant au delà des limites du monde, son esprit atteignit (le Principe) la réalité insaisissable, toujours la même, toujours sans défaut. C'est là son plus grand succès. Il l'obtint en raisonnant, d'après les certitudes déjà acquises, sur les choses encore incertaines, qui devinrent peu à peu certaines à leur tour, la connaissance du Principe étant la certitude finale suprême.

CHAPITRE 25

VÉRITÉ

▲ **Tch25.A.** *Tsai-yang* (*P'eng-tsaiyang*) étant allé à *Tch'ou*, le ministre *I-tsie* annonça sa venue au roi de ce pays, puis retourna à ses affaires. N'obtenant pas audience, *Tsai-yang* s'adressa à *Wang-kouo*, un sage du pays, et le pria de vouloir bien parler en sa faveur.

— Demandez ce service a *Koung-ue-hiou*, dit *Wang-kouo*.

— Qui est-ce ? demanda *Tsai-yang*.

— C'est, dit *Wang-kouo*, un homme qui harponne des tortues dans le fleuve durant l'hiver, et qui se repose dans les bois durant l'été (sage taoïste). *I-tsie* ne fera rien pour vous. Ambitieux, intrigant, égoïste, il ne travaille que pour lui-même. *Koung-ue-hiou* absolument désintéressé, en impose, par l'élévation de ses principes, au brutal roi de *Tch'ou*.

Par le charme de sa conversation, le Sage fait oublier aux siens les affres de la misère et les rend résignés. Par son ascendant moral, il fait oublier aux grands l'élévation de leur rang et les rend humbles. Il fraternise avec les petits, et converse avec les grands, donnant à chacun ce qu'il peut comprendre, et gardant le reste pour lui. Sans parler, il remplit son entourage de paix. Sans prêcher, il l'amende. Il ne dédaigne pas de demeurer par intervalles dans sa famille, pour y remplir son rôle de père et faire du bien aux siens. Simple, ferme, tranquille, il est étranger à toutes les préoccupations, et s'impose à tous. *Koung-ue-hiou* est un homme de cette sorte. Lui seul pourra vous faire recevoir par le roi de *Tch'ou* mal disposé envers vous.

▲**Tch25.B.** Le Sage comprend que, reliés les uns aux autres, tous les êtres forment un corps (un tout), mais il ne cherche pas à pénétrer la nature intime de ce lien, qui est le mystère de la norme cosmique. Suivant dans tous ses mouvements la loi universelle, il est l'agent du ciel. Les hommes l'appellent Sage, parce qu'il coopère avec le ciel. Il ne se préoccupe pas de savoir *ce qui ne peut être su*, mais agit *avec la connaissance qu'il a*, persévéramment, constamment. Il ne réfléchit pas sur les qualités qu'il peut avoir, mais laisse à autrui le soin de les constater, ne s'attribuant pas ce qui est don de la nature. Il est bienveillant pour les hommes, pas par affection, mais par instinct, et ne prétend pas à leur reconnaissance.

▲**Tch25.C.** Quand, après une longue absence, un homme est revenu dans sa patrie, il éprouve un sentiment de satisfaction, que, ni la vue des tombes qui se sont multipliées, ni les ruines que la végétation envahit, ni la disparition des neuf dixièmes de ses connaissances, ne peuvent altérer. C'est qu'il revoit *en esprit* ce qui fut jadis, *abstrayant de ce qui est*. C'est qu'il s'élève haut au-dessus des circonstances actuelles.

Ainsi fait le Sage, impassible parmi les vicissitudes du monde, contemplant en elles la nature inaltérable.

Ainsi fit le souverain légendaire *Jan-siang*. Il se tenait indifférent, au centre du cercle tournant des choses de ce monde, laissant aller l'évolution éternelle et indivise, lui seul restant non-transformé (à cause de son indifférence) dans la transformation universelle. Cette position est unique.

Il ne faut pas vouloir imiter le ciel (à la manière de Confucius), par des actes positifs. Il faut imiter le ciel, en laissant aller toutes choses. Voilà la manière dont le Sage sert l'humanité. Il abstrait de tout, et suit son époque, sans défaut et sans excès. Voilà l'union avec le Principe, *la passive, la seule possible. Chercher l'union active, c'est tenter l'impossible.*[97] Le ministre de l'empereur *T'ang*, considéra sa charge plutôt comme honoraire. Il laissa aller toutes choses, et se garda soigneusement d'appliquer les lois. Cela fit le succès de son gouvernement. Maintenant, au contraire, Confucius voudrait qu'on examinât à fond chaque chose, et qu'on fît de nombreux règlements. Il oublie la parole si vraie de *Joung-Tch'eng* (un ancien taoïste) : additionner les jours en années, supposer une substance sous les accidents, ce sont là des erreurs *provenant d'une conception fictive de la nature du temps, des êtres. La réalité, c'est un présent éternel, une unité essentielle.* La glose ajoute, il n'y a même pas de moi et de toi.

▲**Tch25.D.** Le roi de *Wei* avait conclu un traité avec celui de *Ts'i*. Ce dernier l'ayant violé, le roi de *Wei* furieux résolut de le faire assassiner par un sicaire (procédé usuel alors). *Koungsounn-yen*, son ministre de la guerre, lui dit :

— Vous qui avez dix mille chariots de guerre, vous allez confier votre vengeance à un vil spadassin. Donnez-moi plutôt deux cent mille hommes. Je ravagerai le pays de *Ts'i*, j'assiégerai son roi dans sa capitale, je le tuerai dans sa défaite. Ce sera noble et complet.

Le ministre *Ki-tzeu* trouva l'avis mauvais et dit au roi :

— Ne provoquez pas *Ts'i*. Nous venons de bâtir un si beau rempart. S'il venait à être endommagé, cela ferait de la peine aux citoyens qui y ont travaillé. La paix est la base solide du pouvoir. Le ministre de la guerre est un brouillon, qui ne doit pas être écouté.

Le ministre *Hoa-tzeu* (taoïste) trouva les deux avis également mauvais, et dit au roi :

---

[97] Ici le texte est mutilé, probablement.

— Celui qui, pour avoir l'occasion de montrer son talent militaire, vous a conseillé la guerre, est un brouillon. Celui qui, pour faire montre d'éloquence, vous a conseillé la paix, est aussi un brouillon. Leurs deux avis se valent.

— Mais alors, que ferai-je ? demanda le roi.

— Méditez sur le Principe, dit *Hoa-tzeu*, et tirez la conclusion.[98]

Le roi n'aboutissant pas, *Hoei-tzeu* lui amena *Tai-tsinnjenn*, un sophiste de ses amis. Celui-ci entra en matière par l'allégorie suivante :

— Soit une limace. Cette limace a deux cornes. Sa corne de gauche, est la principauté du roi Brutal ; sa corne de droite, est l'apanage du roi Sauvage. Ces deux royaumes sont sans cesse en guerre. Les morts, sans nombre, jonchent le sol. Quinze jours après sa défaite, le vaincu cherche déjà sa revanche.

— Balivernes ! dit le roi de *Wei*.

— Pardon ! dit *Tai-tsinnjenn*. O roi, considérez-vous l'espace comme limité dans quelqu'une de ses six dimensions ?

— Non, dit le roi ; l'espace est illimité, dans les six dimensions.

— Ainsi, dit *Tai-tsinnjenn*, l'immense espace, n'a pas de limites ; est-ce que les deux petites principautés de *Wei* et de *Ts'i* ont des frontières ?

— Non, dit le roi, *pas fort en dialectique, et jugeant qu'il ne pouvait pas concéder au plus petit, ce qu'il avait refusé au plus grand.*

---

[98] Ni guerre, ni paix, mais laisser aller.

— Pas de frontières, donc pas de litige, dit *Tai-tsinnjenn*. Maintenant, ô roi, veuillez me dire en quoi vous différez du roi Sauvage de la corne de droite ?

— Je ne vois pas, dit le roi.

Tai-tsinnjenn sortit, laissant le roi absolument ahuri. Quand *Hoei-tzeu* rentra, le roi lui dit :

— Ça c'est un homme supérieur : un Sage ne saurait pas que lui répondre.

— Ah oui ! dit *Hoei-tzeu*. Quand on souffle dans une clarinette, il en sort un son éclatant ; quand on souffle dans la garde (creuse, en forme de conque) d'une épée, il n'en sort qu'un murmure. *Si Tai-tsinnjenn était estimé à sa valeur*, les éloges qu'on donne à *Yao* et à *Chounn* se réduiraient à un murmure, *l'éloge de Tai-tsinnjenn retentissant comme une clarinette.*

Les affaires de *Wei* et de *Ts'i* en restèrent là.

▲**Tch25.E.** Confucius se rendant à *Tch'ou*, prit gîte à *I-K'iou*, chez un fabricant de condiments. Aussitôt, dans la maison voisine, on monta sur le toit (plat, pour regarder dans la cour de la maison où Confucius était descendu).

— Pourquoi ces gens-là ont-ils l'air effaré ? demanda le disciple *Tzeu-lou* qui accompagnait Confucius.

— C'est, dit celui-ci, la famille d'un Sage, qui se cache volontairement dans le peuple et vit dans l'obscurité. L'élévation morale de cet homme est sublime. Il la dissimule d'ailleurs soigneusement, ne parlant que de choses banales, sans trahir le secret de son cœur. Ses vues différant de celles du commun de ce temps, il ne fraye guère avec les hommes. Il s'est enseveli vivant ici, à la manière de *I-leao*.

— Puis-je aller l'inviter à venir nous voir ? demanda *Tzeu-lou*.

— Ce sera peine perdue, dit Confucius. Il vient de monter sur le toit, pour s'assurer si c'est vraiment moi qui passe. Comme je m'adonne à la politique, il doit avoir fort peu envie de converser avec moi. Sachant que je vais visiter le roi de *Tch'ou*, il doit craindre que je ne révèle sa retraite, et que le roi ne le force à accepter un emploi. Je gage qu'il vient de se mettre en lieu sûr.

Tzeu-lou étant allé voir, trouva la maison désertée.

▲**Tch25.F.** L'intendant des cultures de *Tchang-ou*, dit à *Tzeu-lao*, disciple de Confucius :

— Si jamais vous êtes chargé d'un office, ne soyez ni superficiel ni méticuleux. Jadis, pour la culture, j'ai donné dans ces deux travers ; labour insuffisant, sarclage excessif, d'où récoltes peu satisfaisantes. Maintenant je laboure profondément, puis je sarcle modérément ; d'où récoltes surabondantes.

Tchoang-tzeu ayant su cela, dit :

— Actuellement, dans la culture de leur corps et de leur esprit, beaucoup de gens tombent dans les fautes indiquées par cet intendant. Ou ils labourent d'une manière insuffisante le sol de leur nature, et le laissent envahir par les passions. Ou ils le sarclent sans discernement, arrachant ce qui est à conserver, détruisant leurs qualités naturelles.

Si l'on n'y prend garde, les vices envahissent la nature saine, comme les ulcères envahissent un corps sain, par l'effet d'une chaleur interne excessive qui se fait jour à l'extérieur.

▲**Tch25.G.** *Pai-kiu* qui étudiait sous *Lao-tan*, lui dit un jour :

— Donnez-moi congé pour faire un tour d'empire.

— A quoi bon ? fit *Lao-tan*. Dans l'empire, c'est partout comme ici.

Pai-kiu insistant, *Lao-tan* lui demanda :

— Par quelle principauté commenceras-tu ta tournée ?

— Par celle de *Ts'i*, dit *Pai-kiu*. Quand j'y serai arrivé, j'irai droit au cadavre de quelqu'un de ces suppliciés, que le roi de *Ts'i* laisse gisants sans sépulture ; je le redresserai, je le couvrirai de ma robe, je crierai justice au ciel en son nom, je lui dirai en pleurant : frère ! frère ! a-t-il fallu que tu fusses la victime de l'inconséquence de ceux qui tiennent en main l'empire ? Les gouvernants défendent, sous peine de la vie, de voler, de tuer. Et ces mêmes hommes poussent au vol et au meurtre, en honorant la noblesse et la richesse, qui sont l'appât des crimes. Tant que les distinctions et la propriété seront conservées, verra-t-on jamais la fin des conflits entre les hommes ?

Jadis les princes savaient gré de l'ordre à leurs sujets, et s'imputaient tous les désordres. Quand un homme périssait, ils se reprochaient sa perte. Maintenant il en va tout autrement. Lois et ordonnances sont des traquenards dont personne ne se tire. Peine de mort pour ceux qui ne sont pas venus à bout de tâches infaisables. Ainsi réduit aux abois, le peuple perd son honnêteté naturelle, et commet des excès. A qui faut-il imputer ces excès ? aux malheureux qui les expient ? ou aux princes qui les ont provoqués ?

▲**Tch25.H.** En soixante années de vie, *Kiu-pai-u* changea soixante fois d'opinion. Cinquante-neuf fois il avait cru fermement posséder la vérité, cinquante-neuf fois il avait soudain reconnu qu'il était dans l'erreur. Et qui sait si sa soixantième opinion, avec laquelle il mourut, était mieux fondée que les cinquante-neuf précédentes ? *Ainsi en arrive-t-il. à tout homme, qui s'attache aux êtres en détail, qui cherche autre chose que la science confuse du Principe.* Les êtres deviennent, c'est un fait ; mais la racine de ce devenir est invisible. De sa fausse science de détail, le vulgaire tire des conséquences erronées ; tandis que, s'il partait de son ignorance, il pourrait arriver à la vraie science, celle du Principe, de l'absolu, origine de tout. C'est là la grande erreur. Hélas ! peu y échappent.... Alors, quand les hommes disent oui, est-ce bien oui ? quand ils disent non, est-ce bien non ? Quelle est la valeur, la vérité, des assertions humaines ?... *L'absolu seul est vrai, parce que seul il est.*

▲**Tch25.I.** Confucius posa d'abord au grand historiographe *Ta-t'ao*, puis à *Pai-tch'angk'ien*, puis à *Hi-wei*, cette même question :

— Le duc *Ling* de *Wei* fut un ivrogne et un débauché ; il gouverna mal et manqua de parole. Il aurait mérité une épithète posthume pire que celle de *Ling*. Pourquoi fut-il appelé *Ling* ?

— Parce que le peuple, qui l'aimait assez, le voulut ainsi, répondit *Ta-t'ao*.

— Parce que les censeurs lui accordèrent des circonstances atténuantes, dit *Pai-tch'angk'ien*, à cause du fait suivant : Un jour qu'il se baignait avec trois de ses femmes dans une même piscine, le ministre *Cheu-ts'iou* ayant dû entrer pour affaire urgente, le duc se couvrit et fit couvrir ses femmes. On conclut de là que ce lascif avait encore un reste de pudeur, et on se contenta de l'appeler *Ling*, relevant sa note.

— Erreur, dit *Hi-wei*. Voici le fait : Après la mort du duc, on consulta la tortue, sur le lieu où il faudrait l'ensevelir. La réponse fut : pas dans le cimetière de sa famille, mais à *Cha-K'iou*. Quand on creusa sa fosse à l'endroit indiqué, au fond on trouva une sépulture antique. La dalle qui la fermait ayant été amenée au jour et lavée, on y lut cette inscription : ni toi ni ta postérité ne reposera ici, car le duc *Ling* y prendra votre place. L'épithète *Ling* lui était donc décernée par le destin, voilà pourquoi on la lui donna.... *Conclusion, la vérité historique elle aussi n'est solide, que quand elle dérive du Principe.*

▲ **Tch25.J.** *Chao-tcheu* demanda à *T'ai-koung-tiao* :

— Qu'est-ce que les *maximes des hameaux* ?

— Les hameaux, dit *T'ai-koung-tiao*, ce sont les plus petites agglomérations humaines, d'une dizaine de familles, d'une centaine d'individus seulement, formant un corps qui a ses traditions. Ces traditions n'ont pas été inventées tout d'un coup, à priori. Elles ont été formées, par les membres distingués de la communauté, par addition d'expériences particulières ; comme une montagne est faite de poignées de terre, un fleuve de nombreux filets d'eau. L'expression verbale de ces traditions, est ce qu'on appelle les *maximes des hameaux*. Elles font loi. Tout va bien dans l'empire, à condition qu'on leur laisse leur libre cours. Tel le Principe, indifférent, impartial, laisse toutes les choses suivre leur cours, sans les influencer. Il ne prétend à aucun titre (seigneur, gouverneur). Il n'agit pas. Ne faisant rien, il n'est rien qu'il ne fasse (non en intervenant activement, mais comme norme évolutive contenue dans tout). En apparence, à notre manière humaine de voir, les temps se succèdent, l'univers se transforme, l'adversité et la prospérité alternent. En réalité, ces variations, effets d'une norme unique, ne modifient pas le tout immuable. Tous les contrastes trouvent place dans ce tout, sans se heurter ; comme, dans un marais, toute sorte d'herbes voisinent ; comme, sur une montagne, arbres et rochers sont mélangés.

« Mais revenons aux *maximes des hameaux*. Elles sont l'expression de l'expérience, laquelle résulte de l'observation des phénomènes naturels.

— Alors, dit *Chao-tcheu*, pourquoi ne pas dire que ces *maximes* sont l'expression du Principe ?

— Parce que, dit *T'ai-koung-tiao*, comme elles ne s'étendent qu'au champ des affaires humaines, ces maximes n'ont qu'une étendue restreinte, tandis que le Principe est infini. Elles ne s'étendent même pas aux affaires des autres êtres terrestres, dont la somme est à l'humanité comme dix mille est à un. Au-dessus des êtres terrestres, sont le ciel et la terre, l'immensité visible. Au-dessus du ciel et de la terre, sont le *yinn* et le *yang*, l'immensité invisible. Au-dessus de tout, est le Principe, commun à tout, *contenant et pénétrant tout*, dont l'infinité est l'attribut propre, le seul par lequel on puisse le désigner, car il n'a pas de nom propre.

— Alors, dit Chao-tcheu, expliquez-moi comment tout ce qui est, sortit de cet infini ?

T'ai-koung-tiao dit :

— Emanés du Principe, le *yinn* et le *yang* s'influencèrent, se détruisirent, se reproduisirent réciproquement. De là le monde physique, avec la succession des saisons, qui se produisent et se détruisent les unes les autres. De là le monde moral, avec ses attractions et ses répulsions, ses amours et ses haines. De là la distinction des sexes, et leur union pour la procréation. De là certains états corrélatifs et successifs, comme l'adversité et la prospérité, la sécurité et le danger. De là les notions abstraites, d'influence mutuelle, de causalité réciproque, d'une certaine évolution circulaire dans laquelle les commencements succèdent aux terminaisons. Voilà à peu près ce qui, tiré de l'observation, exprimé en paroles, constitue la somme des connaissances humaines. Ceux qui connaissent le Principe, ne scrutent pas davantage. Ils ne spéculent, ni sur la nature de l'émanation primordiale, ni sur la fin éventuelle de l'ordre de choses existant.

Chao-tcheu reprit :

— Des auteurs taoïstes ont pourtant discuté ces questions. Ainsi *Ki-tchenn* tient pour une émanation passive et inconsciente, *Tsie-tzeu* pour une production active et consciente. Qui a raison ?

— Dites-moi, fit *T'ai-koung-tiao*, pourquoi les coqs font-ils *kikeriki*, pourquoi les chiens font-ils *wou-wou* ? Le fait de cette différence est connu de tous les hommes, mais le plus savant des hommes n'en dira jamais le pourquoi. Il en est ainsi, de par la nature ; voilà tout ce que nous en savons. Atténuez un objet jusqu'à l'invisible, amplifiez-le jusqu'à l'incompréhensible, vous ne tirerez pas de lui la raison de son être. Et combien moins tirerez-vous jamais au clair la question de la genèse de l'univers, la plus abstruse de toutes. Il est l'œuvre d'un auteur, dit *Tsie-tzeu*. Il est devenu de rien, dit *Ki-tchenn*. Aucun des deux ne prouvera jamais son dire. Tous deux sont dans l'erreur. Il est impossible que l'univers ait eu un auteur préexistant. Il est impossible que l'être soit sorti du néant d'être. L'homme ne peut rien sur sa propre vie, parce que la loi qui régit la vie et la mort, ses transformations à lui, lui échappe ; que peut-il alors savoir de la loi qui régit les grandes transformations cosmiques, l'évolution universelle ? Dire de l'univers « quelqu'un l'a fait » ou « il est devenu de rien », ce sont là, non des propositions démontrables, mais des suppositions gratuites. Pour moi, quand je regarde en arrière vers l'origine, je la vois se perdre dans un lointain infini ; quand je regarde en avant vers l'avenir, je n'entrevois aucun terme. Or les paroles humaines ne peuvent pas exprimer ce qui est infini, ce qui n'a pas de terme. Limitées comme les êtres qui s'en servent, elles ne peuvent exprimer que les affaires du monde limité de ces êtres, choses bornées et changeantes. Elles ne peuvent pas s'appliquer au Principe, qui est infini, immuable et éternel, Maintenant, après l'émanation, le Principe duquel émanèrent les êtres, étant inhérent à ces êtres, ne peut pas proprement être appelé l'auteur des êtres ; ceci réfute *Tsie-tzeu*. Le Principe inhérent à tous les êtres, ayant existé avant les êtres, on ne peut pas dire proprement que ces êtres sont devenus de rien ; ceci réfute *Ki-tchenn*. Quand on dit maintenant le Principe, ce terme ne désigne plus l'être solitaire, tel qu'il fut au temps primordial ; il désigne l'être qui existe dans tous les êtres, norme universelle qui préside à l'évolution cosmique. La nature du Principe, la nature de l'Être, sont incompréhensibles et ineffables. Seul le limité peut se comprendre et s'exprimer. Le Principe agissant comme le pôle, comme l'axe, de l'universalité des êtres, disons de lui seulement qu'il est le pôle, qu'il est l'axe de l'évolution universelle, sans tenter ni de comprendre ni d'expliquer.

CHAPITRE 26

FATALITÉ

▲ **Tch26.A.** Les accidents venant de l'extérieur, ne peuvent être prévus ni évités, pas plus par les bons que par les méchants. Ainsi *Koan-loung p'eng* et *Pi-kan* périrent de male mort, *Ki-tzeu* ne sauva sa vie qu'en contrefaisant l'insensé, *No-lai* perdit la sienne, tout comme les tyrans *Kie* et *Tcheou*. La plus parfaite loyauté, n'empêcha pas la ruine de ministres tels que *Ou-yuan* et *Tch'ang-houng*. La piété filiale la plus exemplaire, n'empêcha pas *Hiao-ki* et *Tseng-chenn* d'être maltraités.

La ruine sort, des circonstances en apparence les plus anodines, des situations en apparence les plus sûres, comme le feu naît de deux bois frottés, comme le métal se liquéfie au contact du feu, comme le tonnerre sort des ruptures d'équilibre du *yinn* et du *yang*, comme le feu de la foudre jaillit de l'eau d'une pluie d'orage.

Le pire, c'est qu'il est des cas, où l'homme est pris entre deux fatalités, sans échappatoire possible ; où il se tord, sans savoir à quoi se résoudre ; où son esprit, comme suspendu entre le ciel et la terre, ne sait pas que décider ; la consolation et l'affliction alternant, le pour et le contre se heurtant, un feu intérieur le dévorant. Cet incendie consume sa paix, d'une ardeur qu'aucune eau ne peut éteindre. Tant et si bien, que sa vie périclite, et que sa course s'achève prématurément.

▲ **Tch26.B.** *Tchoang-tcheou* connut ces grandes extrémités. Un jour la misère le réduisit à demander l'aumône d'un peu de grain à l'intendant du Fleuve Jaune.

— Très bien, lui dit celui-ci ; dès que l'impôt sera perçu, je vous prêterai trois cents taëls ; cela vous va-t-il ?

Piqué, *Tchoang-tcheou* dit :

— Hier, quand je venais ici, j'entendis appeler au secours. C'était un goujon, gisant dans un reste d'eau de pluie au fond d'une ornière, et qui allait se trouver à sec. « Que veux-tu ? » lui demandai-je. « J'ai besoin d'un peu d'eau, me dit-il, pour pouvoir continuer à vivre. » « Très bien, lui dis-je. Je vais, de ce pas, à la cour des royaumes de *Ou* et de *Ue*. En revenant, je te ramènerai les eaux du Fleuve de l'Ouest. Cela te va-t-il ? » « Hélas ! gémit le goujon, pour vivre, il ne me faudrait qu'un petit peu d'eau, mais il me la faudrait tout de suite. Si vous ne pouvez faire pour moi que ce que vous venez de dire, ramassez-moi plutôt et me donnez à un marchand de poisson sec ; *j'aurai moins longtemps à souffrir.*

▲ **Tch26.C.** *Quand la fatalité pèse sur lui, il ne faut pas que le Sage s'abandonne. Qu'il tienne bon, et la fortune pourra tourner en sa faveur.* Jenn-koung-tzeu s'étant muni d'un bon hameçon, d'une forte ligne, et de cinquante moules *pour servir d'appât*, s'accroupit sur la côte de *Hoei-ki* et se mit à pêcher dans la mer orientale. Il pêcha ainsi chaque jour, durant une année entière, sans prendre quoi que ce fût. Enfin, soudain, un poisson énorme avala son hameçon. Dûment ferré, il chercha en vain à s'enfoncer dans les profondeurs, fut ramené à la surface, battit l'eau de ses nageoires à la faire écumer, fit un bruit de diable qui s'entendit fort loin ; finalement il fut dépecé, et tout le pays en mangea ; enfin cette histoire fut racontée, chantée, admirée dans les âges suivants. Supposons maintenant que, fatigué de sa longue attente au bord de la mer, *Jenn-koung-tzeu* s'en soit allé pêcher au goujon dans les mares, jamais il n'aurait pris cette belle pièce, ni acquis sa célébrité. Ainsi ceux qui, désertant l'idéal, s'abaissent à flatter de petits maîtres.

▲ **Tch26.D.** *Certains sont victimes de la fatalité, même après leur mort.*

De jeunes lettrés étaient en train de violer une tombe antique, pour s'assurer si les anciens faisaient vraiment, pour les morts, tout ce qui est dit dans les Odes et les Rituels. Leur maître qui montait la garde au dehors, leur cria :

— Dépêchez ! l'orient blanchit ! où en êtes-vous ?

De l'intérieur, les jeunes gens répondirent :

— Il nous reste à inspecter ses vêtements. Mais nous avons déjà constaté que le cadavre a bien, dans la bouche, la perle dont parlent les Odes, dans le texte :

il est vert, le blé, sur les collines ; cet homme qui n'a fait aucun bien durant sa vie, pourquoi a-t-il, après sa mort, une perle dans la bouche ?

Ensuite, ayant écarté les lèvres du cadavre en tirant sur sa barbe et ses moustaches, ils lui desserrèrent les mâchoires avec le bec d'un marteau en fer ; avec précaution, non à cause de lui, mais pour ne pas blesser la perle, dont ils s'emparèrent.

▲**Tch26.E.** *Critiquer, juger, attire le malheur.* Le disciple de *Lao-lai-tzeu* étant sorti pour ramasser du menu combustible, rencontra Confucius. Quand il fut rentré, il dit à son maître :

— J'ai vu un lettré, au torse long, aux jambes courtes, voûté, les oreilles assises très en arrière, ayant l'air d'être en peine de tout l'univers ; je ne sais à quelle école il appartient.

— C'est *K'iou*, dit *Lao-lai-tzeu* ; appelle-le.

Quand Confucius fut venu, *Lao-lai-tzeu* lui dit :

— *K'iou*, laisse là ton entêtement et tes idées particulières ; pense et agis comme les autres lettrés.

Confucius salua, pour remercier de l'avis reçu, *comme les rits l'exigent* ; puis, quand le sourire rituel se fut effacé, son visage parut triste et il demanda :

— Vous pensez que mes projets de réforme n'aboutiront pas ?

— Bien sûr qu'ils n'aboutiront pas, dit *Lao-lai-tzeu*. Incapable que vous êtes de supporter les critiques des contemporains, pourquoi provoquez-vous celles de toute la postérité ? Tenez-vous délibérément à vous rendre malheureux, ou ne vous rendez-vous pas compte de ce que vous faites ? Solliciter la faveur des grands, briguer l'affection des jeunes gens, comme vous faites, c'est agir d'une manière bien vulgaire. Vos jugements et vos critiques vous font de nombreux ennemis. Les vrais Sages sont bien plus réservés que vous n'êtes, et arrivent à quelque chose, grâce à cette réserve. Malheur à vous, qui vous êtes donné mission de provoquer tout le monde, et qui persévérez avec opiniâtreté dans cette voie dangereuse !

▲**Tch26.F.** *Il en est qui savent présager la fatalité qui menace les autres, et ne s'aperçoivent pas de celle qui les menace eux-mêmes.* Une nuit le prince *Yuan* de *Song* vit en songe une figure humaine éplorée se présenter à la porte de sa chambre à coucher et lui dire :

— Je viens du gouffre de *Tsai-lou*. Le génie du *Ts'ing-kiang* m'a député vers celui du Fleuve Jaune. En chemin, j'ai été pris par le pêcheur *U-ts'ie*.

A son réveil, le prince *Yuan* ordonna que les devins examinassent son songe. Ils répondirent :

— L'être qui vous est apparu, est une tortue transcendante.

Le prince demanda :

— Y a-t-il, parmi les pêcheurs d'ici, un nommé *U-ts'ie* ?

— Oui, dirent les assistants.

— Qu'il paraisse devant moi, dit le prince.

Le lendemain ; à l'audience officielle, le pêcheur se présenta.

— Qu'as-tu pris ? lui demanda le prince.

— J'ai trouvé dans mon filet, dit le pêcheur, une tortue blanche, dont la carapace mesure cinq pieds de circonférence.

— Présente-moi ta tortue, ordonna le prince.

Quand elle eut été apportée, le prince se demanda s'il la ferait tuer ou s'il la conserverait en vie. Il fit demander aux sorts la solution de son doute. La réponse fut : tuer la tortue sera avantageux pour la divination. La tortue fut donc tuée. Sa carapace fut perforée en soixante-douze endroits. Jamais aucune baguette d'achillée n'en tomba à faux.

Confucius ayant appris ce fait, dit :

— Ainsi cette tortue transcendante put apparaître après sa capture au prince Yuan, mais ne put pas prévoir et éviter sa capture ! Après sa mort, sa carapace continua à faire aux autres des prédictions infaillibles, et elle n'avait pas su se prédire à elle-même qu'elle serait tuée ! Il est clair que la science a ses limites, que la transcendance même n'atteint pas à tout.

Oui, l'homme le plus avisé, s'il s'est fait beaucoup d'ennemis, finit par devenir leur victime. Le poisson qui a échappé aux cormorans, est pris dans un filet. A quoi bon se donner alors tant de préoccupations stériles, au lieu de se borner à considérer les choses de haut ? A quoi bon s'ingénier et deviser, au lieu de s'en tenir à la prudence naturelle. L'enfant nouveau-né n'apprend pas à parler artificiellement par les leçons d'un maître ; il l'apprend naturellement par son commerce avec ses parents qui parlent. Ainsi la prudence naturelle s'acquiert par l'expérience commune, sans efforts. Quant aux accidents extraordinaires, à quoi bon vouloir les calculer, puisque rien n'en sauve. C'est la fatalité !

Les fragments suivants, jusqu'à la fin du chapitre, sont disloqués, dit la glose, avec raison.

▲**Tch26.G.** Le sophiste *Hoei-tzeu* dit à *Tchoang-tzeu* :

— Vous ne parlez que de choses inutiles.

Le payant de sa monnaie, *Tchoang-tzeu* repartit :

— Si vous savez ce qui est inutile, vous devez savoir aussi, j'estime, ce qui est utile. La terre est utile à l'homme, puisqu'elle supporte ses pas, n'est-ce pas ?

— Oui, dit *Hoei-tzeu*.

— Supposé que devant ses pieds s'ouvre un abîme, lui sera-t-elle encore utile ? demanda *Tchoang-tzeu*.

— Non, dit *Hoei-tzeu*.

— Alors, dit *Tchoang-tzeu*, il est démontré que *inutile* et *utile* sont synonymes, *puisque vous venez d'appeler utile puis inutile la même terre*. Donc je ne parle que de choses utiles.

▲**Tch26.H.** *Tchoang-tzeu* dit :

— Les dispositions naturelles des hommes, sont diverses. On ne fera pas vivre en solitude, celui qui est fait pour converser avec les hommes ; on ne fera pas converser avec les hommes, celui qui est fait pour la solitude. Mais, solitude absolue, conversation immodérée, c'est là excès, non nature. Le misanthrope s'ensevelit vivant, l'intrigant se jette dans le feu. Il faut éviter les extrêmes.

Il ne faut pas non plus poser d'actes extraordinaires, car les circonstances dans lesquelles ils furent posés étant une fois oubliées, l'histoire les jugera peut-être excentriques plutôt qu'héroïques.

Il ne faut pas toujours exalter l'antiquité et déprécier le temps présent, comme font les hommes de livres (Confucius). Depuis *Hi-wei*, nous savons que personne ne peut remonter le courant. Suivons donc le fil du temps.

Le sur-homme s'accommode des époques et des circonstances. Il n'est pas excentrique, ni misanthrope, ni intrigant. Il se prête aux hommes, sans se donner. Il laisse penser et dire, ne contredit pas, et garde son opinion.

▲**Tch26.I.** A condition qu'il n'y ait pas d'obstacle, l'œil voit, l'oreille entend, le nez sent, la bouche goûte, le cœur perçoit, l'esprit produit les actes convenables. Pans toute voie, l'essentiel est qu'il n'y ait pas d'obstruction. Toute obstruction produit étranglement, arrêt des fonctions, lésion de la vie. Pour leurs actes vitaux, les êtres dépendent du souffle. Si ce souffle n'est pas abondant dans un homme, la faute n'en est pas au ciel, qui jour et nuit l'en pénètre ; elle est en lui, qui obstrue ses voies, par des obstacles physiques ou moraux.

Pour la conception, le creux de la matrice doit être bien perméable à l'influx du ciel, ce qui suppose la perméabilité de ses deux avenues des deux trompes). *Pour l'entretien de la vie*, le creux du cœur doit être bien perméable à l'influx du ciel, ce qui suppose la perméabilité de ses six valves. Quand une maison est encombrée, la belle-mère et la belle-fille, manquant d'espace, se disputent. Quand les orifices du cœur sont obstrués, son fonctionnement devient irrégulier.

La vue de la beauté séduit l'esprit. La valeur dégénère en ambition, l'ambition en brutalité, la prudence en obstination, la science en disputes, la plénitude en pléthore. Le bien public a produit l'administration et le fonctionnarisme.

Au printemps, sous l'action combinée de la pluie et du soleil, les herbes et les arbres poussent luxuriants. La faux et la serpe en retranchent une moitié ; l'autre reste. Ni les retranchés, ni les restés, ne savent le pourquoi de leur sort. Fatalité !

▲**Tch26.J.** Le repos refait la santé, la continence répare l'usure, la paix remédie à l'énervement. Ce sont là remèdes curatifs. Mieux vaudraient les préventifs.

Les procédés sont différents. L'homme transcendant a les siens. Le Sage ordinaire a les siens. Les habiles gens ont les leurs. Gouvernants et administrés ont leurs principes.

▲**Tch26.K.** Un même procédé ne produit pas toujours le même résultat. A la capitale de *Song*, le père du gardien de la porte *Yen-menn* étant mort, son fils maigrit tellement de douleur, qu'on jugea devoir donner la charge de maître des officiers à ce parangon de la piété filiale. Ce que voyant, d'autres firent comme lui, n'obtinrent aucune charge et moururent de phtisie.

Pour éviter le trône, *Hu-You* se contenta de fuir, *Ou-koang* crut devoir se suicider. Déçus dans leur ambition, *Ki-t'ouo* s'exila, *Chenn-t'ou-ti* se noya.

▲**Tch26.L.** Quand le poisson est pris, on oublie la nasse. Quand le lièvre est capturé, le piège n'a plus d'intérêt. Quand l'idée est transmise, peu importent les mots qui ont servi à la convoyer. Combien (moi *Tchoang-tzeu*) je voudrais n'avoir affaire qu'à des hommes, pour lesquels les idées seraient tout, les mots n'étant rien.⁹⁹

---

⁹⁹ Ce paragraphe est l'exorde disloqué du chapitre suivant.

Chapitre 27

Verbe et mots

▲ **Tch27.A.** — De mes paroles, dit *Tchoang-tzeu*,[100] beaucoup sont des allégories, beaucoup sont des relations de discours d'autrui. J'ai dit, au jour le jour, ce que je croyais bon à dire, selon mon sens naturel.

J'ai employé des allégories empruntées aux objets extérieurs, pour faire comprendre des choses abstraites. Je ne dirai pas qu'elles sont toutes parfaites, un père ne devant pas faire l'éloge de son enfant. La louange ne vaut, que quand elle vient d'un tiers. Cependant je les crois aptes à convaincre. Tant pis pour ceux qu'elles ne convaincront pas.

J'ai rapporté des discours d'autrui, afin de mettre bien au jour certaines controverses ; ceux qui discutent étant enclins à faire grand cas de la thèse de leur parti, et à trop ignorer celle du parti adverse. Les hommes que j'ai cités ainsi, ce sont mes anciens, mes devanciers. Non que je considère tout ancien comme une autorité. Bien loin de là ! Celui qui n'a pas été jusqu'au fond des choses, quelque ancien qu'il soit, il n'est pas à mes yeux une autorité, il ne devrait pas à mon avis avoir d'influence. Ce peut être un conteur de choses anciennes (Confucius), ce n'est pas un maître ès choses anciennes.

J'ai parlé sans art, naturellement, suivant l'impulsion de mon sens intime ; car seules ces paroles-là plaisent et durent. En

---

[100] Certains critiques voient, dans ce paragraphe, la préface ou la postface de l'œuvre de *Tchoang-tzeu*, égarée ici.

effet, préalablement à tous les discours, il préexiste une harmonie innée dans tous les êtres, *leur nature*. Du fait de cette harmonie préexistante, mon verbe, s'il est naturel, fera vibrer celui des autres, avec peu ou pas de paroles. De là les axiomes connus : Il est un verbe sans paroles.... Il n'est parfois pas besoin de paroles.... Certains ont parlé toute leur vie sans rien dire.... Certains, qui se sont tus durant toute leur vie, ont beaucoup parlé.

Au même sens naturel se rattache le fait d'expérience, que tous les hommes perçoivent spontanément si une chose convient ou non, si c'est ainsi ou pas ainsi. Cette perception ne peut pas s'expliquer autrement. C'est ainsi, parce que c'est ainsi ; ce n'est pas ainsi, parce que ce n'est pas ainsi. Cela convient, parce que cela convient ; cela ne convient pas, parce que cela ne convient pas. Tout homme est doué de ce sens d'approbation et de réprobation. Il vibre à l'unisson dans tous les hommes. Les paroles qui lui sont conformes, sont acceptées parce que consonantes, et durent parce que naturelles.

Et d'où vient cette unité du sens naturel ? Elle vient de l'unité de toutes les natures. Sous les distinctions spécifiques et individuelles multiples, sous les transformations innombrables et incessantes, au fond de l'évolution circulaire sans commencement ni fin, se cache une loi, qu'on a appelé la roue (de potier) naturelle, ou simplement la nature (une, participée par tous les êtres, dans lesquels cette participation commune produit un fond d'harmonie commun).

▲ **Tch27.B.** *Tchoang-tzeu* dit à *Hoei-tzeu* :

— Dans sa soixantième année, Confucius se convertit. Il nia ce qu'il avait affirmé jusque là (la bonté et l'équité artificielles). Mais, ce qu'il affirma ensuite, le crut-il plus fermement que ce qu'il avait affirmé auparavant ?

— Je pense, dit *Hoei-tzeu*, que Confucius agit toujours d'après ses convictions.

— J'en doute, dit *Tchoang-tzeu*. Mais, quoi qu'il en soit, après sa conversion il enseigna que tout vient à l'homme de la grande souche ; que son chant doit être conforme à la gamme et sa conduite à la loi ; que, dans le doute moral spéculatif ou pratique, il fallait se décider sur le qu'en dira-t-on ; qu'il fallait se soumettre de cœur aux coutumes établies par l'état, quelles qu'elles fussent ; etc.... Suffit ! suffit ! je ne puis le suivre jusque là.

Pour bien faire, l'homme doit suivre son instinct naturel.

▲**Tch27.C.** *Tseng-tzeu* fut deux fois fonctionnaire, dans des états d'esprit qu'il explique ainsi :

— Durant ma première charge, j'eus un traitement de trente et quelques boisseaux de grain seulement ; mais, mes parents encore vivants pouvant en profiter, je remplis cette charge avec plaisir. Durant ma seconde charge, j'eus un traitement de cent quatre-vingt douze mille boisseaux ; mais, mes parents défunts ne pouvant plus en profiter, je remplis cette charge avec déplaisir.

Les disciples demandèrent à Confucius :

— N'y a-t-il pas, dans cette conduite de *Tseng-chenn*, quelque attache de cœur vicieuse ?

— Sans doute, dit Confucius ; attache de cœur à son traitement, qu'il n'aurait pas dû regarder plus qu'un moustique ou qu'une grue passant devant ses yeux.

En réalité, attache de cœur à ses parents. Mais la piété filiale étant la base de son système, Confucius ne voulut pas le dire. Tchoang-tzeu le met en mauvaise posture, et insinue que même l'attache aux parents est contre la nature pure, puisqu'elle cause plaisir ou chagrin.

▲**Tch27.D.** *Yen-tch'eng-tzeu You* dit à *Tong-kouo-tzeu K'i* :

— Depuis que je suis votre disciple, j'ai passé par les états que voici : Au bout d'un an, j'eus retrouvé ma simplicité native. Au bout de trois ans, je perdis le sens du moi et du toi. Au bout de quatre ans, je fus indifférent et insensible. Au bout de cinq ans, je commençai à vivre d'une vie supérieure. Au bout de six ans, mon esprit entièrement concentré dans mon corps, ne divagua plus. Au bout de sept ans, j'entrai en communication avec la nature universelle. Au bout de huit ans, je cessai de me préoccuper de la vie et de la mort. Enfin, après neuf années, le mystère s'accomplit ; je me trouvai uni au Principe. C'est l'activité durant la vie, qui cause la mort. C'est le principe *yang* (la nature), qui cause la vie. Donc la vie et la mort sont choses vulgaires. Y a-t-il lieu de s'en tant préoccuper ?

On calcule les phénomènes célestes, on mesure les surfaces terrestres ; sciences superficielles, qui ne vont pas jusqu'à la raison profonde de l'univers. Ne sachant rien du commencement et de la fin, pouvons-nous savoir si le monde est régi ou non par une loi, laquelle supposerait un auteur ? Ce qu'on donne parfois pour des sanctions, pouvant n'être qu'un jeu du hasard, comment savoir s'il y a ou non des mânes subsistants ? *Le sens est, on ne peut rien savoir d'une cause en dehors de nous ; la vie est affaire d'évolution ; la mort est le fait de l'usure.*

▲**Tch27.E.** Les pénombres (symbolisant les demi-savants) dirent à l'ombre (ignorance taoïste) :

— Vous êtes tantôt baissée puis dressée, ramassée puis éparpillée, assise puis debout, en mouvement puis en repos ; quelle est la raison de tous ces changements ?

— Je ne sais pas, dit l'ombre. Je suis ainsi, sans savoir pourquoi. Je suis, comme l'enveloppe d'où est sortie une cigale, comme la peau dont le serpent s'est dépouillé, *un accessoire, une chose n'ayant pas d'existence propre*. Je suis même moins réelle que ces objets. A la lumière du jour ou du feu, je parais, dès que la lumière baisse, je disparais. Je dépends, quant à mon être, d'un objet, lequel dépend, quant à son être, de l'être universel. Quand il paraît, je parais aussi ; quand il disparaît, je disparais aussi ; quand il se meurt, je me meurs avec lui. Je ne puis pas vous rendre compte de mes mouvements.

Ainsi tout est passif, existant par le Principe dépendant du Principe. Sachant cela, le disciple, de la sagesse doit être avant tout profondément humble.

▲ **Tch27.F.** *Yang-tzeukiu* allant à *Pei*, et *Lao-tzeu* à *Ts'inn*, les deux se rencontrèrent à *Leang*. Choqué de l'air vaniteux de *Yang-tzeukiu*, *Lao-tzeu* leva les yeux au ciel et dit en soupirant :

— Je crois qu'il n'y a pas lieu de perdre mon temps à vous instruire.

Yang-tzeukiu ne répondit pas. Quand ils furent arrivés à l'étape, *Yang-tzeukiu* apporta d'abord lui-même à *Lao-tzeu* tout ce qu'il fallait pour la toilette. Ensuite, ayant quitté ses chaussures devant la porte, il s'avança sur ses genoux jusque devant lui, et lui dit :

— Il y a longtemps que je désire vivement recevoir vos instructions. Je n'ai pas osé vous arrêter sur le chemin, pour vous les demander ; mais maintenant que vous avez quelque loisir, veuillez me dire d'abord le sens de ce que vous avez dit à ma vue.

Lao-tzeu dit :

— Vous avez le regard hautain à faire enfuir les gens ; tandis que le disciple de la sagesse, est comme confus, quelque irréprochable qu'il soit, et sent son insuffisance, quelque avancé qu'il soit.

Très frappé, *Yang-tzeukiu* dit :

— Je profiterai de votre leçon.

Il en profita si bien, et devint si humble dans l'espace de la seule nuit qu'il passa à l'auberge, que tous les gens de la maison qui l'avaient servi avec crainte et révérence à son arrivée, n'eurent plus aucun égard pour lui avant son départ, (l'égard se proportionnant en Chine à l'insolence du voyageur).

Chapitre 28[101]

Indépendance

▲ **Tch28.A.** *Yao* ayant voulu céder son trône à *Hu-You*, celui-ci refusa. Alors *Yao* l'offrit à *Tzeu-tcheou-tcheu-fou*, lequel refusa aussi, non qu'il se crût incapable, mais parce qu'il souffrait d'une atrabile, que les soucis du gouvernement auraient aggravée. Il préféra le soin de sa vie, au soin de l'empire. Combien plus aurait-il préféré le soin de sa vie à des soins moindres ?

A son tour, *Chounn* offrit son trône à *Tzeu-tcheou-tcheu-pai*. Celui-ci refusa sous prétexte d'une mélancolie, que les soucis aggraveraient. Bien sûr qu'il n'aurait pas nui à sa vie, pour chose moindre. Voilà comme les disciples du Principe diffèrent du commun, (entretenant leur vie, que le vulgaire use par ambition). Alors *Chouan* offrit l'empire à *Chan-kuan*, qui le refusa, en ces termes :

— Habitant de l'univers et soumis à ses révolutions, en hiver je m'habille de peaux et en été de gaze ; au printemps je cultive sans trop me fatiguer, et en automne je récolte ce qui m'est nécessaire ; j'agis le jour, et me repose la nuit. Je vis ainsi, sans attache, entre ciel et terre, satisfait et content. Pourquoi m'embarrasserais-je de l'empire ? C'est me connaître bien mal, que de me l'avoir offert...

Cela dit, pour couper court à de nouvelles instances, il partit et

---

[101] Des doutes planent sur l'authenticité de ce chapitre.

se retira dans les profondeurs des montagnes. Personne ne sut où il se fixa.

Alors *Chouan* offrit l'empire à l'ancien compagnon de sa vie privée, le métayer *Cheu-hou*, qui le refusa, en ces termes :

— Si vous qui êtes fort et habile, n'en venez pas à bout, combien moins moi, qui ne vous vaux pas....

Cela dit, pour éviter d'être contraint, il s'embarqua sur mer avec sa femme et ses enfants, et ne reparut jamais.

T'ai-wang Tan-fou, l'ancêtre des *Tcheou*, étant établi à *Pinn*, était sans cesse attaqué par les *Ti* nomades. Quelque tribut qu'il leur payât, pelleteries et soieries, chiens et chevaux, perles et jade, ils n'étaient jamais satisfaits, car ils convoitaient ses terres. *Tan-fou* se dit :

— Mes sujets sont mes frères, mes enfants ; je ne veux pas être la cause de leur perte.

Ayant donc convoqué ses gens, il leur dit :

— Soumettez-vous aux *Ti*, et ils vous traiteront bien. Pourquoi tiendriez-vous à moi ? Je ne veux pas davantage vivre à vos dépens, avec péril pour votre vie....

Cela dit, il prit son bâton et partit. Tout son peuple le suivit, et s'établit avec lui au pied du mont *K'i*.[102] Voilà un bel exemple du respect que le Sage a pour la vie d'autrui.

Celui qui comprend quel respect on doit avoir pour la vie, n'expose la sienne, ni par amour de la richesse, ni par horreur

---

[102] En l'an 1325 avant J.-C.

de la pauvreté. Il ne l'expose pas, pour s'avancer. Il reste dans sa condition, dans son sort. Tandis que le vulgaire s'expose à la légère, pour un insignifiant petit profit.

Trois fois de suite, les gens de *Ue* assassinèrent leur roi. Pour n'avoir pas le même sort, le prince *Seou* s'enfuit, et se cacha dans la grotte *Tan-hue*. Se trouvant sans roi, les gens de *Ue* se mirent à sa recherche, découvrirent sa retraite, l'enfumèrent pour l'obliger à sortir, le hissèrent sur le char royal, tandis que le prince criait au ciel....

— S'il fallait un prince à ces gens-là, pourquoi faut-il que ce soit moi ? ! .

Ce n'est pas la dignité de roi que le prince Seou craignait, mais les malheurs auxquels elle expose. Le trône d'une principauté ne valait pas à ses yeux le péril de sa vie. Cela étant, les gens de *Ue* eurent raison de tenir à l'avoir pour roi.

▲**Tch28.B.** Les deux principautés *Han* et *Wei* se disputaient un lopin de terre mitoyen. *Tzeu-hoa-tzeu* étant allé visiter le marquis *Tchao-hi* de *Han*, et l'ayant trouvé très préoccupé de cette affaire lui dit :

— Supposé qu'il existât un arrêt inexorable ainsi conçu.... quiconque mettra la main à l'empire, obtiendra l'empire, mais perdra la main, gauche ou droite, qu'il y aura mise.... en ce cas, mettriez-vous la main à l'empire ?

— Nenni ! dit le marquis.

— Parfait ! dit *Tzeu-hoa-tzeu*. Ainsi vous préférez vos deux mains à l'empire. Or votre vie vaut encore plus que vos deux mains, *Han* vaut moins que l'empire, et le lopin mitoyen cause du litige vaut encore moins que Hall. Alors pourquoi vous rendez-vous malade de tristesse, jusqu'à compromettre votre vie, pour un objet aussi insignifiant ?

— Personne ne m'a encore parlé avec autant de sagesse que vous, dit le marquis.

De fait *Tzeu-hoa-tzeu* avait bien distingué le futile (augmentation de territoire) de l'important (conservation de la vie).

▲ **Tch28.C.** Le prince de *Lou* ayant entendu dire que *Yen-ho* possédait la science du Principe, envoya un messager, lui porter en cadeau de sa part, un lot de soieries. Vêtu de grosse toile, *Yen-ho* donnait sa provende à son bœuf, à la porte de sa maisonnette. C'est à lui-même que le messager du prince, qui ne le connaissait pas, demanda :

— Est-ce ici que demeure *Yen-ho* ?

— Oui, dit celui-ci ; c'est moi.

Comme le messager exhibait les soieries :

— Pas possible, fit *Yen-ho* ; mon ami, vous aurez mal compris vos instructions ; informez-vous, de peur de vous attirer une mauvaise affaire.

Le messager retourna donc à la ville, et s'informa. Quand il revint, *Yen-ho* fut introuvable.

C'est là un exemple de vrai mépris des richesses. Pour le disciple du Principe, l'essentiel c'est la conservation de sa vie. Il ne consacre au gouvernement d'une principauté ou de l'empire, quand il y est contraint, que l'excédent seulement de son énergie vitale, et considère sa charge comme chose accessoire, sa principale affaire restant le soin de sa vie. Les hommes vulgaires de ce temps, compromettent au contraire leur vie pour leur intérêt ; c'est lamentable !

Avant de faire quoi que ce soit, un vrai Sage examine le but et choisit les moyens. Nos modernes, au contraire, sont si irréfléchis, que, prenant la perle du marquis de *Soei* comme projectile, ils tirent sur un moineau à mille toises de distance, se rendant la risée de tous, parce qu'ils exposent un objet si précieux pour un résultat si minime et si incertain. En réalité, ils font pire encore, car leur vie qu'ils exposent est plus précieuse que n'était la perle du marquis de *Soei*.[103]

▲ **Tch28.D.** *Lie-tzeu* était réduit à la misère noire, et les souffrances de la faim se lisaient sur son visage. Un visiteur parla de lui à *Tzeu-yang*, ministre de la principauté *Tcheng*, en ces termes :

— *Lie-uk'eou* est un lettré versé dans la science du Principe. Sa misère fera dire du prince de *Tcheng*, qu'il ne prend pas soin des lettrés.

Piqué par cette observation, *Tzeu-yang* fit immédiatement donner ordre à l'officier de son district, d'envoyer du grain à *Lie-tzeu*. Quand l'envoyé de l'officier se présenta chez lui, *Lie-tzeu* le salua très civilement, mais refusa le don. Après son départ, la femme de *Lie-tzeu*, se frappant la poitrine de douleur, lui dit :

— La femme et les enfants d'un Sage, devraient vivre à l'aise et heureux. Jusqu'ici nous avons souffert de la faim, parce que le prince nous a oubliés. Or voici que, se souvenant de nous, il nous a envoyé de quoi manger. Et vous l'avez refusé ! N'avez-vous pas agi contre le destin ?

— Non, dit *Lie-tzeu* en riant, je n'ai pas agi contre le destin, car ce n'est pas le prince qui nous a envoyé ce grain. Quelqu'un a parlé favorablement de moi au ministre, lequel a envoyé ce grain ; si ce quelqu'un avait parlé de moi défavorablement, Il

---

[103] Légende. Le marquis ayant guéri un serpent blasé, le serpent lui apporta une perle inestimable.

aurait envoyé ses sbires, tout aussi bêtement. Hasard et non destin, voilà pourquoi j'ai refusé. Je ne veux rien devoir à *Tzeu-yang*.

Peu de temps après, *Tzeu-yang* fut tué par la populace, dans une émeute.

▲**Tch28.E.** Le roi *Tchao* de *Tch'ou* ayant été chassé de son royaume, *Ue* le boucher de la cour l'accompagna dans sa fuite Quand le roi eut recouvré son royaume, il fit distribuer des récompenses à ceux qui l'avaient suivi. Le tour du boucher *Ue* étant venu, celui-ci refusa toute rétribution.

— J'avais perdu ma charge avec le départ du roi, dit-il ; je l'ai recouvrée avec son retour ; je suis donc indemnisé ; pourquoi me donner encore une récompense ?

Le roi ayant ordonné aux officiers d'insister, le boucher dit :

— N'ayant mérité la mort par aucune faute, je n'ai pas voulu être tué par les rebelles, voilà pourquoi j'ai suivi le roi ; j'ai sauvé ma propre vie, et n'ai rien fait qui fût utile au roi ; à quel titre accepterais-je une récompense ?

Alors le roi ordonna que le boucher fût introduit en sa présence, comptant le décider lui-même à accepter. Ce qu'ayant appris, le boucher dit :

— D'après la loi de *Tch'ou*, seules les grandes récompenses accordées à des mérites extraordinaires, sont conférées par le roi en personne. Or moi, en fait de sagesse je n'ai pas empêché la perte du royaume, en fait de bravoure j'ai fui pour sauver ma vie. A proprement parler, je n'ai même pas le mérite d'avoir suivi le roi dans son infortune. Et voilà que le roi veut, contre la loi et la coutume, me recevoir en audience et me récompenser lui-même. Non, je ne veux pas qu'on dise cela de lui et de moi.

Ces paroles ayant été rapportées au roi, celui-ci dit au généralissime *Tzeu-K'i* :

— Dans son humble condition, ce boucher a des sentiments sublimes. Offrez-lui de ma part une place dans la hiérarchie des grands vassaux.

Tzeu-K'i lui ayant fait cette offre, *Ue* répondit :

— Je sais qu'un vassal est plus noble qu'un boucher, et que le revenu d'un fief est plus que ce que je gagne. Mais je ne veux pas d'une faveur, qui serait reprochée à mon prince comme illégale. Laissez-moi dans ma boucherie !

Quoi qu'on fit, *Ue* tint bon et resta boucher. *Exemple d'indépendance morale taoïste.*

▲**Tch28.F.** *Yuan-hien* habitait, dans le pays de *Lou*, une case ronde en pisé, entourée d'une haie d'épines, et sur le toit de laquelle l'herbe poussait. Un paillasson fixé à une branche de mûrier, fermait mal le trou servant de porte. Deux jarres défoncées, encastrées dans le mur, closes par une toile claire tendue, formaient les fenêtres de ses deux cellules. Le toit gouttait, le sol était humide. Dans cet antre misérable, *Yuan-hien* assis jouait de la cithare content.

Tzeu-koung alla lui faire visite, monté sur un char si large qu'il ne put pas entrer dans sa ruelle, vêtu d'une robe blanche doublée de pourpre. *Yuan-hien* le reçut, un bonnet déchiré sur la tête, des souliers éculés aux pieds, appuyé sur une branche d'arbre en guise de canne. A sa vue, *Tzeu-koung* s'écria :

— Que vous êtes malheureux !

— Pardon, dit *Yuan-hien*. Manquer de biens, c'est être pauvre. Savoir et ne pas faire, c'est être malheureux. Je suis très pauvre ; je ne suis pas malheureux.

Tzeu-koung se tut. *Yuan-hien* ajouta :

— Agir pour plaire au monde, se faire des amis particuliers sous couleur de bien général, étudier pour se faire admirer, enseigner pour s'enrichir, s'affubler d'un déguisement de bonté et d'équité, se promener en somptueux équipage, *tout ce que vous faites* ce sont là choses que moi je ne me résoudrai jamais à faire.

Tseng-tzeu habitait dans le pays de *Wei*. Il portait une robe de grosse toile sans doublure. Sa mine trahissait la souffrance et la faim. Les cals de ses mains et de ses pieds, montraient combien durement il travaillait pour vivre. Il n'avait pas de quoi faire un repas chaud, une fois en trois jours. Un vêtement devait lui durer dix ans. S'il avait essayé de nouer sa coiffure, les brides usées se seraient cassées. S'il avait essayé de mettre le pied entier dans ses chaussures, le talon se serait séparé du reste. S'il avait tiré les manches de sa robe, elles lui seraient restées dans les mains. Et néanmoins, vêtu de haillons et chaussé de savates, il chantait les hymnes de la dynastie *Chang*, d'une voix qui retentissait dans l'espace comme le son d'un instrument de bronze ou de silex. L'empereur ne put pas le décider à le servir comme ministre, les grands feudataires ne purent pas le décider à s'attacher à eux comme ami. Il fut le type des esprits indépendants et libres. Qui tient à sa liberté, doit renoncer aux aises du corps. Qui tient à sa vie, doit renoncer aux dignités. Qui tient à l'union avec le Principe, doit renoncer à toute attache.

Confucius dit à *Yen-Hoei* :

— *Hoei*, écoute-moi ! Ta famille est pauvre ; pourquoi ne chercherais-tu pas à obtenir quelque charge ?

— Non, dit *Yen-Hoei*, je ne veux d'aucune charge. J'ai cinquante arpents dans la campagne, qui me fourniront ma nourriture, et dix arpents dans la banlieue, qui me fourniront mon vêtement.[104] Méditer vos enseignements en touchant ma cithare, suffit pour mon bonheur. Non, je ne chercherai pas à obtenir une charge.

Ces paroles tirent une grande impression sur Confucius, qui dit :

— Quel bon esprit a *Hoei* ! Je savais bien, théoriquement, que celui qui a des goûts modestes, ne se crée pas d'embarras ; que celui qui ne se préoccupe que de son progrès intérieur, ne s'affecte d'aucune privation ; que celui qui ne tend qu'à la perfection, fait bon marché des charges. J'ai même enseigné ces principes depuis bien longtemps. Mais maintenant seulement je viens de les voir appliqués par *Hoei*. Aujourd'hui moi le *théoricien* j'ai reçu une leçon *pratique*.

▲**Tch28.G**. *Meou*, le fils du marquis de *Wei*, ayant été nommé à l'apanage de *Tchoung-chan* (près de la mer), dit à *Tchan-tzeu* :

— Je suis venu ici au bord de la mer, mais mon cœur est resté à la cour de *Wei*.

Tchan-tzeu dit :

— Étouffez votre chagrin, de peur qu'il n'use votre vie.

Le prince *Meou* dit :

— J'ai essayé, mais sans succès. Ma douleur est invincible.

— Alors, dit *Tchan-tzeu*, donnez-lui libre carrière (en pleurant, criant, etc.). Car, réagir violemment contre un sentiment

---

[104] On cultivait les plantes textiles près des habitations, crainte qu'elles ne fussent coupées et volées durant la nuit. Le vol des céréales est moins facile.

invincible, c'est s'infliger une double usure, (la douleur, plus la réaction). Aucun de ceux qui font ainsi, ne vit longtemps. Pour ce prince habitué à la cour, devoir vivre en un pays de rochers et de cavernes, était sans doute plus dur que ce n'eut été pour un homme de basse caste. Il est pourtant regrettable pour lui, que, ayant eu ce qu'il fallait pour tendre vers le Principe, il ne l'ait pas atteint. *Il aurait trouvé là la paix dans l'indifférence.*

▲**Tch28.H.** Quand Confucius fut arrêté et cerné entre *Tch'enn* et *Ts'ai*, il fut sept jours sans viande ni grain, réduit à vivre d'herbes sauvages. Malgré son épuisement, il ne cessait de jouer de la cithare, dans la maison où il était réfugié.

Yen-Hoei qui cueillait des herbes au dehors, entendit les disciples *Tzeu-lou* et *Tzeu-koung* qui se disaient entre eux :

— Le Maître a été chassé de *Lou* deux fois, intercepté à *Wei* une fois. A *Song*, on a abattu l'arbre qui l'abritait. Il a été en grand péril à *Chang* et à *Tcheou*. Maintenant le voilà assiégé ici. On désire qu'il périsse, sans oser le tuer : mais celui qui aura fait le coup, ne sera certainement pas puni. Le Maître sait cela, et joue de la cithare. Est-ce un Sage, celui qui se rend si peu compte de sa situation ?

Yen-Hoei rapporta ces paroles à Confucius, qui cessant son jeu, soupira et dit :

— Ce sont deux esprits sans portée. Appelle-les, que je leur parle !

Quand ils furent entrés, *Tzeu-lou* dit à Confucius :

— Cette fois-ci, c'en est fait !

— Non, dit Confucius. Tant que la doctrine d'un Sage n'a pas été réfutée, ce n'est pas fait de lui. Entré en lice, pour la bonté et l'équité, à une époque de passions et de troubles, il est naturel que j'éprouve de violentes oppositions, mais ce n'en est pas fait de moi pour cela. Ma doctrine est irréfutable, et je n'en dévierai pour aucune persécution. Les frimas de l'hiver ne font ressortir qu'avec plus d'éclat la force de résistance du cyprès, qu'ils n'arrivent pas à dépouiller de ses feuilles. Il en adviendra de même, pour ma doctrine, de cet incident entre *Tch'enn* et *Ts'ai*....

Cela dit, Confucius reprit, avec un air digne, sa cithare et son chant. *Tzeu-lou* converti saisit un bouclier et dansa la pantomime. *Tzeu-koung* dit :

— J'ignorais combien le ciel est haut au-dessus de la terre (le Sage au-dessus du vulgaire).

Les anciens qui possédaient la science du Principe, étaient également contents dans le succès et l'insuccès. Car le succès et l'insuccès leur étaient également indifférents. Leur contentement provenait d'une cause supérieure, de la science que le succès et l'insuccès procèdent pareillement du Principe, fatalement, inévitablement, comme le froid et le chaud, comme le vent et la pluie, en une succession et alternance à laquelle il n'y a qu'à se soumettre. C'est en vertu de cette science, que *Hu-You* fut content au nord de la rivière *Ying*, et *Koung-pai* au pied du mont *K'iou-cheou* (Paragraphe suspect, probablement interpolé. Comparez *Tchoang-tzeu* chap. 17 C ; chap. 20 G et chap. 20 D.)

▲Tch28.I. *Chounn*[105] ayant offert son empire à son ancien ami *Ou-tchai* :

— Fi donc ! dit celui-ci. Vous avez quitté les champs pour la cour, et maintenant vous voulez que moi aussi je me dégrade. Je ne vous connais plus !...

---

[105] Démolition systématique des parangons confucéens.

Cela dit, *Ou-tchai* alla se jeter dans le gouffre de *Ts'ing-ling*.

Avant d'attaquer (le tyran) *Kie*, (le futur empereur) rang consulta *Pien-soei*, qui lui répondit :

— Cela n'est pas mon affaire....

— Alors qui consulterai-je ? demanda *Chang*....

— Je ne sais pas, dit *Pien-soei*....

Chang s'adressa à *Ou-koang*, qui répondit aussi, ce n'est pas mon affaire, je ne sais pas.... Alors *T'ang* dit :

— Si je demandais conseil à *I-yinn* ?...

— Parfait ! dit *Ou-koang*. Grossier et plat, cet homme a ce qu'il faut pour servir vos desseins ; il n'a d'ailleurs que cela.

Conseillé par *I-yinn*, *Chang* attaqua *Kie*, le vainquit, puis offrit le trône à *Pien-soei*. Celui-ci dit :

— Mon refus de vous donner aucun conseil, aurait dû vous faire comprendre que je ne veux pas avoir de part avec un voleur ; et voilà que vous m'offrez votre butin ! Faut-il que ce siècle soit pervers, pour qu'un homme sans conscience vienne par deux fois essayer de me souiller par son contact ! On ne me fera pas une troisième fois pareille injure....

Cela dit, *Pien-soei* se noya dans la rivière *Tcheou*.

Alors *T'ang* offrit le trône à *Ou-koang*, avec ce boniment :

— Un Sage (*I-yinn*) a fait le plan (du détrônement de *Kie*) ; un brave (*T'ang*) l'a exécuté ; maintenant c'est au bon (*Ou-koang*) à monter sur le trône, conformément aux traditions des anciens....

Ou-koang refusa, en ces termes :

— Détrôner un empereur, c'est manquer d'équité ; tuer ses sujets, c'est manquer de bonté ; profiter des crimes d'autrui, ce serait manquer de pudeur. Je m'en tiens aux maximes traditionnelles, qui interdisent d'accepter aucune charge d'un maître inique, et de fouler le sol d'un empire sans principes. Je refuse d'être honoré par vous, et ne veux plus vous voir....

Cela dit, *Ou-koang* s'attacha une grosse pierre sur le dos, et se jeta dans la rivière *Lou*.

▲**Tch28.J.** Jadis, à l'origine de la dynastie *Tcheou*, les deux *princes* lettrés *frères*, *Pai-i* et *Chou-ts'i*, vivaient à *Kou-tchou*. Ayant appris la nouvelle du changement de dynastie, ils se dirent :

— Il semble qu'à l'Ouest règne un homme qui est un Sage ; allons voir !

Quand ils furent arrivés au sud du mont *K'i* (à la capitale des *Tcheou*), l'empereur *Ou* les fit recevoir par son frère *Tan*, qui leur promit avec serment richesses et honneurs, s'ils voulaient servir sa maison. Les deux frères s'entre-regardèrent, sourirent de mépris, et dirent :

— Nous nous sommes trompés ! ce n'est pas là ce que nous cherchions....

Ils avaient appris, entre temps, comment s'était fait le changement de dynastie ; aussi ajoutèrent-ils :

— Jadis, l'empereur *Chenn-noung*, si dévot et si respectueux, offrait ses sacrifices pour son peuple, sans faire aucune demande spéciale pour lui-même. Du gouvernement de ses sujets, auquel il s'appliquait si consciencieusement, il ne retirait pour lui-même ni gloire ni profit. Les *Tcheou* qui ont pris avantage de la décadence des *Yinn* pour envahir l'empire, sont de tout autres hommes. Ils ont conspiré contre l'empereur, gagné ses sujets, employé la force. Ils jurent pour se faire croire (ce qui est contre la simplicité taoïste), ils se vantent pour plaire, ils font la guerre pour leur profit. Il est clair que le changement survenu dans l'empire, a été de mal en pis. Jadis les anciens servaient en temps d'ordre, et se retiraient en temps de désordre. Actuellement l'empire est dans les ténèbres, les *Tcheou* sont sans vertu. Mieux vaut, pour nous, nous retirer pour rester purs, que de nous salir au contact de ces usurpateurs.

Cette détermination prise, les deux Sages allèrent vers le Nord jusqu'au mont *Cheou-yang*, où ils moururent de faim. L'exemple de ces deux hommes est admirable. Richesses et honneurs leur étant inopinément offerts, ils ne se laissèrent pas séduire, ils ne dévièrent pas de leurs nobles sentiments, qui peuvent se résumer en cette maxime, *ne pas s'asservir au monde*.

CHAPITRE 29

POLITICIENS

▲**Tch29.A.** Confucius était ami de *Ki* de *Liou-hia*.[106] Celui-ci avait un frère cadet, qu'on appelait le brigand *Tchee*. Cet individu avait organisé une association de neuf mille partisans, lesquels faisaient dans l'empire tout ce qui leur plaisait, rançonnant les princes, pillant les particuliers, s'emparant des bestiaux, enlevant les femmes et les filles, n'épargnant même pas leurs proches parents, poussant l'impiété jusqu'à ne plus faire d'offrandes à leurs ancêtres. Dès qu'ils se montraient, les villes se mettaient en état de défense, les villageois se retranchaient. Tout le monde avait à souffrir de ces malfaiteurs. Confucius dit à *Liouhia-ki* :

— Les pères doivent morigéner leurs fils, les frères aînés doivent morigéner leurs cadets. S'ils ne le font pas, c'est qu'ils ne prennent pas leur devoir à cœur. Vous êtes un des meilleurs officiers de ce temps, et votre frère cadet est le brigand *Tchee*. Cet homme est le fléau de l'empire, et vous ne le morigénez pas. Je suis honteux pour vous. Je vous avertis que je vais aller le sermonner à votre place.

Liouhia-ki dit :

— Il est vrai que les pères et les aînés doivent morigéner les fils et les cadets ; mais, quand les fils et les cadets refusent d'entendre, le père ou le frère aîné fût-il aussi disert que vous

---

[106] Le digne *Tchan-ho*, alias *Tchan-ki*, nom posthume *Tchan-Hoei*. Plus connu sous les appellatifs *Liouhia-Hoei* ou *Liouhia-ki*, du nom de son pays.

l'êtes, le résultat sera nul. Or mon cadet *Tchee* est d'un naturel bouillant et emporté. Avec cela, il est si fort qu'il n'a personne à craindre, et si éloquent qu'il sait colorer en bien ses méfaits. Il n'aime que ceux qui le flattent, s'emporte dès qu'on le contredit, et ne se gêne pas alors de proférer des injures. Croyez-moi, ne vous frottez pas à lui.

Confucius ne tint pas compte de cet avis. Il partit, *Yen-hoei* conduisant son char, *Tzeu-koung* faisant contrepoids. Il trouva *Tchee* établi au sud du mont *T'ai-chan*, sa bande hachant des foies d'homme pour son dîner. Descendant de son char, Confucius s'avança seul jusqu'à l'homme de garde, et lui dit :

— Moi *K'oung-K'iou* de *Lou*, j'ai entendu parler des sentiments élevés de votre général ; je désire l'entretenir....

et, ce disant, il saluait l'homme de garde, avec révérence. Celui-ci alla avertir le brigand *Tchee*, que cette nouvelle mit en fureur, au point que ses yeux étincelèrent comme des étoiles, et que ses cheveux hérissés soulevèrent son bonnet.

— Ce *K'oung-K'iou*, dit-il, n'est-ce pas le beau parleur de *Lou* ? Dis-lui de ma part : Radoteur qui mets tes blagues au compte du roi *Wenn* et de l'empereur *Ou*. Toi qui te coiffes d'une toile à ramages, et qui te ceins avec du cuir de bœuf. Toi qui dis autant de sottises que de paroles. Toi qui manges sans labourer, et qui t'habilles sans filer. Toi qui prétends qu'il suffit que tu entrouvres les lèvres et donnes un coup de langue, pour que la distinction entre le bien et le mal soit établie. Toi qui as mis dans l'erreur tous les princes, et détourné de leur voie tous les lettrés de l'empire. Toi qui, sous couleur de prêcher la piété, lèches les puissants, les nobles et les riches. Toi le pire des malfaiteurs ! Va-t-en bien vite ! Sinon, je ferai ajouter ton foie, au hachis qui se prépare pour notre dîner.

L'homme de garde lui ayant rapporté ces paroles, Confucius insista et fit dire à *Tchee* :

— Etant l'ami de votre frère, je désire être reçu dans votre tente.

L'homme de garde ayant averti *Tchee* :

— Qu'il vienne ! dit celui-ci.

Confucius ne se le fit pas dire deux fois. Il avança vite, alla droit à *Tchee*, qu'il aborda en le saluant.

Au comble de la fureur, *Tchee* étendit ses deux jambes, plaça son épée en travers, braqua ses yeux sur Confucius, et, avec le ton d'une tigresse dérangée pendant qu'elle allaitait ses petits, il dit :

— Prends garde *Kiou* ! Si tu dis des choses qui me plaisent, tu vivras ! Si tu dis quoi que ce soit qui me déplaise, tu mourras !

Confucius dit :

— Trois qualités sont surtout prisées des hommes ; une belle prestance ; une grande intelligence ; enfin la valeur militaire. Quiconque possède à un degré éminent une seule de ces trois qualités, est digne de commander aux hommes. Or, général, je constate que vous les possédez éminemment toutes les trois. Vous avez huit pieds deux pouces, vos yeux sont brillants, vos lèvres sont vermeilles, vos dents sont blanches comme des cauris, votre voix est sonore comme le son d'une cloche ; et un homme qui réunit toutes ces qualités, on l'appelle le brigand *Tchee* ! Général, j'en suis indigné !... Si vous vouliez me prendre pour conseiller, j'emploierais mon crédit pour vous gagner la faveur de tous les princes avoisinants ; je ferais bâtir une grande ville, pour être votre capitale ; je ferais réunir des centaines de milliers d'hommes, pour être vos sujets ; je ferais de vous un prince feudataire puissant et respecté. Général, croyez-moi, rendez la vie à l'empire, cessez de guerroyer, licenciez vos soldats, afin que les familles vaquent en paix à leur subsistance et aux offrandes des ancêtres. Suivez mon conseil, et vous acquerrez la réputation d'un Sage et d'un Brave ; tout l'empire vous applaudira.

Toujours furieux, *Tchee* répondit :

— Viens çà, *K'iou*, et sache qu'on n'embabouine que les petits esprits. Avais-je besoin de toi pour m'apprendre, que le corps que mes parents m'ont donné, est bien fait ? Crois-tu que tes compliments me touchent, moi qui sais que tu me dénigreras ailleurs plus que tu ne m'as flatté ici ? Et puis, l'appât chimérique avec lequel tu veux me prendre, est vraiment par trop grossier. Mais supposons que j'obtienne ce que tu m'as promis, combien de temps le garderai-je ? L'empire n'a-t-il pas échappé aux descendants de *Yao* et de *Chounn*, la postérité des empereurs *T'ang* et *Ou* n'est-elle pas éteinte, précisément parce que leurs ancêtres leur avaient laissé un patrimoine très riche *et par suite très convoité ? Le pouvoir ne dure pas, et le bonheur ne consiste pas, comme toi et les politiciens les semblables voudraient le faire croire, dans cette chose-là.* Au commencement il y avait beaucoup d'animaux et peu d'hommes. Durant le jour, ceux-ci recueillaient des glands et des châtaignes ; durant la nuit, ils se réfugiaient, sur les arbres, par peur des bêtes sauvages. Ce fut là la période dite des nids.... Puis vint l'âge des cavernes, durant lequel les hommes encore nus, ramassaient du combustible en été, pour se chauffer en hiver, première manifestation du soin pour l'entretien de la vie.... Puis vint l'âge de *Chenn-noung*, le premier agriculteur, âge de l'absolu sans-souci. Les hommes ne connaissaient que leur mère, pas leur père (pas de mariage). Ils vivaient en paix, avec les élans et les cerfs. Ils cultivaient assez pour manger, et filaient assez pour s'habiller. Personne ne faisait de tort à autrui. Ce fut là l'âge, où tout suivit son cours naturel, en perfection.... Hoang-ti mit fin à cet heureux âge. Le premier, il s'arrogea le pouvoir impérial, fit la guerre, livra bataille à *Tch'eu-You* dans la plaine de *Tchouo-lou*, versa le sang sur un espace de cent stades (en poursuivant les vaincus). Puis *Yao* et *Chounn* inventèrent les ministres d'État et le rouage administratif. Puis *Chang* renversa et exila son souverain *Kie, Ou* détrôna et mit à mort l'empereur *Tcheou*. Depuis lors, jusqu'à nos jours, les forts ont opprimé les faibles, la majorité a tyrannisé la minorité. Tous les empereurs et princes ont troublé le monde, à l'instar des premiers de leur espèce. Et toi *K'iou*, tu t'es donné pour mission de propager les principes du roi *Wenn* et de l'empereur *Ou*, tu prétends imposer ces principes à la postérité. C'est à ce titre que tu t'habilles et te ceins autrement que le commun, que tu pérores et que tu poses, dupant les princes, poussant tes intérêts personnels. Tu es sans contredit le premier des malfaiteurs, et, au lieu de m'appeler moi, par excellence, le brigand *Tchee*, le peuple devrait t'appeler toi, le brigand *K'iou*.... J'en appelle aux résultats de ton enseignement. Après avoir enjôlé *Tzeu-lou*, tu lui as fait déposer ses armes, tu l'as fait étudier. Le monde étonné se dit, *K'iou* sait adoucir les violents. L'illusion ne dura pas. Ayant tenté d'assassiner le prince de *Wei*, *Tzeu-lou* périt de male mort, et son cadavre salé (pour qu'il se conservât plus longtemps ; fut exposé sur la porte orientale de la capitale de *Wei*. Continuerai-je à énumérer les succès de l'homme de talent, du grand Sage, que tu te figures être ? A *Lou* on se défit de toi deux fois. De *Wei* tu fus expulsé. A *Ts'i* on faillit te faire un mauvais parti. Entre *Tch'enn* et *Ts'ai*, on t'assiégea. L'empire tout entier refuse de donner asile au maître qui fit saler son disciple *Tzeu-lou*. En résumé, tu n'as su être utile, ni à toi, ni aux autres, et tu prétends qu'on ait de l'estime pour ta doctrine !... *Cette doctrine, dis-tu, n'est pas ma doctrine. Elle remonte, par les anciens souverains, jusqu'à Hoang-ti. Fameux parangons, sur le compte desquels le vulgaire seul peut se tromper.* Déchaînant ses passions sauvages, *Hoang-ti* fit la première guerre, et ensanglanta la plaine de *Tchouo-lou*. *Yao* fut mauvais père. *Chounn* fut mauvais fils. *U* vola l'empire pour le donner à sa famille. *T'ang* bannit son souverain. *Ou* tua le sien. Le roi *Wenn* se fit emprisonner à *You-li*. Voilà les six parangons, dont tu imposes l'admiration au vulgaire. Considérés de près, ce furent des hommes, que l'amour de leur intérêts fit agir contre leur conscience et contre la nature ; des hommes dont tous les actes sont dignes du plus profond mépris.... Et tes autres grands hommes, ne périrent-ils pas tous victimes de leur bêtise ? Leurs utopies furent cause que *Pai-i* et *Chou-ts'i* moururent de faim et restèrent sans sépulture. Son idéalisme fut cause que *Pao-tsiao* se retira dans les forêts, où on le trouva mort, à genoux, embrassant le tronc d'un arbre. Son dépit de n'être pas écouté, fut cause que *Chenn-t'ou-ti* s'attacha une pierre sur le dos et se jeta dans le Fleuve, où les poissons et les tortues le dévorèrent. Le fidèle *Kie-tzeu-t'oei*, qui avait été jusqu'à nourrir son duc *Wenn* avec un morceau de sa cuisse, fut si sensible à l'ingratitude de celui-ci, qu'il se retira dans les bois, où il périt par le feu. *Wei-cheng* ayant donné rendez-vous à une belle sous un pont, se laissa noyer par l'eau montante, plutôt que de lui manquer de parole. En quoi, je te le demande, le sort de ces six hommes différa-t-il du sort d'un chien écrasé, d'un porc égorgé, d'un mendiant mort de misère ? Leurs passions causèrent leur mort. Ils auraient mieux fait d'entretenir leur vie dans la paix.... Tu donnes encore en exemple des ministres fidèles, comme *Pi-kan* et *Ou-tzeusu*. Or *Pi-kan*, mis à mort, eut le cœur arraché ; *Ou-tzeusu* dut se suicider, et son corps fut jeté à la rivière. Voilà ce que leur fidélité valut à ces fidèles, de devenir la risée du public.... Donc, de tous les exemples vécus que tu invoques en preuve de ton système, aucun n'est fait pour me convaincre, bien au contraire. Que si tu invoques des arguments d'outre-tombe, ces choses-là ne me prouvent rien....

A mon tour, moi je vais te donner une leçon pratique, sur ce qui en est, au vrai, de l'humanité. L'homme aime la satisfaction de ses yeux, de ses oreilles, de sa bouche, de ses instincts. Il n'a, pour assouvir ses penchants, que la durée de sa vie, soixante ans en moyenne, parfois quatre-vingt, rarement cent. Encore faut-il soustraire, de ces années, les temps de maladie, de tristesse, de malheur. Si bien que, dans un mois de vie, c'est à peine si un homme a quatre ou cinq journées de vrai contentement et de franc rire. Le cours du temps est infini, mais le lot de vie assigné à chacun est fini, et la mort y met un terme à son heure. Une existence n'est, dans la suite des siècles, que le bond du cheval qui saute un fossé. Or mon avis est, que quiconque ne sait pas faire durer cette vie si courte autant que possible, et ne satisfait pas durant ce temps tous les penchants de sa nature, n'entend rien à ce qu'est en réalité l'humanité.... Conclusion : Je nie, *K'iou*, tout ce que tu affirmes, et je soutiens tout ce que tu nies. Garde-toi de répliquer un seul mot ! Va-t-en bien vite ! Fou, hâbleur, utopiste, menteur, tu n'as rien de ce qu'il faut pour remettre les hommes dans leur voie. Je ne te parlerai pas davantage.

Confucius salua humblement, et sortit à la hâte. Quand il s'agit de monter dans sa voiture, il dut s'y prendre par trois fois pour trouver l'embrasse, tant il était ahuri. Les yeux éteints, la face livide, il s'appuya sur la barre, la tête ballante et haletant. Comme il rentrait en ville, à la porte de l'Est, il rencontra *Liouhia-ki*.

— Ah ! vous voilà, dit celui-ci. Il y a du temps, que je ne vous ai vu. Votre attelage paraît las. Ne seriez-vous pas allé voir *Tchee*, par hasard ?...

— Je suis allé le voir, dit Confucius, en levant les yeux au ciel, et soupirant profondément....

— Ah ! fit *Liouhia-ki* ; et a-t-il admis une seule des choses que vous lui avez dites ?...

— Il n'en a admis aucune, dit Confucius. Vous aviez bien raison. Cette fois, moi *K'iou*, j'ai fait comme l'homme qui se cautérisait alors qu'il n'était pas malade (je me suis donné du mal, et me suis mis en danger, en vain). J'ai tiré la moustache du tigre, et ai bien de la chance d'avoir échappé à ses dents.

▲**Tch29.B.** *Tzeu-tchang* qui étudiait en vue de se pousser dans la politique, demanda à *Man-keou-tei* :

— Pourquoi n'entrez-vous pas dans la voie de l'opportunisme (celle de Confucius et des politiciens de l'époque) ? Si vous n'y entrez pas, personne ne vous confiera de charge, vous n'arriverez jamais à rien. Cette voie est la plus sûre, pour arriver à la renommée et à la richesse. On y est aussi en compagnie distinguée.

— Vraiment ? dit *Man-keou-tei*. Moi, les politiciens me choquent, par l'impudeur avec laquelle ils mentent, par leurs intrigues pour enjôler des partisans. A leur opportunisme factice, je préfère la liberté naturelle.

— La liberté, dit *Tzeu-tchang*, *Kie* et *Tcheou* la prirent en toute chose. Ils furent tous les deux empereurs, et pourtant, si maintenant vous disiez à un voleur, vous êtes un *Kie*, ou vous êtes un *Tcheou*, ce voleur se tiendrait pour grièvement offensé, tant leur abus de la liberté a fait mépriser *Kie* et *Tcheou* par les plus petites gens.... Tandis que *K'oung-ni* et *Mei-ti*, plébéiens et pauvres, ont acquis par leur usage de l'opportunisme une réputation telle, que si vous dites à quelque ministre d'État, vous êtes un *K'oung-ni*, ou vous êtes un *Mei-ti*, ce grand personnage se rengorgera, se tenant pour très honoré. Cela prouve que ce n'est pas la noblesse du rang qui en impose aux hommes, mais bien la sagesse de la conduite.

— Est-ce bien vrai ? reprit *Man-keou-tei*. Ceux qui ont volé peu, sont enfermés dans les prisons. Ceux qui ont volé beaucoup, sont assis sur les trônes. Voler en grand, serait-ce opportunisme et sagesse ?... Et puis, les politiciens sont-ils vraiment les purs que vous dites ? C'est à la porte des grands voleurs (des princes feudataires), qu'on les trouve postés, en quémandeurs. *Siao-pai* duc *Hoan* de *Ts'i*, tua son frère aîné, pour épouser sa veuve ; et malgré cela *Koan-tchoung* consentit à devenir son ministre, et lui procura, per fas et nefas, le pas, comme hégémon, sur les autres feudataires. Confucius a accepté un cadeau de soieries de *Tien-Tch'eng-tzeu*, l'assassin de son prince et l'usurpateur de sa principauté. La morale naturelle exigeait que ces deux politiciens censurassent leurs patrons. Ils firent, au contraire, les chiens couchants, devant eux. C'est leur opportunisme (égoïste, visant au profit personnel), qui les fit ainsi descendre jusqu'à étouffer leur conscience. C'est d'eux qu'a été écrit ce texte : Oh ! le bien ; oh ! le mal.... Ceux qui ont réussi, sont les premiers ; ceux qui ne sont pas parvenus, sont les derniers.

Tzeu-tchang reprit :

— Si vous abandonnez toutes choses à la liberté naturelle, si vous n'admettez aucune institution artificielle, c'en sera fait de tout ordre dans le monde ; plus de rangs, plus de degrés, plus même de parenté.

Man-keou-tei dit :

— Est-ce que vos politiciens, qui affectent de faire tant de cas de ces choses, les ont bien observées ? Voyons vos parangons ! *Yao* mit à mort son fils aîné. *Chouan* exila son oncle maternel. Quel respect pour la parenté !... *T'ang* exila son suzerain *Kie*, *Ou* tua *Tcheou*. Quel respect pour les rangs !... Le roi *Ki* supplanta son frère aîné, le duc de *Tcheou* tua le sien. Quel respect pour les degrés !... Ah oui, les disciples de *K'oung-ni* parlent doucereusement, les disciples de *Mei-ti* prêchent la charité universelle, et voilà comme ils agissent pratiquement.

La discussion n'aboutissant pas, *Tzeu-tchang* et *Man-keou-tei* s'en remirent à un arbitre, lequel prononça ainsi :

— Vous avez tous les deux tort et raison, comme il arrive quand on tient une position trop tranchée. Le vulgaire ne voit que la richesse ; le politicien ne prise que la réputation. Pour arriver à leur but, ils luttent et s'usent. Sage est celui qui considère le oui et le non, du centre de la circonférence (comparez chap. 2 C), et qui laisse la roue tourner. Sage est celui qui agit quand les circonstances sont favorables, qui cesse d'agir quand il en est temps. Sage est celui qui ne se passionne pour aucun idéal. Toute poursuite d'un idéal est funeste. Leur obstination dans la loyauté, fit arracher le cœur à *Pi-kan*, et crever tes yeux à *Ou-tzeusu*. Leur acharnement à dire vrai, à tenir la parole donnée, poussa *Tcheu-koung* à témoigner en justice contre son père, et *Wei-cheng* à se laisser noyer sous un pont. Leur désintéressement inflexible, fit que *Pao-tzeu* mourut à genoux au pied d'un arbre, et que *Chenn-tzeu* fut ruiné par les artifices de *Ki* de *Li*. Confucius n'honora pas la mémoire de sa mère, *K'oang-tchang* se fit chasser par son père, pour cause de scrupules rituels exagérés. Ce sont là des faits historiques connus. Ils prouvent que toute position extrême devient fausse, que toute obstination exagérée ruine. *La sagesse consiste à se tenir au centre, neutre et indifférent.*

▲ **Tch29.C.** Inquiet dit à Tranquille :

— Tout le monde estime la réputation et la fortune. La foule courtise les parvenus, s'aplatit devant eux et les exalte. La satisfaction que ceux-ci en éprouvent, fait qu'ils vivent longtemps. Pourquoi ne vous poussez-vous pas ? Votre apathie est-elle défaut d'intelligence, ou manque de capacité, ou obstination dans certains principes a vous particuliers ?

Tranquille répondit :

— Je n'ai envie, ni de réputation, ni de fortune, parce que ces choses ne donnent pas le bonheur. Il est trop évident que ceux qui se poussent, faisant litière de tout principe gênant, se formant la conscience sur des précédents historiques quelconques ; il est trop évident, quoi que vous en disiez, que ces hommes n'obtiennent pas de vivre satisfaits et longtemps. Leur vie n'est, comme celle des plus vulgaires, qu'un tissu de travaux et de repos, de peines et de joies, de tâtonnements et d'incertitudes. Quelque avancés qu'ils soient, ils restent exposés aux revers, au malheur.

— Soit, dit Inquiet ; mais toujours est-il que, tant qu'ils possèdent, ils jouissent. Ils peuvent se procurer ce que le Sur-homme et le Sage n'ont pas. Quiconque a atteint une position élevée, c'est à qui lui prêtera ses bras, son intelligence, ses talents. Même dans une position moindre, le parvenu est encore privilégié. Pour lui tous les plaisirs des sens, toutes les satisfactions de la nature.

— Égoïsme repu, dit Tranquille. Est-ce là le bonheur ?... A mon avis, le Sage ne prend pour lui que strictement ce qu'il lui faut, et laisse le reste aux autres. Il ne se remue pas, il ne lutte pas. Toute agitation, toute compétition, est signe de passion morbide. Le Sage donne, se désiste, s'efface, renonce, sans s'en faire un mérite, sans attendre qu'on l'y force. Quand le destin l'a élevé au pinacle, il ne s'impose à personne, il ne pèse sur personne ; il pense au changement à venir, au tour éventuel de la roue, et est modeste en conséquence. Ainsi firent *Yao* et *Chounn*. Ils ne traitèrent pas le peuple avec bonté, mais ils ne lui firent aucun mal, par abstraction et précaution. *Chan-kuan* et *Hu-You* refusèrent le trône, par amour de la sécurité et de la paix. Le monde loue ces quatre hommes, qui agirent pourtant contrairement à ses principes. Ils ont acquis la célébrité, sans l'avoir recherchée.

— En tout cas, dit Inquiet, ils ne l'ont pas eue gratis. Au lieu des souffrances de l'administration, ils s'infligèrent celles de l'abstinence et des privations, une forme de vie équivalant à une mort prolongée.

— Du tout, dit Tranquille. Ils vécurent une vie commune. Or la vie commune, c'est le bonheur possible. Tout ce qui dépasse, rend malheureux. Avec ses oreilles pleines de musique et sa bouche remplie de mets ; le parvenu n'est pas heureux. Le souci de soutenir sa position, en fait comme une bête de somme qui gravit sans cesse la même pente, suant et soufflant. Toutes les richesses, toutes les dignités, n'éteindront pas la faim et la soif qui le tourmentent, la fièvre intérieure qui le dévore. Ses magasins étant pleins à déborder, Il ne cessera pas de désirer davantage, il ne consentira pas à rien céder. Sa vie se passera à monter la garde autour de ces amas inutiles, dans les soucis, dans la crainte. Il se barricadera dans son domicile, et n'osera pas sortir sans escorte, (de peur d'être pillé, enlevé, rançonné). N'est-ce pas là une vraie misère ? Eh bien, ceux qui la souffrent, ne la sentent pas. Inconscients dans le présent, ils ne savent pas non plus prévoir l'avenir. Quand l'heure du malheur sonnera, ils seront surpris, et tous leurs biens ne leur vaudront pas même un jour de répit. Bien fou est celui qui se fatigue l'esprit et qui use son corps, pour aboutir à pareille fin.

Chapitre 30

Spadassins

▲ **Tch30.A.** Le roi *Wenn* de *Tchao* était passionné pour l'escrime. Les spadassins de profession affluaient à sa cour. Il donnait l'hospitalité à plus de trois mille hommes de cette sorte, qui se battaient devant lui, quand il lui plaisait, de jour ou de nuit. Chaque année plus de cent étaient tués ou grièvement blessés dans ces joutes. Mais ces accidents ne refroidissaient pas la passion du roi. il y avait trois ans que ce manège durait. Le royaume se trouvant fort négligé, ses voisins jugèrent le moment favorable pour s'en emparer. Ce qu'ayant appris, le prince héritier *Li* fut très affligé. Il réunit ses amis et leur dit :

— Celui qui aura pu persuader au roi de mettre fin à ces combats de bretteurs, je lui donnerai mille taëls en récompense....

— *Tchoang-tzeu* seul est capable de faire cela, dirent les amis du prince.

Aussitôt le prince envoya des courriers, pour inviter *Tchoang-tzeu* et lui offrir mille taëls. *Tchoang-tzeu* refusa l'argent, mais suivit les envoyés.

— Que désirez-vous de moi, et pourquoi m'avez-vous offert mille taëls ? demanda-t-il au prince.

— J'ai ouï dire que vous êtes un Sage, dit celui-ci, voilà pourquoi j'ai commencé par vous envoyer respectueusement mille taëls, en attendant ce qui viendra ensuite. Vous avez refusé mon présent. Comment oserais-je alors vous dire ce que je désirais de vous ?

— J'ai ouï dire, dit *Tchoang-tzeu*, que vous désirez que je guérisse le roi votre père d'une certaine passion. Si je l'offense, il me tuera ; si je ne réussis pas, vous m'en ferez peut-être autant ; dans les deux cas, vos mille taëls seront de trop (ne me serviront pas). Si je plais au roi et vous contente, alors vos mille taëls? Ils seront trop peu. Voilà pourquoi j'ai refusé votre argent.

— Bien, dit le prince. Notre roi n'aime que les spadassins.

— Je sais, dit *Tchoang-tzeu*. Je tire fort bien de l'épée.

— Parfait, fit le prince. Seulement, les spadassins du roi portent tous un turban à gland et un pourpoint étroit ; ils ont des mines féroces et le verbe très haut. Le roi ne prise plus que ce genre. Si vous vous présentez à lui en robe de lettré, il ne vous regardera même pas.

— Alors, fit *Tchoang-tzeu*, faites-moi faire le costume en question.

Trois jours plus tard, le prince présenta au roi *Tchoang-tzeu* costumé en spadassin. Le roi le reçut, l'épée nue à la main. *Tchoang-tzeu* s'avança vers lui lentement (pour éviter de se faire prendre pour un assassin déguisé), et ne le salua pas (même raison).

— Pourquoi, lui demanda le roi, vous êtes-vous fait annoncer à moi par mon fils ?

— J'ai ouï dire, fit *Tchoang-tzeu*, que vous aimez les duels à l'épée. Je voudrais vous montrer ce que je sais faire en ce genre.

— De quelle force êtes-vous ? demanda le roi.

— Voici, dit *Tchoang-tzeu* : placez un spadassin de dix en dix pas, sur mille stades de longueur ; je leur passerai sur le corps à tous, à la file.

— Ah ! fit le roi ravi ; vous n'avez pas votre pareil.

— Et voici ma théorie, dit *Tchoang-tzeu* : J'attaque mollement, je laisse venir l'adversaire, il s'échauffe, je feins de fléchir, il s'emballe, je l'embroche. Voulez-vous me permettre de vous montrer la chose ?

— Pas si vite, maître, fit le roi inquiet. Allez d'abord vous reposer. Quand les préparatifs auront été faits, je vous ferai mander.

▲**Tch30.B.** Alors le roi fit faire l'exercice à ses spadassins, durant sept jours de suite. Plus de soixante furent tués ou blessés. Le roi choisit les cinq ou six plus habiles, les rangea au bas de la grande salle, l'épée à la main, prêts à combattre, puis ayant mandé *Tchoang-tzeu*, il lui dit :

— Je vais vous mettre en présence de ces maîtres....

— J'ai dû attendre assez longtemps, dit *Tchoang-tzeu*.

— Quelles sont les dimensions de votre épée ? demanda le roi.

— Toute épée me va, dit *Tchoang-tzeu*. Cependant, il en est trois que je préfère. A votre choix.

— Expliquez-vous, dit le roi.

— Ce sont, dit *Tchoang-tzeu*, l'épée de l'empereur, l'épée du vassal, l'épée du vulgaire.

— Qu'est-ce que l'épée de l'empereur ? demanda le roi....

— C'est, fit *Tchoang-tzeu*, celle qui couvre tout à l'intérieur des quatre frontières, celle qui s'étend jusque sur les barbares limitrophes, celle qui règne des montagnes de l'ouest à la mer orientale. Suivant le cours des deux principes et des cinq éléments, des lois de la justice et de la clémence, elle se repose au printemps et en été (saisons des travaux), elle sévit en automne et en hiver (saisons des exécutions et des guerres). A ce glaive tiré de son fourreau et brandi, rien ne résiste. Il force tout être à la soumission. C'est là l'épée de l'empereur.

Surpris, le roi demanda :

— Qu'est-ce que l'épée du vassal ?...

— C'est, dit *Tchoang-tzeu*, une arme faite de bravoure, de fidélité, de courage, de loyauté, de sagesse. Brandi sur une principauté, conformément aux lois du ciel de la terre et des temps, ce glaive maintient la paix et l'ordre. Redouté comme la foudre, il empêche toute rébellion. Voilà l'épée du vassal.

— Et l'épée du vulgaire, qu'est-ce ? demanda le roi....

— C'est, dit *Tchoang-tzeu*, le fer qui est aux mains de certains hommes, qui portent un turban à gland et un pourpoint étroit ; qui roulent des yeux féroces et ont le verbe très haut ; qui se coupent la gorge, se percent le foie ou les poumons, dans des duels sans but ; qui s'entre-tuent, comme font les coqs de combat, sans aucune utilité pour leur pays. O roi ! vous qui êtes peut-être prédestiné à devenir le maître de l'empire, n'est-il pas au-dessous de vous, de priser tant cette arme-là ?

Le roi comprit. Il prit *Tchoang-tzeu* par le bras, et le conduisit au haut de la salle, où un festin était servi. Tout hors de lui, le roi errait autour de la table.... Remettez-vous et prenez place, lui dit *Tchoang-tzeu* ; je n'en dirai pas plus long sur les épées (ne vous ferai pas honte davantage).

Ensuite le roi *Wenn* s'enferma dans ces appartements durant trois mois, réfléchissant sur sa conduite. Durant ce temps, ses spadassins achevèrent de s'entretuer. (Certains commentateurs expliquent, ils se suicidèrent tous, de dépit. En tout cas, l'espèce fut éteinte, et l'abus cessa.)

CHAPITRE 31

LE VIEUX PÊCHEUR

▲ **Tch31.A.** Confucius se promenant dans la forêt de *Tzeu-wei*, s'assit pour se reposer près du tertre *Mang-t'an*. Les disciples prirent leurs livres. Le maître toucha sa cithare et se mit à chanter.

Le chant attira un vieux pêcheur. Ses cheveux grisonnants défaits, ses manches retroussées, le vieillard descendit de sa barque, gravit la berge, approcha, posa sa main gauche sur son genou, prit son menton dans sa main droite, et écouta attentivement. Quand le chant fut fini, il fit signe de la main à *Tzeu-koung* et *Tzeu-fou*. Tous deux étant venus à lui :

— Qui est celui-ci ? demanda le vieillard, en désignant Confucius.

— C'est, dit *Tzeu-fou*, le Sage de *Lou*.

— Comment s'appelle-t-il ? demanda le vieillard.

— Il s'appelle *K'oung*, dit *Tzeu-fou*.

— Et que fait ce *K'oung* ? demanda le vieillard.

— Il s'efforce, dit *Tzeu-koung*, de faire revivre la sincérité, la loyauté, la bonté et l'équité, les rits et la musique, pour le plus grand bien de la principauté de *Lou* et de l'empire.

— Est-il prince ? demanda le vieillard.

— Non, fit *Tzeu-koung*.

— Est-il ministre ? demanda le vieillard.

— Non, fit encore *Tzeu-koung*.

Le vieillard sourit et se retira. *Tzeu-koung* l'entendit murmurer :

— Bonté ! équité ! c'est fort beau sans doute, mais il aura de la chance s'il ne se perd pas à ce jeu. En tout 485 cas, les soucis et le mal qu'il se donne, nuiront, en usant son esprit et son corps, à sa vraie perfection. Qu'il est loin de la science du Principe !

Tzeu-koung rapporta ces paroles à Confucius, qui repoussa vivement la cithare posée sur ses genoux, se leva en disant :

— C'est là un Sage,

et descendit la berge pour demander un entretien au vieillard. Celui-ci enfonçait justement sa gaffe, pour déborder sa barque. A la vue de Confucius, il s'arrêta et se tourna vers lui. Confucius s'avança en saluant.

— Que désirez-vous de moi ?

lui demanda le vieillard. Confucius dit :

— Vous avez prononcé tout à l'heure des paroles, dont je ne pénètre pas le sens. Je vous prie respectueusement de vouloir bien m'instruire pour mon bien.

— Ce désir est très louable, dit le vieillard.

▲ **Tch31.B.** Confucius se prosterna, puis, s'étant relevé, il dit :

— Depuis ma jeunesse, jusqu'à cet âge de soixante-neuf ans

(avant-dernière année de sa vie), moi K'*iou* j'ai étudié sans cesse, sans être instruit dans la science suprême (taoïsme). Maintenant que l'occasion m'en est donnée, jugez de l'avidité avec laquelle je vais vous écouter.

Le vieillard dit :

— Je ne sais si nous nous entendrons ; car la loi commune est, que ceux-là seuls s'entendent, dont les sentiments se ressemblent. En tout cas, et à tout hasard, je vais vous dire mes principes, et les appliquer à votre conduite.... Vous vous occupez exclusivement des affaires des hommes. L'empereur, les seigneurs, les officiers, la plèbe, voilà vos thèmes ; parlons-en. Vous prétendez morigéner ces quatre catégories, les obliger à se bien conduire, le résultat final étant un ordre parfait, dans lequel tout le monde vivra heureux et content. Arriverez-vous vraiment à créer un monde sans maux et sans plaintes ?... Il suffit, pour affliger le plébéien, que son champ ne rapporte pas, que son toit goutte, qu'il manque d'aliments ou d'habits, qu'on lui impose une nouvelle taxe, que les femmes de la maison se disputent, que les jeunes manquent de respect aux vieux. Comptez-vous vraiment arriver à supprimer toutes ces choses ?... Les officiers se chagrinent des difficultés de leurs charges, de leurs insuccès, des négligences de leurs subordonnés, de ce qu'on ne reconnaît pas leurs mérites, de ce qu'ils n'avancent pas. Pourrez-vous vraiment changer tout cela ?... Les seigneurs se plaignent de la déloyauté de leurs officiers, des rébellions de leurs sujets, de la maladresse de leurs artisans, de la mauvaise qualité des redevances qu'on leur paye en nature, de l'obligation de paraître souvent à la cour les mains pleines, de ce que l'empereur n'est pas content de leurs présents. Ferez-vous vraiment que tout cela ne soit plus ?... L'empereur s'afflige des désordres dans le *yinn* et le *yang*, le froid et le chaud, qui nuisent à l'agriculture et font souffrir le peuple. Il s'afflige des querelles et des guerres de ses feudataires, qui coûtent la vie à beaucoup d'hommes. Il s'afflige de ce que ses règlements sur les rits et la musique sont mal observés, de ce que ses finances sont épuisées, de ce que les relations sont peu respectées, de ce que le peuple se conduit mal. Comment ferez-vous, pour supprimer tous ces désordres ? Avez-vous qualité, avez-vous pouvoir, pour cela ? Vous qui n'êtes ni empereur, ni seigneur, ni même ministre ; simple particulier, vous prétendez réformer l'humanité N'est-ce pas vouloir plus que vous ne pourrez faire ?... Avant de voir la réalisation de votre rêve, il vous faudrait préalablement délivrer les hommes des huit manies que je vais vous énumérer : manie de se mêler de ce qui n'est pas son affaire ; manie de parler sans considération préalable ; manie de mentir ; manie de flatter ; manie de dénigrer ; manie de semer la discorde ; manie de faire à ses amis une fausse réputation ; manie d'intriguer et de s'insinuer. Etes-vous homme à faire disparaître tous ces vices ?... Et les quatre abus suivants : démangeaison d'innover pour se rendre célèbre ; usurpation du mérite d'autrui pour s'avancer soi-même ; entêtement dans ses défauts en dépit des remontrances ; obstination dans ses idées en dépit des avertissements ; changerez-vous tout cela ?... Quand vous l'aurez fait, alors vous pourrez commencer à exposer aux hommes vos théories sur la bonté et l'équité, avec quelque chance qu'ils y comprendront quelque chose.

▲ Tch31.C. Le visage altéré et soupirant d'émotion, Confucius se prosterna pour remercier de la leçon, se releva et dit :

— Passe que je sois un utopiste, mais je ne suis pas un malfaiteur. Alors pourquoi suis-je ainsi partout honni, persécuté, expulsé ? Qu'est-ce qui m'attire tous ces maux ? Je n'y comprends rien.

— Vous n'y comprenez rien, fit le vieillard étonné ; vraiment, vous êtes bien borné. C'est votre manie de vous occuper de tous et de tout, de poser en censeur et en magister universel, qui vous attire ces tribulations. Ecoutez cette histoire : Un homme avait peur de l'ombre de son corps et de la trace de ses pas. Pour s'en délivrer, il se mit à fuir. Or, plus il fit de pas, plus il laissa d'empreintes ; quelque vite qu'il courût, son ombre ne le quitta pas. Persistant malgré tout à croire qu'il finirait par la gagner de vitesse, il courut tant et si bien qu'il en mourut. L'imbécile ! S'il s'était assis dans un lieu couvert, son corps n'aurait plus projeté d'ombre ; s'il s'était tenu bien tranquille, ses pieds n'auraient plus produit d'empreintes ; il n'avait qu'à se tenir en paix, et tous ses maux disparaissaient.... Et vous qui, au lieu de vous tenir en paix, faites métier d'ergoter sur la bonté et l'équité, sur les ressemblances et les dissemblances, sur je ne sais quelles subtilités oiseuses, vous vous étonnez des conséquences de cette manie, vous ne comprenez pas que c'est en agaçant tout le monde que vous vous êtes attiré la haine, universelle ? Croyez-moi, du jour où vous ne vous occuperez plus que de vous-même, et vous appliquerez à cultiver votre fonds naturel ; du jour où, rendant aux autres ce qui leur revient, vous les laisserez tranquilles ; de ce jour, vous n'aurez plus aucun ennui. C'est en fermant les yeux sur vous-même, et en les ouvrant trop sur les autres, que vous vous attirez tous vos malheurs.

▲ **Tch31.D.** Tout déconfit, Confucius demanda :

— Qu'est-ce que mon fonds naturel ?

— Le fonds naturel, dit le vieillard, c'est la simplicité, la sincérité, la droiture, que chacun apporte en naissant. Cela seul influence les hommes. Personne n'est touché par un verbiage fallacieux ; par des larmes, des éclats, un pathos de comédien. Tandis que les sentiments vrais se communiquent à autrui, sans artifice de paroles ni de gestes. C'est qu'ils émanent du fonds naturel, de la vérité native. De ce fonds naissent toutes les vertus vraies, l'affection des parents et la piété des enfants, la loyauté envers le prince, la joie communicative dans les festins, la compassion sincère lors des funérailles. Ces sentiments sont spontanés et n'ont rien d'artificiel, tandis que les rits dans lesquels vous prétendez enserrer tous les actes de la vie, sont une comédie factice. Le fonds naturel, c'est la part que chaque homme a reçu de la nature universelle. Son dictamen est invariable. Il est l'unique règle de conduite du Sage, qui méprise toute influence humaine. Les imbéciles font tout l'inverse. Ils ne tirent rien de leur propre fonds, et sont à la merci de l'influence d'autrui. Ils ne savent pas estimer la vérité qui est en eux, mais partagent les frivoles et volages affections du vulgaire. C'est dommage, maître, que vous ayez passé toute votre vie dans le mensonge, et n'ayez entendu que si tard exposer la vérité.

▲ **Tch31.E.** Confucius se prosterna, se releva, salua et dit :

— Quel bonheur que je vous aie rencontré ! Quelle faveur du ciel ! Ah ! maître, ne me jugez pas indigne de devenir votre serviteur, afin qu'en vous servant j'aie l'occasion d'en apprendre davantage. Dites-moi, s'il vous plaît, où vous demeurez. j'irai demeurer chez vous, pour achever de m'instruire.

— Non, dit le vieillard. L'adage dit : ne révèle les mystères qu'à qui est capable de te suivre ; ne le révèle pas à qui est incapable de les comprendre. Vos préjugés sont trop invétérés pour être guérissables. Chercher ailleurs. Moi je vous laisse...

Et ce disant, le vieillard donna un coup de gaffe, et disparut avec sa barque parmi les verts roseaux.

▲ **Tch31.F.** Cependant *Yen-yuan* avait préparé le char pour le retour, *Tzeu-lou* présentait l'embrasse. Mais Confucius ne pouvait se détacher du rivage. Enfin, quand le sillage de la barque fut entièrement aplani, quand aucun bruit de gaffe ne parvint plus à son oreille, il se décida, comme à regret, à prendre place dans son char. *Tzeu-lou* qui marchait à côté, lui dit :

— Maître, voilà longtemps que je vous sers. Jamais je ne vous ai vu manifester autant de respect et de déférence, à qui que ce soit. Reçu par des princes et par des seigneurs, traité par eux en égal, vous avez toujours été hautain et dédaigneux. Et voici qu'aujourd'hui, devant ce vieillard appuyé sur sa gaffe, vous avez fléchi vos reins à angle droit pour l'écouter, vous vous êtes prosterné avant de lui répondre. Ces témoignages de vénération n'avaient-ils pas quelque chose d'excessif ? Nous disciples en sommes surpris. A quel titre ce vieux pêcheur était-il digne de pareilles démonstrations ?

Incliné sur la barre d'appui, Confucius soupira et dit :

— *You*, tu es décidément incorrigible ; mon enseignement glisse, sans effet, sur ton esprit par trop grossier. Approche et écoute ! Ne pas vénérer un vieillard, c'est manquer aux rits. Ne pas honorer un Sage, c'est manquer de jugement. Ne pas s'incliner devant la vertu qui rayonne dans un autre, c'est se faire tort à soi-même. Retiens cela, butor !... Et si cela est vrai de toute vertu, combien plus est-ce vrai de la science du Principe, par lequel tout ce qui est subsiste, dont la connaissance est vie et l'ignorance mort. Se conformer au Principe donne le succès, s'opposer à lui c'est la ruine certaine. C'est le devoir du Sage d'honorer la science du Principe partout où il la rencontre. Or ce vieux pêcheur la possède. Pouvais-je ne pas l'honorer comme j'ai fait ?

CHAPITRE 32

SAGESSE

▲ **Tch32.A**. *Lie-uk'eou* (*Lie-tzeu*) qui allait à *Ts'i*, revint alors qu'il était à mi-chemin. Il rencontra *Pai-hounn-ou-jenn* qui lui demanda :

— Pourquoi revenez-vous ainsi sur vos pas ?

— Parce que j'ai eu peur, dit *Lie-uk'eou*.

— Peur de quoi ? fit *Pai-hounn-ou-jenn*.

— Je suis entré, dit *Lie-uk'eou*, dans dix débits de soupe, et cinq fois on m'a servi le premier.

— Et vous avez eu peur, fit *Pai-hounn-ou-jenn*?... de quoi ?

— J'ai pensé, dit *Lie-uk'eou*, que malgré mon strict incognito, mes qualités transparaissaient sans doute à travers mon corps. Car comment expliquer autrement cette déférence, de la part de gens si vulgaires ? Si j'étais allé jusqu'à *Ts'i*, peut-être que le prince, ayant connu lui aussi ma capacité, m'aurait chargé du soin de sa principauté qui le fatigue. C'est cette éventualité qui m'a effrayé et fait revenir sur mes pas.

— C'est bien pensé, dit *Pai-hounn-ou-jenn*; mais je crains bien qu'on ne vous relance à domicile.

Et de fait, peu de temps après, *Pai-hounn-ou-jenn* étant allé visiter *Lie-uk'eou*, vit devant sa porte une quantité de souliers. Il s'arrêta, appuya son menton sur le bout de sa canne, songea longuement, puis se retira. Cependant le portier avait averti *Lie-uk'eou*. Saisissant ses sandales, sans prendre le temps de les chausser, celui-ci courut après son ami. L'ayant rattrapé à la porte extérieure, il lui dit :

— C'est ainsi que vous partez, sans m'avoir donné aucun avis ?

— A quoi bon désormais ? fit *Pai-hounn-ou-jenn*. Ne vous avais-je pas averti qu'on vous relancerait à domicile ? Je sais bien que vous n'avez rien fait pour attirer tout ce monde, mais vous n'avez rien fait non plus pour le tenir à distance. Maintenant que vous êtes livré à la dissipation, à quoi vous serviraient mes avis ? Sans doute vos visiteurs profiteront de vos qualités, mais vous pâtirez de leur conversation. Pareilles gens ne vous apprendront rien. Les propos du vulgaire sont un poison, non un aliment, pour un homme comme vous. A quoi bon les intimités avec des gens qui sentent et pensent différemment. C'est l'ordinaire, que les habiles s'usent, que les savants se fatiguent, comme vous faites. Et pour qui ? Pour des êtres frivoles et unis, qui ne savent que se promener entre leurs repas, errant à l'aventure comme un bateau démarré qui s'en va à vau-l'eau, se payant à l'occasion un entretien avec un Sage pour distraire leur ennui.

▲**Tch32.B.** Un certain *Hoan* de la principauté *Tcheng*, ayant rabâché les livres officiels durant trois ans, fut promu lettré. Cette promotion illustra toute sa famille. Pour empêcher que son frère cadet ne l'éclipsât, le nouveau lettré lui fit embrasser les doctrines de *Mei-ti*. Il en résulta que les deux frères ne cessant de discuter, et le père tenant pour le cadet contre l'aîné, ce fut, à la maison, la dispute perpétuelle. Après dix années de cette vie, n'y tenant plus, *Hoan* se suicida. L'animosité du père et du frère survécut à sa mort. Ils ne visitèrent pas sa tombe, et ne lui firent pas d'offrandes. Un jour *Hoan* apparut en songe à son père, et lui dit :

— Pourquoi m'en vouloir ainsi ? N'est-ce pas moi qui ai fait de votre second fils un sectateur de *Mei-ti*, dont vous aimez tant la doctrine ? Vous devriez m'être reconnaissant !

Depuis lors Hoan reçut ses offrandes.

Ceci prouve que l'auteur des hommes (le Principe), ne rétribue pas tant en eux les intentions, que l'accomplissement par eux du destin. *Hoan*, en faisant de son frère un sectateur de *Mei-ti*, était mû par un sentiment de bas égoïsme, comme ceux qui interdisent aux autres de boire de l'eau de leur puits. Cependant, en ce faisant, il agit bien, car le destin voulait que son frère devînt un sectateur de *Mei-ti*, et le reste. Il échappa donc au châtiment du ciel, comme disaient les anciens. *Son action lui fut imputée, son intention ne lui fut point imputée.*

▲ **Tch32.C.** Le Sage diffère du commun, en ce qu'il se tient tranquille et évite ce qui le troublerait. Le vulgaire fait tout le contraire, cherchant le trouble, fuyant la paix.

— Pour qui a connu le Principe, il faut encore n'en pas parler, ce qui est difficile, dit *Tchoang-tzeu*. Savoir et se taire, voilà la perfection. Savoir et parler, c'est imperfection. Les anciens tendaient au parfait. *Tchou-p'ingman* apprit de *Tcheu-li i* l'art de tuer les dragons. Il paya la recette mille taëls, toute sa fortune. Il s'exerça durant trois ans. Quand il fut sûr de son affaire, il ne fit ni ne dit jamais rien.

— Alors à quoi bon ? Quand on est capable, il faudrait le montrer, dit le vulgaire....

Le Sage ne dit jamais *il faudrait....* Des *il faudrait*, naissent les troubles, les guerres, les ruines.

Empêtré dans les détails multiples, embarrassé dans les soucis matériels, l'homme médiocre ne peut pas tendre vers le Principe de toutes choses, vers la grande Unité incorporelle. Il est réservé au sur-homme, de concentrer son énergie sur l'étude de ce qui fut avant le commencement, de jouir dans la contemplation de l'être primordial obscur et indéterminé, tel qu'il fut alors qu'existaient seulement les eaux sans formes, jaillissant dans la pureté sans mélange. O hommes, vous étudiez des fétus, et ignorez le grand repos (dans la science globale du Principe).

▲**Tch32.D.** Un certain *Ts'ao-chang*, politicien de *Song*, fut envoyé par son prince au roi de *Ts'inn*. Parti en assez modeste équipage, il revint avec une centaine de chars, chargés des cadeaux reçus du roi de *Ts'inn*, auquel il avait plu extrêmement. Il dit à *Tchoang-tzeu* :

— Jamais je ne pourrais me résoudre à vivre comme vous dans une ruelle de village, mal vêtu et mal chaussé, maigre et hâve à force de faim et de misère. J'aime mieux courtiser les princes. Cela vient encore de me rapporter cent charretées de présents.

Tchoang-tzeu répondit :

— Je sais le tarif du roi de *Ts'inn*. Au chirurgien qui lui ouvre un abcès, il donne une charretée de cadeaux ; il en donne cinq charretées, à celui qui lui lèche ses hémorroïdes. Plus le service qu'on lui rend est vil, mieux il le paye. Qu'avez-vous bien pu lui faire, pour recevoir encore plus que celui qui lui lèche ses hémorroïdes ? Débarrassez-moi de votre présence !

▲**Tch32.E.** Le duc *Nai* de *Lou* demanda à *Yen-ho* :

— Si je faisais de *Tchoung-ni* (Confucius) mon premier ministre, mon duché s'en trouverait-il bien ?

— Il se trouverait en grand danger, dit *Yen-ho*. *Tchoung-ni* est un homme de petits détails (un peintre d'éventails), beau discoureur, se grimant pour plaire, s'agitant pour faire effet. Il n'admet que ses propres idées, et ne suit que ses imaginations.

Alors, quel bien pourrait-il faire à votre peuple ? Si vous le faisiez ministre, vous ne tarderiez pas à vous en repentir. Détourner les hommes du vrai, et leur enseigner le faux, cela ne profite pas. Et puis, dans ce qu'il fait, cet homme cherche son propre avantage. Agir ainsi, ce n'est pas agir comme le ciel, cela ne profite donc pas. Si vous introduisiez un marchand dans la hiérarchie de vos officiers, l'opinion publique s'en offenserait. Elle s'offenserait bien davantage, si vous faisiez ministre ce trafiquant en politique. Cet homme ne réussira à rien, et ne finira pas bien. Il est des crimes extérieurs, que le bourreau punit. Il est des crimes intérieurs (l'ambition de Confucius), que le *yinn* et le *yang* châtient (usure du corps, mort prématurée). Seul le Sage échappe à la sanction pénale.

▲ **Tch32.F.** Confucius dit :

— Le cœur humain est de plus difficile abord que les monts et les fleuves ; ses sentiments sont plus incertains que ceux du ciel. Car le ciel a des mouvements extérieurs, par lesquels on peut conjecturer ses intentions ; tandis que l'extérieur de l'homme ne trahit pas, quand il ne le veut pas, ses sentiments intimes. Certains paraissent droits, alors qu'ils sont passionnés ; d'autres paraissent frustes, alors qu'ils sont habiles ; d'autres paraissent simples, qui sont pleins d'ambition ; d'autres paraissent fermes, alors qu'ils sont trop souples ; d'autres paraissent lents, qui sont précipités. Certains qui paraissent altérés de justice, en ont peur comme du feu. Aussi le Sage ne se fie-t-il jamais à l'apparence. Il essaye les hommes ; près de lui, pour s'assurer de leur révérence ; en mission lointaine, pour s'assurer de leur fidélité. En leur confiant des affaires à traiter, il se rend compte de leur talent. Par des questions posées à l'improviste, il se rend compte de leur science. En leur fixant des dates, il se rend compte de leur exactitude. En les enrichissant, il se renseigne sur leur esprit de bienfaisance. En les exposant au danger, il met à l'épreuve leur sang-froid. En les soûlant, il s'assure de leurs sentiments intimes. En les mettant en contact avec des femmes, il constate le degré de leur continence. Les neuf épreuves susdites, font distinguer l'homme supérieur de l'homme vulgaire.[107]

▲ **Tch32.G.** Quand *K'ao-fou le Droit* reçut sa première charge, il baissa la tête ; à la seconde, il fléchit le dos ; quand on lui en imposa une troisième, il s'enfuit ; voilà un bon modèle. Les hommes vulgaires font tout autrement. A leur première charge, ils dressent la tête ; à la seconde, ils prennent de grands airs sur leur char ; à la troisième, ils se mettent à tutoyer ceux qui leur sont supérieurs par la parenté ou l'âge ; jamais les anciens ne firent ainsi.

Rien n'est plus fatal, que la conduite intéressée, avec intrigues et arrière-pensées.

Rien ne ruine, comme l'admiration de ses propres œuvres, jointe à la dépréciation de celles d'autrui.

Huit choses, qui paraissent avantageuses, sont ruineuses ; à savoir, exceller par sa beauté, sa barbe, sa taille, sa corpulence, sa force, son éloquence, sa bravoure, son audace. Trois choses, qui paraissent des défauts, procurent au contraire souvent la fortune ; à savoir, le manque de caractère, l'indécision, la timidité. Six choses remplissent l'esprit de pensées, de souvenirs, de préoccupations ; à savoir, le commerce affable qui crée des amis, la conduite violente qui fait des ennemis, le souci de la bonté et de l'équité qui remplit de distractions, le soin de la santé qui engendre l'hypocondrie, les rapports avec les savants qui donnent le goût de l'étude les relations avec les grands qui donnent l'envie de se pousser, et la fréquentation des hommes vulgaires qui donne envie de profiter comme eux de toute occasion pour faire ses affaires.

---

[107] Confucéisme cauteleux, astucieux, méticuleux. Pour le taoïste, c'est l'union au Principe, qui fait l'homme supérieur, avec les vues larges qui s'ensuivent.

▲ **Tch32.H.** Un politicien en quête d'un maître à servir, ayant fait sa cour au roi de *Song*, avait reçu dix charretées de présents, qu'il montra à *Tchoang-tzeu* avec une ostentation puérile. *Tchoang-tzeu* lui dit :

— Au bord du Fleuve, une pauvre famille vivait péniblement de tresser des nattes, (métier très peu lucratif). Ayant plongé dans les eaux, le fils de la famille en retira une perle valant bien mille taëls. Quand son père l'eut vue, vite, dit-il, prends une pierre et brise-la ! Les perles de cette, grosseur, ne se trouvent que tout au fond de l'abîme, sous le menton du dragon noir. Quand tu l'as prise, le dragon dormait sans doute. A son réveil, il la cherchera, et s'il la trouve chez nous, ce sera notre perte.... Or le royaume de *Song* est aussi un abîme, et son roi est pire que le dragon noir. Il était distrait sans doute, quand vous avez mis la main sur ces dix charretées de belles choses. S'il se ravise, vous serez écrabouillé.

▲ **Tch32.I.** Un prince ayant fait inviter *Tchoang-tzeu* à devenir son ministre, celui-ci répondit à l'envoyé :

— Le bœuf destiné au sacrifice, est revêtu d'une housse brodée, et reçoit une provende de choix. Mais un jour on le conduit au grand temple (pour y être abattu). A ce moment-là, il préférerait être le bœuf le plus vulgaire, dans le dernier des pâturages. Ainsi en va-t-il des ministres des princes. Honneurs d'abord, disgrâce et mort en son temps.

▲ **Tch32.J.** Quand *Tchoang-tzeu* fut près de mourir, ses disciples manifestèrent l'intention de se cotiser pour lui faire des funérailles plus décentes.

— Pas de cela ! dit le mourant. J'aurai assez du ciel et de la terre comme bière, du soleil de la lune et des étoiles comme bijoux (on en mettait dans les cercueils), de la nature entière comme cortège. Pourrez-vous me donner mieux, que ce grand luxe ?

— Non, dirent les disciples, nous ne laisserons pas votre cadavre non enseveli, en proie aux corbeaux et aux vautours.

— Et, pour lui éviter ce sort, dit *Tchoang-tzeu*, vous le ferez dévorer enseveli par les fourmis. En priver les oiseaux, pour le livrer aux insectes, est-ce juste ?

Par ces paroles suprêmes, *Tchoang-tzeu* montra sa foi dans l'identité de la vie et de la mort, son mépris de toutes les vaines et inutiles conventions. A quoi bon vouloir aplanir, avec ce qui n'est pas plan ? A quoi bon vouloir faire croire, avec ce qui ne prouve rien ? Quelle proportion ont, avec le mystère de l'au-delà, les rits et les offrandes ? Les sens ne suffisent que pour l'observation superficielle, l'esprit seul pénètre et fait conviction. Cependant le vulgaire ne croit qu'à ses yeux, et n'use pas de son esprit. De là les vains rits et les simulacres factices, pour lesquels le Sage n'a que du dédain.

CHAPITRE 33

ÉCOLES DIVERSES

▲ Tch33.A. Bien des recettes pour gouverner le monde ont été inventées par différents auteurs, chacun donnant la sienne pour la plus parfaite. Or il s'est trouvé, que toutes étaient insuffisantes. Un seul procédé est efficace, laisser agir le Principe, sans le contrecarrer. Il est partout, il pénètre tout. Si les influx transcendants descendent du ciel et montent de la terre, si des Sages sont produits, c'est grâce à lui, immanent dans le tout universel. Plus son union avec le Principe est étroite, plus l'homme est parfait. Les degrés supérieurs de cette union, font les hommes célestes, les hommes transcendants, les sur-hommes. Puis viennent les Sages, qui savent spéculativement, que le ciel, manifestation sensible du Principe, est l'origine de tout ; que son action est la racine de tout ; que tout sort du Principe, par voie d'évolution, et y retourne. Enfin les princes appliquent pratiquement ces idées, par leur bonté bienfaisante, leur équité rationnelle, les rits qui règlent la conduite, la musique qui produit l'entente, un parfum de bienveillance qui pénètre tout. Ainsi firent les princes de l'antiquité, conseillés par leurs sages. Ils distinguèrent les cas, et leur appliquèrent des lois. Ils qualifièrent et dénommèrent. Ils approfondirent toutes choses, par la considération et l'examen. Enfin, tout étant mis au clair, ils prirent des mesures réglées comme un deux trois quatre. Depuis lors l'engrenage des officiers fonctionna. les affaires suivirent leur cours, le soin du peuple devint la grande affaire, l'élevage du bétail fut encouragé ; les vieillards et les enfants, les orphelins et les veuves, devinrent l'objet d'une grande sollicitude ; tout ce qu'il fallait faire raisonnablement pour le bien commun fut fait. En prenant cette peine, les anciens collaboraient avec les Influx transcendants célestes et terrestres, avec l'action du ciel et de la terre. Ils nourrissaient les vivants, maintenaient la paix, étendaient leurs bienfaits à tous. Des principes parfaitement pénétrés, ils tiraient des applications variées, agissant dans toutes les directions, sur les êtres les plus divers. Les vieilles lois transmises d'âge en âge, conservées encore en grand nombre dans les histoires, témoignent de la science théorique et pratique des anciens.

Puis vinrent les Odes, les Annales, les Rits, les traités sur la musique, des lettrés de *Tseou* et de *Lou*, des maîtres officiels des principautés. Dans leur idée, les Odes sont un code de morale, les Annales un répertoire de faits, les Rits une règle de conduite, la musique un moyen pour produire la concorde, les mutations un procédé pour connaître les mouvements du *yinn* et du *yang*, les chroniques un moyen de distinguer les réputations vraies des fausses. Répandus des provinces centrales dans tout l'empire, ces écrits devinrent le thème sur lequel les lettrés s'exercèrent.

Puis vint un temps où l'empire étant tombé dans un grand désordre et étant dépourvu de grands sages, d'autres principes furent inventés, les discussions commencèrent, et chacun prétendit avoir raison. Ce fut comme la dispute des oreilles et des yeux avec le nez et la bouche, qui ne purent jamais s'accorder, chaque sens ayant raison, mais quant à son objet propre seulement. Ainsi les diverses écoles ont chacune sa spécialité, bonne en temps et lieu ; mais aucune n'embrassant tout, n'a le droit d'exclure les autres. Comment un seul lettré, tapi dans un coin, s'arrogerait-il de juger de l'univers et de ses lois, de tout ce que firent et dirent les anciens ? Qui est qualifié pour s'ériger ainsi en juge des choses et des intelligences ?... La science du Principe étant tombée en oubli, les hommes n'agissant plus que d'après leurs passions, les chefs des diverses écoles s'arrogèrent ce droit de juger et de condamner tout et tous. Ils perdirent de vue l'unité primordiale, qui avait été la grande règle des anciens. Par leurs explications différentes, ils divisèrent en plusieurs, la doctrine jadis une de l'empire.

▲ **Tch33.B.** Parlons d'abord des sectateurs de *Mei-ti*. Transmettre aux générations futures des mœurs intègres, ne pas excéder pour le luxe et pour les cérémonies, éviter par une grande modération les conflits de la vie, tout cela ce sont règles des anciens. *Mei-ti* et son disciple *K'inn-hoali* s'en éprirent avec passion, et par suite les exagérèrent. Ils proscrivirent absolument la musique. Ils réduisirent à rien les règles du deuil, sous prétexte d'économie. Au nom de la charité universelle, *Mei-ti* enjoignit de faire tout bien à tous, et défendit tout litige, toute fâcherie. Il ne condamna pas la science, mais ordonna que le savant restât sans distinction, au même rang que le vulgaire. En ce faisant, il heurta les anciens et lui-même.... Que les anciens estimèrent la musique, leurs symphonies, dont l'histoire nous a conservé les titres, le prouvent assez. Qu'ils voulurent, dans les funérailles, un luxe proportionné à la condition, leurs règles sur les cercueils le démontrent. Donc, quand *Mei-ti* interdit toute musique, et voulut que tous les cercueils fussent identiques, il heurta les anciens. Il viola aussi sa propre loi de la charité universelle, car il fit violence à la nature humaine, en prohibant les chants et les pleurs, qui sont pour l'homme un soulagement naturel indispensable. Vouloir que l'homme souffre sans cesse stoïquement, et soit enfin enterré sommairement, est-ce la charité ? Non, sans doute.... Aussi les théories de *Mei-ti* n'eurent-elles pas le succès de celles d'autres Sages. Elles blessèrent le cœur des hommes, qui les rejetèrent.... En vain *Mei-ti* en appela-t-il à l'exemple de *U le Grand*, qui se dévoua stoïquement pour le bien de l'empire, durant les longues années qu'il passa à canaliser les terres et à délimiter les fiefs. Sa doctrine n'en fit pas plus d'impression sur les hommes, qui laissèrent les disciples de *Mei-ti* s'habiller de peaux et de grosse toile, se chausser de sabots ou de souliers grossiers, se dévouer sans repos ni relâche, mettre leur perfection dans la souffrance pour l'amour du grand *U*, sans qu'aucune velléité ne leur vint de les imiter.

D'ailleurs, s'ils ne s'entendirent pas avec les autres dès l'abord, bientôt les sectateurs de *Mei-ti* ne s'entendirent plus non plus entre eux. *K'inn* de *Siang-li, K'ou-hoai, Ki-tch'eu, Teng-ling-tzeu* et autres, prétendirent chacun être le dépositaire des véritables idées de *Mei-ti*, et s'attaquèrent les uns les autres. A l'instar des sophistes, ils dissertèrent sur la substance et les accidents, sur les ressemblances et les dissemblances, sur le compatible et l'incompatible. Leurs plus habiles disciples fondèrent autant de petites sectes, qu'ils espèrent devoir durer. Jusqu'à présent, leurs discussions continuent.

Somme toute, il y eut du bon, dans les intentions de *Mei-ti* et de *K'inn-hoali*, mais ils se trompèrent dans la pratique. L'obligation qu'ils imposèrent à tous de se dévouer et de se sacrifier à l'extrême, aurait produit, si elle avait trouvé écho, quelque chose de supérieur au vil égoïsme, mais d'inférieur au système naturel (ne rien faire et laisser faire). Cependant, honneur à *Mei-ti* ! Ce fut le meilleur homme de l'empire. Quoique ses efforts soient restés stériles, son nom n'est pas à oublier. Ce fut un lettré de talent.

▲**Tch33.C**. Parlons maintenant de l'école de *Song-hing* et de *Yinn-wenn*.... Mépriser les préjugés vulgaires, éviter tout luxe, n'offenser personne, maintenir la paix pour le bonheur du peuple, ne pas posséder plus qu'il ne faut, se tenir l'esprit et le cœur libres, tout cela, les anciens le firent et le dirent. *Song-hing* et *Yinn-wenn* firent de ces maximes le fondement d'un école nouvelle, dont les disciples se coiffent d'un bonnet de forme spéciale, pour se faire reconnaître. Ils traitèrent avec aménité tous les hommes quels qu'ils fussent, estimant que le support mutuel est le plus noble de tous les actes moraux. Cette conduite aurait pour effet, pensèrent-ils, de gagner tous les hommes et d'en faire des frères, ce qui fut leur but principal. Ils acceptaient tous les outrages. Ils cherchaient à apaiser toutes les disputes. Ils maudissaient toute violence, surtout l'usage des armes. Apôtres du pacifisme, ils allaient le prêchant partout, reprenant les grands et endoctrinant les petits. Rebutés, ils ne se décourageaient pas. Éconduits, ils revenaient à la charge, et finissaient, à force d'importunités, par obtenir qu'on les écoutât.

Dans tout cela, il y eut du bon sans doute, mais aussi de l'erreur. Ces hommes généreux s'oublièrent trop eux-mêmes, pour l'amour du prochain. Pour prix de leurs services, ils n'acceptaient que leur nourriture, de ceux qui jugeaient qu'ils l'avaient gagnée. Le résultat fut, que les maîtres de la secte durent jeûner plus que souvent. Cela n'effrayait pas leurs jeunes disciples, qui s'excitaient au dévouement pour le bien commun, en se disant :

— La vie est-elle chose si précieuse ? pourquoi ne sacrifierais-je pas la mienne, comme mon maître, pour le salut du monde ?...

Braves gens, ils ne critiquaient personne, ne faisaient de tort à personne, ne méprisaient que les égoïstes qui ne faisaient rien pour le bien public. Non seulement ils interdisaient la guerre, mais, s'élevant plus haut, ils en découvraient la cause dans les appétits et les convoitises, le remède dans la tempérance et l'abnégation. Mais ils s'arrêtèrent là, et ne surent pas, dans leurs spéculations, s'élever jusqu'au Principe (de ces justes déductions). *Ce furent des taoïstes avortés.*

▲**Tch33.D.** Parlons maintenant de l'école de *P'eng-mong, T'ien-ping, Chenn-tao*, et autres.... L'impartialité, l'altruisme, la patience, la condescendance, la tranquillité d'esprit, l'indifférence pour la science, la charité pour tous les partis, tout cela les anciens le pratiquèrent. *P'eng-mong* et ses disciples firent de ces maximes le fond de leur doctrine. Ils posèrent, comme premier principe, l'union universelle. Chacun, dirent-ils, a besoin des autres. Le ciel couvre, mais il ne porte pas ; il faut donc que la terre l'aide. La terre porte, mais elle ne couvre pas ; il faut donc que le ciel l'aide. Aucun être ne se suffit, et ne suffit à tout. A l'instar du ciel et de la terre, la grande doctrine doit tout embrasser et ne rien exclure. *Accord, par accommodation et tolérance mutuelles.*

Chenn-tao déclara donc la guerre à tout égoïsme, à tout esprit particulier, à toute coercition d'autrui. Il exigea, dans les relations, l'abnégation parfaite. Il déclara que toute science est chose inutile et dangereuse. Il se moqua de l'estime du monde pour les habiles, et de son engouement pour les Sages. Sans principes théoriques définis, il s'accommodait de tous et de tout. Les distinctions du bien et du mal, du licite et de l'illicite, n'existaient pas pour lui. Il n'admettait les conseils de personne, ne tenait compte d'aucun précédent, faisait fi absolument de tout. Pour agir, il attendait qu'une influence extérieure le mît en mouvement ; comme la plume attend pour voler que le vent la soulève, comme la meule attend pour moudre qu'on la fasse tourner.... *Chenn-tao* eut raison et tort. Il eut raison, quand il condamna la science, en tant qu'elle engendre l'entêtement doctrinal, l'embarras des opinions, les coteries et les partis. Il eut tort, et on eut raison de rire de lui, quand il exigea des hommes qu'ils ne fissent pas plus d'usage de leur intelligence, qu'une motte de terre. Poussé à ce degré d'exagération, son système se trouva plus fait pour les morts que pour les vivants.

— *T'ien-ping* soutint la même erreur, ayant été, comme *Chenn-tao*, disciple de *P'eng-mong*, qui la tenait de son maître. Ce maître fut cause qu'ils crurent tous, que les anciens ne s'étaient pas élevés plus haut que la négation pratique de la distinction entre bien et mal, entre raison et tort ; *parce qu'il omit de leur enseigner qu'ils nièrent cette distinction, pour avoir découvert l'unité primordiale.* Or comme, si on ne s'élève pas jusqu'à l'unité, il n'est pas possible de se rendre compte de la non-distinction, le fait que *P'eng-mong* et les siens niaient la distinction sans donner de preuve, les mit en conflit avec tout le monde. Leur doctrine fut incomplète, défectueuse. Ils eurent pourtant quelque idée du Principe, *et approchèrent du taoïsme.*

▲ **Tch33.E.** Parlons maintenant de l'école, de *Koan-yinn-tzeu* et de *Lao-tzeu*.... Chercher la pure causalité dans la racine invisible des êtres sensibles, et considérer ces êtres sensibles comme de grossiers produits. Considérer leur multitude comme moins *que* *leur Principe*. Demeurer recueilli en son esprit dans le vide et la solitude. Ce sont là les maximes des anciens maîtres de la science du Principe. Ces maximes, *Koan-yinn* et *Lao-tan* les propagèrent. Ils leur donnèrent pour ferme assise, la préexistence de l'être infini indéterminé, l'union de tout dans la grande unité. Du principe de l'être, de l'union universelle, ils déduisirent que les règles de la conduite humaine, devaient être la soumission, l'acquiescement, le non-vouloir et le non-agir, laisser faire pour ne pas nuire.

Koan-yinn dit :

— A celui qui n'est pas aveuglé par ses intérêts, toutes choses apparaissent dans leur vérité. Les mouvements de cet homme, sont naturels comme ceux de l'eau. Le repos *de son cœur* en fait un miroir dans lequel tout se concentre. Il répond à tout événement, comme l'écho répond au son. Il se retire, il s'efface, il s'accommode de tout, il ne veut rien pour lui. Il ne prend le pas sur personne, mais tient à être toujours le dernier.

Lao-tan dit :

— Tout en conservant son énergie de mâle, se soumettre comme la femelle. Se faire le confluent des eaux. Etant parfaitement pur, accepter de paraître ne l'être pas. Se mettre au plus bas dans le monde. Alors que chacun désire être le premier, vouloir être le dernier et comme la balayure de l'empire. Alors que chacun désire l'abondance, préférer l'indigence, rechercher la privation et l'isolement. Ne pas se dépenser. Ne pas s'ingérer. Rire de ceux que le vulgaire appelle les habiles gens. Ne se compter rien comme mérite, mais se contenter d'être irrépréhensible. Se régler toujours sur le Principe, et respecter ses lois. Eviter jusqu'à l'apparence de la force et du talent, car les forts sont brisés et les tranchants sont émoussés *par leurs ennemis et leurs envieux*. Etre pour tous large et amiable. Voilà l'apogée. — O *Koan-yinn* ; ô *Lao-tan*, vous êtes les plus grands hommes de tous les âges !

▲ **Tch33.F.** Parlons maintenant de *Tchoang-tcheou* (*Tchoang-tzeu*).... Les anciens taoïstes traitèrent tous de l'être primitif obscur et indistinct, de ses mutations alternantes, des deux états de vie et de mort, de l'union avec le ciel et la terre, du départ de l'esprit, de ses allées et venues. *Tchoang-tcheou* s'empara de ces sujets, et en fit ses délices. Il en parla, à sa manière, en termes originaux et hardis, librement mais sans faire schisme. Considérant que les hommes comprennent difficilement les explications relevées abstraites, il recourut aux allégories, aux comparaisons, à la mise en scène des personnages, aux répétitions d'un même sujet sous diverses formes. Négligeant les détails de moindre importance, il s'attacha surtout au point capital de l'union de l'esprit avec l'univers. Pour ne pas s'attirer de discussions inutiles, il n'approuva ni ne désapprouva personne. Etincelants de verve, ses écrits ne blessent pas. Pleins d'originalité, ses propos sont sérieux et dignes d'attention. Tout ce qu'il dit, est plein de sens. Deux thèses surtout eurent ses préférences, à savoir, la nature de l'auteur des êtres (du Principe), et l'identité (phases successives) de la vie et de la mort. Il a parlé sur l'origine, avec largeur profondeur et liberté ; et sur l'ancêtre (le Principe), avec ampleur et élévation. Sur la genèse des êtres et l'évolution cosmique, ses arguments sont riches et solides. Il se joue dans les insondables obscurités.

▲ **Tch33.G.** Parlons maintenant du sophiste *Hoei-cheu* (*Hoei-tzeu*).... Ce fut un homme à l'imagination fertile. Il écrivit de quoi charger cinq charrettes (on écrivait alors sur des lattes en bois). Mais ses principes étaient faux, et ses paroles ne tendaient à aucun but. Il discutait en rhéteur, soutenant ou réfutant des propositions paradoxales dans le genre de celles-ci : La grande unité, c'est ce qui est si grand, qu'il n'y a rien en dehors ; la petite unité, c'est ce qui est si petit, qu'il n'y a rien en dedans. Ce qu'il y a de plus mince, a mille stades d'étendue. Le ciel est plus bas que la terre ; les montagnes sont plus planes que les marais. Le soleil en son plein est le soleil couchant. Un être peut naître et mourir en même temps. La différence entre une grande et une petite ressemblance, c'est la petite ressemblance-différence ; quand les êtres sont entièrement ressemblants et différents, c'est la grande ressemblance-différence. Le Sud sans limites est borné. Parti pour *Ue* aujourd'hui, j'en suis revenu hier. Des anneaux joints sont séparables. Le centre du monde est au nord de *Yen* (pays du nord) et au sud de *Ue* (pays du sud). Aimer tous les êtres, unit au ciel et à la terre.

Hoei-cheu raffolait de ces discussions, qui lui valurent, par tout l'empire, la réputation d'un sophiste habile. A son imitation, d'autres s'exercèrent aux mêmes joutes. Voici des exemples de leurs thèmes favoris : Un œuf a des poils. Un coq a trois pattes. *Ying* tient l'empire. Un chien peut s'appeler mouton. Les chevaux pondent des œufs. Les clous ont des queues. Le feu n'est pas chaud. Les montagnes ont des bouches. Les roues d'un char ne touchent pas la terre. L'œil ne voit pas. Le doigt n'atteint pas. Terme n'est pas fin. La tortue est plus longue que le serpent. L'équerre n'étant pas carrée, le compas n'étant pas rond, ne peuvent pas tracer des carrés et des ronds. La mortaise n'enferme pas le tenon. L'ombre d'un oiseau qui vole ne se meut pas. Une flèche qui touche la cible, n'avance plus et n'est pas arrêtée. Un chien n'est pas un chien. Un cheval brun, plus un bœuf noir, font trois. Un chien blanc est noir. Un poulain orphelin n'a pas eu de mère. Une longueur de un pied, qu'on diminue chaque jour de moitié, ne sera jamais réduite à zéro.

C'est sur ces sujets et d'autres semblables, que ces sophistes discutèrent leur vie durant, sans être jamais à court de paroles. *Hoan-t'oan* et *Koung-sounn loung* excellèrent à donner le change, à semer des doutes, à mettre les gens à quia, mais sans jamais convaincre personne de quoi que ce soit, enlaçant seulement leurs patients dans le filet de leurs fallacies, triomphant de voir qu'ils n'arrivaient pas à se débrouiller. *Hoei-cheu* usa tout son temps et toute son intelligence à inventer des paradoxes plus subtils que ceux de ses émules. C'était là sa gloire. Il se savait très fort, et se disait volontiers sans pareil au monde. Hélas ! s'il avait le dessus, *Hoei-cheu* n'avait pas raison pour cela.... Un jour un méridional malin du nom de *Hoang-leao*, lui demanda de lui expliquer pourquoi le ciel ne s'effondrait pas, pourquoi la terre ne s'enfonçait pas, pourquoi il ventait, pleuvait, tonnait, et le reste ? Gravement et bravement, *Hoei-cheu* entreprit de satisfaire ce farceur. Sans un moment de réflexion préalable, il se mit à parler, parler, parler encore, sans prendre haleine, sans arriver à aucun bout. Contredire était son bonheur, réduire au silence était son triomphe. Tous les sophistes et rhéteurs avaient peur de lui.... Pauvre homme ! sa force ne fut que faiblesse, sa voie fut un sentier étroit. Comme efficace, son activité prodigieuse ne fut, à l'univers, pas plus que le bourdonnement d'un moustique, un bruit inutile. S'il avait employé son énergie à s'avancer vers le Principe, combien cela eût mieux valu ! Mais *Hoei-cheu* ne fut pas homme à trouver la paix dans des considérations sérieuses. Il s'éparpilla en vains efforts, et ne fut qu'un rhéteur verbeux. Il fit tout le contraire de ce qu'il eût fallu faire. Il cria pour faire taire l'écho, et courut pour attraper son ombre. Pauvre homme !

www.ingramcontent.com/pod-product-compliance
Lightning Source LLC
Chambersburg PA
CBHW060313230426
43663CB00009B/1684